Martina Peter-Bolaender
Tanz und Imagination

Reihe
KUNST · THERAPIE · KREATIVITÄT
Band 11

Herausgegeben von Prof. Dr. Dr. Hilarion Petzold,
Freie Universität Amsterdam

und

Ilse Orth, Fritz Perls Institut, Düsseldorf
Europäische Akademie für psychosoziale Gesundheit

in Verbindung mit

Drs. J. Boomsluiter
Akademie voor Edukative Arbeid
de koppse hoof, Nijmegen

Prof. Dr. med. Peter Petersen,
Medizinische Hochschule Hannover

Prof. Dr. Peter Rech,
Universität Köln

Elisabeth Wellendorf, A.T.R., A.P.R.,
Institut für analytische Kunsttherapie Hannover

Martina Peter-Bolaender

Tanz und Imagination

Verwirklichung des Selbst
im künstlerischen und pädagogisch-
therapeutischen Prozeß

Junfermann Verlag · Paderborn
1992

© Junfermannsche Verlagsbuchhandlung, Paderborn 1992
Titelabbildung: Francis Picabia, Les Seins © VG Bild-Kunst,
Bonn 1992

Satz: adrupa Paderborn
Druck: PDC – Paderborner Druck Centrum

CIP-Titelaufnahme der Deutschen Bibliothek

Peter-Bolaender, Martina:
Tanz und Imagination: Verwirklichung des Selbst im künst-
lerischen und pädagogisch-therapeutischen Prozeß / Martina Peter-
Bolaender. –
Paderborn: Junfermann, 1992
  ISBN-87387-064-9

ISBN 3-87387-064-9

Inhaltsverzeichnis

1. Einleitung

1.1. Vorwort

Seit über fünfzehn Jahren beschäftige ich mich mit den Wirkkräften des Tanzes: Erleben am eigenen Leibe, Erfahren in der Kommunikation, Erkennen in der Reflexion meiner Tanzerlebnisse, meiner Tanzgestaltungen und meines Tanzunterrichts. Tanzen bedeutet für mich, allein und mit anderen erlebnisreich und lustvoll zu leben. Mit zunehmender Deutlichkeit erspürte ich mein Tanzen als Möglichkeit der Selbst-Erfahrung, Selbst-Darstellung und des Selbst-Ausdrucks. Ausgedrückt wurden Erinnerungen, Sehnsüchte und Gefühle wie Angst, Trauer und Freude. Diese persönlichen Erlebnisse teilte ich mit anderen Menschen. Daraus wurden Erfahrungen, und aus dem Austausch von Erfahrungen entwickelten sich Vorstellungen: über die heilsamen Kräfte des Tanzens und des Tanzes. Um dieses Thema kreisen meine Fragestellungen und Untersuchungen über viele Jahre hinweg. Daraus entstand der Versuch, die tanzwissenschaftlichen Erkenntnisse zu den Wirkfaktoren des Phänomens Tanz in den Wirkungsfeldern Tanz-Kult, Tanz-Kunst, Tanz-Pädagogik, Tanz-Therapie für einen integralen Ansatz der Tanzpädagogik zu ver-wirk-lichen.

Meine Rolle als tanzender Mensch (im Kontext von Lernen und Lehren, von Choreographie, von Therapie, von wissenschaftlicher Auseinandersetzung und Tanzkritik) hat viele Facetten und findet ihren kreativen Ausdruck in diesem Buch. Es entstand aus dem tiefen Bedürfnis, die Wirkfelder des Tanzes (Tanz-Kult, Tanz-Kunst, Tanz-Pädagogik, Tanz-Therapie) auf die grund-legenden, ursprünglichen Wirkfaktoren und Wirkungsmöglichkeiten hin zu untersuchen. Was zunächst erfühlt, dann erfahren, dann vorgestellt, dann integriert werden konnte: Selbst-Verwirklichung; wirken-lassen des Selbst, verwirklichen, was real da ist, zur Wirkung bringen, was als Potenz des Selbst vorhanden ist.

Helma DREFKEs Tanzunterricht und Tanzensemble gab mir die wegsuchenden Impulse, C. G. JUNGs Theorie des Selbst war mir ein Wegweiser, Joan CHODOROWs tanztherapeutische Methode erfüllte meinen Körper-Geist, Jean GEBSER beseelte meine Theorie, meine Suche nach den Übereinstimmungen/Analogien zwischen der Selbst-Verwirklichung eines Individuums in seiner Integration und Individuation und der Verwirklichung des integralen Bewußtseins der Menschheitsgeschichte, befruchtete meine Gedankengänge über die Analogie von Selbst-Verwirklichung in der Biographie und der Konkretion des Geistigen, der Ur-sprungsgegenwärtigkeit in der Anthropologie.

1.2. Erkenntnisquellen, Erkenntnisinteresse und Erkenntnisziel

Das Ziel meiner Untersuchung besteht darin, einen integralen Ansatz der Tanz-Pädagogik zu konzeptualisieren (s. Abschnitt III), der in spezifischer Weise auf die Selbst-Verwirklichung *im* und *durch* den Tanz ausgerichtet ist. Das dieser Arbeit zugrunde liegende Tanzverständnis wird in Kapitel 1.3. vorgestellt. Sowohl die Komplexität des Phänomens Tanz als auch die Bedeutungsvielfalt des Unbewußten für den tanzenden Menschen erfordert eine interdisziplinäre Betrachtung, die sowohl kulturanthropologische (s. Kap. 2.) und psychologische (s. Kap. 3. und 4.), als auch soziokulturelle (s. Kap. 5.) Theorieansätze zur Erklärung heranzieht. Diese Mehrperspektivität ist ein wesentliches Kennzeichen dieses integralen Ansatzes und seiner theoretischen Fundamente.

Die Methode der Untersuchung entspricht der „dialektischen Methode" Carl Gustav JUNGs, die eher „symbolisch und oft nicht geradlinig ist" (FREEMAN 1968, 14). JUNGs Dialektik setzt sich durchgängig mit den gegensätzlichen Wirkungen archetypischer Energien auseinander und schätzt die Rolle des Unbewußten als gleichgewichtiges dialektisches Gegenüber des Bewußtseins ein. Erst die gegenseitige Befruchtung von Bewußtsein und Unbewußtem fördert die Prozesse der Selbst-Verwirklichung. Die Betrach-

10

tungen umkreisen den Gegenstand Tanz, beleuchten ihn aus verschiedenen Perspektiven und verbinden auf einem spiralförmigen Argumentationsgang die vielschichtigen Bedeutungsgehalte des Tanzes für das Individuum und die Gemeinschaft (s. Kap. 6.-9.). Die Untersuchung basiert wegen ihrer fachübergreifenden Problemstellung auf verschiedenen Erkenntnisquellen:

1. Folgende Materialien werden aus *tanzwissenschaftlichem Erkenntnisinteresse* ausgewertet: tanztheoretische Literatur aus den Arbeitsfeldern Tanzgeschichte, Tanzethnologie, Tanzphilosophie, Tanzpädagogik und Tanztherapie, des weiteren Biographien und Selbstzeugnisse von führenden Vertreter(inne)n des Modernen Tanzes und Ausdruckstanzes, Filmdokumentationen und Tanzkritiken.

Um das Phänomen Tanz aus integraler Sicht untersuchen und seine Bedeutung für die Selbst-Verwirklichung erforschen zu können, werden vier Kontexte des Tanzes beleuchtet: das gesellschaftlich/kultische (s. Kap. 6.), das künstlerische (s. Kap. 7.), das pädagogische (s. Kap. 8.) und das therapeutische (s. Kap. 9.) Wirkungsfeld.

In diesen vier Wirkungsfeldern (vgl. LABAN 1922, 37) kommen anthropologische, sozio-kulturelle und individualpsychologische Aspekte zum Tragen. Anthropologisch betrachtet kann der Tanz als ein integrierender Bestandteil einer „Lebenskunst" (SUZUKI 1979), als ein Medium, das auf individuelle und kollektive Weise kreative Potentiale zur Entfaltung bringen kann, verstanden werden. Diese mediale Funktion erfüllt der Tanz, aus tiefenpsychologischer Sicht, auch im Rahmen der ‚aktiven Imagination' (JUNG, GW 8, 1971, 232). Aus sozial-psychologischer und kulturhistorischer Sicht kann der Tanz als Spiegel der Gesellschaft (vgl. SORELL 1985), als Verkörperung von Gesellschaftsformen (vgl. EICHBERG 1986, 16) interpretiert werden.

2. Als spezifisch *tanzpsychologisches Erkenntnisinteresse* gilt es, die Erkenntnisse der Analytischen Psychologie C. G. JUNGs als wesentlichen Faktor zur Deutung des Phänomens Tanz anzuwenden und zu verarbeiten. Dafür gibt es folgende Begründungen:

– JUNGs Psychologie und seine psychotherapeutischen Methoden haben nicht nur Einfluß auf die Gestalttherapie (vgl. POLSTER/

POLSTER 1983, 291) genommen, sondern u.a. auch im Rahmen der Maltherapie (vgl. JACOBI 1985) und der Kinderpsychotherapie (ATZESBERGER 1980) Anwendung gefunden. Im Rahmen der vielfältigen tanztherapeutischen Ansätze hat sich eine therapeutische Richtung JUNGscher Prägung in den USA herausgebildet und etabliert. Hauptvertreterinnen dieser Richtung sind Mary WHITE-HOUSE (1977) und Joan CHODOROW (1974) (s. Kap. 9.2.3.). Auf die Bedeutung der JUNGschen Psychologie für die Wissenschaft, vor allem für die Entwicklung eines integralen Bewußtseins, haben unter anderem Marie-Luise von FRANZ (1968) und Jean GEBSER (GA III, 1986, 533 ff.) eindrücklich hingewiesen.

– Der Tanz als kollektive und individuelle Symbolsprache bedarf eines Interpretationsrahmens, der durch JUNGs Archetypen- und Mythenforschung vorliegt (s. Kap. 3.3.). Auch bezüglich der Verbindung zwischen östlicher und westlicher Philosophie, östlicher und westlicher Kultur hat bereits JUNG bedeutsame Verständnisgrundlagen hinterlassen, die einen Weg zur Integrationsfähigkeit bahnen.

– Die starke Dominanz der rational-analytischen Form von Selbst- und Welterfahrung in der neuzeitlichen Gesellschaft und der Mangel an ganzheitlichem Selbst-Erleben und ganzheitlicher Selbst-Verwirklichung verweist auf die Problematik diskursiver und präsentativer Symbolisierung. Diese Unterscheidung zwischen präsentativer und diskursiver Symbolbildung des Menschen (s. Kap. 6.) ermöglicht es, die uralten, ursprünglichen Bedeutungen und Funktionen des Tanzes aufzuzeigen (Kap. 6.) und für einen integralen Ansatz der Tanz-Pädagogik nutzbar zu machen. Die präsentativen Symbolisierungen im Tanz bedürfen einer Interpretation, zu der die JUNGsche Symbolforschung und Archetypenlehre von grundlegender Bedeutung ist.

– Auch eine Untersuchung der tanztheoretischen und tanzphilosophischen Ansätze der Vertreterinnen und Vertreter des Ausdruckstanzes und der tanzkritischen Überlegungen zum modernen Tanztheater (s. Kap. 7.) und der psychologischen Aspekte des therapeutisch genutzten Tanzes (s. Kap. 9.2.) sind nur erfolgreich im Rückgriff auf JUNGs bedeutendste psychotherapeutische Methode, die aktive Imagination (s. Kap. 4.3.).

Es wird nachgewiesen, daß all diese Formen und Erscheinungsweisen des Tanzes sowohl unter dem Aspekt des Körper-Habens, als auch unter dem Aspekt des Körper-Seins und somit als integrierend erfahren werden können; aber auch, im Gegensatz dazu, als Formen, die sehr wohl auch Ausdruck der instrumentellen Ver-Nutzung des Körpers sind (s. Kap. 7.1.). Am Beispiel einiger historischer und aktueller Erscheinungsformen des Tanzes wird aufgezeigt, daß der Tanz sowohl zur seelischen Gesundheit des Individuums, als auch der Gesellschaft beigetragen hat oder beitragen kann. Als Beispiele werden Kulttänze und Rituale der Frühgeschichte, der Ausdruckstanz, der Freie Tanz und die Tanztherapie untersucht (s. Kap. 6.-9.).

Auf der Basis dieser am integralen Bewußtsein orientierten (sozialpsychologischen, individualpsychologischen und kulturanthropologischen) Erkenntnisquellen definiere ich die Selbst-Verwirklichung in Anlehnung an Carl Gustav JUNG und Erich FROMM wie folgt: Unter Selbst-Verwirklichung wird sowohl das *Potential* des Individuums als auch der *Prozeß* der Menschwerdung und letztlich das *Ziel* der Verwirklichung, das in der *Ganzheit* besteht, verstanden. Nach Jean GEBSER kann diese Ganzheit erst dann in wirksame Handlung umgesetzt werden, wenn sich die magischen, mythischen und mentalen Bewußtheitsformen zu einer integralen Bewußtheit verbunden haben (s. Kap. 2.).

Diese komplexe Definition von Selbst-Verwirklichung umfaßt die Einheit Körper-Seele-Geist, die nur dadurch erreicht werden kann, daß die Defizite bezüglich des Körpererlebens als Selbsterleben, bezüglich der präsentativ-symbolischen Ausdrucksfähigkeit und der ‚reflexiven Sinnlichkeit‘ (vgl. DREITZEL 1981) abgebaut werden.

Ein integraler Ansatz der Tanz-Pädagogik korrespondiert mit dem Verständnis von Pädagogik und Therapie nach Ruth C. COHN (1978, 176):

„Pädagogik ist die Kunst, Therapie antizipierend zu ersetzen. Therapie ist nachträgliche Pädagogik."

Damit kann ein pädagogischer Auftrag angesprochen sein, der besagt, daß, im Rahmen der Pädagogik, der therapeutische Gehalt von verschiedenen Formen kreativer Betätigung (bewegen, tanzen, malen, dichten, modellieren) intensiver genutzt werden müßte, so daß therapeutische Nachlernprozesse wenigstens zum Teil überflüssig werden.

Ein integraler Ansatz der Tanz-Pädagogik verpflichtet sich einem bereits vorhandenen, aber noch nicht von der breiten Öffentlichkeit getragenen integralen Bewußtsein. Demzufolge ist dieser Ansatz bemüht, eine Integration aller Teilaspekte des Tanz-Ausdrucks (Erlebnis, Erfahrung, Erkenntnis, Wahrung von heilsamen Prozessen) zu erwirken, denn die Errungenschaften *aller* Entwicklungsepochen des Tanzes sind *gleichzeitig* lebendig und entwicklungsfähig. Hiermit wird auch ein Beitrag zu einer vergleichenden Wirkungsanalyse entworfen, die das Tanzen in den Kontexten Kult, Kunst, Pädagogik und Therapie in den Blick nimmt.

1.3. Zum Tanzverständnis dieser Arbeit: Das Streben nach Integration im Tanz

> „Der eigentliche Stamm des Baumes
> «Tanz» ist noch vorhanden, neue Äste
> wachsen aus ihm hervor, neue Blätter
> und Knospen treiben aus, genährt von
> der ursprünglichen Substanz"
> (HUMPHREY 1985, 258).

In der tanztheoretischen Literatur wird der Tanz aus den vielfältigsten Perspektiven beleuchtet und gedeutet: Bedeutungszuschreibungen aus zum Beispiel anthropologischer, psychologischer, kulturhistorischer und pädagogischer Sicht liegen, zumeist unvermittelt, unverbunden vor.

Aus anthropologischer Sicht wird der Tanz als „Urphänomen des Lebens" und als „fundamentales, weil spezifisch menschliches, der Existenzgewahrung und Existenzerhellung dienendes Verhalten" (MUCHOW 1958, 41) gedeutet.

Aus kulturhistorischer und ethnologischer Sicht wird der Tanz als die ursprünglichste aller Künste (LABAN 1971, 68; GÖTTNER-ABENDROTH 1982, 45) dargestellt, aus der sich die anderen Kunstformen entwickelten. Diese Bedeutung wird dem Tanz zugeschrieben, weil es im Leben der ‚primitiven' Stämme der Jetztzeit und in den Frühformen vieler Hochkulturen (z.B. der Hebräer, Griechen und Römer) keinen isolierten Tanz gab, sondern eine

> „... simultane «Tanz-Musik-Wort-Äußerung», also eine Art Gesamtkunstwerk. Und wir wissen zugleich, daß diese «Tanz-Musik-Wort-Äußerung» kultisch-religiösen Motiven entsprang" (MUCHOW 1958, 37).

Zum einen wird das Phänomen Tanz unterteilt in den sakralen und säkularisierten Tanz (vgl. MUCHOW 1958, 37), zum anderen wird unterstellt, daß der Tanz zwar die Grenze des Sakralen ins Profane überschritten hat, um aber

> „... im Grunde genommen immer wieder das Sakrale in sich zu suchen und zu berühren" (SORELL 1983, 7).

Daß der Tanz in den Tiefen seines Wesens vom Ursprung bis zur Gegenwart ein Ritual geblieben ist, besagt auch Jamake HIGHWATER in seiner tanzphilosophisch ausgerichteten Untersuchung zur Tanzgeschichte:

„Ritual is not a product of *primitive* people. Rather, it is produced by all people still in touch with the capacity to express themselves in metaphor. Though ritual is primal, it is not primitive. It is neither simple, crude, nor barbaric. To the contrary, ritual is a complex, pervasive, and remarkably human process which exists everywhere in history and everywhere on Earth. It gives people an access to the ineffable and it provides them with ways of dealing with forces which seem beyond their comprehension and control" (HIGHWATER 1985, 14).

Der Tanz ist eine menschliche Lebensäußerung, die es zu allen Zeiten und in allen Kulturen gab und gibt. Dieses zeit- und raumübergreifende Phänomen fand in der Menschheitsgeschichte unermeßlich viele Erscheinungsformen, die jeweils Spiegel der jeweiligen Gesellschaft und ihrer Menschen- und Weltbilder waren: Abbild ihrer Leitbilder, ihrer Normen und Repressionen, und auch Projektionen ihrer Sehnsüchte und Utopien.

Aus der Vielfalt der Erscheinungsformen des Tanzes werden folgende Teilphänomene als Untersuchungsgegenstand ‚Tanz' herausgefiltert und abgegrenzt:

Ich untersuche
– die rituellen Ursprünge des Tanzes in der Sozialform des Matriarchats (Kap. 6.2.),
– die „Vision eines Neuen Tanzes" (HUMPHREY 1985, 253), die sich auf diese Wurzeln besinnt, sie zeitgemäß entfaltet und auf die Zukunft projiziert (Kap. 7.2.1.-7.2.4.),
– das moderne Tanztheater, das sich dieser Wurzeln vergewissert, aber den konkreten Realitätsbezug des Tanzes zur Gesellschaft reflektiert (Kap. 7.2.5.) und
– die Tanztherapie (Kap. 9.2.), die die heilsamen Wirkungen des rituellen und des expressiven, modernen Tanzes mit den modernen (körperbezogenen, integrativen) Therapieformen (Kap. 9.1.) verbindet.

Diese vier ‚Erscheinungsformen' des Gesamtphänomens Tanz erfüllen das Selektionskriterium meiner thematischen Abgrenzung: sie sind „genährt von der ursprünglichen Substanz" (HUMPHREY 1985, 258), das heißt von den Urformen des Tanzes und deren Streben nach Integration (durch präsentative Symbolisierung, s. Kap. 6.1.).

Die Untersuchung dieser Erscheinungs- und Verwendungsformen[1] (Urformen, Moderner Tanz, Modernes Tanztheater, Tanztherapie) des Tanzes mündet in die pädagogische Verwendung von Tanz, in die systematisierende Konzeptualisierung eines integralen Ansatzes der Tanz-Pädagogik (s. Kap. III) ein. Dabei werden andere Erscheinungsformen des Tanzes, wie Klassisches Ballett, Volkstanz und Gesellschaftstanz als Untersuchungsgegenstand[2] ausgegrenzt.

Über die Urformen des Tanzes besitzen wir zwar kein gesichertes Wissen, jedoch ermöglichen uns die vorliegenden Untersuchungen von Heide GÖTTNER-ABENDROTH (1980, 1982), Luisa FRANCIA (1986), Jamake HIGHWATER (1985), Th. P. van BAAREN (1964), Joost A. M. MEERLOO (1959) und Dorothee GÜNTHER (1962), Wendy BUONAVENTURA (1984) eine Vorstellung, die eher einfühlsam vergegenwärtigend, denn spekulativ ist. Als Urformen des Tanzes gelten alle Möglichkeiten des spontanen Ausdrucks von Lebenserfahrungen und Gefühlen durch die Körpersprache (vgl. HIGHWATER 1985, 24).

„Alles kann ihn (den Menschen, Anm. M.P.-B.) zum Tanzen veranlassen: Freude, Kummer, Angst, Liebe, Sonnenaufgang, Geburt, Tod. Dabei bietet ihm die Tanzbewegung ein Vertiefen des Erlebens" (WOSIEN 1985, 8).

Der Tanz in seinem archaischen Kern stellt eine Möglichkeit dar, sich mit der Innen- und Außenwelt nicht nur auseinanderzusetzen, sondern beide Welten als korrespondierend zu erleben und damit ineinanderzusetzen. Diese Ur-Form des Tanzes drückt das Verlangen des Menschen aus, die Mächte des Kosmos zu verstehen und sich an die Kräfte des Universums anzuschließen. Durch das Nach- und Mitempfinden kosmischer Reigen erlebt der Tänzer / die Tänzerin ein tiefes Begreifen der universalen Gesetzmäßigkeiten und dringt dabei zum „Urgrund des Seins" (WOSIEN 1985, 8) vor:

17

„So formuliert der Mensch sich tanzend Antworten auf die äußere Erscheinungswelt, ist aber gleichzeitig auch mit seinem innersten Wesen in Berührung. ... Tanzend transzendiert er auch den Zustand des Gespaltenseins, denn solange er tanzt, ist er wieder eins mit sich und der Vielfalt, die ihn umgibt. Dieses Tiefenerlebnis des Ergriffenseins und der Begeisterung ist gleichzeitig eine Ganzheitserfahrung der Einheit allen Lebens. ... Der Mensch und das Universum, Mikrokosmos und Makrokosmos, folgen denselben Gesetzen" (WOSIEN 1985, 9).

Der ewige Kreislauf von „Geburt, Leben, Tod und neue(r) Geburt", der überall in der Pflanzen- und Tierwelt, in den vielfältigen Erscheinungsformen der Gestirne und im Leben des Menschen beobachtbar ist, bildet die Grundstruktur für „Prozesse und Phänomene der Existenz" (WOSIEN 1985, 8). Der Tanz unterstützt die Bewältigung von Krisen (Not, Angst, Krankheit, Unfruchtbarkeit) und dient der Existenzerhellung. Aus den frühesten Ekstasetänzen, die primär der kollektiv empfundenen Angstabwehr dienten (vgl. MEERLOO 1957, 19, 21, 122, 124), entwickelten sich allmählich religiöse Rituale.

Hiermit vollzog sich der Übergang vom spontanen Bewegungsausdruck hin „zu systematisierten Schrittfolgen, Gesten und Körperstellungen" (WOSIEN 1985, 9). Als Wesensmerkmal all dieser Erscheinungsformen des Tanzes gilt das Ziel des Menschen, sich dem ‚Göttlichen' zu nähern, hinzugeben und sich damit zu vereinen.

„Tanz als Opferritus, als Akt der völligen Hingabe des Menschen an seinen Gott, ist totale Partizipation" (WOSIEN 1985, 9).

Es gab und gibt Zeiten, in denen sich Menschen „lieber hinter der Abstraktion verschanzen, weil sie dort nicht zu denken, zu fühlen, zu leiden brauchen" (HUMPHREY 1985, 257). Die hiermit angesprochene Kategorie des abstrakten Tanzes wird aus meinen Betrachtungen ausgegrenzt. Als Beispiele können abstrakte, klassisch inszenierte Ballette dienen, ebenso wie Choreographien des ‚Postmodern Dance', die sich dem Motto ‚dance is motion' statt ‚dance is emotion' verpflichtet fühlen. HUMPHREY kritisiert den abstrakten, gefühlsarmen Tanz mit folgender Aussage:

„Eine kranke Welt wird eine kranke Kunst hervorbringen"
(HUMPHREY 1985, 257).

Besonders im modernen Tanztheater kommen die Brüche und Probleme, die gesellschaftlich vorgeprägt sind, in den als scheinbar ‚privaten Ritualen' choreographierten Lebensgeschichten zum Ausdruck. Hier werden jedoch ‚rituelle Kreistänze' getanzt, die auf Alltagsbewegungen aufgebaut sind, wie zum Beispiel Verlegenheitsgesten, Schattenbewegungen, aggressiven Gesten und Körperhaltungen, die Macht, Ohnmacht, Imponiergehabe und Unterdrückung demonstrieren.

Ungeachtet der Vielzahl von Erscheinungsformen des Tanzes in allen Zeiten und Kulturen und deren tanzphilosophischen und tanztechnischen Besonderheiten kann – psychologisch betrachtet – ein überraumzeitlicher Kern von Tanz herausgefiltert werden. Dieser ‚Ur-Grund' des Tanzes wird bei LABAN (1971, 58) als „natural dancing" bezeichnet.

Der Tanz als „natural dancing" ist, speziell die Welt der Erwachsenen betreffend, eine verschüttete, verloren gegangene Fähigkeit und Möglichkeit des heutigen Menschen; sie ist geknüpft an eine spezifische Einstellung zum Körper und Körperausdruck (s. Individualkörper und Sozialkörper, Kap. 5.). Die Ambivalenz zwischen den Seins-Weisen des *Körper-Habens* und *Körper-Seins* (s. Kap. 5.) trifft hier den Kern der Motivation zum Tanz. Der Mensch kann tanzen, indem er seinen Körper als Instrument perfektioniert und nach allen Regeln der Tanztechnik(en) verfügbar macht, ohne letztlich als ganzer Mensch beteiligt zu sein, wenn er nur die Seinsweise des Körper-Habens, nicht aber die des Körper-Seins entfaltet und entwickelt. Demgegenüber kann beispielsweise ein Kind ohne Tanztraining spontan zu einer Musik oder als Ausdruck größter Freude tanzen und dabei vollständig in der Seinsweise des Körper-Seins aufgehen.

Wenn die Seinsweisen des Körper-Habens und Körper-Seins integriert sind, stellt der Tanz eine eigene, universale *Symbolsprache* dar, die einen Dialog auf intrapsychischer und interpersoneller Ebene ermöglicht (s. Kap. 7.2. und 9.2.).

„Basic dance is the externalization of those inner feelings which cannot be expressed in rational speech but can only be shared in rhythmical, symbolic action" (CHAIKLIN 1975, 203).

„The universality of these non-verbal symbols can cut across barriers due to illness, age and culture" (CHAIKLIN/SCHMAIS 1979, 17).

Beispiele aus der Tanztherapie verweisen nachdrücklich auf die Tatsache, daß Bewegungen, die ihren Ursprung im Unbewußten haben und in der ‚aktiven Imagination' als „Movement-in-depth" (STARKS WHITEHOUSE 1979, 63) zum Ausdruck gebracht werden können, zunächst nicht groß und sichtbar sind, sich vielmehr aus unsichtbaren inneren Bewegungen entwickeln und einer eigenen inneren Dynamik folgend entfalten: Der Ausdruck innerer Bewegtheit, ausgelöst durch Empfindungen, Gefühle, Phantasien, Erinnerungen und Bilder ist ein Selbst-Ausdruck im JUNGschen Sinne, denn nicht das Ich als Zentrum des Bewußtseins initiiert die Bewegung, sondern das umfassende Selbst als psychische Ganzheit aus bewußten und unbewußten Anteilen (s. Kap. 4.3.).

„The Self is the totality of aliveness; it is wholeness, known and unknown, good and evil. If this idea lies at the bottom of dance teaching, then it becomes a primary value leading directly to another – that of self-knowledge. I use a wonderful quotation from Krishamurti who says, ‚Self-knowledge is not an end in itself; it is the opening wedge to the inexhaustible'" (STARKS WHITEHOUSE 1979, 54).

Dieser Prozeß, der im Idealfall eine Symbiose von „I move" und „I am moved" (STARKS WHITEHOUSE 1979, 57 f.) darstellt, verbindet Bewußtes und Unbewußtes und erzeugt durch dieses ‚sowohl als auch' (unbewußte Impulse zulassen, aber sich dieser Bewegtheit auch bewußt sein) eine neue Qualität der Selbst-Erfahrung:

„There is a saying that comes from Tao. It was not intended primarily for movement but it gives the whole movement awareness a framework. ‚Non-action in action; action in non-action'. … Experienced in many moments, many ways, a balance between action and non-action allows individuals to live from a different awareness. They come to the place where they can view everything, from simple movement to the deepest and poignant moments of their lives, with an element of detachment, having two qualities at the same time. ... Then something new is created; it is like differing qualities of left and right; a third is found" (STARKS WHITEHOUSE 1979, 58).

Die Gründe dafür, daß der Kern des Tanzes, die individuelle Integration von innerer und äußerer Bewegung, von „being moved" and „I move" in heutigen Erscheinungsformen des Tanzes so selten offen zutage tritt, sind vielfältig: Die Vergesellschaftung des Körpers verhindert und blockiert den *authentischen Selbstausdruck*, denn die internalisierte soziale Kontrolle fordert vom Individuum Konformität, Disziplin und Perfektion, insbesondere (Gefühls-)Beherrschung und (Körper-)Kontrolle. Diese gesellschaftlich geprägten und durch Erziehung vermittelten Leitideen verbieten geradezu Versuche des Individuums, eine Einfachheit und Ursprünglichkeit von Bewegung zuzulassen. Nur spezifische pädagogische und therapeutische Beziehungen, in denen eine Atmosphäre des wechselseitigen Vertrauens herrscht, können diese individuellen Hemmungen zugunsten existentieller Erfahrungen in den Hintergrund treten lassen. Hier können sich Menschen in körperlich-seelisch-geistiger Präsenz erfahren und üben, losgelöst von gedanklicher Planung, kognitiver Beurteilung und Wertung.[3]

Eine im Wesen des Tanzes angelegte Möglichkeit besteht darin, innere Impulse in und durch Bewegung auszuleben und auszudrücken, wobei der/die Tanzende eine Bewußtseinsänderung und -erweiterung bezogen auf das Selbst und seine/ihre Umwelt erfahren kann. Diese Bewußtseinserweiterung beruht darauf, daß sich der/die Tanzende Inhalten seiner/ihrer inneren (Gefühls-)Welt, seines/ihres Nachtbewußtseins, seines/ihres Unbewußten gewahr wird. Dieses so definierte Wesen des Tanzes tritt vor allem in Formen des „basic dance" (CHACE 1975, 203), „natural dancing" (LABAN 1971, 68) oder der „authentic response" (CHODOROW 1974, 2) zutage. Im Rahmen tanztherapeutischer und pädagogischer Arbeit können diese Selbsterfahrungen nach kritischer Reflexion als Selbsterkenntnisse in das Bewußtsein integriert werden und die Selbstgestaltung vervollständigen.

Hierbei treten Motive wie ‚Gefallen-Wollen', ‚Gesehen-Werden-Wollen' in den Hintergrund. Der Tanz dient vielmehr der Befriedigung einer tiefen Sehnsucht nach Selbstentäußerung, die nach einer Einheit mit der ‚inneren' und ‚äußeren' Natur (s. Kap. 5.2.) strebt:

„In self-realisation, there is no more any gestige of showing off, nor is movement here the manifestation of an outbreak of personal mood. The entering into a relationship with the great principles of movement harmony in nature, is almost impersonal and incorporates the elements of concentration, meditation and contemplation in their deepest sense. ... In the attentive and admiring listening to one's inner musing, the solemn carriage of the body follows a rhythm and follows also definite co-ordinated paths" (LABAN 1971, 6).

Das der vorliegenden Arbeit zugrunde liegende Tanzverständnis orientiert sich insbesondere an den tanzphilosophischen und tanzpsychologischen Überlegungen LABANs (s. Kap. 8.1.1.). LABAN (vgl. 1971, 64 f.) erkannte hinter den z.t. vordergründigen, aber verbal faßbaren Motiven, wie Unterhaltung, Gesundheit, Abreagieren von Spannungen und Sorgen, eine tiefere Sehnsucht und ein verstecktes Motiv: das Verlangen nach *Ekstase* und das *Bedürfnis nach Ganzheitserlebnissen*:

„When we search more deeply we find hidden in man's dance an ecstatic state of mind.
Dance is often described as born of kind of frenzy, that means, that all dancing involves a change of mental state, a change from a comparative inner quietude and stillness to exultation and excitement. This excitement is connected with or results in that kind of extreme concentration which we call unity of body and mind and in which subconscious awareness of unified space and time is present. In such an ecstatic state the dancing person is nearer to a natural and less conscious life. He ist in a state of mind comparable to one we sometimes experience, for instance, in our sleep, when we seem aware of nothing but a simple feeling of existence. Such is the feeling that accompanies the state of ecstasy" (LABAN 1971, 65).

Die hier angesprochene Bewußtheit von Raum und Zeit ist „gleichbedeutend mit der Zeitlosigkeit und identisch mit der ewigen Gegenwart" (WOSIEN 1985, 10); Zeit und Raum werden transzendiert. Die Ekstase selbst ist Ausdruck vitaler Lebenskraft.

> „Dabei ist das Bewußtsein eingependelt in einen Zustand jenseits des Denkens und Wollens, wo es von etwas anderem bewegt wird – so wie auch wir in seltenen Augenblicken des Lebens spüren, daß es die Lebenskraft selbst ist, die uns lebt" (WOSIEN 1985, 11).

LABAN (1971, 68) betrachtet die historische Entwicklung des Tanzes als Abfolge von vier Stadien (Phase des „natural dancing", der Tanzerziehung, der Tanzforschung und der Tanzkunst)[4]. Auch wenn – menschheitsgeschichtlich betrachtet – eine neue Errungenschaft häufig dazu führte, daß die Menschen die Leistungen der vorangegangenen Entwicklungsstufe verdrängt und sie für minderwertig erachtet haben, so bleiben doch alle tanzbezogenen Errungenschaften und Qualitäten gleichzeitig verfügbar:

> „Natural dancing, dancing education, science of dance and art of dance, are, and will remain, four very valuable achievements of man" (LABAN 1971, 68).

Der Tanz als die ursprünglichste aller Künste („the primary art of man" LABAN 1971, 7) wurde wegen seiner heilsamen Effekte als magische Praktik in Heilungszeremonien angewandt.

> „In the beginning, dance was the sacred language through which we communed and communicated with the vast unknown. In the earliest times, the dancer was both healer and priest" (CHODOROW 1984, 39).

Schon in der prähistorischen Zeit empfanden die Menschen, daß Tanzen nicht nur Unterhaltungs- und Ventilfunktion besaß, sondern Möglichkeiten zur Selbsterfahrung und Selbsterziehung beinhaltete (vgl. LABAN 1971, 68). Zu allen Zeiten konnte der tanzende Mensch dem inneren Bestreben nachgeben, sein Leben durch die Hinwendung auf sein *inneres Selbst* zu bereichern und seine *Lebenskraft* zu stärken.

Im 20. Jahrhundert wurde diese starke, immanente Kraft („strange power of dance" LABAN 1971, 9) für die *Erziehung* und *Therapie* wiederentdeckt. Da der Wesenskern des Tanzes als überraumzeitlich bezeichnet wird, muß er in allen unzählbaren Erscheinungsfor-

23

men des Tanzes aufspürbar sein. Die Voraussetzungen dafür, daß sich das Wesen des Tanzes, die immanenten Möglichkeiten zur Bewußtseinsentfaltung, im Tänzer verwirklichen, sind jedoch entsprechend den Motiven und *Einstellungen*, die das Tanzen initiieren und begleiten, vielfältig (s. Kap. 4.2., 4.3., 5., 6.3.).

I Denkmodelle und Erkenntnisquellen

2. Philosophischer und kulturanthropologischer Ansatz nach Jean GEBSER

Die kulturanthropologische Betrachtung „Ursprung und Gegenwart" von Jean GEBSER stellt die Menschheitsgeschichte als einen Prozeß der Entfaltung oder Intensivierung des Bewußtseins dar, wobei dieser Weg der Bewußtwerdung durch den Ursprung geistig geprägt und gekennzeichnet ist:

„Das den Ursprung auslösende Phänomen ist geistiger Art" (GEBSER, GA III, 1986, 687).

Mit jeder Bewußtseinsmutation, nämlich von der archaischen zur magischen, mythischen, mentalen und zur integralen Bewußtseinsstruktur „stellt sich ein immer intensiveres Aufleuchten des Geistigen im Menschen dar" (GEBSER, GA III, 1986, 687). Dieser Prozeß der „Konkretion des Geistigen" ist nicht als Stufenfolge zu verstehen, wobei diese Stufen als minder- und höherwertig erachtet werden. Es ist vielmehr ein „schmerzhafter Weg der Bewußtwerdung (GEBSER, GA III, 1986, 687), der vom Ursprung, welcher das Ganze bereits in sich birgt, über die Distanzierung zur Ursprungsferne führt. Die Entfernung von der Ganzheit ist notwendig, denn erst über die Distanz entfaltet sich die Bewußtwerdung. Das Geistige wird immer vielaspektiger und bringt in jeder neuen Struktur andere Wirkungsweisen zum Ausdruck. Die Ausdrucksweise der magischen Struktur ist erlebnismäßig, der mythischen Struktur bildmäßig, der mentalen vorstellungsmäßig und der integralen wahrend und integrierend.

GEBSER beschreibt im zweiten Teil seines Werkes „Ursprung und Gegenwart" aperspektivische Ansätze, die zwar noch Versuche sind, aber in den schöpferischen Gestaltungen von Künstlern, Denkern und Wissenschaftlern durchscheinen. Sie verkörpern das neue Bewußtsein der integralen Struktur. Somit ist die Mutation von der mentalen zur integralen Bewußtseinsstruktur schon in Ansätzen vorhanden, aber das *integrale Bewußtsein* wird „nicht vollgültig, solange es nicht im Alltag gelebt wird" (GEBSER, GA III, 1986, 672).

Da dieses integrale Bewußtsein noch nicht von großen Teilen der Öffentlichkeit gelebt wird, kann von einem noch zukünftigen Bewußtseinswandel gesprochen werden. Umwandlungs-Prozesse mit dieser tiefgreifenden Mutation vollziehen sich über Generationen. Das heißt aber auch, daß das defizient mentale, das rationale Bewußtsein noch nicht überwunden ist (vgl. GEBSER, GA III, 1986, 673). GEBSER weist auf die Möglichkeit einer Katastrophe hin, die beim Zusammenstoß zweier Bewußtseinsformen eintreten kann und hat in Beispielen aufgezeigt, wie diese Katastrophen bereits aufgetreten sind. Mit nicht zu übersehender Hoffnung spricht er trotzdem seine Leser an und fordert sie zu aktiver Mitarbeit auf:

„Ein jeder aber kann durch seine Haltung und Handlungsweise dazu beitragen, daß sich der Konsolidierungsprozeß ohne den Umweg über eine mögliche Katastrophe vollzieht" (GEBSER, GA III, 1986, 673).

Erst wenn eine breite Öffentlichkeit die Ausschließlichkeit der mental-rationalen Bewußtseinsstruktur ablehnt, den Dualismus überwindet und sich den effizienten Qualitäten früherer Stufen vergegenwärtigend öffnet, erst wenn die hieraus möglich werdende Handlung in der Gegenwart den Ursprung wahrnimmt und wahrgibt, dann ist die mögliche Katastrophe umgangen.

Im Laufe der Menschheitsgeschichte realisierte sich das Geistige zunächst „dunkel in der Emotion, also magisch, dann zwielichtig in der Imagination, also mythisch, dann hell in der Abstraktion, also mental" (GEBSER, GA III, 1986, 688). Im integralen Bewußtsein werden alle Potenzen des menschlichen Geistes als neues Vermögen wirksam. Das Wesen dieses Bewußtseins ist durch die Diaphanität oder Transparenz gekennzeichnet. Die Realisations- und Denkform ist arational, das heißt ‚akausal' und ‚gänzlichend'. Die aperspektivischen Manifestationen des integralen Bewußtseins bieten Möglichkeiten der Befreiung, zum Beispiel der Ichfreiheit:

„*Die Ichfreiheit ist Freisein vom Ich, ist nicht Ich-Verlust oder -Verzicht*, ist nicht Ich-Mord, sondern Ich-Überwindung" (GEBSER, GA III, 1986, 677).

Hierbei ist der Einfluß des religiösen Aspektes[1] von bestimmender Bedeutung:

„Das Ganze, das wir magisch dumpf erleben, dessen wir mythisch in der Polarität der sich bildhaft schildernden Welt ansichtig werden, das wir, Teile und Summen addierend, uns mental-rational vorzustellen versuchen –, das Ganze wird wahrnehmbar durch alle Bereiche hindurch: Ursprung wird Gegenwart. Was durch Rückbindung, durch Religion aufrechterhalten, durch die Ratio jedoch immer stärker zerstört worden ist: die Anerkennung der Verklärung der Welt wird zu gegenwärtiger, präsenter Bindung, wird *Praeligio*. Die tiefe Wahrheit des Christlichen von der Transparenz, der Diaphanität der Welt, wird wahrnehmbar. Der laute Einbruch des Jenseitigen ins Diesseitige, die Präsenz des Jenseits im Diesseits, des Todes im Leben, des Transzendenten im Immanenten, des Göttlichen im Menschen wird transparent. Die Menschwerdung Gottes ist nicht vergeblich gewesen. Die zur Praeligio intensivierte Religion – damit soll, ohne Anspruch auf eine theologische Formulierung, die tiefe Christlichkeit der integralen Bewußtseinsstruktur umschrieben sein – ist Gegenwärtigung des Ursprungs, Anerkennung der Schöpfung und des Schöpferischen, Einordnung unseres Lebens als einer der zahlreichen sinnvollen Offenbarungen des Ganzen" (GEBSER, GA III, 1986, 671 f.).

Die Realisationsweise des *Integralen* erschöpft sich nicht im ermessenden Denken und Vorstellen des Mentalen, noch im mythischen Schauen der symbolhaften Bildlichkeit der Welt, noch im Erleben der magischen Einheit und Mächtigkeit (vgl. GEBSER, GA III, 1986, 671). In der *integralen Bewußtseinsstruktur* werden alle Ausschließlichkeiten vorangegangener Bewußtseinsstrukturen überwunden. Die effizienten Merkmale und Fähigkeiten aller Epochen werden integrierbar und verfügbar, ohne wieder in die defizienten Merkmale des Rationalen und des Irrationalen zurückzufallen. Der Dualismus wird endgültig überwunden. An die Stelle der raumgebundenen Synthesen und des Zeitdrucks tritt die Raum-Zeit-Freiheit, das ‚Achronon‘:

„Diese Raum-Zeit-Freiheit aber ist weder magisch-vital, noch mythisch-psychisch, noch mental-rational; sie ist geistig. Und in diesem Sinne ist die vierte Dimension in ihrer Fülle der erste Ausdruck einer Konkretion des Geistigen" (GEBSER, GA III,, 1986, 525).

Die Charakteristika der integralen Stufe sind Vierdimensionalität, Durchsichtigkeit, *Integration* und Arationalität.

Die Voraussetzung für diese notwendige Mutation vom mental-rationalen zum integralen Bewußtsein setzt an bei der aktiven Beteiligung jedes einzelnen Menschen.

„Alle Arbeit, die echte Arbeit, die wir zu leisten haben, ist jene schwerste und qualvollste an uns selbst. Sie ist eine Vorausnahme jener Schmerzen und Qualen, die, nehmen wir sie nicht freiwillig voraus, uns in dem sonst notwendigen Zusammenbruch persönlichen und universellen Charakters auferlegt würden. Wer sich dem Ursprung entzieht, wer seinen Auftrag, der ein geistiges Ansinnen ist, entzieht, handelt gegen den Ursprung. Wer gegen ihn handelt, hat keine Gegenwart, heute so wenig wie morgen" (GEBSER, GA III, 1986, 676).

Diese kulturanthropologischen Überlegungen kommen in der Untersuchung des Phänomens Tanz (s. Kap. 6.3., 7.3.) und bei der Konzeptualisierung eines integralen Ansatzes der Tanz-Pädagogik (s. Kap. III) zum Tragen.

3. Persönlichkeitsmodell und Menschenbild nach Sigmund FREUD

Der Körper-Geist-Dualismus, das heißt, die Vorstellung von Körper und Geist als zwei getrennten Erscheinungen, beherrscht das abendländische Denken seit ca. 2400 Jahren (vgl. DOUCET 1973, 43). Diese Trennung von Körper und Geist, die schon Aristoteles vorgenommen und begründet hatte, fand seine Bestätigung in DESCARTES' Axiom: ‚Ich denke, also bin ich.'

„Descartes war es dann, der dieses Bild (von der Einheit des Menschen, Anm. M.P.-B.) spaltete: er trennte Geist von Körper, Subjekt von Objekt, den Wissenschaftler vom Wissen – eine Kluft, deren Überwindung noch heute aussteht" (HAMPDEN-TURNER 1982, 30).

Der cartesianische Dualismus reduzierte und vergegenständlichte die menschliche Psyche und verhinderte eine ganzheitliche Betrachtung von Psyche und Gesellschaft (vgl. HAMPDEN-TURNER 1982, 33).

Dieser Dualismus, der durch DESCARTES geprägt wurde und sich später als korrespondierend mit NEWTONs Begriff der Mechanik erwies, beeinflußte auch nachhaltig die Medizin, die mehr und mehr dazu überging, Erkrankungen des Menschen nur im Zusammenhang mit seinem Körper zu diagnostizieren und zu behandeln:

„So erschien auch der menschliche Körper als eine Art Maschine, zusammengesetzt aus verschiedenen Einzelteilchen, die isoliert betrachtet und bei Bedarf repariert und ausgewechselt werden können – ohne daß es dazu der Betrachtung des gesamten Menschen und seiner Lebensbedingungen, Gefühle, Gedanken und Glaubensinhalte bedarf" (TEEGEN 1983, 12).

Eine weitreichende, revolutionäre Wende des Menschenbildes wurde durch die Begründer der Psychoanalyse eingeleitet. Die mechanistische Auffassung vom Menschen und der Glaube an die vorherrschende Stellung der Rationalität wurde in Frage gestellt.

Sigmund FREUDs Forschungen zur Hysterie erbrachten den Beweis, daß nicht angemessen verarbeitete seelische Erlebnisse und Konflikte in Körpersymptome umgewandelt werden:

„Er entdeckte, daß diese Umwandlung in zwei Richtungen verläuft: Die festgehaltene psychische Energie manifestiert sich als «Hysterie», wenn sie sich den «falschen Weg körperlicher Innervation» in das motorische oder sensible Nervensystem sucht (zum Beispiel bei hysterischer Lähmung oder Blindheit), oder als «Angst-Neurose», wenn sie in überschießende Reaktionen des vegetativen Nervensystems kanalisiert wird (Freud 1941)" (TEEGEN 1983, 25 f.).

Der psychoanalytische Neurosebegriff basiert auf der Vorstellung der Konversion: Gestörte somatische Funktionsabläufe werden als Folge, bzw. als Somatisierung von konflikthaften Erlebnis- und Verarbeitungsprozessen gedeutet.

Das Bemühen von FREUD und JUNG (s. Kap. 4.) um neue Erkenntnisse über das Wesen und Wirken des Psychischen, die Beschreibung und Erklärung des Unbewußten hatte weitreichende Auswirkungen auf die Psychologie, die Medizin[1] und die Pädagogik[2].

„Die Psychoanalyse hat die Einschränkung der psychologischen Forschung auf die bewußte Verstandestätigkeit überwunden und den Bereich der Gefühle, Stimmungen, die Einheit des Ichs und die Gegensätzlichkeit seiner Teile, den gesamten, unbewußten, psychischen Motivations- und Reaktionsbereich in die psychologische Erforschung der Entwicklungsvorgänge mit einbezogen. ... Die Erkenntnis der fundamentalen Bedeutung der frühen Kindheit für die seelische Entwicklung des Menschen, für die Ausformung seiner Persönlichkeit und für seine spätere seelische und körperliche Gesundheit" (HÖCHSTETTER 1976, 21).

In diesem Zusammenhang muß auch auf die Entwicklungsphasen hingewiesen werden, die FREUD als Muster für die Entwicklung der Persönlichkeit erkannte. Diese nicht unstrittige Phaseneinteilung (oral, anal, phallisch, ödipal, Latenzzeit, genital) wird in der FREUDschen Tanztherapie (s. Kap. 9.2.2.) unter besonderer Beachtung der Entwicklung des Körperbildes als eine wesentliche Grundlage für die Diagnose und Auswahl von therapeutischen Maßnahmen benutzt.

Unter Psyche (griech.: psychä, «Seele») verstand FREUD einen psychischen Apparat oder Seelenapparat, der sich aus den Instanzen Es, Ich und Über-Ich zusammensetzt und aus bewußten und unbewußten Teilen besteht. Das Es, die älteste der psychischen „Provinzen", umfaßt die ererbten und konstitutionell festgelegten Anlagen, vor allem „die aus der Körperorganisation stammenden Triebe" (FREUD 1972, 9).

In FREUDs Trieblehre (vgl. FREUD 1972, 11-14) werden diejenigen Kräfte, die FREUD hinter den Bedürfnisspannungen des Es annimmt und die die körperlichen Anforderungen an das Seelenleben repräsentieren, als Triebe bezeichnet. Die Vielfalt der Triebe, die in allen psychischen Instanzen anzutreffen sind, wurde in den frühen Schriften von FREUD auf wenige Grundtriebe zurückgeführt, vor allem auf den Eros und den Destruktionstrieb oder Todestrieb.

„Einen Anfangszustand stellen wir uns in der Art vor, daß die gesamte verfügbare Energie des Eros, die wir von nun ab *Libido* heißen werden, im noch undifferenzierten Ich-Es vorhanden ist und dazu dient, die gleichzeitig vorhandene Destruktionsneigung zu neutralisieren" (FREUD 1972, 12 f.).

Nach FREUD ist die Libido ebenso wie die Destruktionsenergie biologisch in der Zelle des menschlichen Körpers verankert.

„Das Es ist als Reservoir ursprünglicher und undifferenzierter Triebe vollkommen unbewußt und bleibt es auch. Das Ich, welches als rationales, vermitteltes Zentrum der Psyche die Forderung der Außenwelt mit den inneren Kräften ausbalanciert, ist teils bewußt und teils unbewußt. Ebenso verhält es sich mit dem Über-Ich, dem Ort der verinnerlichten moralischen Normen, die von Eltern und Autoritäten übernommen und internalisiert werden" (HAMPDEN-TURNER 1982, 40).

Die als willentlich abrufbaren psychischen Ereignisse, die bewußtseinsfähig und erinnerbar sind, werden als das Vorbewußte bezeichnet. Während die Hauptleistung des Über-Ichs darin besteht, Befriedigungen zu kontrollieren, ist es die Aufgabe des Ichs, auch die günstigste und gefahrloseste Art der Befriedigung herauszufinden, zum Beispiel die Ansprüche des Es, des Über-Ichs und der Realität zu versöhnen (vgl. FREUD 1972, 10 ff.).

FREUD (1972, 10) charakterisiert das Ich wie folgt:

„Infolge der vorgebildeten Beziehung zwischen Sinneswahrnehmung und Muskelaktion hat das Ich die Verfügung über die willkürlichen Bewegungen. Es hat die Aufgabe der Selbstbehauptung, erfüllt sie, indem es nach außen die Reize kennenlernt, Erfahrungen über sie aufspeichert (im Gedächtnis), überstarke Reize vermeidet (durch Flucht), mäßigen Reizen begegnet (durch Anpassung) und endlich lernt, die Außenwelt in zweckmäßiger Weise zu seinem Vorteil zu verändern (Aktiviät); nach innen gegen das Es, indem es die Herrschaft über die Triebansprüche gewinnt, entscheidet, ob sie zur Befriedigung zugelassen werden sollen, diese Befriedigung auf die in der Außenwelt günstigen Zeiten und Umstände verschiebt oder ihre Erregungen überhaupt unterdrückt."

Das Ich verdrängt sowohl Triebwünsche oder Es-Impulse, die sich nicht mit der vom Ich beobachteten Realität oder mit den vom Über-Ich gesetzten moralischen Normen vereinbaren lassen, als auch schmerzliche Erinnerungen und angstbesetzte Traumata ins Unbewußte. Es ist trotz der Aufgabe, den Ansprüchen seiner drei Abhängigkeiten von der Realität, dem Es und dem Über-Ich zu genügen, bestrebt, seine Selbständigkeit zu behaupten. Eine relative oder absolute Schwächung des Ichs, die ihm die Erfüllung seiner Aufgaben unmöglich macht, führt zu Krankheitszuständen.

„Wir haben es am Traum gesehen; wenn sich das Ich von der Realität der Außenwelt ablöst, verfällt es unter dem Einfluß der Innenwelt in die Psychose" (FREUD 1972, 31).

Das Über-Ich als das innere Gewissen ist nicht nur durch die Eltern und andere Autoritäten geprägt, sondern trägt auch das Ich-Ideal in sich, das sich ein Mensch zulegt und an dem er sich mißt. Das Über-Ich wird auch – oft gegen den bewußten Willen der erziehenden Generation – zum Träger der Tradition, weil auch unbewußte Idealvorstellungen der Eltern, bzw. deren Über-Ich auf die Kinder übertragen werden (vgl. HÖCHSTETTER 1976, 36 f.).

FREUDs Verständnis der Psyche, bzw. sein Bild des Menschen, kann als Modell der begrenzten Energie (vgl. HAMPDEN-TURNER 1982, 40-43) bezeichnet werden.

„Freuds gesamtes Konzept der Motivation stützt sich auf die Vorstellung der Spannungsverminderung. Die Psyche, der ein begrenzter Energievorrat zur Verfügung steht, erlebt, daß dieser durch die exzessiven inneren Konflikte aufgebraucht wird, so daß Spannungsreduktion ein vernünftiges Ziel wird" (HAMPDEN-TURNER 1982, 42).

Die FREUDsche Konzeption ist stark geprägt durch die Ich-Es-Spannung, die wiederum das menschliche Verhalten determiniert. FREUDs bildhafter Vergleich von Reiter und Pferd als Ausdruck für die Beziehungen zwischen Ich und Es belegen dies eindrücklich.

„Der Reiter zügelt, das Pferd aber hat die Kraft, der sich oft auch der Reiter nicht völlig widersetzen kann" (THOMAE 1960, 323).

FREUDs therapeutisches Anliegen bestand darin, das Ich zu stärken und es vom Es und Über-Ich unabhängiger zu machen. Auch wenn im Gesamtwerk andere Schichten angesprochen werden, so bleibt FREUD im Kern seiner Theorien doch dem geistigen Standort des kausal orientierten Materialismus verbunden (vgl. DOUCET 1973, 194).

„Hielt Freud an einem Weltbild fest, das auf durchgehender Determiniertheit und Meßbarkeit des Geschehens beruhte, und hoffte er, das komplexe Gefüge der Psyche durch die elementaren Mechanismen von Verdrängung, Verschiebung und Verdichtung durchsichtig zu machen, so konzentrierte sich das Interesse Jungs auf die Erfassung der Beziehungen zwischen Teil- und Gesamtpersönlichkeit. Hielt es Freud für möglich, das Psychische in elementare Bestandteile zu zerlegen, um aus den isolierten (Trieb-)Mechanismen und Einzelvorgängen den ganzen Menschen zu erklären, so faßte Jung das *Ganze der menschlichen Persönlichkeit* ins Auge, um die einzelnen Phänomene von der Gesamtheit her zu beurteilen und zu verstehen. Dieser Prozeß der Erfassung der psychischen Individualität dürfte um das Jahr 1921 einen ersten Höhepunkt erreicht haben" (FREY-ROHN 1969, 100).

Diese Einschätzung, die wir mit Liliane FREY-ROHN teilen können, verweist auf die Notwendigkeit, sich mit der Selbsttheorie von C. G. JUNG zu befassen, da sich letztere in konsequenter Fortsetzung FREUDscher Gedankengebäude, bzw. auch Abgrenzung und Überwindung der mechanistischen Auffassung vom Menschen bei FREUD (vgl. WYSS 1977, 920), als bedeutsames Beispiel eines auf Integration ausgerichteten Menschen- und Weltbildes darstellt.

Bezogen auf den Bereich des authentischen Selbst-Ausdrucks des Menschen im Tanz kann FREUDs Persönlichkeitsmodell nur von eingeschränkter Bedeutung sein. Sein Modell der Persönlichkeitsentfaltung zielt primär auf Ich-Stärkung. Für die Symbolsprache Tanz jedoch ist die Durchlässigkeit des Bewußtseins für Inhalte des Unbewußten, des FREUDschen Es, von grundlegender Bedeutung. Mein Tanzverständnis (s. Kap. 1.3.) beruht geradezu auf dem im Unbewußten verborgenen und durch Tanz erschließbaren Potential zur Selbst-Erfahrung und Selbst-Verwirklichung, zur Individuation ebenso wie zum Erlebnis von Gemeinschaft. Diese kreativen Kommunikationsprozesse von Individuen und Kollektiven verlaufen jedoch nicht nach einem mechanistischen Modell, sind nie allein durch Triebregulierung und Spannungsabbau erklärbar, sondern sind als dynamischer, aktiver Ausdruck von Sinnsuche deutbar. Im Zusammenklang von Bewußtsein und Unbewußtem entfalten sich im Tanz Botschaften der Selbst-Symbole auf dem Weg der Individuation.

4. Individuationsmodell und Menschenbild nach Carl Gustav JUNG

4.1. Die Theorie des Selbst

Im Gegensatz zur „naturwissenschaftlich-mechanistischen" (WYSS 1977, 920) Geisteshaltung FREUDs[1], betrachtet JUNG die psychischen Phänomene als Teile eines übergeordneten Integrals. Wegweisend für seine Forschung war die Vorstellung von der Integrationsfähigkeit der Persönlichkeit.

> „Da die menschliche Seele in untrennbarer Einheit mit dem Körper lebt, so kann sich die Psychologie nur künstlich von biologischen Voraussetzungen trennen, und da letztere durch die ganze belebte Welt und nicht nur für den Menschen gültig sind, so gewähren sie der wissenschaftlichen Grundlage eine Sicherheit, welche diejenigen des psychologischen Urteils, das nur im Bereich des Bewußtseins gilt, übertrifft" (JUNG, GW 8, 1971,133).

Körper und Seele stellen keine Gegensätze dar, sondern sind „Ausdruck *eines* Wesens":

> „Das eine ist das andere, und der Zweifel befällt uns, ob nicht am Ende diese ganze Trennung von Seele und Körper nichts als eine zum Zwecke der Bewußtmachung getroffene Verstandesmaßnahme, eine für die Erkenntnis unerläßliche Unterscheidung eines und desselben Tatbestandes in zwei Ansichten, denen wir unberechtigtermaßen sogar selbständige Wesenheit zugedacht haben" (JUNG , GW 8, 1971, 370).

An anderer Stelle betont JUNG (GW 7, 1964, 324 und 330) auch den Wechselwirkungszusammenhang zwischen geistiger Individualität und individuellem Körper und dessen Bedeutung für die Identität der Persönlichkeit.

> „Auf den Körper gründet sich auch die geistige Individualität, die nie zustande kommen kann, wenn nicht die Rechte des Körpers anerkannt werden. Umgekehrt kann auch der Körper nicht gedeihen, wenn die geistige Eigenart nicht angenommen wird" (JUNG, GW 7, 1964, 324).

JUNGs Interesse konzentrierte sich auf die Erfassung der Beziehungen zwischen Teil- und Gesamtpersönlichkeit, wobei die Tendenz zur Integration als grundlegende dynamische Qualität des Psychischen betrachtet wurde.

„Die Psyche stellt vielmehr eine bewußt-unbewußte Ganzheit dar" (JUNG, GW 8, 1971, 230).

Obwohl beide Forscher, FREUD und JUNG, gemeinsam bemüht waren, die in der medizinischen Psychologie vorherrschende Gleichsetzung von Psyche und Bewußtsein zu durchbrechen, indem sie die Theorie unbewußter Phänomene aufstellten und das Kräftespiel zwischen bewußten und unbewußten Anteilen der Psyche erforschten, so entstanden die Theorien jedoch auf sehr gegensätzlichen Auffassungen vom Menschen. JUNG war der Überzeugung, daß ein organisierendes Zentrum in der Seele wirke, das auf die Integration hinorientiert war, während FREUDs naturwissenschaftlicher Gesichtspunkt die Hypothese einer organisierenden Persönlichkeitsmitte nie zugelassen hätte (vgl. FREY-ROHN 1969, 102 ff.).

Während FREUD dem Ich eine teilweise organisierende Funktion zuschrieb, war die organisierende und zentrierende Persönlichkeitsmitte in JUNGs Theorie nicht identisch mit dem Ich, sondern mit dem *Selbst*:

„Darum ist die Kenntnis des Unbewußten unumgänglich und unerläßlich für jede wirkliche Selbsterforschung. Durch dessen Einbeziehung verschiebt sich das Persönlichkeitszentrum vom begrenzten Ich in das umfassendere Selbst, also in jene «Mitte», die beide Bereiche, Ichbewußtsein und Unbewußtes, in sich schließt und miteinander verbindet. Dieses Selbst ist der Zentrierungspunkt der wahren Persönlichkeit" (JUNG, GW 18/2, 1981, 882).

Das entscheidende Merkmal des Menschenbildes von JUNG besteht darin, „daß es finales (teleologisches) und kausales Denken verbindet" (HALL/LINDZEY 1978, 100). Das Verhalten eines Menschen wird demnach sowohl kausal (durch seine individuelle Biographie und Menschheitsgeschichte) als auch final (durch seine Ziele und seine Sinnsuche) erklärt. Neben die retrospektive Betrachtungsweise (mit dem Blick in die Vergangenheit) tritt die prospektive Ansicht (auf die zukünftige Entwicklung).

JUNGs ‚Analytische Psychologie' stützt sich auf zwei Hauptpfeiler:
a) den Grundsatz der psychischen Totalität und
b) den Grundsatz der psychischen Energetik (vgl. JACOBI 1977, 14).

a) Der erste Grundsatz weist die Psyche als eine bewußt-unbewußte Ganzheit aus. Der Kreis und die Kugel sind Symbole für die psychische Totalität, die im folgenden Diagramm durch die weitere Strukturierung der Psyche als Vierheit veranschaulicht wird (Abb. 1, aus: JACOBI 1977, 18).

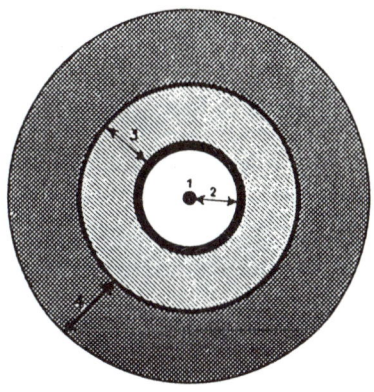

Abb. 1: Die Struktur der Psyche

1 = Ich
2 = Der Bereich des Bewußtseins
3 = Der Bereich des persönlichen Unbewußten
4 = Der Bereich des kollektiven Unbewußten

Das Ich, als Mittelpunkt abgebildet, stützt sich auf sein Bewußtsein, welches die Anpassung an die äußere Wirklichkeit bewerkstelligt. Das Ich (1) ist das Subjekt des Bewußtseins (2), welches über die Tätigkeit der bewußten Wahrnehmung die innere und äußere Welt erfährt.

„Wesentlich am Bewußtsein ist, daß nichts bewußt sein kann ohne das Ich, auf das es sich bezieht. Was nicht ans Ich angeschlossen ist, ist nicht bewußt. Daher kann man das Bewußtsein definieren als die Beziehung psychischer Inhalte zum Ich" (JUNG, GW 18/1, 1981, 27).

Der Teilbereich, der nicht wahrgenommen und ins Bewußtsein gehoben wird, aber bewußtseinsfähig ist, wird als der Bereich des persönlichen Unbewußten (3) bezeichnet. Er enthält ganz individuelle, für das Ich spezifische Inhalte und Erfahrungen. Im Gegensatz zum Tagbewußtsein wird gerade das Nachtbewußtsein des schlafenden und träumenden Menschen vornehmlich vom Unbewußten geprägt, welches sich komplementär bzw. kompensatorisch zum Bewußtsein verhält (vgl. JUNG, GW 9/2, 1976, 29 und 38 ff.). Das persönliche Unbewußte enthält somit Inhalte, deren persönlicher Ursprung erkennbar ist:

„… diese Inhalte sind persönliche Aneignungen oder Erzeugnisse von Instinktvorgängen, die zur Gesamtpersönlichkeit gehören. Ferner gehören hierzu vergessene oder verdrängte, sowie schöpferische Inhalte" (JUNG, GW 18/1, 1981, 53).

Der Bereich des kollektiven Unbewußten (4) umfaßt Inhalte, die nicht individuell erworben, sondern kollektiv vererbt sind. Diese Inhalte besitzen „mythologischen Charakter" und gehören „zur gesamten Menschheit, und daher sind sie kollektiver Natur" (JUNG, GW 18/1, 1981, 53):

„Das kollektive Unbewußte ist die gewaltige geistige Erbmasse der Menschheitsentwicklung, wiedergeboren in jeder individuellen Hirnstruktur" (JUNG, GW 8, 1971, 183).

Dieser Bereich der psychischen Ganzheit ist nur zum Teil, nie aber vollständig bewußtseinsfähig. Die Inhalte gelangen indirekt zum Beispiel über Bilder und Symbole im Traum, in Phantasien und aktiven Imaginationen[2] (s. Kap. 4.3.) zur Wirkung.

JUNG konnte im Rahmen seiner Mythenforschung und religionspsychologischen Untersuchungen epochen- und kulturübergreifende, quasi überzeitliche und von Raum-Zeitlichkeit unabhängige Motive, ‚Urbilder' nachweisen, die er später als Archetypen bezeichnete.

„Ein Archetyp ist ein typos (ein Geprägtes), eine festumgrenzte Anordnung archaischen Charakters, die sowohl der Form als dem Sinn nach mythologische Motive enthält. In reiner Form begegnen wir mythologischen Motiven in Märchen, Mythen, Legenden und in der Folklore. Einige der bekanntesten Motive sind: der Held, der Erlöser, der Drache (immer verbunden mit dem ihn überwindenden Helden), der Wal oder das Ungeheuer, das den Helden verschlingt. Eine andere Variante des Helden und des Drachens ist die Katabasis, der Abstieg in die Höhle, die Nekyia. Sie erinnern sich an die Odyssee, wo Odysseus ad inferos hinabsteigt, um Teiresias, den Seher, zu befragen. Dieses Motiv der Nekyia findet sich überall in der Antike und praktisch in der ganzen Welt. Es drückt den psychologischen Vorgang der Introversion des Bewußtseins in die tiefen Schichten der unbewußten Psyche aus" (JUNG, GW 18/1, 1981, 53 f.).

Für JUNG (vgl. GW 7, 1964, 126) verursacht die Unverbundenheit des Bewußtseins mit dem Unbewußten eine Instinkt- und Wurzellosigkeit des Menschen, denn der „Grund der Person ist archaisch, primitiv, angeboren, unbewußt und wahrscheinlich universell" (HALL/LINDZEY 1978, 100). Eine negative und abspaltende Einstellung zum Unbewußten negiert „jene psychologische Schicht, die für uns das kollektive Unbewußte ist, die Grund-Schicht, die in allen Menschen gleich ist" (JUNG, GW 18/1, 1981, 58). Das Unbewußte kann als das Gefährliche erscheinen, wenn das Individuum keinen gesicherten Standpunkt in der realen Welt besitzt. In Lebenssituationen mit bedeutenden Veränderungen und Erscheinungen kann ein Einbruch des Unbewußten stattfinden (vgl. JUNG, GW 7, 1964, 110), aber in allen „gewöhnlichen Fällen ist das Unbewußte nur dann gefährlich, weil wir uneins damit und daher im Gegensatz dazu sind" (JUNG, GW 7, 1964, 126).

„Die negative Einstellung zum Unbewußten, resp. die Abspaltung desselben, ist insofern nachteilig, als dessen Dynamik mit der *Energie der Instinkte identisch ist*" (JUNG, GW 7, 1964, 126).

b) Das Ich und das Unbewußte sind Teile eines Ganzen, welches durch das Prinzip der *Selbstregulierung* gekennzeichnet ist. Die Gesamtpersönlichkeit wird als entwicklungsfähig betrachtet. Der Entwicklungsprozeß, der sich als Integrationsprozeß der bewußtseinsfähigen Inhalte darstellt, bedeutet Selbstwerdung:

„Er bedeutet die Ganzwerdung des psychischen Menschen, welche für das Ichbewußtsein ebenso merkwürdige wie schwer zu beschreibende Folgen hat. ... Wenn unbewußte Teile der Persönlichkeit bewußt gemacht werden, so ergibt sich daraus nicht etwa nur eine Assimilation derselben an die schon längst bestehende Ichpersönlichkeit, sondern vielmehr eine Veränderung letzterer" (JUNG, GW 8, 1971, 255).

Man könnte an dieser Stelle zur Erläuterung das Gestaltgesetz ,Das Ganze ist mehr als die Summe seiner Teile' (EHRENFELS) anführen, um zu verstehen, daß eine Assimilation neuer Bewußtseinsinhalte nicht eine quantitative, sondern qualitative Veränderung des Bewußtseins und damit der Persönlichkeit darstellt.

Eine Veränderung des Ichs und damit des festgefügten Komplexes, welcher mit Bewußtsein verbunden ist, kann zu pathologischen Störungen führen, wenn das Ich unfähig ist zur Assimilation. Ist die Struktur des Ichkomplexes jedoch kräftig genug, den Ansturm unbewußter Inhalte zu ertragen, dann kann eine Assimilation eintreten und das Ich verändern.

„Das Ich kann nämlich nicht umhin zu entdecken, daß der Zustrom an unbewußten Inhalten die Persönlichkeit belebt und bereichert und eine Gestalt aufbaut, welche an Umfang und Intensität das Ich irgendwie überragt. ... Auf diese Weise unterstellt sich der Wille als disponible Energie allmählich dem stärkeren Faktor, das heißt der neuen ganzheitlichen Gestalt, die ich das *Selbst* bezeichnet habe" (JUNG, GW 8, 1971, 256).

JUNG unterscheidet zwischen Bewußtwerdung und Selbstwerdung:

„Das Selbst aber begreift unendlich viel mehr in sich als bloß ein Ich, wie die Symbolik seit alters beweist: es ist ebenso der oder die anderen wie das Ich. Individuation schließt die Welt nicht aus, sondern ein" (JUNG, GW 8, 1971, 258).

Unter Individuation versteht JUNG den Entwicklungsvorgang der Selbst-Verwirklichung, den Prozeß zur

„... Verwirklichung der ursprünglich im embryonalen Keim angelegten Persönlichkeit in all ihren Aspekten" (JUNG, GW 7, 1964, 120).

Als Ziel der Psychotherapie betrachtet JUNG die Individuation, also den Differenzierungsprozeß, der die Entfaltung aller Fähigkeiten, Anlagen, Möglichkeiten eines Individuums durch stufenweise

Bewußtwerdung seiner innerpsychischen Funktionen bedeutet. Über die Integration von Inhalten des Unbewußten in das Bewußtsein wird die Integriertheit, also die psychische Ganzheitlichkeit angestrebt.

Die Entfaltung des Ganzen einer Persönlichkeit stellt jedoch „ein ideales und nie erreichtes Ziel" dar (JUNG, GW 8, 1971, 205). Aufgrund dieser Bestimmungsmerkmale müssen wir JUNG als einen Vertreter einer Persönlichkeitstheorie sehen, die das Selbst als *Potential*, *Prozeß* und *Ziel* begreift. Hinsichtlich dieser drei Konzepte stimmen die Persönlichkeitstheorien von JUNG und FROMM (s. Kap. 5.1.) überein.

Darüber hinaus eröffnet uns folgende Definition der Selbstwerdung nach JUNG die Erkenntnis, daß sein Selbstmodell ebenfalls als ein *Postulat* zu verstehen ist:

„Es (das Selbst, Anm. M.P.-B.) drückt die Einheit und Ganzheit der Gesamtpersönlichkeit aus. Insofern aber letztere infolge ihres unbewußten Anteils nur zum Teil Bewußtsein sein kann, ist der Begriff des Selbst eigentlich zum Teil potentiell empirisch und daher im selben Maße ein Postulat. Mit anderen Worten, er erfaßt Erfahrbares und Unerfahrenes, bzw. noch nicht Erfahrenes. Diese Eigenschaften hat er mit sehr vielen naturwissenschaftlichen Begriffen, welche mehr Nomina als Ideen sind, gemein. Insofern die Ganzheit, welche aus bewußten sowohl wie aus unbewußten Inhalten besteht, ein Postulat ist, ist ihr Begriff transzendent, denn sie setzt das Vorhandensein von unbewußten Faktoren aus empirischen Gründen voraus und charakterisiert damit eine Wesenheit, die nur zum Teil beschrieben werden kann, zu einem anderen Teil aber pro tempore unverkennbar und unbegrenzbar bleibt" (JUNG, GW 6, 1960, 512 f.).

Insofern das Selbst eine „complexio oppositorum, eine Vereinigung von Gegensätzen darstellt", so erscheint es in Träumen, Mythen und Märchen in der Gestalt von Ganzheitssymbolen (wie Kreis, Viereck, Kreuz) und als eine „geeinte Zweiheit", „wie z.B. das Tao als Zusammenspiel von yang und yin" (JUNG, GW 6, 1960, 513).

JUNGs Selbstmodell ist aus folgenden Gründen eine bedeutsame Erkenntnisquelle dieser Untersuchung: Gerade wegen des Doppelaspekts der JUNGschen Psychologie als Heilsweg im engen Sinne (medizinischer Aspekt, Heilung psychogener Leiden) und im weiteren Sinne (Weg der Persönlichkeitsentfaltung und Selbsterkenntnis) bietet sie Grundlagen für die theoretischen und praxisorientierten Fragestellungen an.

Der Individuationsprozeß, als Methode und Weg der Selbst-Verwirklichung, besteht in der schrittweisen Annäherung an die Inhalte und Funktionen der psychischen Gesamtheit und bewirkt beim Menschen, daß er sich zu dem bekennt, was er von Natur aus ist, im Gegensatz zu dem, was er sein möchte (vgl. JACOBI 1977, 132).

Die Erweiterung seines Bewußtseins ist auch nicht ausschließlich auf das Ich, als Subjekt des Bewußtseins beschränkt, denn es gibt auch das Bewußtsein des Fühlens, des Willens, der Angst, der Wahrnehmung (vgl. JACOBI 1977, 158).

Die Psyche, die nach JUNG untrennbar mit dem Leib verbunden ist, kann erst dann ihre Totalität verwirklichen, wenn alle vier Grundfunktionen[3] (Denken, Intuieren, Fühlen, Empfinden) ins Bewußtsein gehoben sind. Neben dieser Erweiterung des Bewußtseins müssen noch weitere Strukturanteile integriert werden, damit sich das Individuum zu einem ‚runden‘, vollkommenen Menschen[4] verwirklichen kann. Als wesentliche Systeme sind hier das persönliche Unbewußte mit seinen Komplexen, das kollektive Unbewußte mit seinen Archetypen, dem Schatten, der Persona und dem Animus und der Anima[5] zu erwähnen.

Der Weg der Selbst-Verwirklichung ist ebenso bestimmt durch die Sehnsucht, einen Sinn des Lebens zu finden. In diesem Gedankenstrang werden auch den Krisen in der Entwicklung und den Störungen des seelischen Gleichgewichts Bedeutungen auf dem Weg der individuellen *Sinnsuche* zugesprochen (vgl. JUNG, GW 7, 1964, 20 ff., 149, 177 f., 326 ff./GW 17, 1972, 207 f.). In diesem Konzept der Sinnfindung liegt eine weitere Parallele zur Persönlichkeitstheorie von FROMM (1980, 33; s. Kap. 5.1.).

Des weiteren ist JUNGs Unterscheidung zwischen dem individuellen und kollektiven Unbewußten für den angesprochenen Problemzusammenhang bedeutsam. Erst wenn Teile des Unbewußten ins Bewußtsein integriert werden, das heißt nicht nur intellektuell, sondern auch emotional verstehbar, dann nähert sich der Mensch seiner Ganzheit:

„Die bewußte Ganzheit besteht in einer geglückten Vereinigung von Ich und Selbst, wobei beide ihre wesentlichen Eigenschaften bewahren. Tritt statt der Vereinigung eine Überwältigung des Ich durch das Selbst ein, dann erreicht auch das Selbst nicht jene Form, die es haben sollte, sondern bleibt auf einer primitiveren Stufe stehen und kann dann nur durch archaische Symbole ausgedrückt werden" (JUNG, GW 8, 1971, 256).

Aus tiefenpsychologischer Sicht treten die beiden Aspekte des Lebens, das Bewußtsein und das Unbewußte, fortwährend in einen Austausch. Wenn ein Bereich den anderen unterdrückt, erkrankt der Mensch an seiner Einseitigkeit. Unterdrückt das Ichbewußtsein das Unbewußte, dann stellen sich Neurosen ein (vgl. JUNG, GW 9/1, 1976, 306). Wenn hingegen das Unbewußte das Bewußtsein überschwemmt und die Überhand gewinnt, droht die Psychose. Erfolgt jedoch eine konfliktreiche Auseinandersetzung zwischen dem Bewußtsein und dem Unbewußten, vollzieht sich eben die Vereinigung bewußter und unbewußter Inhalte. Aus dieser Vereinigung ergeben sich neue Situationen und Bewußtseinslagen, die im Prozeß der Symbolbildung aufscheinen. JUNG (GW 9/1, 1976, 307) hat diese Vereinigung von Gegensätzen als die *„transzendente Funktion"*[6] bezeichnet.

In seinen symbolbildenden Prozessen transformiert der Mensch Bedeutungen und Daten aller vier psychischen Funktionen:

„Das Ahnungsreiche und Bedeutungsschwangere des Symbols spricht ebensowohl das Denken wie das Fühlen an, und seine eigenartige Bildhaftigkeit, wenn zu sinnlicher Form gestaltet, erregt die Empfindung sowohl wie die Intuition" (JUNG, GW 6, 1960, 520).

Die komplexe Natur von Symbolen läßt sich somit dadurch erklären, daß im Formungsprozeß Gegensätze vereinigt werden, zum Beispiel zwischen Geistigkeit und Sinnlichkeit (vgl. JUNG, GW 6, 1960, 521). Die Spannung der Gegensätze fließt bei gelungener Vereinigung in einem Symbol zusammen, welches dann lebensfördernde und energiefreisetzende Wirkung haben kann, denn das „zwischen Thesis und Antithesis zerspaltene Ich" (JUNG, GW 6, 1960, 521) findet einen „mittleren Grund", eine Erlösung aus der Spaltung. Insofern die individuellen und die sozialen Symbole jeweils Aspekte des Bewußtseins und des Unbewußten integriert haben, stellen sie eine neue Bewußtseinslage dar. Eine allgemeine Wirkung haben Symbole aber nur so lange wie sie bedeutungsvoll, das heißt ‚lebendig' sind:

„Lebendig heißt ein Symbol aber nur dann, wenn es ein best- und höchstmöglicher Ausdruck des Geahnten und noch nicht Gewußten auch für den Betrachtenden ist. Unter diesen Umständen bewirkt es unbewußte Anteilnahme. Es hat lebenerzeugende und -fördernde Wirkung" (JUNG, GW 6, 1960, 518).

Die großen Lebensprobleme und wichtigen Entscheidungssituationen eines Menschen im Laufe seiner Entwicklung stehen immer in Beziehung zu den urtümlichen Bildern des kollektiven Unbewußten. Das kollektive Unbewußte, als Quelle aller Schöpferkraft, ist das Reservoir der Archetypen, deren Sinn eben in jener *Urerfahrung* liegt, die sie symbolisieren und vermitteln. In allen Kulturen finden sich, dem phylogenetisch bedingten Strukturanteil des Menschen entsprechend, die gleichen Motive der archetypischen Bilder.

„Die Summe der Archetypen bedeutet also für JUNG die Summe aller latenten Möglichkeiten der menschlichen Psyche: ein ungeheures, unerschöpfliches Material an uraltem Wissen um die tiefsten Zusammenhänge zwischen Gott, Menschen und Kosmos. Dieses Material in der eigenen Psyche zu erschließen, es zu neuem Leben zu erwecken und dem Bewußtsein zu integrieren, heißt darum nicht weniger, als die Einsamkeit des Individuums aufzuheben und es einzugliedern in den Ablauf ewigen Geschehens. Und so wird, was hier angedeutet wurde, mehr als Erkenntnis und Psychologie. Es wird zur Lehre und zum Weg. Der Archetypus als Urquelle der gesamt-menschlichen Erfahrung liegt im Unbewußten, von wo aus er machtvoll in unser Leben eingreift. Seine Projektionen aufzulösen, seine Inhalte ins Bewußtsein zu heben, wird zur Aufgabe und Pflicht" (JACOBI 1977, 54).

4.2. Transparenz und Transzendenz

C. G. JUNG artikuliert in seiner Analytischen Psychologie grundlegende Fragen des menschlichen Lebens, die weit über den ärztlichen und psychotherapeutischen Bereich hinausgehen. Zum Beispiel zielt die Individuation, ein Zentralbegriff JUNGscher Psychologie, auch auf einen schöpferischen Lebensstil, auf die Entfaltung aller Potentiale, auf die Entfaltung von Eros und Logos, von weiblichen und männlichen Anteilen, von Beziehungsfähigkeit und sachlichem Interesse. Aber in seinen Theorien stellt JUNG die Psyche durchgängig in den Vordergrund und vernachlässigt den Körper und die realen Bezüge zum Lebensalltag. Die Ganzheit der Persönlichkeit wird zwar als Körper-Seele-Geist-Einheit postuliert, aber der zentrale Untersuchungsgegenstand ist die Totalität der Psyche[7]. Hinsichtlich der sozialen und politischen Zusammenhänge, die die Ganzheit der Persönlichkeit ebenfalls ausmachen, leistet das Menschenbild Erich FROMMs eine notwendige Ergänzung und Erweiterung der Bezüge (s. Kap. 5.1.).

JUNGs Analytische Psychologie ist eng verknüpft mit Gedanken über religiöse Erfahrungen, über Transzendenz. Psychotherapie verstand JUNG nicht nur als ärztliche Kunst, sondern auch im ursprünglichen Sinne als Seelsorge. C. G. JUNG erlebte Religiosität in seinem eigenen Leben als Urerfahrung. Diese persönliche religiöse Erfahrung stellte für ihn Wirklichkeit und Warheit dar. Sein religiöses Erleben empfand JUNG als Überwindung seiner Gespaltenheit, und es sollte auch wichtig sein für die Überwindung der Gespaltenheit seiner Zeit. Orientierungslosigkeit und psychisches Leiden deutete er als Sinn-Verlust. Psychische Heilung und Sinnfindung gehören in der Psychotherapie zusammen. Die Begegnung mit dem Göttlichen im Menschen ist die Begegnung mit seinem Selbst. Die *Symbole des Selbst* begleiten und intensivieren den Weg der Individuation.

„Angesichts der Vielgestaltigkeit der religiösen Symbole, die ihm im Traummaterial seiner Patienten entgegentrat, hütete er sich, eine bestimmte Religion als *den* Sinn-Bezug vorzugeben. Wichtig war ihm allein, daß Religiosität nicht als Glaubensdogma übernommen, sondern aus persönlicher Erfahrung geschöpft werde" (EVERS 1987, 175 f.).

Der Begriff Individuation enthält eine „vorwärtstreibende, zur Selbst- und Strukturveränderung befähigende Potenz", „die bisherige Theorien emanzipatorischen Handelns auf der Grundlage des Paradigmas Marx/Freud nur außerhalb ihrer selbst, gleichsam sich selbst zum Trotz finden" (EVERS 1987, 43). In der „Vorstellung einer schrittweisen, innengeleiteten Auszeugung der jedem Menschen innewohnenden Transzendenz" (EVERS 1987, 177) besitzt JUNG eine Affinität zu GEBSER, der die Transparenz und Transzendenz der integralen Bewußtseinsstruktur wie folgt beschreibt:

> „Der Ursprung, aus dem heraus jeder Augenblick unseres Lebens lebt, ist göttlich geistiger Art. Wer das verneint, verneint sich selber. Und es gibt derer ja genügend, die das heute tun. Wer es nicht verneint, in aller Einfachheit und Aufgeschlossenheit nicht verneint, ist heute bereits ein Mitarbeiter der Aperspektive, der integralen Bewußtseinsstruktur. Sie gründet in der Bewußtwerdung und Durchsichtigwerdung des Ganzen" (GEBSER, GA III, 1986, 674).

Die religionsphilosophischen Anteile in JUNGs Werk sind wertvoll, weil sie einen Weg zu jener individuellen Tiefenschicht eröffnen, aus der heraus die geistig-transzendente Dimension menschlicher Existenz mit den ihr eigenen Wirkgesetzen erfahrbar wird.

> „Bei seinem Gang in die Tiefe der menschlichen Psyche hat Jung eine Region erschlossen, in der Geist und Materie sich zu berühren und in eine übergeordnete Einheit aufzugehen scheinen. Mich beeindruckt die Analogie zur heutigen Naturwissenschaft, die, von der materiellen Seite kommend, im Mikrobereich an entsprechende Berührungen mit geistigen Prinzipien gelangt und die dabei ist, im mathematischen Modell die Trennwand zum Metaphysischen zu durchstoßen. ... Für mein Empfinden hat Jung durch seine Erforschung der archetypischen Energien und Ordnungsprinzipien ein Stück Existenzwissen erarbeitet..." (EVERS 1987, 178).

C. G. JUNGs großes Verdienst besteht darin, daß er sein eigenes Leben der Erforschung des Unbewußten gewidmet hat. Die Kehrseite dessen ist, daß er seinen Weg auch für andere Menschen zum Ziel geistig-seelischer Entfaltung erklärte, „ohne Rückreise in die gebrochene Außenwelt" (EVERS 1987, 179).

Problematisch und kritisierbar sind JUNGs Gedanken da,

– wo er die „Begegnung mit dem Transzendenten *nur noch* in dieser Weise der innerpsychischen Selbst-Begegnung zuläßt" (EVERS 1987, 179), wo er also unfähig wird, Gott als Gegenüber des Menschen anzusprechen,

– und wo er die reale Wirklichkeit, die physische Außenwelt verunwirklicht und ausgrenzt.

Positiv zu bewerten ist, daß JUNG die Grenzen zwischen wissenschaftlicher Psychologie und Religion durchlässig gemacht hat, denn über Jahrhunderte gehörten Theologie, Philosophie und Psychologie zusammen; erst im 19. Jahrhundert haben sie sich voneinander getrennt:

„Sollte dieses Diktum des positivistischen Jahrhunderts unanfechtbar gelten? In allen Kulturen außer unserer abendländischen, und auch in dieser erst seit der Aufklärung, gilt Religiosiät nicht als Gegensatz, sondern als Summe der Wissenschaft. Sollte tatsächlich die Geistesgeschichte erst mit der Aufklärung begonnen haben und alles andere Vorgeschichte gewesen sein? Eine Psychologie, die ihren Namen verdient, kann meines Erachtens die Frage nach der Transzendenz, die seit Menschengedenken als wesentliche Dimension des Seelischen gilt, nicht ausklammern" (EVERS 1987, 181).

Diesen Transzendenz-Begriff teilt auch Karlfried Graf DÜRCKHEIM in seinem Beitrag „Auf dem Weg zur Transparenz" in der Festschrift „Transparente Welt" zum sechzigsten Geburtstag von Jean GEBSER:

„Wachsende Transparenz kennzeichnet das Fortschreiten auf dem Wege der Selbstverwirklichung. Selbstverwirklichung meint Artikulation aus dem Wesen, meint Bewußtwerdung des weltunabhängigen *Wesens* in der Welt. Der Mensch wird Er-Selbst als eine Integration von Wesen und Welt-Ich. ... Transparenz ist diejenige Gesamtverfassung, in der der Mensch in seinem Welt-Ich durchsichtig und durchlässig ist für das Wesen *und* fähig, es in der Welt zu bezeugen" (DÜRCKHEIM 1965, 233).

DÜRCKHEIM, der Begründer der Initiatischen Therapie, die wesentlich von der JUNGschen Tiefenpsychologie beeinflußt ist, verweist also stärker als JUNG auf die Verpflichtung, die der Mensch übernimmt, um die Ganzheitskraft des Selbst als wirkendes Potential in der Welt zu verwirklichen. Hier ist der verantwortungsvolle Umgang mit der Natur ebenso gefragt wie der mitmenschliche Kontakt.

Transparenz und Transzendenz[8] wachsen im Prozeß der Selbst-Verwirklichung aber nicht ohne die Arbeit an sich selbst (vgl. DÜRCKHEIM 1965, 249). Um *leibhaftig in der Welt* zu sein, zu leben, zu kämpfen, zu lieben und zu gestalten" (DÜRCKHEIM 1965, 250) bedarf es der Begegnung mit dem Unbewußten.

Das kollektive Unbewußte enthält ungeschieden alle *Ursprungskräfte* des Menschen, das heißt die Potenzen zur höchsten geistig-seelischen Entfaltung ebenso wie zu ihrem Gegenteil. So entscheidet sich die Richtung dieser archetypischen Wirkkraft immer im Gegenüber, im urteilenden Bewußtsein jedes Einzelnen. Die Zeit des Faschismus zeigt, welche Fehler im Umgang mit dieser Kraft nicht gemacht werden dürfen: „Hingabesüchte, Flucht aus Widerspruch, Komplexität und Verantwortung, Gefühlsseligkeit und Intellektfeindschaft, Gemeinschaft ohne Autonomie ... " (EVERS 1987, 238).

Im Nationalsozialismus wurde die Kraft dieser Tiefenschicht in Richtung auf entmenschlichende Vermassung, Destruktion und Animalität verwendet.

„Verantwortlich gemacht werden kann dafür nicht das kollektive Unbewußte, geschweige denn sein Entdecker Jung, sondern der Gebrauch, der davon gemacht wurde" (EVERS 1987, 238).

Die psychische Energie ist wie jede Energie zunächst gestaltlos und ungerichtet. Wer die Wirkkraft der Archetypen zum humanen und friedlichen Gebrauch kanalisiert, fördert den emanzipatorischen Gehalt in JUNGs Psychologie zutage. Dieser basiert auf dem Mythos des Einzelnen, der Individuation, nicht auf dem Kollektivmythos. Dabei konfrontiert uns JUNG auch mit unserer eigenen Gespaltenheit (Rationalität, A-Rationalität), fordert den Intellekt auf, das Arationale nicht als Ärgernis und Störfaktor, sondern als potentiell tragende Kraft anzuerkennen (vgl. EVERS 1987, 239).

Der Versuch von Tilman EVERS (1987), den latenten emanzipatorischen Gehalt in der Psychologie C. G. JUNGs herauszuarbeiten, kommt in folgenden Gedanken überzeugend zum Ausdruck:

„So kann das psychisch Autonome ... angeeignet werden als Ursprung einer Autonomie des Handelns, die trennt und verbindet" (240). „Ein gesellschaftspolitisches Handeln, das nicht angeschlossen ist an das Reservoir mythischen Wissens und Erlebens, wird kraft- und wirkungslos bleiben" (231).

So zeigt EVERS wertvolle Verbindungslinien zwischen Gesellschaftsveränderung und Selbstveränderung, Autonomie und Gemeinschaft, Politik und Spiritualität auf. Er sieht die Gefahren politischer Ausbeutung von Archetypen, aber auch die Möglichkeiten befreiender Wirkkraft, wenn

- die Introspektion nicht ohne Rückbezug zur Außenwelt geschieht,
- archetypische Prozesse nicht unter Verzicht auf das urteilende Bewußtsein ablaufen und
- die „Ganzheit" nur als Arbeit an Brüchen verstanden wird, denn nur der gebrochene Mythos ist heute heilsam.

In diesem Sinne von Selbst- und Gesellschaftsveränderung können die Wirkkräfte des Unbewußten auch im Tanz aktiviert, entäußert und sinnlich-reflexiv verarbeitet werden. Daß in der heutigen Gesellschaft archetypische Prozesse im Tanz primär den gebrochenen Mythos aufarbeiten, zeigen Beispiele aus der Tanz-Kunst und der Tanz-Therapie (s. Kap. 7.2.5., 7.3., 9.2.3.).

4.3. Das Verhältnis zwischen der Symbolsprache Tanz und der „aktiven Imagination"

„Was ist Tanz? Raum, Symbol; Endliches mit Unendlichem geformt, durchdrungen, gebaut" (WIGMAN 1933, 19).

Mit dieser Aussage charakterisiert Mary WIGMAN den Tanz als eine raumbetonte geformte Sprache, die in sich Gegensätze vereinigt, Bewußtes und Unbewußtes, Persönliches und Überpersönliches. In diesem Zusammenklang von innerer und äußerer Bewegung, von individueller Präsenz und kollektiver Bedeutung entsteht ein ‚authentischer Tanz'. Authentischer Tanz erwächst aus der

„Selbst-tätigkeit", dem Individuellen, aber läßt gleichzeitig „Universelles" (zur LIPPE 1987, 438) hindurchtönen:

„Authentisch ist die Geste am Leben, das sie ausdrückt. Das bedeutet aber, daß sie als individuelles Zeugnis authentisch ist, wie sie zum anderen vom Universellen zeugen muß" (zur LIPPE 1987, 458).

Die Verkörperung universeller Symbole, von archetypischem Material durch Tanz ist eine Form der aktiven Imagination (vgl. CHODOROW 1986, 87, 91). Die aktive Imagination ist eine „Methode der Introspektion, nämlich der Beobachtung des Flusses innerer Bilder" (JUNG, GW 9/1, 1976, 206 f.). Die aktive Imagination

„... konnte je nach individueller Neigung und Begabung in dramatischer, dialektischer, visueller, akustischer, tänzerischer, malerischer, zeichnerischer oder plastischer Form geschehen" (JUNG, GW 8, 1971, 232).

JUNG (GW 13, 1978, 31) berichtet aus seiner eigenen psychotherapeutischen Praxis über Patientinnen, die der aktiven Imagination durch Tanz Ausdruck verleihen:

„Ich habe einige Fälle unter meinen Patienten beobachtet, Frauen, die nicht zeichneten, sondern die Mandalas tanzten. In Indien existiert dafür der Terminus: Mandala nritya = Mandalatanz. Die Tanzfiguren drücken denselben Sinn aus wie die Zeichnungen. Die Patienten selber können wenig über den Sinn der Mandalasymbole aussagen. Sie sind nur davon fasziniert und finden sie irgendwie in bezug auf den subjektiven seelischen Zustand ausdrucks- und wirkungsvoll."

C. G. JUNG hat des weiteren von Klienten berichtet, die ihre Mandala-Bilder in Bewegung umsetzten; den meisten Patienten fehlte jedoch aufgrund der stark ausgeprägten Selbstkontrolle der Mut, dies zu tun (vgl. CHODOROW 1986, 89).

Die aktive Imagination fördert die Begegnung des Individuums mit den Inhalten des Unbewußten. Als das Unbewußte sind nach JUNG die Teile der Innenwelt eines Menschen zu verstehen, die nicht mit dem Ich als Zentrum des Bewußtseinsfeldes in Beziehung stehen.

„...; alles, was ich weiß, an das ich aber momentan nicht denke; alles, was mir einmal bewußt war, jetzt aber vergessen ist; alles, was von meinen Sinnen wahrgenommen, aber von meinem Bewußtsein nicht beachtet wird; alles, was ich absichts- und aufmerksamkeitslos, d.h. unbewußt fühle, denke, erinnere, will und tue; alles Zukünftige, das sich in mir vorbereitet und später erst zum Bewußtsein kommen wird; all das ist Inhalt des Unbewußten" (JUNG, GW 8, 1971, 214 f.).

Diese Inhalte und auch die mehr oder weniger absichtlichen Verdrängungen unangenehmer Vorstellungen und Eindrücke bilden gemeinsam das *persönliche Unbewußte*. Gegenüber dem persönlichen Unbewußten, das also durch die individuelle Lebensgeschichte geprägt wird und alles Vergessene, Verdrängte, unterschwellig Wahrgenommene umfaßt, besteht das

„… kollektive Unbewußte aus Inhalten, die den Niederschlag der typischen Reaktionsweisen der Menschheit seit ihren Uranfängen – ohne Rücksicht auf historische, ethnische oder andere Differenzierung – in Situationen allgemein menschlicher Natur darstellen, also z.b. Situationen wie Angst, Gefahr, Kampf gegen Übermacht, Beziehung der Geschlechter, der Kinder zu den Eltern, väterliche und mütterliche Gestalten, Haltungen zu Haß und Liebe, zu Geburt und Tod, die Macht des hellen und des dunklen Prinzips usw." (JACOBI 1977, 20).

Diese archetypischen Motive lassen sich in der Diskussion über Tanzthemen des Klassischen Balletts, des Modernen Ausdruckstanzes und Tanztheaters wiederfinden (s. Kap. 7.).

Den Zusammenhang zwischen dem *kollektiven Unbewußten* und den Archetypen als den „präexistenten Formen", die kollektiv unbewußt vererbt werden, aber bewußtseinsfähig sind, bestimmt JUNG wie folgt:

„Der *Begriff des Archetypus*, der ein unumgängliches Korrelat zur Idee des kollektiven Unbewußten bildet, deutet das Vorhandensein bestimmter Formen in der Psyche an, die allgegenwärtig oder überall verbreitet sind. … Das kollektive Unbewußte entwickelt sich nicht individuell, sondern wird vererbt. Es besteht aus präexistenten Formen, Archetypen, die erst sekundär bewußtwerden können und den Inhalten des Bewußtseins festumrissene Form verleihen" (JUNG, GW 9/1, 1976, 55 f.).

Die Archetypen sind als zeitüberdauernde und lebensnotwendige Grundausstattung der menschlichen Psyche zu verstehen, in der „alle Potenzen sowohl zum Archaisch-Regressiven wie zur differenziertesten Entfaltung und zur vorausahnenden Neuschöpfung enthalten sind" (EVERS 1987, 30). Als Wirkkräfte sind die Archetypen im kollektiven Unbewußten zunächst gestaltlos, sind Prä-Formationen. Erst über ihre Wirkungen, nämlich bildhafte Symbolgestalten und begleitende Empfindungen und Gefühle werden sie sinnlich erfaßbar. Die Archetypen sind somit keine fixierbaren Konstanten, sondern haben einen *dynamischen Charakter.* Sie sind persönlich und zeitgeschichtlich überformt.

> „Die Urbilder sind unendlicher Wandlung fähig und bleiben doch stets dieselben, aber nur in neuer Gestalt können sie aufs neue begriffen werden. Immer erfordern sie neue Deutung" (JUNG, GW 16, 1958, 208).

Der *Archetyp des Selbst* bildet als Lebensthema für Selbsterfahrung und Selbst-Verwirklichung eine Brücke zur religiösen Thematik (s. Kap. 3.2.). Die Symbole des Selbst präsentieren innere Zielbilder, deren Entdeckung und Entschlüsselung Wege zur zukünftigen Identität aufzeigen und dabei den Mut zur Selbstentfaltung und individuellen Sinnfindung fördern.

Die Inhalte aus dem persönlichen und kollektiven Unbewußten können über die Methode der aktiven Imagination zu Bewußtsein gebracht und durch sinnliches und kognitives Begreifen integriert werden. Erfolgt die aktive Imagination durch Zeichnen, Malen, Modellieren und Tanzen (vgl. JUNG, GW 8, 1971, 232; AMMANN 1978, 11), dann nimmt die innere Realität über den von innen nach außen gerichteten Entäußerungsprozeß Gestalt an.

> „Während des Gestaltens entwickeln sich die Bilder sozusagen aus sich selber; oft durchkreuzen sie die bewußte Erwartung. Der Imaginierende läßt die Hände spielen, auch bei geschlossenen Augen" (AMMANN 1978, 12).

Nach der Fertigung des Bildes, der Tonarbeit oder der Tanzimprovisation erfolgt die Deutung. Dabei bedarf es neben der intellektuellen auch der emotionalen Durchdringung und Aufarbeitung. JUNG (1981, 196) beschreibt die Auseinandersetzung mit dem Sinngehalt der aktiven Imaginationen wie folgt:

> „Ich verwandte große Sorgfalt darauf, jedes einzelne Bild, jeden Inhalt zu verstehen, ihn – soweit dies möglich ist – rational einzuordnen und vor allem im Leben zu realisieren. Das ist es, was man meistens versäumt.

Man läßt die Bilder aufsteigen und wundert sich vielleicht über sie, aber dabei läßt man es bewenden. Man gibt sich nicht die Mühe, sie zu verstehen, geschweige denn die ethischen Konsequenzen zu ziehen. Damit beschwört man die negativen Wirkungen des Unbewußten herauf. Auch wer die Bilder einigermaßen versteht, jedoch glaubt, es sei mit dem Wissen getan, erliegt einem gefährlichen Irrtum. Denn wer seine Erkenntnis nicht als ethische Verpflichtung anschaut, verfällt dem Machtprinzip. Es können daraus destruktive Wirkungen entstehen, die nicht nur Andere zerstören, sondern auch den Wissenden selber. Mit den Bildern des Unbewußten ist dem Menschen eine schwere Verantwortung auferlegt. Das Nicht-Verstehen sowie der Mangel an ethischer Verpflichtung berauben die Existenz ihrer Ganzheit und verleihen manchem individuellen Leben den peinlichen Charakter der Fragmenthaftigkeit."

Die aktive Imagination muß in einem freien Fluß unter aufgeschobenem Werturteil produziert werden. Sie zeichnet sich dann im Unterschied zu Traumbildern in besonder Weise aus:

„Sie ist weniger sprunghaft, einheitlicher, konsequenter, konzentrierter, oft auch dramatischer. Die Phantasien aus dem Unbewußten werden eben von einem wachen, nicht von einem träumenden Bewußtsein aufgenommen" (AMMANN 1978, 13).

Die aktive Imagination ist somit enger mit dem Bewußtsein verbunden als der Traum und fördert das kreative Potential des Menschen zutage. Damit wird auch psychische Energie aus dem Unbewußten befreit und können Schwierigkeiten in der individuellen Psyche überwunden werden. A. N. AMMANN (1978, 17) bestimmt die Wirkungsmöglichkeiten dieses Prozesses wie folgt:

„Die aktive Imagination verhilft zu schöpferischer Unabhängigkeit, zu seelischer Reife. Wenn man sich malt (von innen nach außen), kann man sich selber gestalten. Man fängt an, mit seinem Wesen zu experimentieren. Man wird in den beglückenden Zustand des Spielens erhoben. Dies hat eine bedeutende Wirkung auf die Persönlichkeit: Es bringt die psychische Energie zum Fließen, es erhöht das Lebensgefühl, erhält das Leben strömend. Das führt zu neuem Vertrauen zu sich selber, zu innerer Festigkeit."

Der Ausgangspunkt der aktiven Imagination ist die

„… aktuelle seelische Konstellation: ein Bild, eine Phantasie, eine Stimme, ein Traum, eine (obsedierende) Melodie, eine Stimmung, ein Affekt,

eine Emotion, ein deprimierter oder sonstwie gestörter Gemütszustand"
(AMMANN 1978, 9).

Der Imaginierende, der sich unter Abschaltung aller Störeinflüs-
se, voll auf das seelische Phänomen konzentriert, läßt Bilder aufsteigen, die sich entfalten und umgestalten. Als Beispiel ist eine Traum-
situation vorstellbar, die für den Träumer unvollständig, ungelöst
und sinnlos erscheint: In der aktiven Imagination vervollständigt er
seinen Traum durch Identifikation mit den Personen oder durch
Sprechen mit ihnen und durch freies Assoziieren.

Wenn ein Affekt vorherrscht, dann versucht der Imaginierende
diesen in ein Bild zu verwandeln, zu visualisieren (vgl. AMMANN
1978, 11). JUNG (1981, 181) beschreibt den funktionalen Zusammenhang zwischen den Emotionen und den Visualisierungen derselben
aus eigenem Erleben:

„In dem Maße, wie es mir gelang, die Emotionen in Bilder zu übersetzen,
d.h. diejenigen Bilder zu finden die sich in ihnen verbargen, trat innere
Beruhigung ein. Wenn ich es bei der Emotion belassen hätte, wäre ich
wohlmöglich von den Inhalten des Unbewußten zerrissen worden. Vielleicht hätte ich sie abspalten können, wäre dann aber unweigerlich in
eine Neurose geraten, und schließlich hätten mich die Inhalte doch
zerstört. Mein Experiment verschaffte mir die Erkenntnis, wie hilfreich
es vom therapeutischen Gesichtspunkt aus ist, die hinter den Emotionen
liegenden Bilder bewußt zu machen."

Was in der JUNGschen Psychotherapie über das Wort, das Malen
oder die Tonarbeit präsentativ entäußert wird, kann sich im Tanz
direkt über den *Körperausdruck* offenbaren. Diese Aussage gilt nicht
für den mechanisch ausgeführten oder leistungsorientierten Tanz,
sondern für andere Erscheinungsformen des Tanzes, wie dem modernen Ausdruckstanz, dem Tanztheater oder dem Tanz im therapeutischen Bereich, wie dies in folgenden Kapiteln aufgezeigt wird.

Nach Jolande JACOBI (vgl. 1969, 38 ff.) ist gerade die Kunst
derjenige Bereich, in dem archetypische Bilder, die sowohl in Mythen, Märchen und Träumen auftauchen, in besonderer Weise eine
Gestaltwerdung erfahren. Das Unbewußte wird als die Quelle der
Kreativität des Künstlers betrachtet. Parallelen zwischen der akti-

ven Imagination in der Psychotherapie und dem künstlerischen Prozeß stellen sich über eben diese gemeinsame Quelle der Kreativität ein.

Neben dieser Analogie ist jedoch auch auf die unterschiedliche Zielsetzung der *Eindrucks- und Ausdrucks*prozesse (vgl. PETER-BO-LAENDER 1985) hinzuweisen, da der therapeutische Prozeß auf die „lebendige Wirkung auf den Hersteller selber" abzielt, d.h. auch auf die „schöpferische «Katharsis»" und nicht auf die künstlerische Vollendung (JACOBI 1969, 39):

> „Für den Künstler bilden die Inhalte seines Unbewußten den Stoff und den Anlaß der künstlerischen Gestaltungstätigkeit und lassen ihn zum wegweisenden und gültigen Sprachrohr des zwar Unausgesprochenen, aber immerwährend Urlebendig-Wirksamen in der Seele der gesamten Menschheit werden. ... Auch schafft der Künstler aus einem inneren Nicht-anders-Können, gleichsam als Instrument einer überpersönlichen Macht, und nicht in bewußter Absicht zu einem psychologischen oder therapeutischen Ziel und Zweck."

Die *Wirkung* der aktiven Imagination ist jedoch im therapeutischen, künstlerischen und pädagogischen Bereich grundsätzlich dieselbe, nämlich eine starke emotionelle Beteiligung mit einem heilsam wirkenden Spannungsabbau:

> „Das Erfassen eines Bildes in seinem archetypischen Bezug hat für den Hersteller immer einen stark emotionalen Erlebnischarakter und übt meistens eine nachhaltige Wirkung aus, auch wenn ihm der wahre Sinn, den es enthält, verborgen bleibt. Das Zusammenschauenkönnen beider Aspekte – des individuellen und des kollektiven –, die ein Bild in sich vereint, ist Bewirkung und zugleich Ausdruck der Überwindung von inneren Zerrissenheiten, von psychischen Dissoziationen aller Art. Es stellt eine richtige Aufbauarbeit dar" (JACOBI 1969, 104).

Eben diese *heilsame Aufbauarbeit* wird im Tanz als ganzheitliches Erleben und Handeln geleistet, indem die psychische Ganzheit im körperlich-sinnlichen Vollzug von Bewegung und Ausdruck präsentativ symbolisiert wird. Sie ist eine entscheidende Zielsetzung für den in dieser Untersuchung erarbeiteten integralen Ansatz der Tanz-Pädagogik.

5. Individuation und Sozialisation

5.1. Sozialpsychologische Gesellschaftskritik nach Erich FROMM

Im vorangehenden Kapitel wurde die Selbst-Verwirklichung aus individualpsychologischer Sicht betrachtet. Wegen der Einseitigkeit der tiefenpsychologischen Perspektive C. G. JUNGs, die die Bedeutung der Gesellschaft weitgehend außer acht läßt, ist eine ergänzende sozialpsychologische Betrachtung notwendig. Der Psychoanalytiker Erich FROMM, der sich in wesentlichen Punkten von der FREUDschen Psychoanalyse abgrenzt und eigenständige Ansätze entwickelt, wird mit dem Ziel zitiert, die Problematik der Körperentfremdung und des Ganzheitsverlusts auch aus der soziologischen Perspektive zu untersuchen.

Die westliche Gesellschaft des 20. Jahrhunderts, die FROMM (1981) als „kranke Gesellschaft" konstatiert, leidet daran, daß die ihr eigene Normalität mittlerweile pathologisch geworden ist. Diese globale Festlegung bedeutet aber für jedes sich als Mitglied dieser Gesellschaft definierende Individuum, daß seine eigene Labilität, die sich beispielsweise in psychosomatischen Krankheiten, Drogenproblemen (übersteigertem Alkoholkonsum, Tablettenabhängigkeit, Surrogate) und zunehmenden Selbstmordtendenzen ablesen läßt, nach FROMMs Definition kein originär individuelles Problem darstellt, als das es aber zunächst erkennbar scheint, sondern daß sie das Phänomen eines gesellschaftlich geprägten Defektes ist. Das Individuum selbst empfindet zunächst durch die Anpassung an das gesellschaftliche Umfeld sein im Ansatz selbstzerstörerisches Verhalten nicht als Defizit.

Der selbstzerstörerische Prozeß, die Krankheit, käme, so konstatiert FROMM (vgl. 1981, 24 f.), erst dann verhängnisvoll spürbar zum Ausbruch, wenn dem Menschen sein im gesellschaftlichen Rahmen sinn-bildendes Opiat (z.B. Rundfunk, Fernsehen, Zeitungen, Sportveranstaltungen) gegen den gesellschaftlichen Defekt entzogen würde (vgl. hierzu auch: von HENTIG 1985, 119 und: vom SCHEIDT 1975, 191-225).

Die individuelle Tendenz, sich einem gesellschaftlich vorgegebenen und sanktionierten Verhaltensduktus zu unterwerfen, führt zu einer Sekundärbestimmung des Individuums zugunsten einer zwar lebenserhaltenden, aber *erlebens-abschneidenden Existenzform*:

> „Heute begegnen wir einem Menschen, der wie ein Automat handelt und fühlt, der niemals etwas erlebt, was wirklich zu ihm gehört, der sich ganz als die Person erlebt, die er seiner Ansicht nach sein sollte, dessen künstliches Lächeln an die Stelle eines echten Lachens getreten ist, dessen sinnloses Geschwätz die der Mitteilung dienende Sprache ersetzt, dessen dumpfe Verzweiflung den Platz eines echten Schmerzes einnimmt. Man kann an einem solchen Menschen zweierlei feststellen: Einmal läßt sich von ihm sagen, daß er an einem Mangel an Spontaneität und Individualität leidet, der unheilbar zu sein scheint. Gleichzeitig läßt sich bei ihm feststellen, daß er sich nicht wesentlich von Millionen anderen unterscheidet, die sich in der gleichen Lage befinden. Für die meisten von ihnen liefert die Kultur das Modell, welches es ihnen ermöglicht, *mit einem Defekt zu leben, ohne krank zu werden*" (FROMM 1981, 24).

Wird hingegen das Individuum dem Schutzschirm der gesellschaftlichen Anpassung entzogen, das heißt, nähme man dem einzelnen Menschen seine gesellschaftsdefinierenden Medien oder enthielte man sie ihm über einen bestimmten Zeitraum vor, ist davon auszugehen,

> „... daß es bereits innerhalb dieser kurzen Zeit zu Tausenden von Nervenzusammenbrüchen käme und daß außerdem noch viele Tausende in einen Zustand akuter Angst gerieten, der sich nicht von dem Bild unterscheiden würde, das klinisch als «Neurose» diagnostiziert wird" (FROMM 1981, 24).

Die Ursachen für die Entfremdung des Menschen im 20. Jahrhundert von seinen originären Bedürfnissen gründen auf einer gesellschaftlich geprägten, ökonomischen Lebensprospektion, die eine produktive und innovative Lebensorientierung verhindert. Diese Ursachen für ein fortschreitendes ‚Robotertum' des Einzelnen gründen sich nicht ausschließlich auf die normative Regelung von gesellschaftlichen Besitzverhältnissen und Profitdenken, sondern auf das *defizitäre Anteilnehmen* am *Erfahrungsaustausch* der *Arbeit* und des *Erlebens* und auf den Verlust des Vertrauens in die eigene Produktivität, die auch gesellschaftliches Eingreifen bedeutet (FROMM 1981, 338 f.).

Dagegen setzt FROMM seine Hoffnung auf eine Minorität in der Gesellschaft, die mit der heutigen Lebensweise in zunehmendem Maße unzufrieden und enttäuscht ist, und die versucht, etwas von ihrem verlorenen *Selbst-Gefühl* und ihrer eigenen Produktivität zurückzugewinnen (vgl. FROMM 1981, 198; GORSEN 1983; FERGUSON 1982).

Um der häufig gegen FROMM vorgetragenen Kritik, die an dem Begriff „produktiv" Anstoß nimmt und besagte Kritiker aus ihrem Mißverständnis heraus zu vorsätzlichen Verdrehungen verleitete, keinen Vorschub zu leisten, wird die *Produktivität* als umfassende Möglichkeit einer *kreativen Synthese* der menschlichen Kräfte vorgestellt (vgl. HAMPDEN-TURNER 1982, 50).

Eine solche produktive Orientierung, die dem Sozialcharakter[1] des 20. Jahrhunderts fehlt, erläutert FROMM (1981, 38 f.) in Anwendung auf verschiedene Teilbereiche der „Arbeit" und des „Erlebens":

„Liebe ist ein Aspekt dessen, was ich als die produktive Orientierung bezeichnet habe: die tätige und kreative Bezogenheit des Menschen zu seinen Mitmenschen, zu sich selbst und zur Natur. Im Bereich des *Denkens* kommt diese produktive Orientierung in der richtigen Erfassung der Welt durch die Vernunft zum Ausdruck. Im Bereich des *Handelns* drückt sich die produktive Orientierung in produktiver Arbeit, im Prototyp dessen aus, was unter Kunst und Handwerk zu verstehen ist. Im Bereich des *Fühlens* kommt die produktive Orientierung in der Liebe zum Ausdruck, die das Erlebnis des Einswerdens mit einem anderen Menschen, mit allen Menschen und mit der Natur bedeutet unter der Voraussetzung, daß man sich dabei sein Integritätsgefühl und seine Unabhängigkeit bewahrt. ... Die produktive Liebe umfaßt stets das Syndrom folgender Einstellungen: Fürsorge, Verantwortungsgefühl, Achtung und wissendes Verstehen."

Ein Individuum, das Wege aus einer kranken Gesellschaft sucht, strebt nach Selbst-Gefühl und Identität, die auf der Einheit von Körper und Geist beruhen, und reagiert auf die *Dichotomie seiner Existenz* nicht nur denkend, sondern mit seinem gesamten Lebensprozeß, mit seinem Fühlen und Handeln (vgl. FROMM 1981, 69). Ein das Subjekt befriedigendes Orientierungssystem enthält

„… nicht nur intellektuelle Elemente, sondern auch solche des Fühlens und der sinnlichen Wahrnehmung, die in der Beziehung zu einem Objekt der Hingabe zum Ausdruck kommen" (FROMM 1981, 69).

FROMMs Thematisierung des Körpers korrespondiert des weiteren mit der ambivalenten leiblichen Verfaßtheit des Menschen. Die Vertreter einer leiborientierten Anthropologie (MARCEL 1968; MERLEAU-PONTY 1966; BUYTENDIJK 1956; PETZOLD 1974) begreifen, auf der Grundlage des Existentialismus und der Phänomenologie, die Einheit des Subjekts als Identität in seinem leiblichen *In-der-Welt* und *Zur-Welt-Sein*. In seinem Leib-Sein als Leib-Subjekt ist der Mensch auf die umgebende Lebenswelt hin ausgerichtet. Er steht in unlösbarem Wechselwirkungszusammenhang mit ihr über Prozesse der Anpassung und Umgestaltung.

„Er (der Mensch als personales System in seiner ‚Lebenswelt', Umwelt, Anm. M.P.-B.) ist mit Wahrnehmung und Handlung, ja mit seinem ganzen Sein auf sie ausgerichtet, ragt in sie hinein. In bewußter Wahrnehmung und Handlung, d.i. in bewußtem Kontakt realisiert sich das Ich als das ‚leibhaftige Selbst *in actu*', werden Innenwelt und Umwelt verbunden. Als Innenwelt verstehen wir den Organismus, in den die Gesamtheit unserer Erfahrungen eingewoben ist. Die gewachsene Ganzheit des Organismus konstituiert das Subjekt oder Selbst, das deshalb immer Leib-Subjekt oder Leib-Selbst ist. Das Leib-Selbst inkorporiert alle Fähigkeiten des Wahrnehmens, Denkens, Fühlens, bewußten Handelns und vegetativen Funktionierens, die unlösbar miteinander verbunden sind und ineinandergreifen, …" (PETZOLD 1977, 284).

Diese Thematik behandelt FROMM (1979) in seinem Spätwerk ‚Haben oder Sein'. Die zwei Existenzweisen des Menschen, die *Haben-* und *Sein-Orientierung*, überträgt er auch auf den Körper. Wir können unseren Körper als Objekt oder Instrument betrachten, indem wir sagen: wir haben einen Körper. Die einseitige Haben-Orientierung ist gefährlich, weil sie den Blick auf das Leib-Subjekt, das man ist, verstellt. Eine am Sein orientierte Beziehung zum Körper stellt sich ein, wenn das Individuum erkennt: ich bin mein Körper (vgl. FROMM 1979, 33).

Diese *Dichotomie* versetzt den Menschen, seinem Charakter und seiner Kultur entsprechend, in immer neue Probleme und zwingt ihn zu neuen Lösungen und Reaktionen (vgl. FROMM 1980, 31), führt zu ständigen Störungen seines inneren Gleichgewichts, das immer wieder durch Anpassungen an die Umwelt, beziehungsweise Änderung der Umwelt an seine Bedürfnisse ausbalanciert werden muß (vgl. FROMM 1977, 253).

Angesichts der begrenzten Lebensspanne, die ein Mensch mit Bewußtsein von seiner Endlichkeit, seinem Wissen um den Tod, zur Verfügung hat, muß er seinem Leben, der individuellen Entfaltung seiner Kräfte einen *Sinn* verleihen. Somit stellen sich existentielle Bedürfnisse als Reaktion des Menschen auf seine wesensmäßigen Eigenschaften, wie Endlichkeit und Isolation ein.

„Sieht er der Wahrheit furchtlos ins Auge, dann erfaßt er, daß *sein Leben nur den Sinn hat, den er selbst ihm gibt, indem er seine Kräfte entfaltet: indem er produktiv lebt"* (FROMM 1980, 33).

Existentielle Bedürfnisse (nach Sinnfindung, Entfaltung des Leib-Selbst, Integration des Körper-Habens und Körper-Seins, Selbstaktualisierung) des Menschen erwachsen somit aus der Dichotomie seiner Existenz. Diese Ausführungen über die existentiellen Bedürfnisse des Menschen lassen erkennen, daß das Persönlichkeitsmodell von FROMM durch die Konzepte des *‚Selbst als Potential'* und *‚Selbst als Aktualisierung'* geprägt wird, und auch das Modell der *Sinnfindung* (vgl. BECKER 1982) zur Geltung kommt. In diesen drei Konzepten stimmen die Persönlichkeitstheorien von FROMM und JUNG (s. Kap. 4.) überein. Als Modelle der Selbstaktualisierung stimmen sie vor allem hinsichtlich des Unabhängigkeitskriteriums überein, das besagt, daß Menschen ihre innere Freiheit und Unabhängigkeit erwerben, „wenn die gesellschaftlichen Verhältnisse und die Erziehungsbedingungen im Elternhaus oder die Bedingungen einer Therapie den nötigen Freiraum und die verständnisvolle Unterstützung bieten, und indem sie die eigenen organismischen Erfahrungen zur Grundlage ihres Handelns und ihres Selbstkonzepts machen" (BECKER 1982, 147). Seelische Gesundheit ist erreichbar, wenn die individuellen Anlagen und Potentiale auf schöpferischem Wege zur Entfaltung gebracht werden können, auch auf der Basis einer autonomen Moral und Selbstverantwortlichkeit. FROMMs Individuationsmodell und Theorie der seelischen Gesundheit beziehen jedoch die gesellschaftlichen Rahmenbedingungen konsequenter ein. Bezogen auf eine kranke Gesellschaft diagnostiziert FROMM (1981, 260), daß diese nur gesunden kann, wenn sie den Menschen die Möglichkeit gibt, ihren „Bedürfnissen in gemeinsamer künstlerischer Tätigkeit und in Ritualen Ausdruck zu verleihen".

Diese pädagogisch-künstlerischen Bestrebungen einer gesellschaftlichen Minorität, die den künstlerischen Ausdrucksformen einen hohen Sozialisationswert zuspricht, muß auf breiter Basis gestützt werden, indem die produktive Orientierung als ein vorrangiges Ziel von *Erziehung*[2] geltend gemacht wird. Erzieherische Orientierungshilfen sollen als ein „Prinzip auf die gesamte Bevölkerung" angewendet werden (vgl. FROMM 1981, 324). Ich verstehe meinen Forschungsansatz als einen richtungsweisenden Versuch zur Konkretisierung des hier als notwendig erkannten integralen Ansatzes in seinen vielfältigen Anwendungsfeldern (s. Kap. 8., 9. und III), wie Tanzwissenschaft, Erwachsenenbildung, Tanz-Therapie, Tanz-Pädagogik in Schule und Hochschule.

Diese allgemeine Form von ‚Schulung' richtet sich also sowohl an Kinder als auch an Erwachsene, provozierender formuliert: vor allem an Erwachsene, deren Entfremdung von und durch Arbeit zur *Entfremdung* von ihrer *psychophysischen Ganzheit* und Körperlichkeit beiträgt. Es bleibt festzustellen, daß dem Menschen eine produktive Orientierung zur Welt aber erst im Einklang mit seiner körperlich-sinnlichen Ganzheit gelingen kann:

> „Um sich in der Welt zu Hause zu fühlen, muß der Mensch sie nicht nur mit dem Verstand, sondern mit allen Sinnen erfassen, mit seinen Augen, seinen Ohren, seinem ganzen Körper. Er muß mit seinem Körper das, was er in seinem Gehirn denkt, ausagieren. Körper und Geist können in dieser Hinsicht sowenig wie in irgendeiner anderen Hinsicht voneinander getrennt werden" (FROMM 1981, 324).

Die hier angesprochene „Selbstwerdung des Menschen" (FROMM 1977, 254) gründet sich auf das *ganzheitliche Menschenbild* FROMMs, der sich selbst als Vertreter eines normativen Humanismus versteht. Die unabdingbare Voraussetzung einer, im humanistischen Sinne, Selbstwerdung des Menschen ist die notwendige *seelische Gesundung* des Individuums. Dies betont auch FROMM nachdrücklich, indem er feststellt:

„Seelische Gesundheit im humanistischen Sinn ist gekennzeichnet durch die Fähigkeit zu lieben und schöpferisch tätig zu sein, durch die Loslösung von den inzestuösen Bindungen an die Familie und die Natur, durch ein Gefühl der Identität, das sich auf das Erlebnis des Selbst als Subjekt und Urheber der eigenen Kräfte gründet, und durch die Erfassung der Realität im eigenen Ich und außerhalb seiner selbst, das heißt, durch die Entwicklung von Objektivität und Vernunft" (FROMM 1981, 194).

In der Erfassung der Realität durch die Entwicklung von Objektivität und Vernunft verwirklicht sich der Mensch auf der Ebene des Denkens, indem er Philosphie, Theologie und Wissenschaft erschafft. Eine dringend notwendige Ergänzung zu dieser philosophischen und wissenschaftlichen Form der Weltaneignung und Transzendenz[3] läßt sich dabei nur über die „kollektive Kunst" erfahren, die es jedem einzelnen Menschen ermöglicht,

„... sich mit anderen auf eine sinnvolle, bereichernde und schöpferische Weise eins zu fühlen. Sie ist kein individueller Zeitvertreib neben dem Leben her, sondern ein integraler Bestandteil des Lebens" (FROMM 1981, 325).

Die hier angesprochene und in ihrer Bedeutung als existentiell ausgewiesene kollektive Kunst entspricht exakt jenen Ritualen früherer Gesellschaften, die ihre sinnlich geleitete Welterfassung durch den künstlerischen Umgang mit den Ausdrucksmedien Lied, Tanz, Drama, Malerei und Bildhauerkunst formten (vgl. FROMM 1981, 324 ff.; auch DOUGLAS 1981 und LANGER 1979; s. Kap. 6.).

Die vorausgegangenen Überlegungen subsummierend läßt sich festhalten, daß die aktive Anteilnahme am Erleben und Gestalten einer kollektiven Kunst sowohl für die Gesundung der Gesellschaft als auch für die seelische Gesundheit des Individuums unabdingbar ist.

In Anlehnung an FROMMs (vgl. 1981, 339) sozialpsychologische Untersuchung der „kranken Gesellschaft", die jene, den Individualkörper und Sozialkörper auf krankhafte Weise beeinflussenden Faktoren nachweist, wird deutlich, daß neue Wege zu einer gesunden Gesellschaft begangen werden müssen, die Veränderungen gleichzeitig im wirtschaftlichen, politischen und kulturellen Bereich einleiten.

Für den Zusammenhang der Problemstellung der vorliegenden Arbeit ist von folgender Prämisse auszugehen: Der Prozeß der Selbstwerdung des Individuums, der die größtmögliche Entfaltung seiner Anlagen und Potentiale umfaßt, darf nicht länger durch gesellschaftliche Defizite, vor allem durch die Nichtbeachtung „existentieller Bedürfnisse" (FROMM 1977, 254) verhindert werden.

Das Erkennen von *Identitätsproblemen*, die auch auf mangelndem Selbstgefühl des Individuums beruhen, präziser formuliert: auf der Unfähigkeit, überhaupt etwas individuell zu fühlen und damit der Gefahr, der grassierenden Zivilisationskrankheit Depression[4] ausgeliefert zu sein, fordern notwendigerweise ein *pädagogisch-therapeutisches Eingreifen* im Rahmen der Schul- und Hochschulpädagogik und Erwachsenenbildung heraus.

5.2. Kulturhistorisch-gesellschaftliche Hintergründe

Die erlebens-abschneidende Existenzform des Menschen ist das Produkt einer Geschichte der Körperdistanzierung, die sich in unserer Gesellschaft unter anderem in der Zunahme an psychosomatischen Krankheiten, in Problemen mit der „Natürlichkeit und Identität" ausdrückt (vgl. RITTNER 1980, 26; RITTNER 1986, 133, 141; KAMPER 1981, 248 f.).

Der Prozeß der Disziplinierung des Körpers, der zunehmenden Körperkontrollen, ist nach der Zivilisationstheorie von Norbert ELIAS (1982) als ein Ergebnis eines über Jahrhunderte andauernden, aber sich allmählich beschleunigenden Prozesses zu deuten, der letztlich das Ziel hat, die Naturbeherrschung am Körper zu einer inneren Angelegenheit der Selbstkontrolle zu machen:

„Der Einzelne wird gezwungen, sein Verhalten immer differenzierter, immer gleichmäßiger und stabiler zu regulieren. Daß es sich dabei keineswegs nur um eine bewußte Regulierung handelt, ist schon hervorgehoben worden. Gerade dies ist charakteristisch für eine Veränderung des psychischen Apparats im Zuge der Zivilisation, daß die differenzierte und stabilere Regelung des Verhaltens dem einzelnen Menschen von klein auf mehr und mehr als ein Automatismus angezüchtet wird, als Selbstzwang, dessen er sich nicht erwehren kann, selbst wenn er es in seinem Bewußtsein will" (ELIAS 1982, II, 317).

ELIAS (vgl. 1982, II, 378) weist nach, daß im Zivilisationsprozeß Veränderungen der jeweiligen Sozialstruktur mit Modellierungen des Körpers und der Psyche einhergehen.

„Soziale Ordnung und Körper-Ordnung korrespondieren miteinander" (RITTNER 1986, 125).

Durch sein spezifisches Anschauungsmaterial verdeutlicht ELI-AS (1982, II, 312),

„ ... daß der Prozeß der Zivilisation eine Veränderung des menschlichen Verhaltens und Empfindens in einer ganz bestimmten Richtung ist".

ELIAS veranschaulicht den Prozeß der Umwandlung von Fremdzwängen in Selbstzwangapparaturen, die sich die Menschen durch die Internalisierung von Fremdbestimmungen auferlegen und zeigt auf,

„ ... wie in immer differenzierterer Form menschliche Verrichtungen hinter der Kulisse des gesellschaftlichen Lebens verdrängt und mit Schamgefühlen belegt werden, wie die Richtung des gesamten Trieb- und Affektlebens durch eine beständige Selbstkontrolle immer allseitiger, gleichmäßiger und stabiler wird" (ELIAS 1982, II, 313).

Die immer komplexer werdenden Verflechtungsmechanismen, die sich über Arbeitsteilung, fortschreitende Funktionsteilung und Konkurrenzdruck konstituieren, wirken als Zwänge zur Selbstbeherrschung (Regeln, Verbote, usw.) und zielen auf Affektdämpfung und Triebregulierung ab.

Eine zunehmende Tendenz zur Abstraktion natürlicher Erlebensprozesse hat Emotionsarmut und Spontaneitätsverlust zur Folge. Die abendländische Rationalität dominiert in einer immer komplexer werdenden Gesellschaft und drängt den Körper im unlösbaren Zusammenhang mit der Psyche zurück:

„Als wichtigstes Ergebnis der Distanzierung des Körpers, so wie sie die abendländische Geschichte prägt, erscheint die Fähigkeit, den Körper vom Ich zu trennen, die analytische Fähigkeit der Differenzierung von Körper und Selbst ... Was außen mittels Messer und Gabel und Maschinen geschieht, passiert im Innern mit der Psyche. In Gang gesetzt wird die Modellierung der Identität, die folgenschwere Entstehung europäischer und westlicher Identität aus Graden der Körperbeherrschung" (RITTNER 1986, 138).

Die hier angesprochene Körperbeherrschung, die die Spaltung zwischen Körper und Geist artikuliert, definiert sich auch aus der Tradition cartesianischen Denkens. Als Folge der Instrumentalisierung des Körpers wird von Rudolf zur LIPPE die Entfremdung von der ‚inneren' und ‚äußeren' Natur interpretiert:

„Die offensichtlich uns bedrohende ökologische Katastrophe in der hemmungslos verbrauchten, ausgebeuteten, deformierten äußeren Natur macht heute exemplarisch aufmerksam auf das, was fortschrittsgläubige und unsinnlich-selbstherrliche Naturbeherrschung nicht wahrhaben wollte. ... Am eigenen Leibe hat die Natur in uns unter denselben Strategien und in derselben Weise gelitten wie die Natur uns gegenüber" (zur LIPPE 1980, 445 f.).

Allerdings werden Wirtschaftskrisen, ökologische und Lernkrisen, Gesundheits- und Identitätskrisen zunehmend als Symptome dafür erkannt, daß

„... sich äußere und innere Natur nicht unbeschadet instrumentalisieren lassen" (KAMPER 1981, 249; vgl. hierzu auch: zur LIPPE 1980).

Diese Überlegungen stützt auch Volker RITTNER (vgl. 1986), indem er auf die zunehmenden Klagen über die Körperfeindlichkeit und auch auf die Renaissance der Körperaufmerksamkeit verweist, die die Vermutung nahelegen, daß diese Probleme mittlerweile als kollektiv empfunden werden.

Diese Prozesse der Entkörperlichung untersucht auch Mary DOUGLAS und kommt dabei zu dem Ergebnis, daß zunehmende Körperkontrollen letztlich auch die nicht-verbale Kommunikation reduzieren, so daß der Körper zu einem restringierten Ausdrucksmedium wird (vgl. DOUGLAS 1981, vor allem 98, 108).

Hiermit vollzieht sich dann eine scheinbar endgültige „Austrocknung der emotionalen Dimension des Lebens" (DREITZEL 1981,

179), die in der Arbeitssphäre und im öffentlichen Leben fortschreitet, deren Kompensation in den „Intimbereich" der Kleinfamilie und der Paarbeziehungen verschoben wird und ihn entsprechend überlastet.

5.3. Zusammenfassung und Diskussion

Sämtliche in den vorangegangenen Kapiteln vorgestellten Analysen und ihre Interpretation im Hinblick auf die hier zu bearbeitende ‚Körperthematik' kommen zu dem Schluß, daß mit der zunehmenden Komplexität unserer Gesellschaft körperlich-sinnliches Verhalten in existenz-bedrohender Weise zurückgedrängt und der Mensch damit seiner Ganzheitlichkeit entfremdet wird.

Die Grundlage meiner bisherigen Überlegungen definiert sich über eine existenz- und kulturpessimistische Anlage, eine Geschichtsschreibung, die auf den scheinbar unausweichlichen Katastrophenfall hinausläuft. Die heutige Krisenanfälligkeit der westlichen Gesellschaft ist als das Ergebnis der katastrophalen Beziehung des Menschen zu seiner inneren und äußeren Natur zu deuten, wobei der Rückschlag auf diese gewaltsame Eroberung nur noch mit größter Anstrengung abzuwenden ist.

Die Zivilisationstheorie von ELIAS bietet jedoch kaum Krisenstrategien oder Möglichkeiten zu einer produktiven Umkehr eines solchen Entfremdungsprozesses an, sie ermöglicht lediglich ein kognitives Begreifen des letzteren.

ELIAS' großes Verdienst besteht darin, daß er die gesellschaftlichen Entwicklungsprozesse, die unter anderem auch schon von „*Marx, Weber* und *Freud*" (DREITZEL 1981, 182) analysiert wurden, auf den Bereich der Körperlichkeit rückbezieht und „in unvergleichlicher Weise materialreich und am Alltagsleben orientiert die Entwicklungslinien fortschreitender Körperkontrolle und Affektverdrängung" nachzeichnet (DREITZEL 1981, 181).

Die ELIASsche Theorie kann auch nur beschränkt auf die vergangenen 150 Jahre, die das Werk von ELIAS nicht mehr umfaßt, erfolgversprechend angewandt werden. So fällt es schwer, die Wie-

69

derentdeckung des Körpers in unserer spätkapitalistischen Gesellschaft zu erklären, beispielsweise die veränderten Einstellungen zu Nacktheit und Sexualität, zu Gesundheit und Krankheit, zu Bewegung und Sport; das wachsende Interesse an Körperausdruck und Körper-Selbst-Erfahrung, an körper- und gefühlsbezogener Psychotherapie und nicht zuletzt die ökologischen Bewegungen und die Suche nach alternativen Lebensstilen, die Suche nach authentischer Selbst-Verwirklichung.

Hans Peter DREITZEL (1981), der sich auf ELIAS bezieht, ergänzt dessen Untersuchung zweier Stadien des Zivilisationsprozesses um eine dritte Phase. Er stellt die Hypothese auf,

„... daß das gegenwärtige Stadium dieses Prozesses am besten als das Entstehen eines reflexiven Naturverhältnisses begriffen werden kann. Was an der heutigen Kultur *neu* ist, ist der reflexive Gebrauch des Körpers, der Gefühle, der äußeren Natur und, allgemeiner, der realitätskonstruierenden Tätigkeiten in Interaktionen" (DREITZEL 1981, 191 f.).

Im Unterschied zu ELIAS liefert FROMM als Vertreter einer humanistischen Ethik, dessen Einsichten auf der Theorie und Praxis der Psychoanalyse, der Anthropologie, Philosophie, Soziologie, Religionswissenschaft und des Marxismus gründen (vgl. BECKER 1982, 84), einerseits das Material, um individual- und sozialpsychologische Probleme zu begreifen und zeigt auf der anderen Seite produktive Wege aus der ‚kranken‘ Gesellschaft auf. Wir verdanken FROMM eine Theorie der seelischen Gesundheit, die in besonderer Weise als integrativ zu bezeichnen ist, da er im Gegensatz zu rein gesellschaftspolitischen Analysen oder rein personologistisch orientierten Theorien eine Analyse vorlegt, die die engen Beziehungen zwischen individuellen Entfaltungschancen und gesellschaftspolitischen Rahmenbedingungen herausarbeitet, somit die Integration von individuumbezogener und soziologischer Dimension vollzieht (vgl. BECKER 1982, 91 ff.).

Allerdings lautet eine Kernthese FROMMs, daß das Individuum zur seelischen Gesundheit gelangt, wenn es nach den Gesetzen seiner ‚wahren Natur‘ handelt. Diese These ist kritisierbar, wie zum Beispiel auch die folgende Frage von BECKER (1982, 91) belegt:

„Eine solche Formulierung wirft natürlich die Frage nach der ‚wahren'
Natur des Menschen auf, die beim heutigen Stand der wissenschaftlichen
Erkenntnisse und Theoriebildung nicht in eindeutiger Weise zu beant-
worten ist."

In Anlehnung an Volker RITTNER (1986, 133) kann es die ‚wahre
Natur', die Natürlichkeit des Menschen im strengen Sinne gar nicht
geben:

„In dem Maße, in dem alle Handlungen, das Denken und Fühlen von
kulturellen und sozialen Faktoren durchsetzt sind, kann es auch kein
natürliches Empfinden und keine von Natur gegebenen invarianten
Eigenschaften geben. Alles menschliche Handeln ist demnach ‚zweite
Natur'."

Die zuvor diskutierten Aspekte der sozio-kulturellen Hintergrün-
de bleiben unvollständig und einseitig, wenn neben den Gefahren
der Körperentfremdung und des Ganzheitsverlusts nicht auch kon-
struktive Hinweise auf vorhandene Befreiungsmöglichkeiten erörtert werden. In seiner anthropologischen Untersuchung zur
Menschheitsgeschichte vertritt nämlich Jean GEBSER (s. Kap. 2.) die
Meinung, daß sich Tendenzen in verschiedenen Bereichen der Wissenschaft und Kunst des 20. Jahrhunderts abzeichnen, die auf einen
einschneidenden Bewußtseinswandel hinweisen. Namhafte Persönlichkeiten in diesen verschiedenen gesellschaftlichen Bereichen
haben entscheidende Schritte auf dem möglichen Weg zum integralen Bewußtsein eingeleitet. GEBSER vertritt die Auffassung, daß die
aufgezeigten Gefahren für das Individuum und die Gesellschaft
zunehmend in Beziehung gesetzt werden mit dem Zusammenbruch
der defizient gewordenen mental-rationalen Bewußtseinsstruktur.
Dieser Zusammenbruch ermöglicht die Mutation zur „Konkretion
des Geistigen" (GEBSER, GA III, 1986, 686 ff.).

II Tanz als Innenwelt- und Außenwelterfahrung und -gestaltung

6. Wirkungsfeld: Tanz-Kult

6.1. „Kollektive Kunst" am Beispiel von Mythos und Ritual

In Kapitel 5.1. war von dem Verlust einer „kollektiven Kunst" und der Entfremdung von Ritualen die Rede, die einen Mangel an seelischer Gesundheit des Individuums und der Gesellschaft bewirken können. Der Verlust von Ritualen und der zunehmende Bedeutungsschwund der Archetypen verringert deren gemeinschaftlich integrierende Funktion. Probleme mit der Desintegration müssen zur Interpretation der Entfremdung herangezogen werden (vgl. DOUGLAS 1981, 11).

Die Hauptfunktion von Ritualen „ist in jedem Fall die des symbolischen Ausdrucks" (DOUGLAS 1981, 58), wobei der Körper das primär beteiligte Kommunikationsorgan ist (vgl. DOUGLAS 1981, 8). Rituale können nur positiv auf das Individuum und die Gemeinschaft/Gesellschaft wirken, wenn sich die Beteiligten auch innerlich den Ritualen verpflichtet fühlen (vgl. DOUGLAS 1981, 13 f.)[1].

Die Ursachen des Antiritualismus, beziehungsweise die Gründe für die zunehmende Ablehnung von Ritualen in der Industriegesellschaft läßt sich gerade dadurch erklären, daß diese innere Bindung verlorenging, daß symbolische Gesten nur noch Äußerlichkeiten waren, nur noch „Symbole leeren Konformismus" (DOUGLAS 1981, 14)[2]. Als ein Paradoxon entlarvt Mary DOUGLAS (1981, 77) die Tatsache, daß gerade diejenigen, die sich „mit Abscheu von allen Arten des Rituals abwenden, ein ausgesprochenes Bedürfnis nach nichtverbaler Kommunikation haben". Dieses Auseinanderklaffen zwischen Sehnsüchten und unbefriedigten Bedürfnissen erklärt DOUGLAS in Anlehnung an die Psychoanalytikerin Melanie KLEIN, indem sie auf den engen Kontakt zwischen dem Unbewußten der Mutter und dem des Kindes verweist:

> „Wie tief befriedigend es im späteren Leben auch immer sein mag, wenn man seine Gedanken und Gefühle jemandem, der einen versteht, mitteilen kann, es bleibt doch immer ein unbefriedigtes Bedürfnis nach ganz

wortlosem Verstehen – letzten Endes nach der ursprünglichen Beziehung zur Mutter" (KLEIN 1963, 100, zit. nach: DOUGLAS 1981, 77).

Auch Michel BERNARD (1980, 53) belegt die nachhaltige Wirkung des mütterlichen nonverbalen Kontaktes auf die präverbalen Emotionen des kindlichen Körpers, die „einen unauslöschbaren Abdruck" hinterlassen. In seiner symbiotischen Beziehung zur Mutter (Nahrungssymbiose und Affektsymbiose) entfaltet das neugeborene Kind einen tonischen Dialog. Der Körper des Kindes assimiliert die Emotionen der Mutter und reagiert selbst mit Gefühlsäußerungen, die tonische Kontraktionen der Muskeln bewirken. Die Störungen dieses tonischen Dialogs und deren Auswirkungen auf die Entwicklung des Körperbewußtseins und die Entwicklung der Gesamtpersönlichkeit haben besonders die Vertreter der Psychoanalyse und der Psychosomatik untersucht (vgl. BERNARD 1980, 33).

Die Hinterlassenschaften präverbaler Emotionen und Phantasiebilder beschreibt Melanie KLEIN am Beispiel der Einstellung des Kindes zur Brust der Mutter:

„Es ist kaum anzunehmen, daß die Brust für das Kind ein bloßer Gegenstand ist. Alle seine Triebwünsche und unbewußten Phantasien arbeiten daran, die Brust mit Eigenschaften auszustatten, die weit über den Rahmen ihrer faktischen Nährfunktion hinausgehen... (Anm.:) All dies wird vom Kind auf eine ganz primitive Weise empfunden, wie sie die Sprache schon nicht mehr zum Ausdruck bringen kann. Wenn diese präverbalen Emotionen und Phantasiebilder in der Übertragungssituation wieder auftauchen, erscheinen sie als etwas, was ich «Erinnerungen in Form von Gefühlen» nennen möchte, und werden dann erst mit Hilfe des Analytikers rekonstruiert und in Worte gefaßt" (KLEIN 1957, 5, zit. nach: DOUGLAS 1981, 77).

Die in KLEINs Ausführungen angesprochene doppelte Funktion der Brust für das Kind läßt sich auch auf die Doppelnatur eines jeden Gegenstandes übertragen. Jeder Gegenstand hat einen „instrumentellen Gebrauchswert" und eine „Erlebnisbedeutung" (LORENZER 1981, 19). Während sich der instrumentelle Gebrauch nur auf das rational-zweckmäßige Benutzen beschränkt, umfaßt die Erlebnisbedeutung für den Menschen ein ganzes Szenarium seiner eigenen Erlebniswünsche und Erlebniserwartungen.

Die letztgenannte Erlebnisbedeutung als „*Wechselbeziehung* zwischen menschlichem Erleben und realen Gegenständen" weist auf die Symbolhaftigkeit hin (LORENZER 1981, 19).

Hier bezieht sich der Symbolbegriff auf sämtliche Formen menschlichen Erkennens, das heißt, nicht nur auf die Bilder des Traumes oder der Phantasien, wie bei FREUD, sondern auf alle uns in

> „... Laut, Schrift, Bild oder anderer Form zugänglichen *Objektivationen menschlicher Praxis*, die als *Bedeutungsträger* fungieren, also »sinn«voll sind" (LORENZER 1981, 23).

Alle „sinnlichen Zeichen" sind Bedeutungsträger in der Kommunikation zwischen Individuum und Gesellschaft, wobei wir die Gesamtheit der Bedeutungsträger ‚Kultur' nennen (vgl. LORENZER 1981, 24 f.).

Dieses Symbolverständnis ist für meinen Problemzusammenhang insofern von Bedeutung, als der Bruch zwischen geistiger Arbeit/intellektuellen Prozessen und der Kulturtätigkeit, auch Kunst/Mythos/Ritual[3], überwunden wird, indem die „»Gestalt mythischer Weltbewältigung« gleichberechtigt neben die Begriffe der Wissenschaft" gestellt wird (LORENZER 1981, 26).

Die vorwissenschaftliche Welterfassung durch Ritual und Mythos steht nicht länger im Gegensatz zum wissenschaftlich aufgeklärten Bewußtsein, sondern beide sind Formen symbolischer Lebens- und Weltbewältigung.

In ihrem Buch ‚Philosophie auf neuen Wegen' legt Susanne LANGER (1979) eine Unterscheidung zwischen den diskursiven und präsentativen Symbolen[4] vor. Als präsentative Symbole sind alle nichtverbalen, expressiven Handlungsformen, Prozesse und Produkte des Menschen zu verstehen, die sowohl in der Kunst als auch im Alltagsleben das nicht diskursiv Vermittelbare in einen sinnlichen Ausdruck transformieren und damit Erlebnisgestalten vermitteln, die sogar die Möglichkeiten verbalen Begreifens überschreiten. Diese Erlebnisgestalten wirken nach innen (auf den sich präsentierenden Menschen) und nach außen (auf die mit ihm kommunizierenden Mitmenschen) und auf kommunikative Prozesse der Zwischenkörperlichkeit.

„Sie »wirken« als *Ganzheiten*, weil sie aus ganzen *Situationen*, aus *Szenen* hervorgehen und *Entwürfe für szenisch entfaltete Lebenspraxis* sind. ... Symbol einer Lebensform, unmittelbar bezogen auf eine »innere Gestalt« (im Schöpfer wie im Rezipienten), also auf ein konkretes Erlebnisgefüge, d.h. auf ein »Stück« der Lebenswelt, das in sich – pars pro toto – das In-der-Welt-Sein der Betroffenen spiegelt" (LORENZER 1981, 31).

Ritual und Mythos bilden das Zentrum präsentativer Symbole; in ihnen drücken sich nicht nur individuelle Erlebniserwartungen und Situationserlebnisse aus, sondern in ihrer kollektiv inszenierten Form bündeln sie die gesamte Lebensorientierung. Sie wirken identitätsstiftend für das Individuum und gleichzeitig stützen sie die Kollektivität (vgl. LORENZER 1981, 44).

„Der Mythos ist der Versuch, die Grundlagen der Identität in Bilder zu fassen, also über die Grenzen der rational-diskursiven Erkenntnismöglichkeit hinauszugehen (...). Im Ritual wird Identität in »Lebenssymbolen« dargestellt, und zwar nicht vage intellektuell, sondern sinnlich, unmittelbar leiblich. ... als präsentative Symbole sind sie Vorposten auf dem Weg der Vermittlung von Sinnlichkeit und Bewußtsein. Sie sind *Marksteine der symbolischen Fassung von Sinnlichkeit"* (LORENZER 1981, 34).

Der menschliche Leib selbst ist das Mittel und Werkzeug dieser Darstellung, seine Gesten sind Bedeutungsträger.

Diese Überlegungen treffen besonders auf den Tanz, die Pantomime, das Theater zu, vor allem auf den Tanz im rituellen Rahmen, den ich im folgenden am Beispiel des Matriarchats beleuchte. Die Zusammenhänge zwischen Tanz und Götterverehrung, vor allem der Muttergöttin(nen), zwischen Tanz und frühgeschichtlichen Religionen sind anschaulich von Wendy BUONAVENTURA (1984), Angelika SRIRAM (1989), Heide GÖTTNER-ABENDROTH (1980) beschrieben worden. Auch Jean GEBSER (GA II, 1986, 222 f.) verweist auf die vorwiegend naturhaft und matriarchalisch geprägten sozialen Bezüge der magischen und mythischen Epoche der Menschheitsgeschichte. Die engen Verbindungen zwischen Tanz und Religion lösten sich dann bei den Transformationen der matriarchalen Kulte in die patriarchalen Großreligionen auf. Die symbolisch-expressive Bewältigung von Wirklichkeit im Tanz der magisch-mythischen Stufe erläutert GEBSER (GA II, 1986, 217) wie folgt:

„Und es ist der Ton, wie jener der Urwaldtrommeln, dessen Rhythmus einer der vitalsten Ausdrücke des magischen Menschen ist und der den *Tanz* gebiert: er ist sichtbar gewordener Ton, der nicht nur der Beschwörung, sondern auch dem *Erhört* werden von der tieferen Weltwirklichkeit dient: in ihm vollzieht sich die *Einigung* des Menschen mit dem Weltrhythmus."

Die Erinnerungsspuren dieser Welterfahrung und -gestaltung aus der frühen Epoche der Menschheitsgeschichte und der Geschichte der Bewußtwerdung tragen wir noch heute im kollektiven Unbewußten in unseren Psychen. Die mythische Zeithaftigkeit, ausgedrückt im Bild des „in sich zurückkehrenden Kreises, der erzeugend ist und vernichtend, und wieder erzeugend und wieder vernichtend, dem Reigen der auf- und untergehenden Sterne gleich" (GEBSER, GA II, 1986, 249), lebt noch heute in vielen Volkstänzen und Reigentänzen fort.

6.2. Der Tanz in der Sozialform des Matriarchats

In Untersuchungen zu frühgeschichtlichen Sozialformen von Gesellschaft, v.a. aus feministischer Sicht, wird das Matriarchat als ein Beispiel für ein ganzheitliches produktives Leben in seiner Einheit zwischen Kunst als mythisch-rituellem Fest und psychosozialer Lebenspraxis ausgewiesen (vgl. GÖTTNER-ABENDROTH 1979, 1980). Die ästhetische Dimension war hier noch nicht, wie in den das Matriarchat ablösenden frühpatriarchalen Sozialformen, getrennt von der Öffentlichkeit: Es gab keine Trennung zwischen ‚Künstlern' und ‚Konsumenten', keine Trennung zwischen Kunst, Politik und Arbeit. Diese Zusammenhänge beschreibt und erklärt Heide GÖTTNER-ABENDROTH wie folgt:

„Denn sie (die Kunst im Matriarchat, Anm. M.P.-B.) war alles, was auf diesen magisch-rituellen Festen geschah, und noch mehr: In Form vieler praktischer ‚Künste' war sie in der Tat nicht nur symbolisch, sondern ganz real die komplexe Praxis dieser Gesellschaften: als die Ackerbaukunst, als die Kunst, Pflanzen zu veredeln und Tiere zu züchten, als die Kunst der Werkzeugherstellung, des Webens, Töpferns, als die Kunst der Pflanzenheilkunde, der Astronomie-Astrologie, der Erotik, des Orakels, der Weisheit, als die Kunst, naturhafte und psychosoziale Zusammenhänge zu entdecken und zu lenken, als die Kunst des Regierens ohne Zwang auszuüben. Kunst war alles, was die Gesellschaft zu ihrem Besten beeinflußte. ... denn die Gesellschaft galt als das irdische Abbild der kosmischen Ordnung der matriarchalen Göttin, der Muse" (GÖTTNER-ABENDROTH 1979, 45).

Die kollektiv gefeierten mythisch-rituellen Feste als Ausdruck des herrschenden Mythos verbanden die Mitglieder zur Stammesgemeinschaft, in der jedes Individuum sich selbst als Spiegelbild kosmischer Ordnung, ja Repräsentation derselben erlebte. Diese Ausführungen bestätigend ordnet GEBSER (GA II, 1986, 222 ff.) das Matriarchat auch der mythischen Stufe der Menschheitsentwicklung zu. Die Bedeutung des Mythos in seiner imaginativ-psychischen Wirkkraft schwand mit dem Untergang des Matriarchats. In der defizienten Phase des Magisch-Mythischen mutierte die mythische Struktur in die mentale Struktur, welche vorwiegend patriarchal bestimmt war.

In den einfachen matriarchalen Gesellschaften der Frühgeschichte und den hochentwickelten matriarchalen Gesellschaften der späteren Historie (z.B. Indus-Kultur, Altpersien, Sumer, Altägypten, Kreta) war der Tanz die wichtigste magische Praktik (vgl. GÖTTNER-ABENDROTH 1980, 70). So wurde nicht nur zu Ehren der Göttin getanzt, sondern auch, weil die Menschen glaubten, daß ihr Tanz für die Gesundheit der Göttin, für die Wiederbelebung und Wiederauferstehung des Mondes notwendig sei. Diese Beschwörung durch bis zur Ekstase, Trance und völliger Erschöpfung führende Tänze war Teil der magischen Praktik (vgl. DOUGLAS 1981, 116 ff.).

Die *Ekstase* ist die feierlichste Handlung, weil sie bedeutet, daß die Gottheit den eigenen Körper des Tänzers heimsucht, um mit ihm zu kommunizieren (vgl. DOUGLAS 1981, 116). Die rituelle Praktik des Ekstase-Tanzes wirkte heilsam und förderte das „spirituelle Wohlbefinden", sie erfüllte die „Aufgabe der – physischen und sozialen – Therapie" (DOUGLAS 1981, 116, 220).

Hier ist anzumerken, daß der Mondkult nicht nur auf das Matriarchat Einfluß genommen hat, sondern – wie einige Mythenforscher/innen meinen – die Urform aller Mythologien sei (vgl. LANGER 1979, 194). Die Mondgottheit ist sowohl als Personifizierung zu deuten, andererseits auch als Vergöttlichung der Frau.

„Der unschuldige Wilde ›denkt‹ nicht, der Mond sei eine Frau, weil er den Unterschied zwischen beiden nicht sieht; ›denkt‹ vielmehr den Mond als ein rundes Feuer, eine leuchtende Scheibe; er sieht jedoch die Frau in ihm und nennt ihn Frau, und was ihn am Verhalten und an den Beziehungen des Himmelskörpers interessiert, sind jene Momente, die diese Bedeutung zum Ausdruck bringen. Die Verbindung des Kulturbringers mit dem Mond trägt dazu bei, die Funktionen dieser Gottheit zu vermenschlichen und näher zu bestimmen, denn der Kulturbringer ist ohne jeden Zweifel menschlich konzipiert; durch ihre Analogie zu menschlichen Beziehungen und Funktionen wie Empfängnis, Gebären, Liebe und Haß, Verschlingen und Verschlungenwerden werden die lunaren Licht-, Form- und Ortsveränderungen, die als empirische Fakten noch namenlos und schwierig sind, bedeutend und einleuchtend" (LANGER 1979, 193).

Der Mond ist ein Symbol in besonders komplexer, verdichteter Form. Er symbolisiert die Menschheit in einer Person und in besonderer Weise die Frau in ihren Urbildern als Jungfrau, Mutter und weise Frau (vgl. LANGER 1979, 190).

Der Mondkult und die religiöse Praktik des Tanzes, die ursprünglich nur Angelegenheit der Frauen war, bestimmte die Sozialform, das Matriarchat, insofern, als die tanzenden Priesterinnen auch die Regentinnen waren:

„Die erste Priesterin des Mondkults war daher nicht nur die beste Tänzerin, sondern zugleich die herrschende Stammeskönigin. Eine Trennung von Religion, Kunst, Wissenschaft, Politik, wie sie uns heute geläufig ist, gab es nicht" (GÖTTNER-ABENDROTH 1980, 71).

Aus den Tanzritualen als den ältesten und elementarsten religiösen Äußerungen entwickelten sich die anderen expressiven Formen, die wir heute Kunst nennen:

„Diese Tänze vereinigen alle späteren Kunstgattungen: Musik, Dichtung, Bildende Kunst, Theater, sie waren die Gesamtkunst im wahrsten

Sinne des Wortes (Muse, Terpsychore: Tanz)" (GÖTTNER-ABEND-
ROTH 1980, 72).

Die Kulttänze zeichnen sich sowohl durch bestimmte *Strukturen*
aus, als auch durch die *Freiheit* im Ausdruck von individuellen
Gefühlen, also auch der Möglichkeit zur Improvisation. Der struk-
turelle Rahmen wird durch folgende Aspekte abgesteckt:
Die Priesterinnen[5] in den hochentwickelten Matriarchaten, z.b.
im minoischen Kreta und prähellenischen Griechenland, tanzten zu
den Rhythmen eigener Gesänge, zu instrumentaler Musik oder zu
den Sprachrhythmen von Versen. Neben diesen Strukturierungen
durch Rhythmen ergaben sich weitere durch die räumliche Gestaltung, die durch graphisch-geometrische Muster, welche auf den
Boden geritzt waren und die Form von Labyrinthen hatten, vorgegeben waren.

Des weiteren wurden Inhalt und Struktur durch die auf der
Grundlage der Astronomie gefeierten Tanzrituale bestimmt.

„...Sommersonnenwende (orgiastisches Fest), Tag- und Nacht-Gleiche
im Frühling und Herbst (Opferrituale), Wintersonnenwende (Fest der
Wiederkehr). Sie waren nicht nur ein getanzter Kalender, sondern ein
getanztes Weltbild" (GÖTTNER-ABENDROTH 1980, 72).

Innerhalb dieser vorgegebenen Struktur der Tänze bestand trotzdem ein Freiraum für individuelle Gestik, persönliche und soziale
Bedeutungen und lokale Symbole, denn ohne diese individuellen
Ausdruckselemente hätten diese Tänze nicht in die Ekstase führen
können.

Insofern als diese Matriarchate keine Trennung zwischen Kunst,
Politik und Wissenschaft kannten, stellt diese Lebens- und Sozialform eine Möglichkeit ganzheitlicher Weltanschauung und Lebenspraxis dar. Sie zeichnet sich besonders dadurch aus, daß es keine
Trennung zwischen Kunstbetrachter und Künstler gab, sondern
eine gemeinsame gesellschaftsverändernde Praxis, die auf magische Weise versucht, die psychische und soziale menschliche Realität durch symbolische Eingriffe zu verändern:

„Aber das, was die archaische Magie von den modernen symbolischen
Eingriffen unterscheidet, ist, daß sie immer von ganzheitlichen Vorstel-

lungen ausging. Sie war ganzheitlich gedacht in bezug auf das Individuum und auf die Gesellschaft" (GÖTTNER-ABENDROTH 1980, 75).

An dieser Stelle muß jedoch kritisch entgegengehalten werden, daß GÖTTNER-ABENROTHs Aussagen über die ganzheitliche Vorstellung der Gemeinschaft zutreffend sind, nicht aber bezogen auf das Individuum. In der magischen und mythischen Stufe lebte der Mensch ichlos, aber sozial eingebunden in die Stammeswelt und Elternwelt (vgl. GEBSER, GA II, 1986, 222). Erst mit der Mutation zur mentalen Struktur in der vorwiegend patriarchal bestimmten Gesellschaft tritt die Ichwerdung des Menschen stärker in Erscheinung (vgl. GEBSER, GA II, 1986, 226).

Die zentrale Stellung des Tanzes in den Ritualen erklärt sich somit durch ihre *symbolbildende Funktion*, in der sich zwei fundamentale Richtungen kreuzen, nämlich

„... die Linie von unbewußter Sinnlichkeit zum Bewußtsein und die Spannung zwischen Individualität und Kollektivität, wobei diese Bewegungen das Individuum da treffen, wo Körperlichkeit, Emotionalität und Bewußtsein noch ungetrennt zusammen sind: in den leiblichen Gesten" (LORENZER 1981, 35).

Die Formen künstlerischen Ausdrucks in der heutigen Gesellschaft leiten sich von den Urformen präsentativer Symbole aus Ritual und Mythos ab. Sie haben sich im Laufe der Jahrhunderte entwickelt, neue Mythologien hervorgebracht und waren in der Geschichte des menschlichen Geistes nur ein Durchgangsstadium, aber sie leben „Seite an Seite mit Philosophie, Wissenschaft und allen höheren Formen des Denkens" (LANGER 1979, 202) weiter. Neue Ideen und neue Möglichkeiten stellen sich als Erweiterung, aber auch Verlängerung der älteren Symbole in unseren heutigen präsentativen Symbolen, der Kunst, dar (vgl. LANGER 1979, 202 f.). In der Kunst bedient man sich eben jener Archetypen, welche in den übrigen gesellschaftlichen Bereichen dem Antiritualismus zum Opfer gefallen sind (vgl. DOUGLAS 1981, 228).

Die Vergegenwärtigung von Urformen des rituellen und sakralen Tanzes sind für die folgenden Untersuchungen von maßgeblicher Bedeutung, weil:

1. sie die Wurzeln und Vorläufer späterer, auch säkularer Tanzerscheinungsformen waren und sich in ihnen die Ur-Formen und Ur-Bilder herausbildeten. Eben diese Ur-Bilder leben in den Ur-Erfahrungen der Menschheitsgeschichte, wie sie sich in JUNGschen Archetypen konstellieren, weiter. Die Ur-Bilder der magisch-mythischen Erfahrung binden starke heilsame Energien, die zu jeder Zeit wieder angezapft werden können. Bei „Ausschaltung des verantwortlichen Ich" kann das magisch betonte Handeln heute zu zerstörerischen Massenreaktionen und Massenpsychosen führen, aber „wo die magische Struktur heute im einzelnen noch trieb- und instinktgesichert sich auswirkt, erfüllt sie ihren eminenten und lebenspendenden Wert" (GEBSER, GA II, 1986, 105). Das magisch-instinktive Trieb- und Instinktbewußtsein der magischen Stufe mutiert in das imaginative Bildbewußtsein der mythischen Stufe. Dieses Bildbewußtsein wird in der aktiven Imagination durch Tanz auch heute noch aktiviert. Der getanzte Mythos ist Spiegel der Seele.

2. sie einen Bedeutungskern des Phänomens Tanz erklären. Die Bedeutung des rituellen Tanzes besteht einerseits – bezogen auf die Gemeinschaft – in der gemeinschaftsbildenden und -fördernden Wirkung, und andererseits – bezogen auf das Individuum – in der Vermittlung eines kosmischen Einheits-Erlebens und Einheits-Bewußtseins. Auf beiden Bedeutungsebenen hat der rituelle Tanz heilsame Wirkungen gezeigt. In der Distanzierung von der archaischen Funktion von Tanz verliert der Mensch seine Fähigkeit und Bereitschaft zu Einheits-Erlebnissen und Ganzheits-Erfahrungen. Der Tanz in der mentalen Bewußtseinsstufe überläßt das Individuum einer einseitigen, verflachten Weltsicht. Die magisch-mythische Brücke zwischen Innen und Außen ist abgebrochen, aber der moderne Tanz, der zu Beginn des 20. Jahrhunderts geschaffen wurde, bezog sich rückbesinnend und kreativ entfaltend auf die archaischen Wurzeln und magisch-mythischen Praktiken, das heißt im besonderen auf den Bewußtseinszustand der Trance, die Versunkenheit in die naturhafte Einheit, die rituelle Praktik des Ekstasetanzes. So war sich zum Beispiel Mary WIGMAN (s. Kap. 7.2.3.) der heilenden Wirkkräfte der magischen Äußerungsform bewußt. Sie

beschritt in ihren Gestaltungsprozessen den Weg „hinunter zu der Dunkelheit der Quelle über welche die bergende Mutter gebietet, zu jener Einheit, in welcher der einzelne ununterschieden mit allem eins ist" (GEBSER, GA II, 1986, 235).

3. aus tanztheoretischer Sicht betrachtet, auf die Kombination von strukturierenden und improvisierenden Elementen im Rahmen der rituellen Tänze hingewiesen wird. Beide Elemente werden für die Konzeptualisierung eines integralen Ansatzes der Tanz-Pädagogik aufgegriffen werden (s. Kap. III).

Beide Aspekte zur Theorie und Bedeutung des Tanzes aus integraler Sicht (Einheit von Innen und Außen, Einheit von vorgegebener Struktur und improvisatorischem Freiraum) werden Grundlagen für die tanzkünstlerischen (s. Kap. 7.), tanzpädagogischen und tanztherapeutischen (s. Kap. 8. und 9.) Überlegungen sein. Den Tanz als präsentative Symbolisierung von Emotionen, Phantasien, Traumbildern und aktiven Imaginationen, auch im Spannungsfeld zwischen Individuum und Gesellschaft, werde ich im 7. Kapitel anhand von Beispielen aus der Bühnentanzkunst des 20. Jahrhunderts untersuchen.

6.3. Tanz als präsentative Symbolisierung: „Ursprung und Gegenwart"

Die Wurzeln der (Tanz-)Kunst liegen noch vor der magischen und mythischen Bewußtseinsstruktur, denn „sie ist die ursprungsnaheste Ausdrucksart des Menschen" (GEBSER, GA III, 1986, 602). Die ursprüngliche Lebensäußerung des Menschen im Tanz ist zu allen Zeiten und in allen Kulturen in sehr vielfältigen Erscheinungsformen *nachweisbar*:

> „Bildhafte Überlieferungen tänzerischer Ereignisse sind uns seit dem Paläolithikum bekannt, verbale mindestens seit dem 2. Jahrhundert vor Christus, technische, und da vor allem filmische erst seit wenigen Jahrzehnten" (HASELBACH 1976 a, 158).

Beispiele aus allen Teilen der Welt bestätigen, daß der Tanz kultischen Ursprungs ist. In frühen Primitivkulturen bis hin zu differenzierten Hochkulturen stellte der Tanz eine Form sakraler Handlung dar, die die Kommunikation mit dem Überirdischen ermöglichte und die der Verehrung, Darstellung oder Anbetung des Göttlichen diente (vgl. HASELBACH 1976 a, 159; van BAAREN 1964, 51 ff.). Der Tanz entwickelte sich zu einem integralen Bestandteil des Lebens, das heißt, er gestaltete und überhöhte die einschneidenden Ereignisse und Lebenssituationen des Einzelnen und der Gesellschaft:

> „Es gab kein Ereignis, bei dem nicht getanzt wurde: Geburt, Tod, Hochzeit, Krieg, Ernte, Jagd, Einsetzung eines Häuptlings, Austreibung böser Geister, Heilung von Krankheiten, Beschwörung von Naturgewalten, Bitten um Regen, Sonne oder Fruchtbarkeit" (WILLKE 1985, 465).

Die Fähigkeit zu Analogiebildungen von Außen- und Innenwelt war bei den Naturvölkern eng verbunden mit der magischen Praktik des Tanzes (vgl. JUNG, GW 8, 1971, 50). Hierbei kommt eine Mensch-Natur-Einheit zum Tragen, zum Beispiel beim Opfer-Ritus, dem stellvertretenden Leiden im Ritual. Wenn im Jagdritual ein Tier getötet wird, dann wird die Einheit in keiner Weise aus dem Gleichgewicht gebracht, weil „die Menschen, die Pfeile, die Sonne, die Zeichnung, der Wald, die Antilope, ichlos sind" (GEBSER, GA II,

1986, 94). Es wird eine effiziente magische Kraft wirksam, die sich in trieb- und instinktbetonten Handlungen entäußert.

Dieses raum- und zeitlose emotionale Trieb- und Instinktbewußtsein der magischen Struktur gibt „auf die Natur und die Erde Antwort" (GEBSER, GA II, 1986, 115). Es ist ein naturhaftes vitales Bewußtsein, das dem Gruppen-Ich ermöglicht, „die Erde und die Welt zu bestehen" (GEBSER, GA II, 1986, 89). Die magischen Menschen sind bereits aus der „nulldimensionalen, archaischen Struktur der *Identität* in die eindimensionale der *Unität*" (GEBSER, GA II, 1986, 87) herausgetreten. In dieser eindimensionalen Raum- und Zeitlosigkeit der magischen Struktur setzt ein erstes Bewußtwerden ein, eine keimhafte Distanzierung zur Natur, die gemeistert werden soll. Während die archaische Struktur gekennzeichnet war durch die *„problemlose Identität von Mensch und All"* (GEBSER, GA II, 1986, 86), so charakterisiert GEBSER die magische Struktur durch die erste Zentrierung im Menschen:

> „... er stellt sich gegen die Natur, er versucht sie zu bannen, zu lenken, er versucht unabhängig zu werden; *er beginnt zu wollen.* Bannen und Beschwörung, Totem und Tabu sind die naturhaften Mittel, mit denen er sich von der Übermacht der Natur zu befreien, mit denen sich die Seele in ihm zu verwirklichen, sich ihrer bewußt zu werden versucht" (GEBSER, GA II, 1986, 88).

Der magische Mensch wird in der Magie, dem *„Tun ohne Wachbewußtsein"*, noch von der „unbewußten Weisheit des archaischen Erbes" (GEBSER, GA II, 1986, 105) geleitet, aber er hat seinen nicht mehr endenwollenden Kampf um die Macht aufgenommen. Als Beispiel für diese magische Haltung, die in ihrer defizienten Ausformung zum verantwortungslosen Machtstreben degradiert, soll das Tanzritual der Jagd beschrieben werden, das von verschiedenen Ethnologen aus unterschiedlichen Kulturen überliefert wird. GEBSER (GA II, 1986, 89 ff.) zitiert und interpretiert die 1905 von Leo FROBENIUS geschilderte Antilopenjagd der Pygmäen im Kongo-Urwald. Es vollziehen sich zwei Rituale: Vor der Jagd erfolgt unter absolutem Schweigen das Zeichnen einer Antilope in den Sand und nach der erfolgreichen Jagd das Auslöschen der Zeichnung, um die möglichen Folgen des Mordes von den Jägern abzuwenden. Im Morgengrauen wurde die Antilope in den Sand gezeichnet,

> „... um sie beim ersten Sonnenstrahl, der auf die Zeichnung fällt, zu «töten»; der erste Pfeilschuß trifft die Zeichnung in den Hals; danach brechen sie zur Jagd auf und kommen mit der erlegten Antilope zurück: der tödliche Pfeil traf das Tier exakt an der gleichen Stelle, wo Stunden zuvor der andere Pfeil die Zeichnung traf; ..." (GEBSER, GA II, 1986, 89).

Ähnliche Bannkräfte werden von Herbert KÜHN (1952) beschrieben, der über eiszeitliche Felsmalereien, Skulpturen und kultische Plätze in französischen Höhlen berichtet:

> „Im letzten Saal stak noch das Feuersteinmesser mit dem der eiszeitliche Künstler die Skulpturen bearbeitet hatte. Die Fußspuren um die Skulpturen zeigten, daß hier getanzt worden war. Nur die Hacken sind in den Boden eingedrückt; die Tänzer waren im Tanzschritt gegangen wie Bisons, sie hatten einen Bisontanz getanzt, einen Tanz für die Fruchtbarkeit und Vermehrung der Tiere und für ihre Tötung" (KÜHN 1952, 12 ff., zit. nach: GÜNTHER 1962, 167 f.).

Die symbolischen Handlungen im rituellen Kontext wirken als „Energietransformator (JUNG, GW 8, 1971, 53). Energie wird in zweifacher Hinsicht umgesetzt: Im abbildhaften Tiertanz vergegenwärtigt sich der Tänzer durch sein mimetisches Vermögen und das Tragen der rituellen Tiermaske das „Wesen der Art" (GÜNTHER 1962, 174). Dadurch wird der Tänzer zum Vermittler von Bitten und Botschaften, die an den „‹Geist› des Tieres" geschickt werden, denn „der Geist der Tiere ist stärker als der der Menschen" (GÜNTHER 1962, 174). Im Tanz stärkt der Tänzer seine Psyche, indem er seine Angst vor dem Tier zu bannen und sich die fremden Kräfte zu verinnerlichen versucht. Auf magische Weise wird sowohl die Fruchtbarkeit als auch die Tötung des Tieres beeinflußt. Eine weitere Bedeutung dieser rituellen Tanzhandlungen läßt sich durch ihre Wirkung auf die „Gemeinschaftsbildung" und „Gemeinschaftsorganisation" (JUNG, GW 8, 1971, 53) erklären.

Die präsentative Symbolisierung im Tanz dient der Stabilisierung des Gruppen-Ich, des ‚Wir', und der Entfaltung magischer Wirkungen. Die Zentrierung der psychischen Energie auf einen Gegenstand solcher Beschwörungen wirkte „insofern bewußtseinsbildend, als das Zentrieren des menschlichen Wollens auf ein Objekt gleichzeitig eine Zentrierung der psychischen Energie im Menschen mit sich bringen mußte" (GEBSER, GA II, 1986, 90).

Die Wahrnehmung und Vergegenwärtigung der Ursprünge von Tanz und der Bedeutung präsentativer Symbolisierung kann folgendes Ziel verfolgen:

„… das «Jetzt» an das «Einst» organisch anknüpfend, und damit die jeweiligen Gegebenheiten der tänzerischen Gestaltungen in ihrem Ursprung zu entschleiern" (GÜNTHER 1962, 217).

Als Erbe der magischen Struktur kann die „akustisch-labyrinthische, magische Betontheit" (GEBSER, GA II, 1986, 138) betrachtet werden. In besonderer Weise wirkt das „Gehörte, d.h. die Laute der Natur" (GEBSER, GA II, 1986, 103) auf den magischen Menschen. „Die Wirkung des schicksalhaft beschwörenden Pochens der Urwaldtrommeln" kann als das „überdimensionierte Schlagen des Herzens und des Pulses eines Gruppen-Ichs" gedeutet werden, welches die „Stimmen und Regungen des nächtlichen Urwalds zum Schweigen bringt" (GEBSER, GA II, 1986, 97). Hier verständigt sich der Mensch mundlos und wortlos. Dies bezeugen u.a. die mundlosen Körperbilder in Höhlenmalereien, aufgefundene Statuetten und Tanzmasken aus Nordost-Neuguinea, Peru und Mexiko (vgl. GEBSER, GA IV, 1986, 36).

Als Erbe des mythischen Bewußtseins ist der Polaritäts-Charakter zu nennen. Während die magische Struktur zur Bewußtwerdung der Natur führte, bewirkte die mythische Struktur die „Bewußtwerdung der Seele, also der Innenwelt" (GEBSER, GA II, 1986, 113). Ihr Symbol ist der *Kreis*, der im Reigentanz Ausdruck der mythischen Zeithaftigkeit ist:

„… das Bild des in sich zurückkehrenden Kreises, der erzeugend ist und vernichtend, und wieder erzeugend und wieder vernichtend, dem Reigen der auf- und untergehenden Sterne gleich, dessen Rhythmus sich noch in manchen Volkstänzen darstellt, beispielsweise der katalanischen »sardana«, die wie so viele andere ein Reigentanz ist, in dem die mythische Zeithaftigkeit sichtbar ausgedrückt noch heute weiterlebt" (GEBSER, GA II, 1986, 249).

Die Mythen als „wortgewordene Kollektivträume der Völker"
(GEBSER, GA II, 1986, 116) stellen die seelischen Vorgänge bildhaft
dar. In seinem Polaritäts-Charakter spiegelt der Mythos sowohl die
Bewußtwerdung der menschlichen als auch der göttlichen Seele.
Die mythischen Aussagen bringen nicht nur „die Sonne im Menschen", sondern auch das „abgrundtief Dunkle", das Schattenhafte,
das Unbewußte zum Ausdruck (GEBSER, GA II, 1986, 123).

Die mentale Struktur, die durch das messende Denken des Menschen und die Abstraktion gekennzeichnet ist, entfremdet das Individuum von der Triebwelt, dem Emotionalen der magischen Struktur und von der Bilderwelt, dem Imaginativen der mythischen
Struktur (vgl. GEBSER, GA II, 1986, 148). In der mentalen Struktur
zentriert sich das Bewußtsein auf das Ich. Die Erstarkung des Ich
führte in seiner defizienten Ausprägung, der rationalen Überbetont-
heit, zur „Ego-Hypertrophie" des Renaissance-Menschen (GEBSER,
GA II, 1986, 160). Die Raum-Zeit-Bezogenheit der mentalen Struktur
ist durch die Raumbetontheit und die mentale Zeitlichkeit charakterisiert. An die Stelle des getanzten mythischen Weltbildes tritt die
getanzte Welt*vorstellung*, wie sie im Höfischen Tanz verkörpert
wird. Die perspektivische Welt fand ihren Tanzraum am italieni-
schen und französischen Hofe. Die Gemessenheit der Schreittänze
war weniger bezogen auf die außerweltliche Entsprechung, sondern vielmehr „auf einen innerweltlichen Gegenstand, den es zu
messen und dadurch in angemessene Form zu bringen" (zur LIPPE
1988, 52) galt.

Die geistige Arbeit in diesem Hoftanz war dem „Ideal einer
Selbsterkenntnis am Anderen" (zur LIPPE 1988, 53) verpflichtet,
entfremdete sich aber in der weiteren Entwicklung immer stärker
von den Zielen des Triebverzichts und der Sublimierung. Das geometrische Ballett wendet sich an die „zentralen monarchischen
Personen als nicht tanzende, als Adressaten und als statisches Zentrum" (zur LIPPE 1988, 189). Die Raumorientierung im quattrocen-
tonischen Tanz war zunächst noch Mittel des Ausdrucks, während
sie in späteren sogenannten Grundrißballetten „vergegenständlicht
zur zeitunabhängigen Figur, die damit jedem Vorgang an oder in
den Personen äußerlich sein mußte" (zur LIPPE 1988, 69).

Der Bühnentanz, der im folgenden Kapitel beleuchtet werden soll, entstand nach der ‚Befreiung' des Menschen von Kult und Mythos. Die moderne Bühnentanz-Kunst des 20. Jahrhunderts verbindet jedoch in Ansätzen die verschiedenen Bewußtheitsformen früherer Strukturen:

– die Bewußtheit der magischen Struktur: das Erlebnis,
– die Bewußtheit der mythischen Struktur: die Erfahrung,
– die Bewußtheit der mentalen Struktur: die Vorstellung.

Die Ursprungsgegenwärtigkeit ist für den Bereich Tanz nur in Ansätzen zu erfassen, aber eine Integration aller Bewußtheitsformen hat sich in den Erscheinungsformen des 20. Jahrhunderts, die im folgenden vorgestellt werden, bereits angebahnt. Hierbei können die positiven Ansätze des Ausdruckstanzes (s. Kap. 7.2.), aber auch seine Gefahren und Probleme aufgezeigt werden. Diese Ausführungen ermöglichen die Frage nach dem Erbe des Ausdruckstanzes für das Tanztheater (s. Kap. 7.2.5.), welches als Weiterführung und Wandlung zur Tanz-Kunst aufgefaßt wird, die den Fokus auf die Spannung ‚Individuum *und* Gesellschaft' richtet. Weitere Ansätze zur Integration der Bewußtheitsformen werden in der Tanz-Pädagogik Rudolf von LABANs (s. Kap. 8.) und in der Tanz-Therapie (s. Kap. 9.) zu betrachten sein.

7. Wirkungsfeld: Tanz-Kunst

7.1. Der moderne Tanz und das Tanztheater – eine Abgrenzung vom klassischen Ballett

Im Kapitel 6.1. wurde der expressive Wert präsentativer Symbolisierung herausgearbeitet, ihre ganzheitliche Struktur und Funktion zur Vermittlung von Sinnlichkeit und Bewußtsein abgehandelt. Der dort beschriebene Wert präsentativer Symbole trifft in das Zentrum der Bedeutung von Tanz, denn das Sanskritwort ‚Tanha' bedeutet ‚Sehnsucht des Lebens' (vgl. HASELBACH 1976 a, 158).

„Eine verschwommene, quälende Sehnsucht nach Freiheit verbindet sich für viele mit der Sehnsucht, tanzen zu können" (HOFFMAN 1984, 10).

Dieser Sehnsucht nach freier Entäußerung wird in den vielfältigen Erscheinungsformen des Tanzes in der Vergangenheit und Gegenwart sehr unterschiedlich Rechnung getragen. Der jeweils gesellschaftlich geprägte Sozialcharakter spiegelt sich in der vorherrschenden Tanztechnik, ihren stilistischen Begrenzungen und Freiheitsgraden.

Jede Geschichtsschreibung des Tanzes verweist deshalb auf die Tatsache, daß sich der ‚Zeitgeist' einer jeden Epoche durch eine Analyse des betreffenden Tanzstils aufspüren läßt (vgl. HOFFMAN 1984, 37). Der Tanz oder die Tänze sind jeweils Spiegel ihrer Zeit, ihrer Kultur mit all ihren gesellschaftlichen Prägungen des Sozialkörpers. Andererseits hat der künstlerische Tanz in seiner „Erkundung des Möglichen" (von HENTIG 1985, 31) gesellschaftliche Gegenströmungen erzeugt, die sich als sinnlich-reflexive Bewegungen auf Bewußtseinsbildung und -erweiterung auswirkten.

Der Ausdruckstanz, der Modern Dance und das Tanztheater einerseits und der *Klassische Tanz*[1] andererseits repräsentieren zwei grundsätzlich verschiedene Auffassungen von Ästhetik[2]:

Diese unterschiedlichen Auffassungen von Ästhetik und die Differenz der jeweiligen Befindlichkeiten und Konditionierung beschreibt Norbert SERVOS (1985 b, 7) als Kontrast zwischen „Selbst-

entfesselung" und „Selbst*beherrschung"*. Die anarchische Kraft der im freien, ekstatischen Tanz beförderten Gefühle wird im Klassischen Tanz domestiziert.

„Die Verbannung der Antriebe in den Untergrund, bei der die Kirche tätige Schützenhilfe leistete, war der erste Schritt zur Enteignung des Leibes" (SERVOS 1985 b, 7).

Der unter strenger Körperkontrolle bewegte Tanzkörper der auf Spitzenschuhen tanzenden Ballerina darf seine inneren Sehnsüchte nur im Rahmen eines festgefügten Bewegungsvokabulars Ausdruck verleihen. Dieses Bewegungsvokabular dient dazu, den Menschen in einer idealisierten Schönheit, die dem Prinzip des Goldenen Schnitts, das heißt als geometrische Einheit, wie sie aus der griechischen Antike bekannt ist, zu präsentieren. Das Ideal von „Schönheit", „Würde" und „Vollkommenheit" des Menschen drängt den Tänzer in „streng stilisierte(n), stets an räumliche und zeitliche Vorschriften gebundene Bewegungen/Haltungen" und diese „schließen jegliche Alltagsbewegung aus" (VENT/DREFKE 1981, 38).

Die strenge Stilisierung der Bewegung bewirkt jedoch in zweifacher Hinsicht auch einen Verlust an Emotionalität und Sinnlichkeit, beim Tänzer und beim Zuschauer:

„Und darüber hinaus bietet der Tanz als stilisierte Bewegung sich zur Identifikation mit Gefühlen an, mehr noch: erlaubt die Stilisierung von Gefühlen und bewahrt vor der Ambivalenz der Emotionalität" (HOFFMAN 1984, 37).

Von der ek-statischen[3] Bewegung bleibt beim Klassischen Ballett allein die *Stasis*, die

„... unbewegliche Mitte bei äußerster Rotation der Extremitäten. Alles dreht sich um ein Zentrum, dessen korsettierte Kontrolle keinen Augenblick nachlassen kann, loslassen darf. Dahinter lauert Ich-Verlust, der die Aufgabe der Kontrolle mit Todesangst bedroht. Die ungehemmte Energie der Veitstänze ist gebändigt, kanalisiert. Der neue Mensch sagt Ich und meint sein nunmehr zurückgedrängtes Selbst. – Haltung, Majestät, Haltung!" (SERVOS 1985 b, 7).

Auch die romantischen Stoffe der klassischen Ballette[4] leben aus einem archetypischen Kern, aber die erzwungene Leichtigkeit und der damit eingeleitete Verlust an Erdgebundenheit erzeugt ein Versprechen, das nicht eingelöst werden kann und fördert die bereits angesprochene unstillbare Sehnsucht nach Verbindung von zunächst unvereinbar erscheinenden Polen (vgl. SERVOS 1985 b, 7). Ein Energiekreislauf zwischen sich bedingenden Polen (Erde und Himmel) ist kurzgeschlossen.

„Lebendigkeit entsteht als Vereinigung der Gegensätze von Leben und Tod und bringt, wie jede Vereinigung der Gegensätze etwas in Fluß" (HOFFMAN 1984, 38).

In der Abgrenzung zum Klassischen Ballett und in der Klärung der „(Vor-) Geschichte des Verlustes", wird die Bedeutung des Modern Dance und des Tanztheaters begreifbar, die durch eine Rückbesinnung auf ursprüngliche Bedürfnisse, Sehnsüchte und Wünsche den Menschen wieder „zu sich selbst und zum Selbst als neuer Mitte" zurückfinden lassen (SERVOS 1985 b, 9).

Im Gegensatz zum Klassischen Ballett[5] vermochten die Erscheinungsformen des Modernen Tanzes (des Ausdruckstanzes von Mary WIGMAN und des Freien Tanzes von Rudolf von LABAN) und des modernen Tanztheaters das Selbst zu entfesseln und die interkulturellen archetypischen Bilder zu entschlüsseln (vgl. SERVOS 1985 b, 7).

7.2. Der Moderne Tanz

7.2.1. Kritische Anmerkungen zur Wirkungsanalyse und Rezeptionskritik

In meinen Ausführungen über den Modernen Tanz der Isadora DUNCAN, den Ausdruckstanz der Mary WIGMAN, den Modern Dance der Martha GRAHAM und das Moderne Tanztheater der Pina BAUSCH werde ich mich mit der jeweiligen Tanzphilosophie auseinandersetzen und sie aus tiefenpsychologischer Sicht betrach-

ten. Bei der Besprechung ausgewählter Tanzstücke, z.b. von DUN-
CAN und WIGMAN, habe ich mich auf Rezensionen und Theater-
kritiken bezogen, deren Rezeption und Wirkungsanalyse sicher
nicht als repräsentativ zu werten ist. Die überwiegend euphori-
schen Tanzkritiken, die in der Literatur zugänglich gemacht werden, spiegeln vermutlich nur die Rezeption eines Teils des Gesamt-
publikums. Des weiteren ist anzunehmen, daß die positiven Bespre-
chungen der zeitgenössischen Tanz- und Theaterkritiker weitaus
eher überliefert wurden als negativ bewertende Kritiken.

Dennoch macht die wortgewaltige und emotionsgeladene Parteinahme *für* die Kunst einer DUNCAN und WIGMAN deutlich,
daß beim Publikum ein entsprechendes Bedürfnis nach Rezeption
einer ‚Anti-Kunst' (Anti-Klassik) vorhanden war. Aus kunstpsy-
chologischer Sicht kann vermutet werden, daß bei einem Großteil
des mit *Empathie* und Enthusiasmus reagierenden Publikums eine
entsprechende Erwartungshaltung und innere Spannung bereits
vor dem Kunsterlebnis existent war, daß diese Spannung aber
durch das Kunstwerk aktiviert wurde (vgl. KREITLER/KREITLER
1980, 31). Der direkte *Lust- und Erkenntnisgewinn* durch die Auseinandersetzung mit dem modernen Tanz und dem Ausdruckstanz ist
auf die momentane Spannungszufuhr mit der folgenden *kathartischen
Spannungsabfuhr* als Wirkung des Kunsterlebnisses deutbar.

Tiefenpsychologisch betrachtet wird diese These verdichtet
durch JUNGs (vgl. GW 9/1, 1976, 135) Aussage, daß ein äußerer
Stimulus (hier erzeugt durch die Inhalte, Emotionen und Botschaften der dargebotenen Tanzstücke) erst dann eine Offenbarung und
Bewußtwerdunginduziert, wenn bereits im psychischen Bereich
eine Disposition zur Auseinandersetzung mit dem jeweilig psychischen Inhalt angelegt ist. Die Themen des Modernen Tanzes der
DUNCAN, des Ausdruckstanzes der WIGMAN, des Freien Tanzes
und Tanztheaters von LABAN, des Modern Dance der GRAHAM
greifen auf uralte Themen der Menschheitsgeschichte und Motive
der Mythen, wie Geburt, Opfer, Wiedergeburt, zurück. Diese archetypischen Bilder verweisen auf die „Uridee seelischer Verwandlung" (JACOBI 1977, 98, vgl. auch: TIETZE 1986, 327 f., JUNG
1968, 123) und die Persönlichkeitsentfaltung als *Entwicklung zur*

Ganzheit. Des weiteren symbolisieren die Tänze Urthemen zum Verhältnis von Mikro- und Makrokosmos. Hiermit werden Themen in den Blick genommen, von denen der rationale Mensch in der verwissenschaftlichten Welt entfremdet ist, die meist nur noch in seinen Träumen bildhaft symbolisiert erscheinen. Hierzu stellt JUNG fest:

> „In dem Maße, wie unser wissenschaftliches Verständnis zugenommen hat, ist unsere Welt entmenschlicht worden. Der Mensch fühlt sich im Kosmos isoliert, weil er nicht mehr mit der Natur verbunden ist und seine emotionale «unbewußte Identität» mit natürlichen Erscheinungen verloren hat. Diese haben allmählich ihren symbolischen Gehalt eingebüßt. Der Donner ist nicht mehr die Stimme eines zornigen Gottes und der Blitz nicht mehr sein strafendes Wurfgeschoß. In keinem Fluß wohnt mehr ein Geist, kein Baum ist das Lebensprinzip eines Mannes, keine Schlange die Verkörperung der Weisheit, keine Gebirgshöhle die Wohnung eines Dämons. Es sprechen keine Stimmen mehr aus Steinen, Pflanzen und Tieren zu den Menschen, und er selbst redet nicht mehr zu ihnen in dem Glauben, sie verständen ihn. Sein Kontakt mit der Natur ist verlorengegangen und damit auch die starke emotionale Energie, die diese symbolische Verbindung bewirkt hatte" (JUNG 1968, 95).

Durch die *symbolbildenden Fähigkeiten* des Menschen in Träumen und aktiven Imaginationen, v.a. auch im Tanz, kann dieser Verlust wieder ausgeglichen und seine Energie transformiert werden. Als „Energietransformatoren" (JACOBI 1977, 62) wirken die aus dem Unbewußten ins Bewußtsein heraufgeholten inneren Bilder progressiv in Richtung auf *Bewußtseinserweiterung:*

> „Die Symbole haben *Ausdrucks- und Eindruckscharakter zugleich,* indem sie einerseits das immer psychische Geschehen bildhaft *ausdrücken* und andererseits dieses Geschehen – nachdem sie Bild geworden sind, sich gleichsam in einen Bildstoff «inkarniert» haben – durch ihren Sinngehalt *beeindrucken* und dadurch den Strom des psychischen Ablaufs weitertreiben" (JACOBI 1977, 97).

Wenn archetypische Motive im Tanz präsentativ symbolisiert sind, werden auch die Zuschauer vom „energiegeladenen Bedeutungskern" (JACOBI 1977, 97) beeindruckt. Dieser Prozeß wird zunächst als Spannungszufuhr vom Rezipienten erlebt und im weiteren Verlauf des Kunstgenusses kommen die Wirkungen des Symbolausdrucks, nämlich die *entspannende Wirkung* und der *orientierende Effekt* zum Tragen (vgl. KREITLER/KREITLER 1980, 303 f).

Die in den Tanzkritiken (zu Stücken von DUNCAN, WIGMAN, LABAN, GRAHAM, BAUSCH) offenbarte Faszination kann letztlich aus der „Wechselbeziehung" zwischen der „Entspannungswirkung" und der „orientativen Einwirkung" (KREITLER/ KREITLER 1980, 304) begründet und verstehbar gemacht werden.

> „Beide (Auffassungen von Jung und Koestler, Anm. M.P.-B.) weisen auf den Schluß hin, daß die Konfrontation mit symbolischen Ausdrücken Einsichten entstehen lassen mag, die das Individuum in die Lage versetzen, das Leid, die Pein und Gefahren bestimmter Situationen zu transzendieren. ... Die entspannenden und orientativen Wirkungen, deren Erreichen und relatives Herausragen von Medium zu Medium (Malerei, Dichtung, Musik, Tanz, Anm. M.P.-B.) variiert, mögen als Erlebnismanifestierung der Grundeigenschaft erachtet werden, welche diese Medien innerhalb des Kunstrahmens miteinander gemein haben, nämlich das Offenbaren des Allgemeinen im Besonderen, das Herausheben des Besonderen in der abstrakten Konzeptualisierung, um somit die Brücke zwischen dem Einzelnen und den Vielen, der individuellen Manifestierung und dem Universalgesetz zu errichten" (KREITLER/KREITLER 1980, 304).

Diesem hier als Grundeigenschaft aller Kunstsparten ausgewiesenen Ziel fühlten sich die tanzreformerischen Vertreter/innen des 20. Jahrhunderts verpflichtet. Mein historischer Exkurs über die Protagonistinnen (DUNCAN, WIGMAN, GRAHAM, BAUSCH) setzt sich mit diesem Thema auseinander. Außerdem stellt sich die Frage nach der Bedeutung der aktiven Imagination für den tanzkünstlerischen Gestaltungsprozeß. Hierbei wird einerseits auf tanztheoretische und tanzphilosophische Überlegungen seitens der Künstlerinnen Bezug genommen, andererseits werden die Fragen anhand der Vorstellung und Interpretation von ausgewählten Tanzkunstwerken behandelt.

7.2.2. Isadora DUNCAN, die Wegbereiterin einer revolutionären Wende im Tanz

Der Bruch mit der Konvention des Klassischen Balletts und die „Suche nach einem individuellen und kollektiven Unbewußten" (BRUNEL 1982, 26) durch Tanz setzte zu Anfang dieses Jahrhunderts ein. Eine Protagonistin dieser sich in Schüben fortsetzenden revolutionären Wende des Umgangs mit dem Körper auf der Tanzbühne war die Amerikanerin Isadora DUNCAN (1878–1927), die ihre Auffassung vom Tanz auch im pädagogischen Bereich realisierte und neue Wege zu einer pädagogischen Vermittlung von Tanz und zur Förderung von Selbst-Verwirklichung durch Tanz bahnte. Sie lehnte für ihren Tanzunterricht die Vorgabe von Bewegungen ab und förderte über die *Improvisation* die individuelle Ausdrucksfreude und -kraft.

Sie berief sich dabei auf ihre eigene Erfahrung und Einsicht, daß über den Weg der *Konzentration/Meditation* und der intensiven Fühlungnahme mit Musik eine innere Bewegtheit, die Regungen der Seele, zum Ausdruck drängte.

> „Erst viele Monate später, als ich gelernt hatte, mich zu konzentrieren, fand ich, daß die Schwingungen der Musik mir wie aus einer Lichtquelle zuströmten und sich in mir als innere Vision, als Reflex der Seele widerspiegelten, wodurch ich befähigt war, sie tanzend zum Ausdruck zu bringen" (DUNCAN 1981, 61).

Isadora DUNCAN beobachtete mit größter Aufmerksamkeit die parallel zu ihrer eigenen Arbeit verlaufenden künstlerischen Strömungen ihrer Zeit, vor allem die des Jugendstils, der sich in allen Gebieten der Kunst, wie Architektur, Inneneinrichtung, Grafik, in der Gestaltung von Vasen und Gefäßen des New Yorkers TIFFANY und in den Glaskünsten des Franzosen GALLÉ auswirkte (vgl. NIEHAUS 1981, 11 f.). Als ihre eigenen ‚Lehrer' bezeichnet Isadora DUNCAN (1903, 27, 30) Charles DARWIN, Ernst HECKEL und Arthur SCHOPENHAUER, an anderer Stelle (1979, 63, 105) erwähnt sie Jean-Jaques ROUSSEAU, Walt WHITMAN und Friedrich NIETZSCHE. Ihr Lieblingsdichter Walt WHITMAN, der von sich sagte, „Ich bin der Dichter des Leibes, ich bin Dichter der Seele", war ihr Vorbild:

„Was *er* in der Dichtung ist, will *sie* im Tanz werden (…). Sein Kampf ist auch ihr Kampf für die Freiheit der Gefühle, der Sinne und der Liebe; sie will herrliche Kinder haben und erziehen zu wunderbaren Menschen, die in Liebe vereint eine wahre Demokratie bilden sollen" (NIEHAUS 1981, 14).

Wenn sie Gefühle tanzte, dann sollte es nicht eine Nachahmung sein, sondern das Gefühl selbst. Um dies zu verwirklichen, strebte sie die *Transzendenz* ihrer Person an; sie wollte nicht in Erscheinung treten, um *sich* darzustellen, sondern die Wahrheit, die alle Menschen begreifen, als Überhöhung der persönlichen Aussage ausstrahlen. Sie verstand sich somit als Mittlerin einer göttlichen Kraft (vgl. DUNCAN 1981, 60), die durch sie hindurchtönt und hoffte, daß die Kraft dieser Urbilder durch präsentative Symbole auch auf das Publikum wirkt.

Dieses Ziel, das sie anfangs selbst noch nicht zu beherrschen glaubt, beschreibt sie am Beispiel der Linie wie folgt:

„Also jede Melodie enthält eine Linie, die man aufzeichnen kann. Nun müßte es mir noch gelingen, mich so beherrschen zu lernen, daß mein Körper auf meinen Impuls hin vollkommen zu dieser Linie werden könnte. Soweit bin ich nur noch nicht. Ich kann es mit den Händen, ich kann es mit den Füßen, aber ich gehe noch immer nicht völlig in der Linie auf. Es bleibt immer noch etwas von meiner Person da. Ich zweifle aber nicht, daß es möglich wäre, vollkommen zur Linie zu werden. Das ist es, was ich suche: Dann wäre der Tanz erst eine Kunst. Jetzt tanze ich zur Musik, meine zufällige Person tanzt zur Musik. Aber im anderen Fall wäre ich es gar nicht mehr, sondern die Musik selbst, die tanzen würde. Oder ein Vers; denn es braucht ja nicht gerade eine Melodie zu sein, die getanzt wird, es kann ein Vers, es kann ein Erlebnis, es kann ein Gefühl sein. Jeder Vers, jedes Erlebnis, jedes Gefühl läßt sich durch eine Linie darstellen, und jede Linie muß sich tanzen lassen. Und so ein Tanz, der müßte auf alle Menschen wirken, den müßten alle Menschen verstehen; denn er wäre die Wahrheit, er könnte bewiesen werden, er wäre losgelöst von der einzelnen Person, die da zufällig tanzt. Und ich hoffe, wenn ich nur nicht nachgebe, eine Wissenschaft des Tanzes zu finden, mit ganz festen und sicheren und unantastbaren Gesetzen. Das hoffe ich bestimmt. Ich hoffe" (DUNCAN, zit. nach NIEHAUS 1981, 24).

Isadora DUNCAN war eine Frauenrechtlerin, die mit der englischen Frauenemanzipation der Pankhurst-Bewegung sympathisierte. Sie kämpfte für die Befreiung der Menschen von veralteten Konventionen und Moralgesetzen; so propagierte sie zum Beispiel eine freiheitliche Einstellung zum institutionalisierten Bund der Ehe und zur freien Liebe und kämpfte als Frauenrechtlerin unter anderem für die Abschaffung des Korsetts als einem Symbol patriarchaler Unterdrückungsstrukturen. Grundlegend für ihre pädagogische Arbeit war immer die Intention einer *ganzheitlichen Erziehung*. Ihre Arbeit verstand sie nicht nur als reine Körper- und Tanzerziehung für Mädchen, sondern darüber hinaus strebte sie nach geistigem Einfluß und zielte damit insgesamt auf eine existentiell ausdrucksvolle Lebensform ab (vgl. DUNCAN 1903, 44 ff.):

„Die Tänzerin der Zukunft wird ein Weib sein müssen, deren Körper und Seele so harmonisch entwickelt sind, daß die Bewegung des Körpers die natürliche Sprache der Seele sein wird. ... Sie wird das wechselnde Leben der Natur im Tanze ausdrücken und die Wandlungen aller ihrer Elemente ineinander zeigen. Von allen Teilen ihres Leibes wird der Geist ausstrahlen und der Welt die Botschaft von den Gedanken und Hoffnungen tausender von Frauen bringen. Sie wird die Freiheit des Weibes in ihrem Tanz ausdrücken" (DUNCAN 1903, 44).

Sie versuchte ihren Schüler(inne)n eindringlich begreiflich zu machen, daß die Tanzkunst darin besteht, innere Regungen zu befreien:

„,Trachtet die Musik mit eurer Seele zu hören! Fühlt ihr nicht beim Zuhören in eurem Innern ein tieferes Selbst erwachen? Diese Kraft veranlaßt euch, Kopf, Arme und Beine zu heben und führt euch langsam dem Licht entgegen'. Niemals wurde ich mißverstanden, und dieses Erwachen, die Befreiung der inneren Regung ist meiner Ansicht nach der Beginn jeder Tanzkunst. Man kann dies sogar bei den Kleinsten der Kleinen beobachten; denn kaum sind die Grundelemente erfaßt, so entwickelt jeder Schüler beim Gehen und in jeder Gebärde spirituelle Kraft und auffallende Grazie, die durch rein körperliches Training oder bloße Gehirnarbeit niemals erreicht werden können" (DUNCAN 1981, 61).

DUNCANs Wirk- und Strahlkraft beschränkte sich jedoch nicht nur auf die Integration jener aus der Innenwelt freigesetzten Bilder, sondern lebte auch aus der Überzeugung, im Tanz politisch wirksam zu werden. Davon zeugen unter anderem die Tänze zur ‚Marseillaise‘ und zur ‚Internationale‘ sowie der ‚Slawische Marsch‘, der das Schicksal eines Sklaven versinnbildlichte, der „von der Knute des Tyrannen gezüchtigt und niedergetreten, sein Joch abschüttelt" (DUNCAN 1979, 37).

Isadora DUNCAN gelang es, dies ist aus historischen Quellen ablesbar und interpretierbar, ihre persönliche Innenwelt in präsentative Symbole zu transformieren. Über den Weg stundenlanger, regungsloser Meditationen, in denen sie sich in Trancezustände versetzte, erfuhr sie am eigenen Leib „die Triebfeder, die motorische Kraft, die Einheit, aus der die Vielfältigkeit des Bewegungskomplexes entspringt" (DUNCAN 1979, 7) und die Quelle ursprünglicher, unwillkürlicher Reflexbewegungen (vgl. DUNCAN 1979, 7). Analog zu ihrer Umschreibung der Reflexbewegungen spricht Kaye HOFFMAN (1984, 39) vom „Tremendum", von der „Gestaltung von Bewegtheit" anstelle der gestalteten Bewegung. Das Tremendum ist der Kern des Tanzes, der nicht nur Ausdruck eines *bestimmten* Gefühls ist, sondern darüber hinausgehend eine Stärkung der inneren und äußeren Bewegtheit bewirkt:

„... eine Kontaktaufnahme, was bedeutet, in Fühlung gehen: sich zu lösen, ohne sich aufzulösen, sich im Schmerz nicht zu verschließen, sondern zu öffnen, und durch die Öffnung sich neu mit dem Leben verbinden, trotz allem lebendig zu bleiben. Oder – lebendig zu werden?" (HOFFMAN 1984, 39).

In diesem Fall wird deutlich, daß DUNCANs Tänze nicht aus kopfgesteuerten Überlegungen und Ausdrucksintentionen entstanden sind, sondern durch die intensive Fühlungsnahme mit Bildern, zum Beispiel aus der Natur[6], oder mit dem von ihr als „Triebfeder", als Bewegungszentrum erkannten *Solarplexus*[7], der eng mit dem emotionalen Bereich gekoppelt ist (vgl. DUNCAN 1981, 60 f.). So berichtet DUNCAN (1981, 62) unter anderem, daß durch das Versinken in das schmerzliche Gefühl von Furcht ihr ‚Tanz der Wehklage‘ entstand.

Über die Versinnbildlichung äußerer Naturerscheinungen erkannte DUNCAN deren Entsprechung in der inneren Natur und erläuterte dabei den Zusammenhang zwischen individueller und kosmischer Ordnung:

„Das Licht bewegt sich in Wellen, der Ton, die Kraft bewegen sich in Wellen. Eine unaufhörliche Wellenbewegung durchquert die Natur. Jede Bewegung des Tanzes bestand schon vorher in ihr. Es erweist sich zuerst in den Bewegungen der Weltkörper, dann greift es auf das Leben der Tiere über: Fische, Vögel, Kriechtiere, Vierfüßler bewegen sich in unbewußten Reflexen des Universums. Das gleiche tut der primitive Mensch. Jede freie und natürliche Bewegung fügt sich dem Wellengesetze des Universums ein. Der wahre Tanz ist die Offenbarung der Erdenergie durch das Medium des menschlichen Körpers. Es ist das wunderbarste Medium, das es gibt. Der Tänzer und die Tänzerin ziehen ihre Stärke und ihre Freude aus den jungfräulichen Kräften der Erde und übertragen durch das wunderbare Medium ihrer Körper alle Energien der Planeten auf den Zuschauer. Die Energiemenge bleibt sich immer gleich. Was der eine gibt, das nehmen die anderen" (DUNCAN 1979, 26).

Es war eine enorme Wirkkraft, die in der letztmöglichen Verschmelzung zu einem *Energieaustausch* zwischen ihr und dem Publikum führte:

„In ihrem Wunsche, menschliche Gefühle zum Ausdruck zu bringen, fand Isadora die besten Vorbilder bei den griechischen Künstlern. Die herrlichen Figuren der Basreliefs erfüllten sie mit Bewunderung und begeisterten sie zu ihren Tänzen. Aber der ihr innewohnende Forschersinn führte sie zurück zur Natur, und während sie wähnte, griechische Tänze nachzuahmen und wiederzubeleben, entdeckte sie eigene Ausdrucksweisen. Ihre Gedanken sind in Griechenland, sie aber folgt ihrem eigenen Triebe. Sie bietet uns ihr inneres Leben, ihre eigene Freude und ihren eigenen Schmerz; sie vergißt des Augenblickes und sucht das Glück in ihren inneren Wünschen. Während sie uns ihre Leidenschaften erzählt, weckt sie die unseren – angesichts der griechischen Werke, die sie für Augenblicke vor uns aufleben läßt, fühlen wir uns jung, neue Hoffnungen beleben uns – unterwirft sie sich aber in ihrem Tanze dem Unvermeidlichen, dann sind auch wir bereit, mit ihr zu verzichten" (CARRIÈRE, zit. nach DUNCAN 1979, 9).

Aus diesen Äußerungen wird zweierlei ersichtlich. Zum einen bestätigen sie JUNGs These, daß eine höhere Stufe auf dem Weg zur Individuation erst erreicht wird, wenn äußere Eindrücke und eine innere Bereitschaft zur Integration vorhanden sind, das heißt auch, wenn innere und äußere Ordnung als einander entsprechend erfahren und erlebt werden. Hiermit wird ein *subjektiver Wandlungsprozeß* nach JUNG (GW 9/1, 1976, 133 ff.) angesprochen, der im Kapitel 7.2.4. eingehender beleuchtet wird. Des weiteren wird die Wirkung der DUNCAN gedeutet, die ebenfalls nahelegt, daß erst wenn die Brücke zwischen den Polen der äußeren Eindrücke und der inneren Nachempfindung geschlagen wird, die Zusammenführung der Pole zu einem *bewußtseinserweiternden Ganzheits-Erleben* bei mitfühlenden Zuschauern führt. Das individuelle Erlebnis wird zu einem gemeinschaftlichen Erleben, indem sich die Zusammenführung der Pole von Innen und Außen von einer Person auf andere Menschen überträgt.

Isadora DUNCAN kann somit als eine Wegbereiterin der modernen Tanzkunst betrachtet werden: sucht sie in ihren Tänzen die nachfühlbare Entsprechung von Seele und Natur, welche der Wirklichkeitserfassung der magischen Struktur entspricht, so erweitern sich die weiteren Protagonistinnen des modernen Tanzes ihr Ausdrucksspektrum, indem sie sich der mythischen Polarität vergegenwärtigen.

7.2.3. Der „absolute" Tanz nach Mary WIGMAN

Die frühen Jahre in der Karriere von Mary WIGMAN (1886–1973) als Tänzerin spiegeln die Suche nach einer neuen Form des Tanzes. WIGMAN fand kein Kommunikationsmittel in den Tanzstilen der Vorkriegszeit. Die vorherrschenden Techniken des Balletts und des populären Bühnentanzes beschäftigten sich eher mit unreellen und illusionären Themen. Zwar überraschte Isadora DUNCAN die Welt, indem sie barfuß und mit zum Teil durchsichtigen Gewändern zu der Musik von großen Komponisten tanzte, aber ihre Inspiration schöpfte sie aus einem vergangenen Zeitalter, vor allem aus der griechischen Antike. Hierbei überwog der Stimulus der Musik, der sie seelisch bewegte und über den Einfluß auf ihre individuelle, psychische Befindlichkeit zu tanzen anregte. Deshalb verzichtete DUNCAN auf eine eigene Namensgebung ihrer Tänze; letztere wurden nach dem zugrunde liegenden Musikstück benannt. Mary WIGMANs Tanz dagegen war eine zutiefst persönliche Botschaft ihrer Zeit und weder die geläufige Form und Musik, noch die Thematik eines bereits existierenden Tanzstils konnten diese Botschaft völlig zufriedenstellend ausdrücken. Sie lehnte die Anlehnung an jeden tradierten Tanzstil und die dadurch vorgegebenen Techniken und Themen ab, denn es gab für sie

„... allein das Erleben der Natur und die Tiefenschau ins eigene Herz, dieses Spüren im Unausmeßbaren mit allen seinen Wonnen und Bedrängnissen" (ZIVIER 1956, 58).

WIGMAN verbindet in ihrem Tanz Natur *und* Seele (magisch-vitale und mythisch-imaginative Aspekte). Hierbei tanzt jedoch kein ichloses oder wirhaftes Wesen, sondern eine Frau, die die magisch-mythische Botschaft mit dem kritischen Ich-Bewußtsein der Choreographin reflektiert. Deshalb überprüft und erforscht sie, gemäß der mentalen Struktur, die Ausdrucksstärke des Raumes und die Funktion der Bewegung im Raum. Diese eigenwilligen Ideen realisierte sie, in Anlehnung an die Arbeitsweise LABANs, ohne Musik. Bald konnte sie ihr Publikum davon überzeugen, daß der Tanz eine eigenständige Kunstform darstellt, gleichwertig mit der Musik oder Malerei. Durch ihren Verzicht auf Musik stellte sie den Tanz als eine Kunstform vor, die auch unabhängig von ihrer traditionellen Verbundenheit mit der Musik ausdrucksstark sein kann.

Andererseits eröffnete WIGMAN auch eine neue Dimension des ,Ausdruckstanzes', indem sie einen innovativen Zugang zur musikalischen Begleitung ihrer Tänze suchte. Hierbei gewannen Trommeln, Gongs und Tamburins, die unter anderem auch an die matriarchalen Tänze erinnern (vgl. GÖTTNER-ABENDROTH 1982, 168 und HEGI 1986, 58), größte Bedeutung.

Der ,absolute' Tanz der frühen Periode wurde hingegen ganz *ohne Klangkulissen und Musik* getanzt. Hierdurch betonte WIGMAN die Unabhängigkeit des Tänzers von der Musik, zielte auf die strenge Stilreinheit ab, die angezeigt war, um *seelische Vorgänge* und Beziehungen durch Tanz präsentativ zu symbolisieren.

„Nicht ‚Gefühle' tanzen wir! Sie sind schon viel zu fest umrissen, zu deutlich. Den Wandel und Wechsel *seelischer Zustände* tanzen wir, wie sie als rhythmisches Auf und Ab im Menschen lebendig sind" (WIGMAN 1933, 20).

Der Zeitgenosse John SCHIKOWSKI (1926, 141) kommentiert den musiklosen Tanz der WIGMAN und betont dabei die Bedeutung der Raumkomposition:

„Im stummen, musiklosen Tanz sieht die Wigman die stärksten Ausdrucksmöglichkeiten für die formale Gesetzmäßigkeit der Bewegung. Hier sei der Tänzer souverän im Gestalten, hier gehorche seine Intuition der räumlichen Auswirkung, ohne vom Verlauf einer fremden (musikalischen) Komposition abhängig zu sein. Der Tanz als ‚bewegte Architektur' ist das letzte zu erstrebende Ziel."

Im Jahre 1913 nahm WIGMAN an Rudolf von LABANs Sommerkurs in Ascona in der Schweiz teil. LABAN regte seine Studenten an, zu den Rhythmen von Dichtung, Wörtern, Phrasen, zu Musik und Stille zu experimentieren, zu improvisieren. Und es war LABAN, der den größten Einfluß auf WIGMANs frühes Werk hatte und seine Ermutigungen überzeugten sie, den Tanz endgültig als ihren Lebensweg zu wählen. Mit seiner Hilfe begann sie, an eigenen Tanzkompositionen zu arbeiten.

Im Herbst 1913 kehrte WIGMAN zusammen mit LABAN nach München zurück und zeigte bei einer Schuldemonstration ihre ersten Solotänze. Ihr Stück ‚Tanz der geraden und gebogenen Linien' wurde zwar von LABAN verworfen, aber bereits durch seinen Titel weist es auf ein erwachendes Interesse an den räumlichen Elementen des Tanzes. Ihren daraufhin choreographierten ‚Hexentanz' jedoch akzeptierte LABAN und so wurde dieser 1914 in einem Münchner Museum erstmalig öffentlich aufgeführt. ‚Hexentanz I' sollte WIGMANs berühmtester Tanz werden und blieb zugleich derjenige, den sie am liebsten tanzte. Sie unterwarf ihn allerdings vielen Korrekturen, bis er 1926 seine endgültige Gestaltung erfuhr und als ‚Hexentanz II' vorgestellt wurde. Rudolf von DELIUS schrieb über eine Privatvorstellung des Hexentanzes, den WIG-

MAN für ihn in seinem Haus im Herbst 1914 tanzte, er sei „wild, breit angelegt, mit Elektrizität beladen, fast wie Raserei" (ODOM 1980, 82). WIGMANs ‚Hexentanz I' wurde ohne Musik getanzt, das Kostüm bestand aus einem figurlosen Sack. Noch existierende Fotografien des Hexentanzes lassen eine Spannung in den verwrungenen Händen erkennen, die starken Abwinkelungen der Positionen demonstrierten eine zielbewußte Energie, wobei das Kostüm die Konturen des Körpers, der eine übersteigerte Lebhaftigkeit ausdrückt, verwischt.

Im Sommer 1914 gingen LABAN und seine Studenten zurück nach Ascona, zur Sommerschule LABANs auf dem Monte Verità, jedoch wurde ihre Arbeit durch den Ausbruch des Ersten Weltkriegs vorerst unterbrochen. WIGMAN blieb mit LABAN in Zürich und half ihm, die Theorien seiner Raumlehre und Bewegungsanalyse zu erarbeiten und zu entwickeln.

In den langen Wochen der Wiederholung von Bewegungen wurden diese immer erneut kontrolliert und analysiert. Hierbei lernte WIGMAN jene Selbstdisziplin, die für ihre Karriere so bedeutsam werden sollte. Sie schloß sich den Avantgardekünstlern an, die sich in Zürich sammelten, um den Kriegswirren zu entgehen, nahm oft an ‚dada'-Vorstellungen teil und unterhielt die Dadaisten in ihrem Atelier.

Bei all ihren Choreographien war ihr gesamter Körper in den expressiven Tanz integriert: voller Energie und Emotion. Die Anziehungskraft der Erde wurde gestalterisch aufgenommen, entweder durch sanfte Berührung oder kraftvolles Stampfen. Die Musik war sparsam gehalten und auch ihr Kostüm nicht dekorativ. Aber gerade die Intensität ihrer frühen Werke war es, die die Zuschauer zunächst abstieß und dann faszinierte. Anfangs war das Publikum auf den emotionalen Ausdruck ihres Tanzes, auf die Art der Begleitung durch Rhythmen, auf ihre nackten Füße und auf die Themen ihrer Tänze unvorbereitet (vgl. ODOM 1980, 84).

Da es zu dieser Zeit – mit Ausnahme von LABANs Methoden des freien Tanzes – noch keine Trainingstechnik für den Ausdruckstanz gab, war WIGMAN mit der Aufgabe konfrontiert, einen eigenen pädagogischen Weg zur Vermittlung ihres Tanzstils zu entwickeln. Dabei suchte sie nach einem Mittel, den Körper zu einem solch empfindsamen Instrument zu machen, so biegsam und geschmeidig, daß er alle Schattierungen der Emotionen auszudrücken in der Lage war. Hanya HOLM beschreibt den status quo dieser Situation:

„In the beginning there was the idea, but the problem was how to get it across. There was at that time no acceptable technique. The necessity was

to find the way, to do that, you had to go down to where the sources are."
(Nichtveröffentlichtes Interview mit Hanya HOLM 1978, zit. nach
ODOM 1980, 86).

Im Versuch, eine singuläre Idee auszudrücken, arbeiteten WIG-
MAN und ihre Student(inn)en mit größter Hingabe, um eine der
Intention entsprechende Bewegung zu finden. Nach der täglichen
Tanzgymnastik übten sie leidenschaftlich Drehungen, Sprünge und
Schwünge. Barfuß tanzend gewannen sie den direkten Kontakt mit
der Erde, wie er unter anderem im afrikanischen, orientalischen und
asiatischen Tanz gepflegt wird, wieder zurück. Die nackten Füße
erweckten in ihrer Berührung mit der Erde Emotionen, wobei das
Spiel zwischen dem Boden und den Fußsohlen in unzähligen Nu-
ancen variierte. Da WIGMAN die Gesetze der Schwerkraft als persönliche Herausforderung ansah, trainierte sie besonders intensiv
ihre Sprungkraft. In einem Gedicht[8] offenbart sie ihr Verlangen
nach Sprunghöhe und ihre Lust am Fliegen, welche für sie existentielle Erfahrungen darstellten. Wo andere zeitgenössische Tänze auf
einer Ebene (einem Raumlevel) blieben, machte sich WIGMAN alle
Ebenen verfügbar, wobei eine weitere Beschäftigung mit dem Raum
die Erforschung von Linien, Kurven und Schwüngen beinhaltete.
WIGMAN war überzeugt von der großen Bedeutung ihrer meist bis
zu 30 Minuten dauernden Drehmeditationen für ihren kreativen
Gestaltungsprozeß. Das ekstatische Drehen auf einem Punkt diente
der Konzentration, der körperlich-geistig-seelischen ‚Zentrierung'.
Ihre Dreh-Meditationen zum Klang eines chinesischen Gongs erlebte WIGMAN (1963, 38) gleichermaßen als „Qual und Beseligung".
Der anschwellende, raumerfüllende Ton des Gongs war zunächst
der Bewegungsstimulus, und der abschwellende und verstummen-
de Ton ließ sie zurück zum Stillstand kommen:

„Man fand zu sich selbst zurück, konnte wieder atmen, fühlen, sehen
und wurde Zeuge eines ergreifenden Abschieds" (WIGMAN 1963, 38).

WIGMAN hatte eine starke Verbundenheit zur expressionistischen Kunst, wobei im besonderen die Verzerrung bei einem Großteil ihrer Werke dem Stil des expressionistischen Darstellers entsprach. Die Verknüpfung mit der Spiritualität und den inneren

Antrieben der Expressionisten erkannte schon Oskar BIE 1920, als er über die ‚Feier' einen Zyklus in vier Tänzen schrieb:

„Wieder einmal macht sie einen Tanz ohne Musik, mit den unimitierbaren Suggestionen des erregten und doch ruhigen Körpers. Begleitet wird sie nur von vier speziell gestimmten Gongs und Tamburins. Sie drückt mehr die ethnologische, primitive Kunst aus, als die der Moderne. (Sie geht zurück zu den Quellen des Tanzes.) Vor allem ist ihre Tanzart eine Möglichkeit, das Problem zu lösen, welches expressionistisch genannt wird – die Spiritualisation eines Gegenstandes" (BIE 1920, zit. nach ODOM 1980, 88; Übersetzung M.P.-B.).

WIGMANs Tänze, die immer wieder menschliches Schicksal präsentativ symbolisierten, waren durchdrungen von ‚Trauerarbeit', Schmerz und Spiritualität. Ihr Werk drückte die Entschlossenheit und Leidenschaft des Individuums aus, das sich den Kräften und Gewalten des Lebens und des Todes entgegenstellte. Als zentrales Motiv taucht die Problematik ‚Tod und Wiedergeburt' auf, beispielsweise im Werk ‚Die sieben Tänze des Lebens':

„Hier entsteht die erste Skizze zu ihrem 1921 uraufgeführten Tanzspiel »Die sieben Tänze des Lebens«, in dem sie ihrem philosophischen Lebensbild tänzerischen Ausdruck gibt, ihrer Überzeugung von der Einheit von Lust und Leid, von Tod und Leben, in dem sie den Glauben zelebriert, daß der Tanz den Tod überwinden und neues Leben entstehen lassen kann" (MÜLLER 1986 b, 64).

Eine solche symbolische Präsentation des Themas kann als ein Wandlungsprozeß gedeutet werden: Nach den sieben Stufen der Bewußtwerdung wird der Tänzerin, die dem Tod bereits geweiht war, der Sinn des Lebens deutlich und gewahr. Hierbei wird sinnlich vermittelt, daß das Durchleben tiefster Empfindungen, Gefühle, einschließlich der Todeserfahrung und Akzeptanz der Endlichkeit des Lebens über den Weg gradueller Bewußtseinserweiterung letztlich zur Selbst-Verwirklichung, Selbst-Werdung führt (s. Kap. 7.2.4. zum Thema ‚Wiedergeburt/Wandlung' bei GRAHAM).

Nach WIGMANs (1933, 33) Tanzphilosophie „schlummert" in jedem Menschen die „lebendige Sprache des Tanzes", die jedoch erst zu einer „überzeugenden Mitteilung" erweckt werden muß.

Die Sprache des Tanzes übermittelt jedoch nicht nur individuell-persönliche Aussagen, sondern ist überpersönlich und interpersonell:

„Nicht um das Schicksal des Menschen von heute, von gestern, oder von morgen! Sondern das Schicksal des Menschen in seiner unvergänglichen und in dauerndem Wechsel begriffenen Erscheinung. In all seinen vielfältig schillernden Äußerungen, von der grellsten Realistik bis zur sublimiertesten Abstraktion, in seinen Wandlungen, Verkettungen, Kämpfen, Nöten, Erfüllungen wird dieses Menschentum im Tanz Gestalt und zur Darstellung gebracht. Es bildet sozusagen das Generalthema für eine unbegrenzte, ewig sinnvolle Variationsreihe" (WIGMAN 1933, 33).

Um das Persönliche, auch die persönliche Mimik, zugunsten des Überpersönlichen in den Hintergrund zu drängen, zu überwinden, tanzte WIGMAN unter anderem den Hexentanz und den Totentanz mit Masken, die nach ihren eigenen Vorstellungen angefertigt wurden (vgl. WIGMAN 1963, 42).

„Wann aber greift der Tänzer zur Maske? Immer dann, wenn der Gestaltungsdrang in ihm einen Spaltungsvorgang auslöst, d.h. wenn seine Fantasie ihm Bild und Wesen einer scheinbar fremden Gestalt offenbart, die, wie ein Teil-Ich aus seinem Gesamt-Ich gelöst, den Tänzer zur Gestaltverwandlung zwingt. Diese Verwandlung verlangt vom Tänzer die Überwindung des Persönlichen zugunsten des Typischen und die Steigerung des Typischen zum Überpersönlichen" (WIGMAN, zit. nach MÜLLER 1986 b, 131).

Am Beispiel von Mary WIGMANs ‚Hexentanz' werde ich den Prozeß der aktiven Imagination im Rahmen der tanzkünstlerischen Gestaltung aufzeigen. Indem ich die eigenen Aufzeichnungen WIGMANs systematisch gliedere und kommentiere, läßt sich der Gestaltungsprozeß des Hexentanzes in drei Phasen untergliedern:

- Die erste Phase ist charakterisiert durch die innere Stimme, einen emotionalen Druck, der als ureigentlicher Gestaltungsantrieb aufgefaßt werden kann.
- In der Hauptphase des Gestaltungsprozesses steht das Geschehenlassen und die aktive Imagination als Selbst-Gestaltung im Vordergrund. Es entfaltet sich der Prozeß der subjektiven Symbolbildung.

110

– Die dritte Phase umfaßt die Formung, Ausgestaltung des aus der Tiefe des Unbewußten aufgestiegenen psychischen und tänzerischen Materials bis hin zur Bühnengestalt und deren Prüfung am individuellen künstlerischen Anspruch.

Zum Prozeß der Gestaltung des Hexentanzes berichtet WIGMAN (1963, 40 ff.):

1. Phase: Die Motivation und die inneren Gefühlsimpulse, die nach außen drängten (Inkubationsphase), beschreibt sie mit folgenden Worten:

> „Nur die Unruhe war da, und eine Art böser Gier der Hände, die sich prankenhaft in den Boden hineinpreßten, als wollten sie dort Wurzel schlagen. Ich war bis zum Bersten angefüllt und der Verzweiflung nahe. Es mußte sich doch formen lassen, was mich so maßlos bedrängte!" (WIGMAN 1963, 40).

WIGMAN nimmt in dieser emotionalen Selbstbeschreibung einen Gefühlseindruck wahr, der nach Entäußerung drängt. Eine innere Zerrissenheit und Erregung kann nicht verleugnet werden. Ein starkes Ausdrucksbedürfnis ist wach geworden und läßt sich nicht verdrängen. Es werden Gefühle wie Wut, Verzweiflung und Gier angesprochen.

2. Phase: Zum Verlauf des Gestaltens, d.h. des weiteren Suchens, Zu-lassens von Gefühlen und Geschehenlassens von Imaginationen, äußert sich WIGMAN:

> „Manchmal schlich ich mich nachts in den Übungsraum und steigerte mich in einem rhythmischen Taumel hinein, um der sich regenden Gestalt näher zu kommen. Denn daß es zu einer festumrissenen Tanz-Gestalt hindrängte, das spürte ich bereits. Die Fülle der rhythmischen Einfälle war überwältigend. Ihrer Klärung und Ordnung aber stand etwas entgegen, was den Körper immer wieder in eine sitzende oder hockende Stellung zwang, in der die gierigen Hände vom Boden Besitz ergreifen konnten" (WIGMAN 1963, 41).

In dieser nächtlichen Atmosphäre, einer dem Unbewußten gegenüber aufgeschlossenen Erlebnisbereitschaft und einer nahezu trance-versunkenen Hingabe an die innere Stimme, die zu diktieren

111

scheint, entfalten sich die Ideen für den „Hexentanz". Nach einer solchen kreativen, nächtlichen Arbeitsphase kehrt sie „völlig aufgewühlt" in ihr Zimmer zurück. In den Spiegel blickend erfährt sie Gewißheit über einen Aspekt ihrer bisher versteckten Persönlichkeit, erkennt sie ein zweites Gesicht der Weiblichkeit:

> „Was er (der Spiegel, Anm. M.P.-B.) zurückwarf, war das Bild einer Besessenen, wild und wüst, abstoßend und faszinierend. Die Haare zerwühlt, die Augen tief in ihre Höhle zurückgesunken, das Nachthemd verschoben und den Körper fast unförmig erscheinen lassend: da war sie – die Hexe – das erdverwurzelte Wesen, in hemmungsloser Triebhaftigkeit, in unersättlicher Lebensgier, Tier und Weib zugleich" (WIGMAN 1963, 41).

Noch wird diese persönliche Preisgabe einer Schattenseite mit dem Gefühl des Grauens begleitet, aber schon bald reflektiert WIGMAN (1963, 41) die Hexe als ein archetypisches Bild. Die Hexe als Archetyp charakterisiert Henry G. TIETZE (1986, 282) durch folgende Polarität:

> „Als Archetyp, das heißt als symbolischer Ausdruck der lebenspendenden und nährenden Schützerin aber auch den negativen Aspekt der bedrohlichen, fordernden und verschlingenden Mutter."

In jedem weiblichen Wesen liegt ein „Stück Hexe verborgen", ein „Urbestand" des Weiblichen (WIGMAN 1963, 41).

WIGMAN sah in der Hexe eine Verbindung von Gegensätzlichem, „Tier und Weib zugleich". Diese Verbindung von Mensch und Tier in einer Gestalt entspricht der Sphinx, einem Wesen mit löwenartiger Tiergestalt und einem menschlichen Kopf.

Die Hexe, die WIGMAN als weibliche Seite, und damit auch als Selbstaspekt integriert, verliert hiermit ihre bedrohende und desintegrierende Kraft. Destruktiv und desintegrierend wirkt eine Schattenseite nur solange, wie sie abgespalten ist. Häufig wird die von Individuen abgelehnte Seite auf andere Menschen, zum Teil auf das andere Geschlecht projiziert. Beispielsweise lehnt der Mann diesen Teil der Anima, diesen dunklen Aspekt der Weiblichkeit in sich ab. In seiner panischen Angst projiziert er die Hexe auf das weibliche Geschlecht; ein Faktum, das eben auch zur Erklärung des Hexenwahns im Mittelalter dient.

Das Urbild der Sphinx wird eingehend in Helmut REMMLERs (1988) Buch „Das Geheimnis der Sphinx. Archetyp für Mann und Frau" untersucht:

> „Die Sphinx wäre also ein Symbol, das gewaltige Gegensätze in sich umspannt, das Tierische und das Überpersönliche, die animalische Begrenztheit und die göttliche Unendlichkeit" (REMMLER 1988, 24).

Die „Sphinx als Rätsel" versteht der Mensch, wenn er sich sowohl seiner menschlichen und tierischen Dimension, als auch seiner männlichen und weiblichen Seiten bewußt wird. Wer instinktlos geworden ist, wird unsicherer und verletzlicher in dieser Welt (vgl. REMMLER 1988, 36).

> „Die Sphinx, die zwischen oben und unten sitzt, ist also auch hier das Bindeglied zwischen der unteren und der oberen Wirklichkeit, zwischen dem animalisch-instinkthaften und dem geistigen Bereich, zwischen Erde und Himmel" (REMMLER 1988, 51).

Wer sich seiner gegengeschlechtlichen Seite nicht bewußt ist, der projiziert sie in seiner Unbewußtheit auf andere Menschen. Dieser Prozeß erzeugt nicht nur Probleme und Konflikte auf der Kommunikationsebene, sondern verhindert eine Ganzwerdung im Sinne von Selbst-Verwirklichung und Individuation nach JUNG.

Mary WIGMAN hat das ‚Geheimnis der Sphinx' wohl verstanden, sie hat es nicht in Worten, sondern durch ihren Tanz ausgedrückt. In ihren Aufzeichnungen erwähnt WIGMAN die Gestalt der Sphinx zweimal; einerseits läßt sie die Hexentanz-Maske in ihrer „Unergründlichkeit an die Gestalt der Sphinx denken" und andererseits erlebt sie in der Hexentanz-Bewegung selbst eine Parallelität zur Sphinx:

> „Auch der in seiner Schwere lastende Körper hatte etwas von dem lauernd Tierhaften, das dem Bilde der Sphinx, wenn auch nur andeutungsweise, entsprach" (WIGMAN 1963, 42).

Ihre freudvolle Erkenntnis, ihr Triumph über das Entdecken des Geheimnisses der rätselhaften Sphinx und dessen Bedeutung für die Ganzheit des Hexentanzes spricht aus folgenden Sätzen:

> „»Wahret das Geheimnis ...« Welch eine Entdeckung! Denn durch die Einarbeitung dieses Elements, das sich in der warnend vor den Mund geschobene Gebärde verdeutlichte, in dem Frage- und Antwort-Spiel

zwischen fern dämmernder Hintergründigkeit und grell leuchtendem Vordergrund-Geschehen erhielt der an sich aufrührerische Charakter des Tanzes den ihm gemäßen Gegenpol, nach dem ich eine ganze Weile vergeblich gesucht hatte. Nun war der Hexentanz erst wirklich geboren" (WIGMAN 1963, 42).

Wie läßt sich diese, den Hexentanz ausmachende Entdeckung begreifen, in Worte fassen? Die Antwort dieser Frage leitet über zu den Zusammenhängen zwischen der persönlichen und überpersönlichen Ebene, die in der dritten Phase des Gestaltungsprozesses im Vordergrund steht:

Das Symbol der Sphinx stellt dem Menschen seit Jahrhunderten immer wieder die Frage ‚Wer bist Du?' – ‚Erkenne Dich selbst'. Diese Frage/Aufforderung weist auch darauf hin, daß das individuelle Schicksal mit einer überpersönlichen Ebene in Zusammenhang steht:

„Wenn ich erkenne, daß mein ganz individuelles Schicksal auch ein Grundmuster menschlicher Erfahrung hat, ..., dann fühle ich mich nicht mehr so isoliert, ..., sie haben es ertragen und eine Lösung gefunden –, ich finde mich dann im Strom des Lebens wieder, in dem mir Lösungen für meine derzeitige Konfliktsituation zufließen können, den ich aber auch durch von mir ganz persönlich gefundene, erfahrene und erlittene Lösungen bereichern kann, die vielleicht über mir unbekannte Kanäle wiederum anderen hilfreich sein können" (REMMLER 1988, 86).

3. Phase: Als dritte Phase schließt sich die Bearbeitung und Formung des bewußt gewordenen psychischen und tänzerischen Materials an. Hierbei strebt WIGMAN nach der vollendeten Form, die das Persönliche in das Allgemeinmenschliche/Überpersönliche transformiert:

„Nur bändigen mußte man das Kreatürliche, mußte es modellieren und sich der bildhauerischen Arbeit am eigenen Körper unterziehen. Es war herrlich, sich der Lust am Bösen hingeben zu dürfen, sich vollzusaugen mit Kräften, die sich sonst nur schwächlich unter der gesitteten Oberfläche zu regen wagten. Aber das sollte dem Gesetz der Formung unterworfen werden, dem Gesetz, das sich auf Wesen und Charakter der Tanz-Gestalt gründen mußte, um sie in zwangsläufiger Rückbezogenheit einmalig und endgültig zu bestimmen. Das hatte ich anzuerkennen und mit allen Mitteln dafür zu sorgen, daß der *ureigentliche Gestal-*

tungsantrieb im Verlauf des Formungsprozesses weder abgeschwächt noch verschüttet wurde" (WIGMAN 1963, 41; Hervorheb. M.P.-B.).

Mary WIGMAN unterschied sehr klar zwischen dem eher spontanen, wenn auch zeitweise zähflüssigen Strom innerer Impulse, der aus dem Unbewußten hervorbrach, und dem künstlerischen Prozeß des Aus- und Umgestaltens dieses seelischen Materials, das nach Entäußerung drang. Bedeutsam für die erste und zweite Phase ist die aufgeschlossene Seinsweise, die Haltung des Geschehenlassens und aktiven Imaginierens von Inbildern zu konkreten Außenbildern, getanzten Symbolen. Letztere dürfen nicht verschüttet werden durch die Form, die Formkraft und den Formwillen. WIGMAN kennt die Gefahr, daß das ursprüngliche Erleben erstarren oder abgetötet werden kann. Ihr Verständnis von Kunst umschreibt die Wandlung der ‚ersten Natur', des primären Erlebens, in die ‚zweite Natur', die Symbolsprache des Tanzes, die sich als Botschaft vermitteln läßt.

„Liegt nicht die Kraft, die Großartigkeit aller gestaltenden Kunst darin, daß sie selbst das Chaos in eine Form zu bannen weiß? Eine Form, die als Idee, als Symbol und Gleichnis gleichsam in eine zweite Natur hineinwächst, um sich als Kunstwerk in ihr zu bestätigen und zu erhöhen? Die künstlerische Form ist nicht Selbstzweck, wird nicht geschaffen, um den gärenden Stoff, aus dem sie sich bildet, zur Erkaltung und Erstarrung zu bringen. Sie ist Gefäß, das sich am lebendigen Inhalt immer wieder von neuem erhitzt und durchglüht, bis die gegenseitige Einschmelzung restlos vollzogen ist und von nun an nur noch die Einheit des künstlerischen Geschehens zu uns spricht" (WIGMAN 1963, 41).

Bevor eine Tanzkomposition auf der Bühne zur Aufführung kommt, wird sie am individuellen künstlerischen Anspruch gemessen. In dieser Abschlußphase des Gestaltens wird auch die endgültige bühnengemäße Ausstattung gewählt:

„Die Ausarbeitung des Tanzes ging schneller vonstatten, als ich gedacht hatte. Die gefundenen Motive schlossen sich lückenlos zusammen und hielten den kompositorischen Forderungen stand. Nur die Maske machte mir Kopfzerbrechen. Ganz im Gegensatz zu der Maske der »zeremoniellen Gestalt«, die in allen Phasen des Tanzes ihre unantastbare Ausdrucksglätte bewahrte. Im Gegensatz auch zu den larvenhaft maskierten

Figuren des »Totentanzes«, der als Gruppenkomposition später entstand, besaß die Hexentanz-Maske ein Eigenleben. Jede körperliche Bewegung rief einen Wechsel des Gesichtsausdrucks hervor, je nach der Kopfhaltung schienen sich die Augen zu öffnen oder zu schließen, ja, selbst um den noch nur mit ein paar Pinselstrichen aufgesetzten Mund schien manchmal ein Lächeln zu spielen, das in seiner Unergründlichkeit an die Gestalt der Sphinx denken ließ. Auch der in seiner Schwere lastende Körper hatte etwas von dem lauernd Tierhaften, das dem Bilde der rätselvollen Sphinx, wenn auch nur andeutungsweise, entsprach" (WIGMAN 1963, 42).

Zur individuellen Bedeutung und künstlerischen Wertschätzung des Hexentanzes stellen sich folgende Fragen:

Warum zählte wohl dieser Hexentanz zu Mary WIGMANs Lieblingstänzen? Das Motiv der Hexe begleitet WIGMANs Lebenswerk: Schon vor ihrem Hexentanz II (uraufgeführt am 1.10.1926 zur Musik von Will GÖTZE), der hier eingehend untersucht wurde, existierte der Hexentanz I (noch ohne Musik und ohne Maske getanzt; im kniefreien, dunklen Anzug, noch nicht im langen Brokattuch. Er war ein Beitrag zu ihrer ersten Tanzaufführung am 11.2.1914). Der Hexentanz als Gruppenchoreographie wurde am 11.12.1934 zur Musik von Hanns HASTING uraufgeführt. Die Begründung dafür, daß der Hexentanz viele Jahre lang zu WIGMANs Repertoire zählte und immer eine ihrer bedeutendsten Tänze blieb, erläutert WIGMAN wie folgt:

„Ich glaube, der Hexentanz war der einzige meiner Solotänze, vor dessen Beginn ich nicht von Lampenfieber geschüttelt war. Wie habe ich es geliebt, mich in seine Ausdruckswelt hineinzusteigern, wie heiß war ich bei jeder seiner darstellerischen Wiederholungen bemüht, mich in den ursprünglichen schöpferischen Zustand zurückzuversetzen, und seine bewegte Form von dorther zu erfüllen, von wo sie gekommen war!" (WIGMAN 1963, 41).

Sie identifiziert sich bei jeder Aufführung jeweils neu mit einem Aspekt ihrer Weiblichkeit, ihrer Menschlichkeit, die heil-machend, das heißt ganz-machend wirkt. Der Ausdrucksantrieb und Ausdruckswille bleibt lebendig, kann lebendig bleiben, weil ihre Botschaft ehrlich und authentisch ist (subjektive Komponente), und die

Ausdrucksgestalt der Symbolsprache von überpersönlicher Bedeutung ist (objektive Komponente). Die subjektive und objektive Komponente verschmelzen hierbei zu einem gelungenen Ganzen und vermitteln eine vollkommene Gestalt.

Aus *tiefenpsychologischer Sicht* ist die Integration des *Schattens* eine notwendige Entwicklungsphase auf dem Weg zur Individuation, zur Selbstwerdung:

> „Der Schatten als vitaler und leidenschaftlicher, ‚tierischer' Instinktbereich gibt der Person erst einen vollständigen, dreidimensionalen Charakter. Er trägt dazu bei, die Persönlichkeit eines Menschen im ganzen abzurunden" (HALL/LINDZEY 1978, 108).

Von besonderem Interesse sollte noch die Bedeutung der Maske sein. Die sogenannte *Persona*, die nach außen gezeigte Maske, vermittelt zwischen dem Individuum und der Gesellschaft. Die Persona verbirgt die wahre Natur vor dem Zugriff und dem Einblick der Gesellschaft, ist somit Schutzschicht, Umhüllung. Andererseits ermöglicht die Maske auch eine flexible Anpassung an die Umweltbedingungen und -erfordernisse, um in der realen Welt der sozialen Bezüge existieren zu können.

Das Aufsetzen einer realen Maske im Hexentanz könnte wie folgt gedeutet werden: als Verdopplung und letztlich Negation der Persona. Damit wird es möglich, eine unliebsame, gesellschaftlich abgelehnte Seite der wahren Natur, d.h. sozial geächtete Gedanken, Gefühle und Handlungen auszudrücken. Der Schatten als inferiorer Persönlichkeitsanteil (hier: die animalische Seite der menschlichen Natur) darf verkörpert werden. WIGMANs Hexentanz weckt beim Zuschauer Assoziationen wie Aggression, Wildheit, Raffgier, Wut, Haß, Gier, Triebhaftigkeit, Entschiedenheit und Macht.

Die bereits am Beispiel des Hexentanzes aufgezeigte präsentative Symbolisierung von *inneren persönlichen Prozessen* und der *choreographischen Um- und Ausgestaltung* dieses ‚Materials', welche dem Anspruch der ‚überpersönlichen Mitteilungen' genügen mußte, beschreibt WIGMAN wie folgt:

> „Wenn die innere Bewegtheit im tanzenden Menschen den Impuls zur Sichtbarmachung seiner bisher noch unsichtbaren Vorstellung auslöst,

so ist es seine körperliche Bewegung, durch die sich diese Vorstellung im ersten Stadium ihrer Sichtbarmachung manifestiert. Und Bewegung ist es, in der die in den Raum projizierte tänzerische Gebärde den lebendigen Atem ihrer rhythmisch pulsierenden Kraft empfängt" (WIG-MAN 1963, 10).

Aus diesen Aussagen wird auch ablesbar, daß die präsentative Symbolisierung im Tanz ein eminent energetischer Prozeß ist, welcher von einem Zeitgenossen WIGMANs, Artur MICHEL, im Jahre 1933 konkretisiert wird:

> „Vielleicht konnte nur ein solcher Mensch die Intuition aufbringen, um den Tanz als ein Schwingen des Menschen zwischen außer ihm lagernden Spannungspolen zu gestalten und damit den tanzenden Leib aus der sinnlich-tatsächlichen Sphäre der Körperlichkeit und des realen Raums in die symbolisch-überwirkliche Sphäre dieses Spannungsraumes – des ,Raumes' im tänzerischen Sinne – zu versetzen" (MICHEL 1982, 26).

MICHEL bestätigt der Tänzerin WIGMAN die Fähigkeit, dem persönlichen Bewegungserlebnis den überpersönlichen Mitteilungscharakter geben zu können und das gewandelte Zeit- und Lebensgefühl durch Tanz auszudrücken. Mit größter Bewunderung schildert MICHEL (1982, 26) WIGMANs Auftritt:

> „(...) die erste Tänzerin unserer seelischen Spannungen, unserer Nerven, unseres Weltgefühls, stand auf der Bühne".

Die dadurch angesprochene Gestaltung innerer Bewegtheit ist vordringlichste Aufgabe und ursprünglichstes Ziel im Tanz, eine *Zusammenführung von Gegensätzen* wie „Ordnung und Chaos, Bewußtsein und Unbewußtem, Ruhe und Bewegung, Form und Fluß", um über das Leib-Erleben auch das Bewußtsein zu erweitern (HOFFMAN 1984, 42). Tanz wird demnach als Transformationsprozeß gedeutet, der von der unwillkürlichen Bewegung, der Verselbständigung des Körpers in der Ekstase und der Trance hin zu *Selbstfindung* und *Selbst-Gestaltung* führt (vgl. HOFFMAN 1984, 31).

WIGMAN (1933, 19) brachte diese Abhängigkeit auf eine eindeutige Formel: „Ohne Ekstase kein Tanz! Ohne Form kein Tanz!"

Diese zwei Aussagen über den Tanz scheinen sich nach dem ersten Empfinden zu widersprechen, andererseits habe ich bereits

118

im Kapitel 6.2. herausgestellt, daß beim Tanz im Matriarchat ebenfalls *Ekstase* und *Struktur* vereinbar waren. Bei WIGMAN bedeutet Ekstase nicht nur rauschhaftes Tanzen und Sich-fallen-lassen in Bilder und Eindrücke, sondern gleichermaßen „Ekstase der nüchternen Arbeit" (WIGMAN 1963, 13).

Diesen gesamten künstlerischen Prozeß *kompositorischer Arbeit*, der die Idee, den Einfall und die Umsetzung, Gestaltung bis hin zur bühnenreifen Realisierung umfaßt, können wir auch mit den Polen Eindruck und Ausdruck belegen. Die Idee, der *Eindruck* oder emotionale Stimulus kann sich im Traum, in der Natur oder auch im Straßengedränge einprägen. Die Komposition hingegen, das Kunstwerk ist ein schöpferischer, aktiver Gestaltungsprozeß. Deshalb muß WIGMANs künstlerische Arbeit als aktive Imagination verstanden werden. Bilder, Eindrücke, Gefühle, innere Bewegtheit, Spannungen und andere Empfindungen aus der Welt der Phantasie, der Innenwelt der Psyche oder auch Bilder der Außenwelt werden durch aktive Assoziation entfaltet, aufgefächert, assoziativ um- und ausgestaltet. WIGMAN (1963, 12 f.) beschreibt diesen Kreisprozeß wie folgt:

„Die schöpferische Kraft gehört dem Raum der Wirklichkeiten genauso an wie dem Reich der Phantasie. Und immer sind es zwei Strömungen, zwei Spannungskreise, die sich magnetisch anziehen, sich aneinander entzünden und ineinander einschwingen, bis sie, im Gleichklang miteinander, sich ganz durchdringen: die schöpferische Bereitschaft, die das Bild beschwört, und der bis zur Besessenheit gesteigerte Wille zur Tat, der sich des Bildes bemächtigt und seine bisher noch so flüchtige Materie zum bildsamen Werkstoff umwandelt, um ihm im Schmelztiegel der Formung die endgültige Gestalt zu geben."

Auch die Erfahrung JUNGs (1981, 196), daß die Bilderwelt fragmentarisch bleiben und ihre ganzheitliche Wirkkraft nach innen und außen verlieren kann, reflektiert WIGMAN (1963, 13) aus eigener Erfahrung. Sie berichtet über ihre fragmentarischen Bilder und Irritationen:

„... die Pracht ihrer leuchtenden Kaskaden zerstiebt und das in uns entzündete Licht zum gaukelnden Irrlicht wird uns lockend, uns verführend, uns irreführend: bis es erlischt" (WIGMAN 1963, 13).

Hier wird die Erfahrung mitgeteilt, daß die imaginierten Bilder mangels Willens- oder Konzentrationskraft entweder entschwinden oder sogar irreführend und *desintegrierend* wirken, d.h. nah an die Verzweiflung führen können. Die drängende Kraft des Unbewußten führt aber letztlich doch zur Erfüllung, zur kraftspendenden Integration ins Bewußtsein, das im Tanz Gestalt annimmt:

> „Man zweifelt und verzweifelt an allem, nicht zuletzt an sich selbst, und schafft es am Ende doch. Denn da ist eine Kraft, die nicht aufhört zu drängen, und eine Stimme ist da, die keine Ruhe gibt: ‚Du mußt.' Und willst Du denn nicht auch? Ist dieses Drängen und Treiben, dieses Ringen und Kämpfen denn nicht Deine größte Herrlichkeit, Deine höchste Lust? – Ich lasse Dich nicht, Du segnest mich denn" (WIGMAN 1963, 13).

Wenn JUNG (1981, 196) von der Verantwortung und der „ethischen Verpflichtung" spricht, die nötig ist, um die Kraft der aktiven Imaginationen im Dienste der Selbst-Verwirklichung vom Ich zum Selbst zu nutzen, so läßt sich analog dazu ein Gedankengang WIGMANs anführen:.

> „... es geht um einen Wachstumsprozeß, in dem körperliche Bewegung, seelische Bewegtheit und geistige Beweglichkeit sich die Waage halten müssen, ... Eine bildhauerische Arbeit gewissermaßen, in der sich unter dem wachsamen Auge des Pädagogen der bewegte Körper zum feinnervig vibrierenden und meisterlich beherrschten Instrument des Tanzes umbildet und zu einem in der Transparenz sich erleuchtenden Gefäß wird, in dem die erregenden und bewegenden Inhalte des Tanzes sich zusammenspielen und zu geläuterter Form verdichten" (WIGMAN 1963, 108 f.).

Der hiermit angesprochene Wachstumsprozeß, der, durch Tanz ausgelöst, auch symbolbildend zum Ausdruck gelangt, findet seine volle Entsprechung in JUNGs Abhandlungen zum Prozeß der Individuation. JUNGs Erkenntnisse implizieren die Auffassung, daß *Symbole als Mittler zur Selbst-Verwirklichung* auftreten, in dem sich im Symbol die Gegensätze von bewußt und unbewußt auf einer höheren Stufe einen (FREY-ROHN 1969, 347 f.):

> „Als ein Irrationales, das sich in der Tiefe der Seele ereignete, erlöste es den Menschen an seinem jeweilig ausweglosen Konflikt zwischen einer bewußten und einer unbewußten Einstellung."

Im Symbol vereinen sich die zunächst als polar erscheinenden Gegensätze, die zu einer neuen Bewußtseinsqualität führen, wobei die „Persönlichkeit im Ich ihren größten Helligkeitsgrad" (FREY-ROHN 1969, 160) erreicht. Wenn WIGMAN (1963, vgl. 109) also von der ‚Transparenz des erleuchteten Gefäßes' des Tänzers spricht, trifft dies den Kern der Bewußtseinserweiterung nach JUNG:

„Das Licht des Bewußtseins hat, wie wir aus unmittelbarer Erfahrung wissen, viele Helligkeitsgrade, und der Ichkomplex viele Abstufungen seiner Betonung" (JUNG, GW 8, 1971, 219).

Der Ausdruckstanz der zwanziger Jahre wurde so ausführlich und exemplarisch an der Person und dem Werk von Mary WIGMAN reflektiert, weil:

1. der Ausdruckstanz als ein Wegbereiter des zeitgenössischen Tanztheaters (s. Kap. 7.2.5.) zu verstehen ist. Diese These vertritt Hedwig MÜLLER (1985, 21), wenn sie die „Transformation des Ausdruckstanzes im Tanztheater" als den wichtigsten tanzgeschichtlichen Prozeß der Gegenwart proklamiert.

Allerdings führt keine direkte Entwicklungslinie vom Ausdruckstanz hin zum Tanztheater, eher läßt sich mit Jochen SCHMIDT (1984, 24) von einer „Wiederbelebung einer modernen Tanztradition auf dem Umweg über die USA" sprechen, weil die Protagonistinnen des Tanztheaters, v.a. Pina BAUSCH und Reinhild HOFFMANN, Studienaufenthalte in den USA verbrachten, nachdem sie am Folkwang-Tanzinstitut, „dessen Wurzeln über Kurt JOOSS nun einmal in die zwanziger Jahre zurückreichen", studiert hatten, und bevor ihre eigene choreographische Tanztheater-Arbeit begann.

Durch das Aufspüren der historischen Wurzeln des Tanztheaters im Ausdruckstanz bietet sich die Möglichkeit einer auch politischen Vergangenheitsbewältigung an, um die nach 1945 in Vergessenheit geratene, bzw. verdrängte Ausdruckstanz-Bewegung zu reflektieren, d.h. auch „... über das gebrochene Verhältnis zur eigenen Geschichte nachzudenken, sich langsam an ein nationales kulturelles Selbstbewußtsein heranzuwagen und die verdrängte Tradition deutscher Tanzgeschichte wieder in die Gegenwart zu holen" (MÜLLER 1985, 21).

2. WIGMANs Auffassungen vom tanzkünstlerischen Gestaltungsprozeß, der in seiner Analogie zum Individuationsprozeß nach JUNG gedeutet wurde, auch ihren Niederschlag in der *Tanz-Pädagogik* fanden.

Das Streben nach *Selbst-Verwirklichung* im und durch Tanz wurde auch WIGMANs pädagogisches Ziel in ihrer pädagogischen Arbeit mit Schülerinnen und Schülern:

>»Sich selber suchen, sich selber fühlen, sich selbst erleben!« hatte Mary Wigman als Motivation für die Wegsuche der Ausdruckstänzer/innen genannt" (MÜLLER 1985, 21).

Der Lehrer sollte nach WIGMAN (vgl. 1963, 107 ff.) eine Vertrauensperson für den Schüler sein, der eine Basis schafft für gegenseitige, ehrliche Auseinandersetzung. Neben dem als bedeutungsvoll erkannten Beziehungsaspekt zwischen Lehrer und Schüler betont WIGMAN jedoch nachdrücklich den personenzentrierten Ansatz ihrer pädagogischen Arbeit:

>„Der Lehrende muß in der Lage sein, auf der Basis einer gegebenen Unterrichtsaufgabe, eines sinnvoll aufgestellten Lehrplanes Übungen und Bewegungsfolgen zu erfinden, die der Eigenart des Schülers gerecht werden. Die notwendigen Korrekturen am Instrument (des Körperausdrucks, Anm. M.P.-B.) können nicht nach einer als allgemein gültig anerkannten Norm, sondern aus dem menschlichen und künstlerischen Verstehen des Individuums und seines wesenhaften Ausdrucks geschehen" (WIGMAN 1933, 34).

Ein ehrlicher und echter, also im besten Sinne authentischer Tänzer überwindet nach WIGMAN (1933, 32) den „egoistischen Ichtänzer" in sich, „dessen Sprache Selbstbefriedigung ist" und folgt seinem Weg „zum Eigentlichen, zu Quell und Urgrund seines Tanzes":

>„Er soll sich aussprechen, sich mitteilen, soll die große Beichte seines Wesens ablegen, soll seinen Träumen Gestalt geben, seine Phantasie frei spielen lassen" (WIGMAN 1933, 32).

Für ihre pädagogische Arbeit lehnte WIGMAN (1933, 33 f.) eine Festlegung auf erprobte Arbeitsprogramme ab, die bei ständiger Wiederholung zu mechanischem Tun verführen, weil eine solche

Monotonie „im Resultat eines veräußerlichten Scheinkönnens Lehrer wie Schüler in gleicher Weise schädigt".

Die Entwicklung von einem egoistischen Ichtänzer zu einem sich wahrhaft bekennenden Tänzer (vgl. WIGMAN 1933, 25) beschreibt WIGMAN (1933, 33) vielmehr als einen dreistufigen Wandlungsprozeß: Auf der ersten Stufe empfindet der Tänzer ein „unbewußtes Einheitserlebnis". Sein Wirken ist durch triebhaftes Suchen, „Drängen nach Ausdruck ohne Rücksicht auf Inhalt und Formung" und die „Berauschung an der Tatsache Körper, die erlebt, geliebt, übersteigert wird", gekennzeichnet. Auf der zweiten Stufe herrscht ein „Spaltungserlebnis" vor, denn der Körper wird „Schauplatz innerer und äußerer Kämpfe". Die Begabungsart beginnt sich zu kristallisieren", aber „Typisches behauptet sich gegen Persönlich-Individuelles und umgekehrt". Das „bewußte Einheitserlebnis" stellt sich auf der dritten Stufe der Entwicklung durch die Klärung der zuvor bestimmenden Spaltungen ein. „Ausdruck und Funktion als Geschehen verdichten sich zu seelisch erfüllter Form. Tanz äußert sich als Sprache".

7.2.4. Martha GRAHAM, Wigmans amerikanische „Schwester"

Martha GRAHAM (1894 – 1991) begann in den zwanziger Jahren mit eigenen Choreographien, nachdem sie nach ihrer Ausbildung an der von Ruth ST. DENIS und Ted SHAWN geleiteten Denishawn-Schule dort als Lehrerin unterrichtete. Während Mary WIGMAN den Ausdruckstanz in Deutschland entwickelte, ging Martha GRAHAM in Amerika „einen ähnlichen Weg zurück zu den Urquellen des Tänzerischen, die den Tempelbezirken benachbart sind" (ZIVIER 1956, 88).

Dieses zeitgleiche Bemühen zweier Tänzerinnen um eine radikale Abkehr vom Klassischen Tanz und anderen zeitgenössischen Erscheinungsformen des Tanzes und ihre Rückbesinnung auf den ursprünglichen Sinngehalt von Tanz, welche zunächst ohne direkte Verbindung und Beeinflussung geschah, interpretiert Georg ZIVIER (1956, 88 f.) im Sinne der *Synchronizität*[9] nach JUNG.

„Gleichzeitig regt sich der gleiche Geist im gleichen Sinn an den verschiedensten Ecken der Erde, wie damals, als Meister Pythagoras in Süditalien seine Wahrheitsschule begründete, und am anderen Ende der Welt Laotse seinen Katechismus der Gedanken schuf, während ebenfalls zur gleichen Zeitwende der Prophet Daniel in mächtigen Visionen das Herz der Geknechteten erschütterte und stärkte. Immer gehen in geheimnisvoller Gleichzeitigkeit die Wandlungen der Menschheit vor sich. Mary stand zwar allein in Europa, aber drüben in Amerika lebte Martha, ihre Schwester" (ZIVIER 1956, 88 f.).

Ähnlichkeiten zwischen GRAHAM und WIGMAN zeigen sich z.B. darin, daß beide teilweise in ‚Stille', das heißt ohne Musik, tanzten und alternierend beide das gesprochene Wort mit in ihre gestalterische Arbeit einbezogen haben.

In GRAHAMs Stück „Letter to the World" z.b., das durch Emily DICKINSONs Poesie inspiriert war, standen zwei Frauen im Mittelpunkt der Aufführung: „One Who Dances and One Who Speaks" (Mc DONAGH 1976, 57). Über diese schöpferische Verbindung von Modernem Tanz und Literatur in GRAHAMs Werk berichtet Don Mc DONAGH (1976, 58):

„As a voracious reader, Graham demonstrated her extreme sensitivity to the lonely talent of Emily Dickinson's poetry, selecting texts of varying mood to portray the inner landscape of the poet's soul. It remains the most successful linkage of verse and complementary movement to be brought to the stage."

Ebenso wie WIGMAN war GRAHAM davon überzeugt, daß die Bewegung dem ‚emotionellen Impuls' folgen muß, und daß der *Ausdruck von Gefühlen* – körperlich und tanztechnisch gesehen – vor allem der Beteiligung der Körpermitte bedarf, die in der europäischen Tanzkultur stark verdrängt war (vgl. MAZO 1977, 166).

In beiden Ausprägungen des Modernen Tanzes, im Ausdruckstanz der WIGMAN und im ‚modern dance' der GRAHAM, wird der Raum im Spannungsgefüge zwischen ‚Innen- und Außenraum' und zwischen subjektivem und objektivem Raum zum bestimmenden Faktor der symbolträchtigen Gestaltung emotioneller Themen:

„Graham's use of space as part of the emotional content of dance is not far removed from Wigman's use of her space as a symbol of forces of the universe which exert themselves upon individuals" (MAZO 1977, 166).

Auf die symbolische Bedeutung von Raumnutzung und Raumorientierung wird des weiteren in der Untersuchung der LABAN-Bewegungsanalyse (s. Kap. 8.1.2.) eingegangen.

Martha GRAHAM beschäftigte sich intensiv mit Frauenfiguren, mit weiblicher Problematik und weiblichen Psychen. Die Frauengestalten in GRAHAMs Tänzen waren ,Heldinnen', die während der dramatischen Gestaltung Wandlungsprozesse erfahren. In ihren mehr als 150 Tanzstücken transformierte sie dutzende von Frauenmythen in die Symbolsprache des Tanzes:

„– von den Pioniermädchen der amerikanischen Siedlungsgeschichte (etwa in *Frontier* oder im *Appalachian Spring*) bis zu den großen Liebenden und Hassenden der griechischen Tragödien (wie Clytemnaestra oder Phaedra), nicht zu vergessen bedeutende mythologische Figuren (wie Jeanne D'Arc oder Maria Stuart)" (SCHMIDT 1983, 14).

Beeinflußt durch die Bildwelten von Pablo PICASSO und Salvador DALI (vgl. SCHMIDT 1983, 14) und durch die Auseinandersetzung mit der Psychologie JUNGs (vor allem seiner Archetypenlehre[10]), gelang es ihr, Inhalte des persönlichen und kollektiven Unbewußten in präsentative Symbole im Tanz zu transformieren.

GRAHAM hatte „die antiken Mythen tiefenpsychologisch neu aufbereitet und die Geschichte Amerikas in tänzerische Bilder gefaßt" (SCHMIDT 1984, 23). Den darüber hinausgehenden *tiefenpsychologischen Aspekt tänzerischer Präsentationen* beschreibt GRAHAM selbst wie folgt:

„The dance comes from the depths of man's inner nature, the unconscious, where memory dwells ... Art is the evocation of man's inner nature ... Man is discovering himself as a world" (GRAHAM 1966, 84, zit. nach STÜBER 1984, 225).

Kunst soll somit ein Weg zur Beschwörung der inneren Natur des Menschen, zur Integration des Unbewußten, vor allem der archetypischen Bilder des kollektiven Unbewußten sein. Über diesen Weg der Bewußtmachung und Gestaltung des Unbewußten ist ein bedeutender Schritt in Richtung auf Ganzheitlichkeit und Individuation nach JUNG getan. Das Erkennen und Erleben der inneren Natur erweitert auch das Selbst- und Weltbild, indem das Selbst als Ganzheit im Einklang mit dem Kosmos existiert.

Martha GRAHAM suchte den inneren Antrieb über den tänzerischen Ausdruck von Urbildern zu entschlüsseln und ebnete „dadurch den Weg für eine Beobachtung der eigenen psychischen Vorgänge des Tänzers zum Zwecke psychologischer Selbsterkenntnis" und zur „Verarbeitung psychischer Konflikte des Individuums zu psychologischen Tanzdramen" (STÜBER 1984, 126 f.).

Da GRAHAM jedoch die Identifikation mit Naturrhythmen und Naturphänomenen, die Vorbilder für DUNCANs Wiederaneinung von innerer und äußerer Natur darstellten, ablehnte und sich eher in der Auseinandersetzung mit dem amerikanischen Zeitgeist und den gesellschaftlichen Widersprüchen sah, schuf sie eine Bewegungstechnik, die im Gegensatz zur schönen, fließenden und harmonischen Bewegung der DUNCAN von intensiver Bewegungsdynamik und percussiver Bewegungsqualität geprägt wurde.

„Sie verwendet Schlag-, Stoß-, Akzent- und Rückprallbewegungen. Sperrige, verkrampfte Bewegungen, brüsk abgebrochene Bewegungsflüsse, Vibratobewegungen sowie Momente des regungslosen Verharrens, sind Grundelemente ihres Bewegungsvokabulars zur dramatischen Gestaltung von psychischem Terror und Agonie" (STÜBER 1984, 129 f.).

Vergleichbare, grundlegende Antriebsqualitäten lassen sich auch im Rahmen der von LABAN entwickelten Bewegungsanalyse (s. Kap. 7.1.2.) wiederfinden.

Die These, daß der Tanz der GRAHAM als eine Form aktiver Imagination verstanden werden muß, läßt sich durch die von Bethsabee de ROTHSCHILD beschriebene Arbeitsweise GRAHAMs belegen, die eindeutig in die Richtung des JUNGschen Individuationsprozesses weist:

„... elle ne formule pas ses pensées, ne raisonne pas ses émotions. Elle s'abandonne à des images suggestives" (de ROTHSCHILD 1949, 40, zit. nach STÜBER 1984, 228).

Der „emotionelle Stimulus" ist das Ausgangs- und Leitmotiv für Improvisationen, deren „essentielle(n) Bewegungskerne" zu Choreographien aktiv entfaltet werden, wobei dieser Prozeß dadurch charakterisiert ist, daß er ein Sich-Einlassen auf suggestive Bilder umfaßt (STÜBER 1984, 130). Diese Aussagen sind als klare Hinweise zu interpretieren, die den Prozeß der „passiven" und „aktiven" Imagination" (JACOBI 1969, 37) beschreiben.

Weitere Hinweise auf archetypische Inhalte erhalten wir allein schon durch eine Vergegenwärtigung einiger Titel der GRAHAM-Choreographien, wie „Primitive Mysteries", „Deaths and Entrances", „Dark Meadow", „Diversion and Angels", „Transitions", „Tragic Patternes", „Holy Jungle", „The Archaic Hours".

Die Choreographie „Dark Meadow" z.b. stellt, im umfassenden Sinn präsentativer Symbolisierung, den Kreislauf von Geburt, Wachstum, Tod und Wiedergeburt dar (vgl. Mc DONAGH 1976, 63). Das Thema *Wiedergeburt* gehört zu den universellen Motiven der JUNGschen Archetypenlehre:

> „«Wiedergeburt» ist eine Aussage, die zu den Uraussagen der Menschheit überhaupt gehört. Diese Uraussagen beruhen auf dem, was ich als «Archetypen» bezeichne. ... Man kann in der Hauptsache zwei Erlebnisgruppen unterscheiden: erstens das Erlebnis der Transzendenz des Lebens und zweitens das der eigenen Wandlung" (JUNG, GW 9/1, 1976, 131).

Bei rituellen Handlungen werden in primitiven Gesellschaften Wandlungsschicksale wie Tod und Wiedergeburt über die Darstellung eines Gottes oder göttlichen Helden dargestellt. Damit erlebt der am Ritual beteiligte Mensch den eigenen *Wandlungsvorgang* rituell mit.

> „Aus der Anteilnahme am rituellen Geschehen entsteht dann als Wirkung zum Beispiel jene Unsterblichkeitshoffnung, ..." (JUNG, GW 9/1, 1976, 132).

In diesem Kontext sind folgende Aussagen GRAHAMs von Bedeutung:

> „Der Tanz hat seinen Ursprung in dem Ritual, dem ewigen Verlangen nach Unsterblichkeit" (GRAHAM 1941, 181, zit. nach STÜBER 1984, 132).
> „In meiner Arbeit ... habe ich immer versucht, ein Bild des Menschen in seinem Kampf um Ganzheit zu zeigen, um das, was man eher Gottes Idee von ihm als seine eigene Idee von ihm selbst nennen könnte" (GRAHAM 1966, 107, zit. nach STÜBER 1984, 133).

GRAHAMs Aussage über den *Kampf um Ganzheit* entspricht in seinem Charakter dem *Individuationsprozeß* nach JUNG. Die zur Selbst-Verwirklichung führenden Wandlungsprozesse entstammen ebenfalls dem Archetyp der Wiedergeburt. Die hiermit thematisierte „subjektive Wandlung" stellt im Gegensatz zur oben beschriebenen mystischen, die „Transzendenz des Lebens" betreffende Form, ein spezifisch psychologisches Problem dar (JUNG, GW 9/1, 1976, 133). Aus der Psychopathologie sind Phänomene der Verminderung der Persönlichkeit bekannt, die JUNG in Anlehnung an JANET „abaissement du niveau mental" bezeichnet, als einen Zustand verringerten geistigen Horizontes und verminderten Selbstvertrauens:

„Es handelt sich um ein Nachlassen der Bewußtseinsspannung, ... Der Tonus hat nachgegeben, was auch subjektiv empfunden wird als Schwere, Unlust und Trübsinn. Man hat die «Lust» verloren, und keinen Mut, sich an den Tag und sein Werk heranzuwagen. Man fühlt sich selber wie Blei, weil nichts sich bewegen will. Das rührt daher, daß man keine disponible Energie mehr besitzt" (JUNG, GW 9/1, 1976, 134).

Eine positive Wandlung ist der dazu gegenläufige Prozeß im Sinne einer *Erweiterung der Persönlichkeit:*

„Sie kann erfolgen durch Zuwachs von außen, und zwar dadurch, daß neue vitale Inhalte von außen einströmen und assimiliert werden" (JUNG, GW 9/1, 1976, 134).

Ein Wandlungsprozeß im „Sinne der Vermehrung" setzt jedoch nur ein, wenn sich innere und äußere Pole annähern und verbinden. Im negativen Sinn bedeutet dies, daß ein Zuwachs, der nur von außen kommt, ohne eine innere Entsprechung und Verarbeitung zu finden, zur inneren Verarmung führt:

„Wenn uns daher von außen eine große Idee ergreift, so müssen wir wohl verstehen, daß sie uns nur darum ergreift, weil etwas in uns ihr entgegenkommt und ihr entspricht. ... Alles von außen Hereinkommende, wie übrigens auch alles von innen Auftauchende, wird ja dann zum Eigenen, wenn wir einer inneren Geräumigkeit fähig sind, welche der Größe des außen oder innen begegnenden Inhaltes entspricht. Der eigentliche Zuwachs an Persönlichkeit ist das Bewußtwerden einer Erweiterung, die aus inneren Quellen zufließt. Ohne seelische Weite sind wir niemals auf die Größe unseres Gegenstandes bezogen" (JUNG, GW 9/1, 1976, 135).

Vor dem Hintergrund der beschriebenen Wandlungsprozesse, die nach JUNG in engem Zusammenhang mit dem *Archetyp der Wiedergeburt* stehen, gleichsam Inkarnationen desselben sind, wird verständlich, warum sich GRAHAM und WIGMAN auf mythologische Themen und Rituale besannen. Ihr Kampf um Ganzheit und Individuation im Sinne JUNGs bedurfte der Wiederaneignung urtümlicher Symbolwelten in der Transformation in die (Tanz-) Sprache der Gegenwart. Dieser psychologischen Deutung kommt jedoch auch eine Entsprechung bezüglich der Kunstauffassungen von GRAHAM und WIGMAN entgegen: Beide Protagonistinnen des modernen Tanzes verstanden ihre Kunst als Ausdruck des Persönlichen, der Zeit/Epoche *und* des Überpersönlichen/Archetypischen.

GRAHAMs primäres Interesse galt somit der Entschlüsselung universeller Bilder der Traumsprache und der Mythen, die sowohl auf der „Subjekt- und Objektstufe" (JACOBI 1969, 104) als Teile des Unbewußten verstanden werden müssen, die nach JUNG, wenn auch zum Teil unbewußt, nachhaltig das Leben beeinflussen und formen (vgl. HENDERSON 1968, 107). Dies bestätigt Joseph H. MAZO (1977, 184):

„The central motif of Graham's work is her heroic quest. ... In her studies of the process that move us, she has recreated on stage the vision of dreams and their daylight counterparts, fantasy and inside" (MAZO 1977, 184).

Die hier angesprochene Suche nach den Helden weist ebenso auf die präsentative Symbolisierung von archetypischem Material hin. Der *Heldenmythos* ist ein universelles Muster und der am weitesten verbreitete Mythos überhaupt (vgl. HENDERSON 1968, 107, 110). Er ist bekannt aus der klassischen Mythologie der Griechen und Römer, aus der Mythologie des Mittelalters, des Fernen Ostens, der heutigen ,primitiven' Gesellschaften und aus Träumen ,moderner' Menschen. Der Heldenmythos besitzt eine enge Verknüpfung mit der Erweiterung des Ich-Bewußtseins, da der Held die Stufen der menschlichen Persönlichkeitsentfaltung wiederspiegelt:

„Diese göttergleichen Gestalten sind in Wirklichkeit symbolische Vertreter der gesamten Psyche, der größeren umfänglicheren Identität, die die Kraft liefert, welche dem persönlichen Ego fehlt. Ihre besondere Rolle läßt vermuten, daß die wesentliche Funktion des Heldenmythos die Entwicklung der individuellen Ich-Bewußtheit ist – das Wissen um die eigenen Stärken und Schwächen –, um den einzelnen auf die mühsamen Aufgaben vorzubereiten, die ihm das Leben stellt. Hat der Mensch seine Aufnahmeprüfung bestanden und tritt er in die Reifephase des Lebens ein, dann verliert der Heldenmythos seine Geltung. Der symbolische Tod des Helden ist gleichsam die Erreichung dieser Reife" (HENDERSON 1968, 112).

Vergegenwärtigt man sich den historischen Kontext, so läßt sich GRAHAMs Hauptwerk in seiner Rückbesinnung auf Ritual und Mythos vor dem Hintergrund einer zu Anfang der 40er Jahre beginnenden Revision des rationalistischen Geschichts- und Frauenbildes des amerikanischen Liberalismus und seines optimistischen Fortschrittsglaubens (vgl. STÜBER 1984,133) deuten. Dieses Umdenken führte dazu, daß Philosophen und Literaten verstärkt existentialistische Thesen vertreten und sich auf das Konzept der *original sin* besannen:

„... ein mythologisches Zeichen für Fehlbarkeit und unvermeidbarer Schuldhaftigkeit des Menschen sowie für die Grenzen der Vernunft" (STÜBER 1984, 134).

Im Rückbezug auf die JUNGsche Archetypenlehre läßt sich Martha GRAHAM somit als eine Künstlerin verstehen, die im Sinne JUNGs (GW 9/1, 1976, 113) als

„... Seher (Seherin[11], Anm. M.P.-B.) dem Unausgesprochenen der Zeitlage Ausdruck verleiht und in Bild oder Tat das herauf-führt, was das unverstandene Bedürfnis aller erwartete, ..."

In ihrer Tanzkomposition „Errand into the Maze" (Wanderung ins Labyrinth) wird zum Beispiel die Heldin ‚Ariadne' zeitgemäß verkörpert: ein Aufruf an jede Frau (jedes Individuum), den Weg ins eigene ‚Labyrinth', ins Unbewußte zu wagen, um in der ‚Kon-

Zentration, der ‚Mitte' (des Weges, des Lebens) bewußt ihren (seinen) Lebenssinn zu beleuchten, ihre (seine) unheilvollen Projektionen aufzugeben und aus der ‚Mitte', dem wahren Selbst heraus zu leben.

In „Errand into the Maze" folgt die Tänzerin einem auf der Bühne kurvig ausgelegten Seil. Diesem vorgezeichneten Weg folgend erreicht sie das ‚Labyrinth', bzw. ein knöchernes, ‚V'-förmiges Tor, aus dem sie entkommen kann. Einen gefährlichen Bereich durchquerend wird sie durch einen gehörnten Mann, den Minotaurus, bedroht.

Minotaurus ist aus der griechischen Mythologie bekannt als Ungeheuer. Dieses Wesen mit Menschenleib und Stierkopf wird auf der Insel Kreta im Labyrinth gefangengehalten bis Theseus es tötet. Ariadne, die Tochter des Königs Minos von Kreta, hilft Theseus, mit einem Faden den Weg aus dem Labyrinth heraus zu finden. Der Kampf mit einem Stier aber gilt als rituelle Aufgabe, die vor einer Initiation bestanden werden muß.

Betrachten wir den choreographischen und dramaturgischen Aufbau des Stückes „Errand into the Maze", so ergibt sich folgende Struktur:

A-Teil: 1. Solo von Ariadne:
Ausgangsstellung: 1. Position parallel, Arme eng vor dem Körper gekreuzt, Hände vor dem Körperzentrum, dem Hara-Bereich. Auffallende Motive und Merkmale: aufrecht im Lot (Vertikalebene dominiert), Achterbeinschwung des rechten Beines, Fortbewegung als Kreuzschritt über das ausgelegte Seil, welches zum knöchernen V führt (Eingang und Ausgang zum Labyrinth?), wiederkehrendes Motiv: Annäherung an dieses V. Vor dem V stehend sucht sie den Berührungskontakt und tastet die knöcherne Form von unten nach oben ab.

B-Teil: 1. Duo von Ariadne und Minotaurus:
Ariadne nimmt Minotaurus wahr: hört ihn, hält sich aber das ihm zugewandte Ohr zu, schaut weg, wendet sich ab. Minotaurus ver-

folgt sie. Der Minotaurus auf der Bühne hält seine Hände in einer ‚Schultertrage', die quer über seinen Schultern liegt. Diese ungewöhnliche Vorrichtung läßt ihn stark und mächtig erscheinen: sie demonstriert die bedrohende Energie des Mannes. Obwohl sich der Minotaurus zunächst frei auf der Bühne bewegt, kann er Ariadne nicht unterdrücken. Seine Bedrohung für die Frau ist zwar sehr gewaltig, aber ohne übermächtige Präsenz. Er trägt sie auf seinen Knien, um seine Taille: im Kampf. Er geht zu Boden, rollt sich. Sie kann ihn vertreiben.

A'-Teil: 2. Solo von Ariadne:

Sie tanzt nicht mehr vornehmlich im Lot, in der Vertikalebene, sondern auffallend wirken ihre Drehungen auf der Horizontalebene. Aus dem Lot geraten bewegt sie sich verwringend, den Blick nach hinten oder zu Boden gerichtet. Sie bewegt sich auf Knien rutschend und mit wegschiebenden Gesten. Sie wiederholt das Kreuzschrittmotiv über die Schnur und versteckt sich hinter dem V, nachdem sie die Schnur eingezogen und damit das V verspannt und verschnürt hat.

B'-Teil: 2. Duo von Ariadne und Minotaurus:

Minotaurus nähert sich nun mit Tieftanzschritten, vielfach auch auf Knien vorwärtsschreitend. Während Ariadne am Boden rollt, überquert er ihren liegenden Körper im Kreuzschrittmotiv. Diese Bewegung steigert sich zum Sprung: er scheint sie in seiner Gewalt zu haben. Ihre Hände ergreifen seine und händeringend kämpfen sie, bis Minotaurus sie schleudert und letztlich auf seinem Rücken trägt. Dann ‚wirbelt' er im Kreis und springt Schlußsprünge am Ort. Ariadne windet sich, würgt und springt dann letztlich freiwillig und kampfesmutig auf seine Hüften. Hier – im Höhepunkt – bäumt sich ihr Körper in ‚Contraction'- und ‚Release'-Bewegungen als Ausdruck höchster Erregung und Gefahr. In dem Augenblick, in dem sich die Frau ihrer eigenen Kraft bewußt wird, als sie bereit ist, den Feind wirklich anzuschauen, kann sie ihn unter ihre Kontrolle bringen. Ariadne stößt den Minotaurus zu Boden und schwingt ihr rechtes Bein zum Zeichen der Überlegenheit über den Körper des liegenden Minotaurus: eine Wiederholung des Unendlichkeitszeichens. Erneuter Kampf mit stoßenden und ziehenden Bewegungen. Ariadne fliegt durch die Luft bis sie den Minotaurus dann zu Boden stößt.

C-Teil: 3. Solo von Ariadne:

Die Musik wird lyrischer, wirkt ruhiger. Wieder bewegt sich Ariadne mit ‚Contraction'- und ‚Release'-Bewegungen, auch mit Federungen seitwärts kombiniert, wieder Achterkreise in die Luft zeichnend. Sie kommt erneut zum V zurück, dreht sich dann befreit davon weg. Mit extremen Staccato-Bewegungen scheint Ariadne einen binnenkörperlichen Kampf auszutragen: Der Kampf mit den unsichtbaren Dingen, der unaussprechlichen Angst, den unsagbaren Gefühlen. Dann läßt sie die Verschnürung des V's fallen, schmiegt sich der Form an, streift wieder mit ihren Händen dieser Form entlang, wiederholt ihre ‚Contraction'- und ‚Release'-Bewegungen und wiederholt das Unendlichkeitszeichen, diesmal mit Berührungskontakt zum V. Als ‚Siegerin' ihres Weges, ihres Grenzganges steht Ariadne vor dem ‚Labyrinth' in einer geöffneten Körper- und Armhaltung.

Bezüglich der Raum-Symbolik möchte ich auf folgende Aspekte hinweisen:
– Ariadne wechselte ihre Bewegungsebenen: von der Aktionsebene (bevorzugte Richtung vor/rück; eng geschlossene Körperhaltung) zur Kommunikationsebene (Horizontalebene) hin zur Präsentationsebene (Frontalebene/ Endposition: geöffnete Körper- und Armhaltung). Hier hat der Ebenenwechsel sichtbaren symbolischen Gehalt: die Bewegung in der Aktionsebene entspricht der Raumnutzung vielfältiger Alltagshandlungen. Nach der Begegnung mit Minotaurus verschiebt sich die Körperachse Ariadnes: Aus dem ‚Lot' geraten schwebt sie – auf einem Standbein drehend – waagerecht im Raum. Auf dieser Kommunikationsebene nimmt sie Kontakt mit dem Unbewußten auf. Die Endposition Ariadnes in der Präsentationsebene verweist auf die Bewältigung einer angstbesetzten Situation und auf die erweiterte Selbstbewußtheit.

– Ariadnes Beinschwünge im Achterkreis symbolisieren das Labyrinth. „… die Zahl 8; sie ist ein Symbol des Unendlichen, des Labyrinthes und des Weges, der zum Unbewußten führt" (JUNG 1986, 330), sagt JUNG. Im A-Teil haben sie antizipierenden Charakter. Im C-Teil sind dieselben Schwungbewegungen Ausdruck der ‚Siegesfreude' oder auch der Einsicht in die Sinnhaftigkeit ihres Kampfes.

– Der Kreuzschritt kann mit dem Motiv der Kreuzigung, des Opfers oder Geopfert-Werdens assoziiert werden.

Alle drei benannten Aspekte verstärken den Ausdruck der Thematik ‚Tod und Wiedergeburt' im Sinne von Einkehr/Besinnung/Konzentration und nachfolgender offener Zuwendung zur Welt mit einem geläuterten, erweiterten Selbst-Bewußtsein.

Die Anspielungen auf die Ariadne-Sage scheinen von nur oberflächlicher Bedeutung zu sein. Das Stück „Errand into the Maze" ist eher als eine symbolische Präsentation von unbewußten Ängsten, die durch Minotaurus personifiziert erscheinen, zu deuten. Hierdurch wird verdeutlicht, daß der wahre Gegner die eigene, individuelle Angst ist, welche dadurch überwunden werden kann, daß man sie mutig anschaut, sich ihr aussetzt, ohne sie abzuspalten und zu verdrängen (vgl. Mc DONAGH 1973, 199).

GRAHAMs tänzerische Gestaltwerdung vom Kampf der Heldin mit dem bedrohlichen Minotaurus symbolisiert eine seelische Grundsituation, aber auch eine *Entwicklungsmöglichkeit*. Dies ist die Doppeldeutigkeit, Zwiespältigkeit des menschlichen Symbols. Als seelische Grundsituation wird der Kampf als Abbild für die Auseinandersetzung mit einer feindlichen Macht thematisiert. Der Gegenspieler der Heldin kann auf der *Objektstufe* als äußere, konkret auftretende Gestalt identifiziert werden. Auf der *Subjektstufe* gedeutet stellt Minotaurus einen Teil der eigenen Psyche der Protagonistin, ein Schattenwesen oder ihren Animus dar.

Diese Bedeutungsebene läßt sich begründen durch das Motiv des Ungeheuers. Das Motiv des Ungeheuers weist in Mythen und Märchen und Träumen auf die *Animus-Anima-Problematik* hin, auf das andere Geschlecht als äußeres und inneres Problem (vgl. MÜLLER/SEIFERT 1984, 234).

Man beachte diesbezüglich auch die symbolisch bedeutsamen Tanzkostüme: Ariadne trägt in „Errand into the Maze" ein weißes Kleid mit aufgesetzter schwarzer Schlangenlinie. Dazu gibt Minotaurus ein Negativbild ab: er trägt ein schwarzes Gewand mit weißer Schlangenlinie. Die Schlangenlinie symbolisiert „Lebens- und Todesangst" (MEERLOO 1959, 21).

> „Bei vielen primitiven Sinnbildern symbolisiert die Schlange die angst-beladene Geburt des Menschen. Die Geburt wird als eine Flucht vor der Schlange symbolisiert, und der Schlangentanz bedeutet den Tanz des neuen Lebens. ... Der Schlangentanz, als magische Identifizierung mit dem zeugenden Mutterleib, bedeutet auch den Willen des Menschen, seine Furcht zu überwinden und Herr seines Schicksals zu werden" (MEERLOO 1959, 21).

Als Entwicklungsmöglichkeit zeichnet sich die Stärkung der Person ab. Gestärkt durch die siegreiche Integration unbewußten Materials, unbewußter Ängste, geht die Heldin als gewandelte Persönlichkeit hervor. Die Wandlung ist durch den Weg der Einkreisung des angstbesetzten Bereichs eingeleitet worden. Einkreisung steht symbolisch für Konzentration, Zentrierung, Bewußtwerdung (vgl. MÜLLER/SEIFERT 1984, 197).

Aus der Sicht der Choreographin können wir weitere interessante psychologische Erkenntnisse gewinnen. Die Aussage JUNGs über den im Symbol enthaltenen Keim, der in die Zukunft weist, wird durch GRAHAM bestätigt. Die Choreographie „Errand into the Maze" enthält eine tiefere Erfahrung und Botschaft, die der Künstlerin erst im nachhinein, also nach vielen Vorführungen, ganz bewußt wird. Die Bedeutung des Tanzes verstand sie erst in einer gefährlichen, lebensbedrohenden Notfallsituation, erklärte GRAHAM in einem Interview:

> „We're talking tonight about ‚Errand into the Maze' first. This dance has a special significance, because it was a conquering a fear in my life. It was after I had done the dance – *in fact I had performed it many, many, many times – but it never came poignantly to me as it did on one occasion:* We were going from Abadan in Iran to Teheran. We were flying in DC 3 – so they're safe little planes but you know they only have a cruising altitude of 5.000 feet. We had to go through a pass of two mountain peaks 18.000.

We were caught in a terrific snow storm, the kind that is like one of those paperweights of our childhood. And they said finally, that we have to turn back, which we did. All the time we were in the air, the fear was so constant, the pressure was so weighing with all of us. The company behaved beautifully, but I decided the only thing for me to do is to dance it through. So I took ‚Errand into the Maze‘ and went through it in my mind, three times before we arrived back at Abadan. In knew then what fear really meant, because the plane did everything except fall down. But the set was so beautiful. I could see it in my eyes before me even inspite of the terror that stroked me from behind as I went through the dance. The set that Isamu Noguchi had made, the music that Giancarlo Menotti had composed for me and it was for me a very living atmosphere, a very living place and I determined to sustain that place and not be crashing to the ground. *It had a saniatory effect in that I was able to conquer that basic thing which we all have, which is fear the unknown, fears of something not recognizable.* But it taught me a great lesson. That's why that dance means so very much to me" (GRAHAM 1984; Hervorheb. M.P.-B.).[12]

7.2.5. Das moderne Tanztheater der Pina BAUSCH

Neben dem klassischen und dem modernen Tanz hat in den vergangenen zwanzig Jahren das Tanztheater eine bedeutende Stellung im Rahmen des Bühnentanzes eingenommen. In der Kombination von Theater, Bewegung, Tanz, Sprache, Licht, Materialien, Kostümen, Musik; in einer *kreativen Synthese* zuvor meist getrennter Kunstformen, kann das Tanztheater als zeitgemäße Annäherung an das Gesamtkunstwerk gedeutet werden, wie es aus der Frühgeschichte, der Antike und aus fernöstlichen Kulturtraditionen bekannt ist.

Diese neue kreative Synthese verschiedener expressiver Modi ist jedoch inhaltlich nicht mehr an Sagen oder Mythen angelehnt, sondern transformiert Erfahrungen *individueller Lebensgeschichten* in Tanz, die eingebettet sind in unsere heutige Realität, wobei letztere auf radikale Weise sinnlich-leiblich reflektiert wird.

Diese Entwicklung zeigt Norbert SERVOS (1983) speziell am Beispiel der Off Dance Scene, der freien Tanzgruppen auf, die abseits großer Theaterbühnen arbeiten und Aufführungen gestalten. Thematisch und bewegungsmäßig weisen ihre Choreographien einen großen *Realitätsbezug* auf, indem sie u.a. Alltagserfahrungen und aus dem Alltag entlehnte Bewegungsmotive gestalten.

Das Ausdrucksmedium Körper ist dabei nicht mehr an rigide, starre Tanztechniken (wie Ballett oder klassisch-moderne Techniken) gebunden, sondern sprengt alle Fesseln normierter Körpermodellierungen. Die so errungene *Freiheit* steht im Dienste der Selbstverwirklichung:

> „Der Körper war in der allgemeinen Tendenz zu direkter Selbstverwirklichung und Selbsterfahrung auf neue Art zum Thema geworden. ... Man begann sich seiner Sinnlichkeit neu zu vergewissern, seiner Sinne, durch die Wirklichkeit allein erfahrbar ist" (SERVOS 1983, 45).

Der Aufbruch dieser neuen Gruppen, die in ihrem Arbeitsstil sehr *persönlichkeitsorientiert* arbeiten und *demokratisch organisiert*[13] sind, ist ausgelöst worden durch die Pioniere des modernen Tanztheaters wie Pina BAUSCH, Reinhild HOFFMANN, Hans KRESNIK und Gerhard BOHNER (vgl. SERVOS 1983, 45).

Sie alle haben durch ihre Choreographien die Richtung gewiesen, das heißt, die herkömmliche Ästhetik erweitert, den Weg zur Befreiung des Körpers gebahnt und durch diesen Akt der Auflösung von starren Tanztechniken eine breite Publikumsschicht aufmerksam gemacht.

Besonders das Wuppertaler Tanztheater der Pina BAUSCH stellt eine Mischung aus Tanz, Theater, Psychodrama, Schauspiel, Aktionstheater und anderem mehr dar (vgl. WEISS/CHAMIER 1979).

Eine Klassifikation ist müßig, das Hervorragende dieser neuen Einbindung des Tanzes im modernen Tanztheater besteht in ihren bildhaften Studien und symbolischen Präsentationen menschlichen Leidens, die man nach Peter GORSEN (1983, 64 f.) als Formen von „negativen Symbolisierungen der Körperlichkeit" deuten kann. Der Begriff der negativen Symbolisierungen meint hier nicht eine künstlerische Wertung, sondern ist vielmehr Ausdruck für die *Destruktivität und Radikalität des Umgangs mit dem Körper* als Ausdruck der in unserer Gesellschaft herrschenden Umgangsformen zwischen Menschen, speziell zwischen den Geschlechtern. GORSEN (1983, 64) spricht bezüglich der stark körperorientierten Ausdrucksformen des Theaters von dem erschreckenden Bekenntnis, daß sich die menschliche Körperlichkeit „nur noch masochistisch zur Geltung" bringt.

Der Kunstkonsum gerät hier an die Grenze der Erschütterung und das Engagement der auf der Bühne agierenden Tänzer überträgt sich auf ein erregtes Publikum, wenn es da mit der Totalität menschlicher Sehnsüchte und Enttäuschungen konfrontiert wird:

„Wenn da immer wieder Menschen zueinander wollen und sich nicht erreichen können, trotz ihrer Sehnsucht, ihrer Trauer, wenn sie Gier und Liebe verwechseln, brutal sind, böse, seltsam, obszön und betrogen von der eigenen kindlichen Wunschbesessenheit, aber doch voller Leben, mit einem warmen Körper, nahe der Erde, mit Wasser im Haar und weichen Armen, mit Stolz, daß sie da sind, einem Stolz, der nicht nur leerer Wahn ist, sondern auch Mut und kindhafte Freude am Sich-Herzeigen und Bestätigtwerden, wenn Pina Bausch die Kälte der Umwelt, den kleinen Menschen in seinen ergaunerten, doppelbödigen Sicherheiten, ausbeuterisch und ohne Liebe zeigt, dann nicht, weil sie ihn so will, sondern weil es ihn so gibt" (WEISS/CHAMIER 1979, o.S.).

Diese stark emotional geprägten Bilder, Motive und Geschichten entstehen nicht auf dem herkömmlichen Weg der Choreographie, wie er zum Beispiel aus der Ballettgeschichte bekannt ist. Der tradierte Weg bedeutet, daß die Tänzerinnen und Tänzer mit einer Komposition, die der Choreograph schuf, konfrontiert werden, und sie nur zu Mittlern seiner Botschaft werden. Kritisch betrachtet werden die Tanzkörper instrumentalisiert gebraucht oder instrumentell benutzt.

Im Gegensatz dazu entstehen Tanztheaterstücke zum Beispiel bei Pina BAUSCH über den Weg der *Improvisation*. Die Tänzerinnen und Tänzer werden durch Fragen und Impulse aufgefordert, sich kreativ auszudrücken, ihre individuelle Antwort auf eine Fragestellung (in Wort und Bewegung, …) zu finden, das heißt, sich zu offenbaren. Wenn das Ensemble auf diese Fragen Antworten sucht, dann verfolgt Pina BAUSCH damit „die Erinnerung und (Wieder-) Entdeckung der eigenen Geschichte" (HOGHE/WEISS 1981, 8), ein *Aufarbeiten der verdrängten Anteile der Psyche*, des persönlichen und teilweise kollektiven Unbewußten[14].

Auf die Bedeutung der Improvisation, verstanden als aktive Imagination, für die Choreographien Pina BAUSCHs weist im besonderen SLEVOGT (1984, 12) hin:

> „Zunehmend hat sie in ihren Choreographien die Trennung der Sparten darstellender Kunst aufgehoben. Immer deutlicher kristallisierte sich ein Montageprinzip heraus, das die verschiedenen Elemente darstellerischen Ausdrucks zu einem theatralischen Ganzen verbinden wollte. Gleichzeitig brechen dramaturgische Strukturen auf. Schließlich sind Assoziation und Improvisation die einzigen dramaturgischen Postulate. Immer stärker haftet den Arbeiten Pina Bauschs der Charakter des Offenen, des Unvollständigen an."

Für das Wuppertaler Tanztheater der Pina BAUSCH sind auch Themen wie Schmerz, Verletzbarkeit, Schwächen, Ängste, Widersprüche, Komplexe und Träume kein Tabu. Dabei interessiert Pina BAUSCH nicht so sehr, zu zeigen, *wie* sich Menschen bewegen, sondern *was* sie bewegt, zum Beispiel:

> „Kindheit. Wie Liebe und Zärtlichkeit, Sehnsucht, Angst, Trauer und der Wunsch, geliebt zu werden, eines der wiederkehrenden Themen von Pina Bausch. (...) Weniger die Unfähigkeit interessiert als die Möglichkeit, wieder zu sein wie Kinder, sich so direkt wie sie zu verhalten und auszudrücken, unmittelbar zu sein, unverstellt" (HOGHE/WEISS 1981, 14).
> „Die Probenarbeit: auch eine Suche nach Erfahrungen, von denen man getrennt ist. Versuch, Verlorenes wiederzufinden. Zum Beispiel Verbindung zur Natur, Nähe, Verständigung" (HOGHE/WEISS 1981, 16).

Trotz dieser psychologischen und psychodramatischen Themen müssen die Stücke als „eminent politisch" verstanden werden, insofern als sie „– radikal und existentiell – nach den Bedingungen und Zwängen menschlichen Zusammenlebens fragen", die Ausbeutung des Menschen durch den Menschen, v.a. der Frauen durch die Männer kritisieren und neue Wege zu mehr Menschlichkeit suchen (SCHMIDT 1984, 28).

An dieser Stelle muß auf die Fragen von Hartmut von HENTIG (vgl. 1985, 21) verwiesen werden: Was gilt es zu entschlüsseln, zu transformieren? Was ist die *Erkundung des Möglichen* und welche *ästhetischen Wirkungen* werden erzeugt?

Die ästhetischen Wirkungen des Tanztheaters auf die Zuschauer beschreiben WEISS/CHAMIER bezüglich der BAUSCH-Produktionen wie folgt:

„Wir sitzen im Zuschauerraum wie vor einem Spiegel, den wir auch noch fühlen können, und das erschreckt zutiefst, macht betroffen, da wird Langeweile vorgetäuscht, wo Angst ist, denn Unwissenheit ist auch eine Art von Sicherheit, ich hab mich oft gefragt, ob die Fliege weiß, daß sie fliegt. ... Wie rätselhaft das ist, was sie zeigt, wie tief hinab ins Unbewußte das geht, wie unfaßbar sie darstellt, erfährt man, wenn man die Produktionen mehrmals sieht. Da gibt es nie die Sicherheit des Bekannten, immer wieder zieht es den Betrachter fort in etwas ganz Unvertrautes, eine Verstörung, die wie Aufspüren ist" (WEISS/CHAMIER 1979, o.S.).

Was leib-haftig entschlüsselt wird, sind persönliche Erfahrungen und Befindlichkeiten, die aber durch die angewandten Stilmittel wie Wiederholung, Verfremdung, Montage und Verdichtung zu überpersönlichen Mitteilungen werden. Sie decken Leidensgeschichten auf und leisten damit ein Stück „Wiederaneignung von biographisch-verankerter wie gesellschaftlicher Wirklichkeit" (FRITSCH 1985, 20).

Dabei fordern die Tanztheaterstücke den *Zuschauer* zu eigener Auseinandersetzung heraus, sie sind:

„... eine Herausforderung an den Zuschauer, seine persönliche Alltagswelt zum Bühnengeschehen in Beziehung zu setzen und ein kritisches Bewußtsein gegenüber den sozialen und gesellschaftlichen Gegebenheiten und deren Auswirkungen zu entwickeln" (VENT 1985, 27).

Dieser sinnlich-reflexiven Auseinandersetzung mit dem Bühnengeschehen kann sich kaum ein Zuschauer entziehen, es sei denn er verdränge seine Betroffenheit und spalte sie von seinem Bewußtsein ab. Mit dieser Herausforderung an das Publikum läßt sich auch erklären, wieso Pina BAUSCH und auch andere Tanztheatergruppen in den ersten Jahren ihrer Bühnenarbeit schärfste Kritik und Ablehnung erfuhren, wieso große Teile des Publikums seinerzeit das Theater fluchtartig verließen. Die „grausame Poesie" mit Trauerrritualen, nicht enden wollenden Wiederholungen, mit krassen Wechseln zwischen „Stille" und „Hysterie" (SERVOS 1985 b, 9) können das Publikum, über die Betroffenheit hinaus, in Gefühle bis hin zur existentiellen Angst versetzen.

Doch mit zunehmender Bereitschaft, sich mit dieser Form des authentischen Theaters auseinanderzusetzen, sich spiegeln zu lassen, tat sich auch die bereinigende, um nicht zu sagen heilsame Wirkung dieser Choreographien auf. Neue Erlebnis- und Sehweisen, neue Erwartungen an das „Politische im Tanztheater" (SERVOS 1985 b, 9) und die Mit-Teilung einer ursprünglichen *Energiequelle*[15] stellten sich ein, die zwar keine politischen und menschlichen Problemlösungen aufzeigten, aber neue Horizonte für sinnlich-reflexives Erleben aufdeckten:

> „In der *Hysterie* tanzt die permanente Überforderung ihrem Gipfelpunkt zu, wird die Fesselung der Gefühle in einer ungeheuren Übererregung auf die Spitze getrieben. Die Erschöpfung, die folgt, ist eine Er-Lösung. Denn: hinter der explosiven Un-Ordnung der Hysterie scheint die befeuernde Kraft ursprünglicher Energie, wenn auch verzerrt, wieder auf. Hinter der kollabierenden Stille verbirgt sich eine Verletzlichkeit, die, hält man sie aus, die *Angst bannen hilft*" (SERVOS 1985 b, 9; Hervorh. M.P.-B.).

SERVOS verweist hiermit auf ein ur-altes Thema, ‚Angst' und ‚Bannen der Angst', das ich sowohl in den Ausführungen über die Wurzeln des kultischen Tanzes, als auch in den Tanzkompositionen von WIGMAN und GRAHAM untersucht habe. Um einen Eindruck zu vermitteln, wie das Thema Angst im modernen Tanztheater zeitgemäß vearbeitet wird, werde ich diese Interpretationen und Reflexionen über das archetypische Motiv der Angst am Beispiel des Stückes „Victor" von Pina BAUSCH fortsetzen.

Das Bühnenbild gibt den Blick frei für den Anblick von Menschen, die scheinbar unbewußt in einer trostlosen Grube (Baustelle, Massengrab?) leben. Der Bühnenbildner Peter Pabst hat den menschlichen Bewegungsraum mit meterhohen, dunkelbraunen Erdwällen eingerahmt. Diese Kulisse verändert sich nur dadurch,

141

daß Jan Minarek, der auf dem Wall steht, im Laufe des Stückes kontinuierlich Erde aus der Höhe des Bühnenbildes hinunterschaufelt, so daß der Eindruck entsteht, daß der Lebensraum der Menschen kontinuierlich eingeschränkt, letztlich zugeschüttet wird. Die beklemmenden Lebenszwänge äußern sich in vielen Collageteilen, scheinbar individuellen Schicksalen: Anne Martin erscheint in einem roten Kleid, das ihre Arme verbirgt; sie schreitet gewissermaßen als Krüppel/Behinderte auf das Publikum zu.

Ein reglos am Boden liegendes Paar wird von einem Standesbeamten willenlos vermählt, das Ja-Wort, der Tausch der Ringe und der Hochzeitskuß werden vom Standesbeamten selbst vorgenommen, indem er die Leblosen bewegt.

Kyomi Ichida wird zu einem Wasserspeier arrangiert. Man schüttet ihr in einem nicht enden wollenden Ritual Wasser in den Mund, das sie wieder ausspeit und so als Brunnen für die Waschszenen funktioniert. Die Aggressionen, die zwischen den Menschen ausgelebt werden, richtet Anne Martin auch als Publikumsbeschimpfung in den Theatersaal: „Haut ab! Geht weg! Ich brauch' Euch nicht! Sprecht Ihr denn kein deutsch?" Angsteinflößend bewegt sich ein Mann auf das Publikum zu, mit den beschwörenden Worten: „Ich bin der Feuerdrache" und droht, die züngelnde Flamme eines Feuerzeuges vorstreckend, alles in Brand zu setzen. Eine imaginäre Stimme aus der Höhe scheint ihn daraufhin zu ermahnen und zu verunsichern: innere Zerrissenheit, die sich in der Raumspannung dieser Person spiegelt; nach unten gebeugt spielt er den Aggressor, sich aufrichtend und der Stimme gehorchend wird er zum angepaßten, gehorsamen Kind.

Viele Alltagsbewegungen und Arbeitsverrichtungen werden hier vorgeführt, jedoch in ironischen und symbolhaften Verzerrungen.

Geputzt wird im Brokatkleid, Pelze werden übergestreift und weggeworfen, aber auch wie ein Hund an einer Leine hinter sich her gezogen. Während ein Schreiner Holz sägt, repariert ein Schuster die Schuhe am Fuß der Frau, als wolle er einen Pferdehuf erneuern. Der Eindruck einer zum Verkauf stehenden Welt wird vermittelt, wenn immer wieder Auktionen dargestellt werden, die nicht nur lautstark und aggressiv sind, sondern wegen der Zuspitzung der Rituale des ‚Zur-Schau-Tragens' immer trauriger, menschenverachtender und verzweifelter wirken: Angepriesen und zu Markte getragen werden nicht nur Nippes und Alltagsgegenstände, sondern immer persönlichere ‚Waren' (zunächst Schoßhündchen, dann die eigenen Körperteile und der Körper als Sexualobjekt). Immer wieder tauchen neue Motive des Körpertragens und Verladens auf; Körper werden in Teppiche gerollt und abgeschoben.

Aus tiefenpsychologischer Sicht ist ein Motiv beachtenswert, das dem Stück einerseits eine choreographische Klammer verleiht und gleichzeitig – wegen der mehrmaligen Wiederholung und Steigerung – augenscheinlich ein symbolisches Leitmotiv darstellt: Helena Pikons Trauertanz zeugt von einer unüberwindbar scheinenden Verzweiflung und Einsamkeit. Die Frau, die ihn im Anfangsteil des Stückes zunächst allein und ohne Musikbegleitung tanzt, bewegt sich sitzend und vorwärtsschiebend bis an die Rampe der Bühne. Mit ihrem zumeist nach vorn hängenden Kopf und den überproportional lang wirkenden Armen spricht sie einen Gebärdentanz, der wohl zu den eindringlichsten Szenen gezählt werden muß, und der beim Zuschauer starke Gefühlsbewegungen hervorruft. Eine südeuropäische oder mexikanische Musik, die Ausdruck von Melancholie und Traurigkeit ist, aber gleichzeitig auch (durch ihre Ähnlichkeit zu Wiegenliedern) trostspendend und kraftaufbauend wirkt, unterstützt und verstärkt dann die weiteren Wiederholungen dieses Tanzes. Klagend und beschwörend zugleich wirkt die zu Boden gedrückte Frau, deren Armbewegungen gestisch immer wieder den Pol des Himmels hineinnehmen, ja in ihn hineinwachsen, um darzustellen, daß alles Leid dieser Welt, ein unbezwingbares Schicksal auf ihr lastet. Mit Bewegungen, die aus der Taubstummensprache entlehnt zu sein scheinen, trägt sie dieses Schicksal, verneint sie jegliche Beschwichtigungsversuche oder fiktiven Lösungsmöglichkeiten. Die eindringliche Körpersprache scheint verzweifelte Ausrufe in den Raum hineinzuzeichnen: Haut doch alle ab, keiner kann mir helfen, ich will euch nicht, mein Herz ist gebrochen, ich sage „Nein" und gehe doch vorwärts, fühle den Boden unter mir, spüre den endlosen Schmerz, der auf mir lastet, aber der gehört mir! Ein Opfer, das sich selber opfert, aber auch sich selber in seiner Einsamkeit unbeirrbar und zielgerichtet auf einen Endpunkt oder Wendepunkt zu bewegt.

Dieser Tanz ist von einer großen Energie, einer kraftvollen Gebärde in der Todesahnung erfüllt. Dieser Eindruck verstärkt sich in den Schlußszenen, in denen die Frau ihr Solo tanzt, aber das ganze Ensemble wie in einer Trauerprozession in ihrem Rhythmus mitschwingt. Auch die Trauernden und Klagenden bewegen sich in Sitzhaltung vorwärtsrutschend bis an den Bühnenrand. Sie nehmen an diesem aktiven und deshalb so optimistisch wirkenden Tanz der Frau teil, obwohl ihre Oberkörper – verhüllt und verborgen hinter ihren schwingenden Haaren – leidend vornüber hängen.

7.3. Zusammenfassung und Diskussion

Die angstvoll erlebte Natur scheint ein Ur-Motiv für das Tanzen zu sein. Fühlte der magische Mensch sich von der Gefahr der äußeren Natur (Naturgewalten, Tierwelt) bedrängt, so erfuhr der mythische Mensch die gefährliche Bedrohung durch die innere Natur, das Schattenhafte seiner Seele. In der magischen und mythischen Welt werden, wegen der Ichlosigkeit und Wirhaftigkeit, die angstbezogenen Situationen im Gruppenverband bewältigt. Die Angst der Gruppe wird gebannt und damit auch der einzelne Mensch befreit. In der mentalen Struktur der Menschheitsgeschichte ist das Individuum ichhaft, vom Willen geleitet und von der Gemeinschaft isoliert. Nicht das magische Gebet, noch der mythische Wunsch verspricht ihm die Erfüllung seiner Befreiungsversuche von der Angst. Wenn keine Bitte mehr erhört und kein Wunschtraum mehr erfüllt wird, muß der Wille erwirken und erreichen.

In den ausgewählten Beispielen aus der Welt des Bühnentanzes wird auf die eben benannten Bewußtheitsformen zurückgegriffen. Der Text von WIGMANs „Hexentanz" liest sich wie ein magischer, der Text von GRAHAMs „Errand into the Maze" wie ein mythischer Bewältigungsversuch der Angst. Beide Kompositionen vermitteln die Einsicht, „daß Angst ein erstes Motiv dafür gibt, sich unter dem Zwang einer bestimmten Situation mit dem Anderen zu identifizieren" (zur LIPPE 1988, 105). WIGMAN identifiziert sich mit dem dämonischen Gefühl, GRAHAM mit der labyrinthischen Erfahrung. Beide verbinden auf ihre Weise Gefühl und Erfahrung mit dem ausgeprägten Form-Willen, das vital-erlebte und psychisch-imaginierte Material durch bewußte räumlich-zeitlich-dynamische Gestaltung kompositorisch zu bewältigen. Der Körper wird zum Instrument der persönlichen, zeitgemäßen und überpersönlichen Botschaft. Wie vermittelt sich dieses Erbe des modernen Tanzes in der Kunst des Tanztheaters?

In Pina BAUSCHs „Victor" offenbart sich – auf den ersten Blick-kein ‚Ich' in seiner Angst und Not. Vielmehr zeigt sich ein Szenario aus ‚Rollenträgern': Totengräber, Standesbeamte, Brandstifter, Schreiner, Schuster, Auktionäre und Nummern-Girls verrichten ihre Arbeit. Wer erlebt Des-Orientierung, Angst und Irritation? Nicht die Tänzer/innen, die ihre Aktionen scheinbar emotionsfrei vorführen, sondern der/die Zuschauer/in. Weder die ‚armlose' Frau im roten Kleid, noch die leblosen Vermählten, noch die zum Wasserspeier degradierte Frau transformieren ihr Leid in ein Aufbegehren, eine Auseinandersetzung. Eine Wandlung gibt es nicht auf der Bühne, weil es keine Charaktere gibt, die sich auf den Weg der Veränderung begeben: keine Arbeit an sich und an der Welt? Das Tanztheater kann keine Utopien verkörpern, vorleben. Die Gefahren für die Menschheit in der zweiten Hälfte des 20. Jahrhunderts erlauben keine optimistischen Versprechungen mehr. Das individuelle Leiden ist als gesellschaftlich übermitteltes entlarvt. Das Bühnengeschehen fordert das Publikum mehr denn je zuvor auf, sich mit Problemen und Mißständen zu konfrontieren. Die Brüchigkeit der gesellschaftlichen Moral, die Fragwürdigkeit der künstlerischen Mittel des bürgerlichen Theaters und des Bühnentanzes spiegelt sich im Tanztheater in Stilmitteln der Brüche: statt musikalischer Ganzheiten nur musikalische Fragmente, Verzerrungen, Collagen; statt wandlungsfähiger Charaktere und Handlungsträger nur Rollenträger und ‚Funktionäre'; statt Geschichten und Handlungsbögen nur Stimmungsbilder, Einzelaktionen und lose geflochtene Handlungsfäden.

Trotz aller dramaturgischen Abweichungen und kompositorischen Reformen bleibt ein Erbe spürbar: die Sehnsucht nach Ehrlichkeit und *Authentizität*. Die Wirkung von archetypischen Energien geht dabei nicht verloren. Alle symbolischen Bilder können gegensätzliche Wirkungen erzeugen, aber einen emotionalen Gehalt transportieren sie auch bei scheinbarer Fühllosigkeit und Gleichgültigkeit. Die zeitgeschichtliche Überformung der Archetypen deutet sich im modernen Tanztheater an: Die Ursituationen wie Liebe, Haß, Macht, Schuld, Verrat, Einsamkeit werden fließbandartig vorgeführt, teilweise in nicht endenwollenden Kreistänzen oder dramatischen Diagonalen. Die Suche nach Sinn wird jedem einzelnen Zuschauer selbst überlassen. Es gilt nun die Einsicht zu vermitteln, daß die Arbeit an sich selbst eine politische ist. Die ‚neue Mythologie' im Tanztheater ist „in seinen positiven Impulsen als Verständigungsprozeß über die anstehenden Inhalte des zeitgeschichtlichen kollektiven Unbewußten" (EVERS 1987, 231) zu verstehen. In der gegenwärtigen Tanztheater-Kunst wird der Mythos des Einzelnen lebendig, ein gebrochener Mythos, der eben durch die Arbeit an Brüchen heilsam wirkt. Der Mythos des Kollektivmenschen ist endgültig verloren gegangen und eine Wiederbelebung ist – wie der Mißbrauch durch den Nationalsozialismus zeigt – ein Weg in die entmenschlichende Vermassung. Und so erscheint der zuvor beschriebene Trauertanz von Helene Pikon in seiner Doppeldeutigkeit von Einsamkeit und Gemeinsamkeit, von Todesahnung und Lebenskraft als eine symbolische Präsentation jener politischen Lebens- und Welterfahrung, die Angst erzeugt und gleichzeitig zur Selbstbefreiung ermutigt.

8. Wirkungsfeld: Tanz-Pädagogik

8.1. Tanzphilosophie, -theorie und -pädagogik nach Rudolf von LABAN

8.1.1. Tanzphilosophie

Die Sehnsucht nach ganzheitlichem Erleben, nach Selbst-Entfaltung und Selbstbefreiung durch Tanz, die im Kapitel 7.2. untersucht wurde, muß selbstverständlich auch im Gesamtkontext künstlerischer Bestrebungen und Umorientierungen zu Beginn des 20. Jahrhunderts gesehen werden, die insgesamt „den Schock des Neuen" zum „Schlüsselwort der Zeit" erhoben (SORELL 1985, 311):

> „Zweifellos stand der Beginn des Jahrhunderts schon im Zeichen der geistig-künstlerischen Revolte" (SORELL 1985, 312).

Georges BRAQUE und Pablo PICASSO malten zerrissene und zerwürfelte Gesichter und schufen den später als Kubismus bezeichneten Stil; Arnold SCHÖNBERG begann, atonale Musik zu komponieren und Paul KLEE „assoziierte Musik mit Farbe, Form und Poesie" (SORELL 1985, 311). Der Kulturanthropologe Walter SORELL bespricht KLEEs Bilder als „Graphik-gewordene-Lyrik musikalischer Rhythmen" und reflektiert somit exemplarisch die Tendenz zur Polyästhetik im Sinne von Grenzüberschreitung und Synthese verschiedener Kunstsparten.

Zeitgleich zu FREUDs und JUNGs Erforschung des Unbewußten, die darauf abzielte, das Geheimnis des Selbst zu entschlüsseln und neue therapeutische Wege aufzuzeigen, wurde also auch die Kunst zum Mittel der Selbst-Erforschung und des Selbst-Ausdrucks (vgl. SORELL 1985, 314ff.).

Der Künstler Rudolf von LABAN (1879 in Preßburg geboren und 1958 in London gestorben), der sein Leben eben diesem Verständnis von Kunst gewidmet hat, wurde 1910 in München seßhaft, wo er zunächst seinen Lebensunterhalt als Maler und Illustrator verdiente. In der Stadt München, einer Metropole der Jugendstil-Epoche, in der führende Vertreter der Rhythmusbewegung, wie Rudolf BODE und Ludwig KLAGES, lebten, ließ er sich von Tanzaufführungen inspirieren und begeistern und setzte sich mit zunehmender Intensität mit den Methoden von Jaques DALCROZE, Rudolf BODE und Bess MENSENDIECK auseinander. In Münchens Theresienstraße begann er in einem kleinen Studio mit seinen Schüler(inne)n seine eigenen Ideen zur rhythmischen Gymnastik und zur *Tanzimprovisation* zu erproben und zu entwickeln.

Den Sommer 1913 verbrachte er mit seiner Tanzgruppe auf dem Monte Verità bei Ascona, der zu der damaligen Zeit als „Sammelpunkt von Anhängern neuer Lehren und Lebensformen" galt (MERZ 1985, 33). Während des ersten Weltkrieges blieb der „Pazifist und Internationalist" LABAN (GÜNTHER 1980, 591) gemeinsam mit Mary WIGMAN in der Schweiz. Nach Helmut GÜNTHER (1980, 591) bestand LABANs größtes Verdienst in den 20er Jahren in der Gründung einer großen Laientanzbewegung:

„Die Bewegungschöre waren Labans Beitrag zur damaligen deutschen Arbeiterkultur"[1] (GÜNTHER 1980, 591).

LABAN wurde neben seiner Karriere als Tänzer und Choreograph zum bedeutendsten Bewegungsforscher, Tanztheoretiker, Tanzphilosophen und -pädagogen des 20. Jahrhunderts (vgl. SORELL 1969, 181 und PERROTTET 1976, 26). Die von ihm unternommene Bewegungs- und Tanzforschung und die daraus resultierenden Veröffentlichungen sollten dazu dienen, eine Tanzwissenschaft zu schaffen, die das Phänomen Tanz sowohl in seiner pädagogisch-psychologischen, seiner künstlerischen als auch gesellschaftlichen Dimension und Bedeutung erfaßte.

„Tänzerische Erziehung, Tanzkunstwerk und tanzkulturelles Leben sind die Wirkformen des Tanzes" (LABAN 1922, 37).

Für alle drei Wirkungsformen des Tanzes gilt das Bemühen, die „Hypertrophie des Verstandes" (BÖHM 1925, 128) zugunsten eines ganzheitlichen Erlebens und Handelns einzudämmen. Der Tanz im Rahmen der Pädagogik diene vor allem der Förderung von Kreativität (s. Kap. 8.1.3.). Den Tanz in seiner vielgestaltigen Wirkung zu erforschen und darüber hinaus seinen Stellenwert in Erziehung, Kunst und Gesellschaft zu legitimieren und zu etablieren, war das erklärte Ziel von Rudolf von LABAN, das er sein Leben lang verfolgte. Überzeugt von der individuellen und sozialen Bedeutung von Ritualen, verglich er diese mit den Funktionen von Kunst und leitete daraus Aufgaben für eine zukünftige Tanzwissenschaft ab:

> „Gleichgültig ob Riten der Geburt, der Liebe, des Opfers und des Todes, des Kampfes, immer dienten sie der gleichzeitigen Erziehung des Einzelnen und der Gesamtheit derer, die sich zum Ritual vereinten" (LABAN 1922, 54).

An dieser Stelle ist es bedeutsam festzuhalten, daß LABANs Tanzphilosophie von zwei Prämissen ausgeht:

1. Jeder Mensch trägt den Tänzer in sich (vgl. LABAN 1922, 42) und
2. der Tanz dient als Mittel der Persönlichkeitsentfaltung, worunter LABAN (vgl. 1922, 1981) die Entwicklung zur Ganzheit verstand:

> „Tänzer ist mir jener neue Mensch, der seine Bewußtheit nicht einseitig aus den Brutalitäten des Denkens, des Gefühls oder des Wollens schöpft. Es ist jener Mensch, der klaren Verstand, tiefes Empfinden und starkes Wollen zu einem harmonisch ausgeglichenen und in den Wechselbeziehungen seiner Teile dennoch beweglichen Ganzen bewußt zu verweben trachtet" (LABAN 1922, 3).

Über die Entwicklung tänzerischer Wahrnehmung, die für das Spannungsgefälle zwischen Innen- und Außenwelt sensibilisiert, kann jeder Mensch den Tanz als körperlich-seelisch-geistige Bewegung und Bewegtheit erleben und dadurch zum *Selbstausdruck* fähig werden:

> „Tänzerisch begabt ist, wer Eindrücke der Umwelt in körperlich-seelisch-geistiges Spannungsgefühl umsetzt" (LABAN 1922, 21).

LABANs (1922, 22 f.) Bild vom Menschen ist dadurch charakterisiert, daß der Mensch zur Vollbewußtheit fähig ist. Diese *Vollbewußtheit* umfaßt die Einheit von verstandesmäßiger und gefühlsmäßiger Teilerkenntnis. Das Selbst- und Weltverständnis und die

Selbst- und Welterfahrung bleiben unvollständig, rudimentär und einseitig, wenn der Mensch nur Teilkräfte der Psyche verwirklicht und nicht die *Ganzheit* anstrebt.

„Kein Mensch vermag nur durch den Verstand oder nur durch Empfinden oder Gefühl dem wahren Sinn der Dinge nahezukommen. Ist aber Körper, Seele und Geist in gleicher Weise dem Eindruck entgegengespannt, so entsteht in unserer Wahrnehmung eine Gewißheit über die Dinge der Welt, die hoch über dem trügerischen Schein steht, den die Natur den einzelnen Teilzentren unserer Psyche bietet. Daher das vergebliche Bemühen, durch abstraktes Denken und andere Teilbesonderheiten unseres Ichs das Wesen der Welt zu erfassen. Es ist nicht die Natur, die uns betrügt, wenn wir nach Entfaltung aller denkerisch-logischen Kräfte, aller Empfindsamkeit und aller Gemütstiefe vor einem Rätsel stehen. Ebenso ist es nicht die Natur, die trügt, wenn unser Gemüt in der Aufwallung seiner Kräfte ein Ding oder Geschehen beurteilt, welches Urteil vom nachprüfenden Verstand als falsch befunden wird. Es ist unsere unvollkommene Einstellung, durch die uns nicht Klarheit werden kann. Mit nur einer Teilkraft unseres Wesens können wir auch nur einen Bruchteil des Betrachteten erfassen" (LABAN 1922, 22).

Hiermit spricht LABAN eine Unterteilung der Psyche an, die sich in der JUNGschen Terminologie wiederfinden läßt. Nach JUNG (GW 8, 1971, 141 ff.) gelangt der Mensch nur dann zur vollen Entfaltung des Bewußtseins, wenn er alle vier Teilbereiche und *Teilfunktionen der Psyche* gleichermaßen einsetzt. Das Bewußtsein als ein Orientierungsorgan in einer Welt äußerer und innerer Gegebenheiten besteht aus den Teilfunktionen Empfinden, Denken, Fühlen, Intuieren. Die Wahrnehmungsfähigkeit wird als Fähigkeit zur *Empfindung* bezeichnet, während das *Denken* die Fähigkeit zur Deutung des Wahrgenommenen meint. Das *Fühlen* ist eine Wertfunktion, die das Objekt der Wahrnehmung nach Lust- und Unlustgefühlen unterscheidet.

Eine vollkommene Bewußtwerdung ist jedoch ein schöpferischer Prozeß, der mehr als die Reproduktion der äußeren Wahrnehmungswelt und der Erinnerungsspuren umfaßt (vgl. FREY-ROHN 1969, 164); hierzu bedarf es der vierten Teilfunktion, der *Intuition*. Diese wird von JUNG wie folgt charakterisiert:

„Diese ist eine Wahrnehmungsfunktion, welche das Sublimale erfaßt, nämlich die mögliche Beziehung zu Objekten, die nicht im Blickfeld erscheinen, und die möglichen Wandlungen in Vergangenheit und Zukunft, über welche das Objekt keine Aussagen macht. Intuition ist ein unmittelbares Innewerden von Zusammenhängen, welche von den drei anderen Funktionen im Moment der Orientierung nicht festgestellt werden können" (JUNG, GW 8, 1971, 143).

Diese vier Teilfunktionen der Psyche sind in jedem Individuum unterschiedlich stark ausgeprägt, zum Teil dominiert eine Funktion, die von einer Hilfsfunktion gestützt wird. Diese stärker entwickelte Funktion prägt in besonderer Weise die Gesamtmentalität einer Persönlichkeit. Auf Grund dieser empirisch erfaßten Unterschiedlichkeit nimmt JUNG eine Typenbildung vor:

„Aus dem Vorherrschen einer Funktion entstehen *typische Dispositionen*, die man als Denk-, Gefühls- usw. -Typen bezeichnen kann" (JUNG, GW 8, 1971, 143).

Die Entfaltung des Selbst umfaßt eine gleichzeitige Stärkung und Vervollkommnung aller vier Funktionen, das heißt die *Überwindung der Gegensätze* zwischen Denken und Fühlen, bzw. Empfinden und Intuieren.

In diesem Punkt scheinen sich JUNG und LABAN gedanklich zu berühren. Die volle Entwicklung der vier Teilbereiche der Psyche bezeichnet LABAN als Vollbewußtheit. Um das Wesen der Welt und des Selbst erfassen zu können, muß sich das Individuum aller vier Teilzentren der Psyche bedienen (vgl. LABAN 1922, 22). Des weiteren fördert diese Vollbewußtheit als Quaternität des Erkennens auch das Vollerleben, das auf Bejahung des Lebens abzielt.

Einseitige Verstandestätigkeit, wie sie unter anderem in der wissenschaftlichen Forschung gepflegt wird, steht in der Gefahr zur Verknöcherung und Erstarrung, die beim Individuum zu Zweifel und Freudlosigkeit führen können. Einseitige Gemütserkenntnis zeitigt die Schwächung lebendiger Kraft und Klarheit, einseitige Willenserkenntnis fördert Brutalität (vgl. LABAN 1922, 23).

Diesen einseitigen Erkenntnisformen und ihren psychischen Konsequenzen stellte LABAN (1922, 81) den Tanz als eine „Synthese alles Wollens – Fühlens – Wissens" gegenüber. Über die vierte Funktion des Intuierens, bzw. der Phantasie äußert sich LABAN (1922, 98) folgendermaßen:

> „Eine märchenhafte Eigenwelt von Spannungen, deren Sammelname Phantasie ist, entsteht aus den *erfahrenen und erahnten Eindrücken* (Hervorheb. M. P.-B.). Die Gebärdenkraft – in sich aktiv und elastisch, männlich und weiblich zugleich, seit Urzeiten im androgynen Gott symbolisiert – schafft die tausendfältigen Rhythmen dieses geheimnisvollen Festes, das Urbild des Tanzes."

Der Begriff der Phantasie umfaßt – ebenso wie der JUNGsche Begriff der Intuition – ein Erkennen und Verarbeiten von Reizen über die im Körper gespeicherten Ur-Erfahrungen, die eine Brücke schlagen zwischen Vergangenheit und Zukunft, zwischen individueller Biographie und Menschheitsgeschichte.

Diese enge Verwobenheit von Körpergedächtnis und Intuition, die bei LABAN nicht eingehend untersucht wird, erfährt in Rudolf zur LIPPEs (1987, 456) Ausführungen über die „Gesuchte Authentizität" eine weiterreichende Erläuterung:

> „Im asiatischen Osten versenken sich Yogis tief in die eigene Lebensgeschichte und tauchen daraus wieder auf voller Bilder der frühesten Entwicklung ihres Lebens. Was gewisse chemische Drogen, wie das LSD, durch allgemeine Enthemmung, Entortung und Entzeitung erneutem Erleben zuführen, können meditative Praktiken anders zugänglich machen. Sie konzentrieren ihr Sein *und* Bewußtsein in die leiblichen Spuren tiefster Erlebnisse hinein" (zur LIPPE 1987, 456).

Die hier angesprochenen Körpererinnerungen, die durch meditative Praktiken oder leibtherapeutische Verfahren noch einmal erlebt und verarbeitend erfahren werden, können „traumatischer wie begnadender Art" sein (zur LIPPE 1987, 456). Intuitive Fähigkeiten können sich in ekstatischen Momenten entfalten:

> „In der Ekstase kann sich dagegen ein tief überzeugender Ausdruck ereignen, der aber nicht diesen Menschen eigen ist: religiöse Visionen. Trancezustände im alles erfassenden Tanz. Weissagungen im Rausch. Welteinssein in der Selbstaufgabe" (zur LIPPE 1987, 458).

LABAN unterstreicht die Bedeutung der Phantasie und Intuition für die umfassende Persönlichkeitsbildung im und durch Tanz:

„Tanz muß unserer bedeutendsten menschlichen Eigenschaft, der Phantasie, Nahrung und Ausdruck bleiben, und darf nicht den Verstand oder einem sonstigen Teilwirken des Ichs dienstbar werden" (LABAN 1922, 98).

Die tanzphilosophischen Ansätze LABANs, die dem Erziehungskonzept des „Freien Tanzes" (s. Kap. 8.1.3.) zugrunde liegen, thematisieren den Tanz als Mittel zur Entfaltung von Ganzheitlichkeit. Die Segmentierung von Körper, Verstand und Gefühl in unserer intellektualisierten Welt[2] können im Tanz aufgehoben und in einer Verschmelzung innerer und äußerer Eindrucks- und Ausdrucksspannungen überwunden werden:

„Die Bewußtheit des Einzelnen fällt mit der Bewußtheit des ganzen Kosmos zusammen" (LABAN 1922, 57).

Es bleibt jedoch zu hinterfragen, ob in dieser Philosophie nicht ein rückwärtsgewandter Aspekt verborgen liegt, eine Sehnsucht nach archaisch-kosmischen Bezügen, die unwiederbringlich verloren gegangen sind. Die Sehnsucht nach archaischer All-Bezogenheit ist nicht nur fragwürdig, sondern auch gefährlich. In Weihespielen und Naturreigen sollte das magische Wir-Gefühl wiedererlangt werden. Diese Ideen einer kultischen Gemeinschaft fanden in den 1936 inszenierten Tanzfestspielen anläßlich der Olympischen Spiele in Berlin eine katastrophale Verwirklichung. Auch LABAN hatte sich bereit erklärt, eine Choreographie „Vom Tauwind und der neuen Freude" zu erarbeiten, die von 1000 Tänzer(inne)n uraufgeführt werden sollte. Bei den letzten Proben wurde diese Komposition jedoch von Joseph Goebbels als zu intellektuell und deshalb mißliebig bewertet und kurzfristig verboten.

Erst wenn eine gemeinschaftsfördernde Idee, wie sie LABAN mit seinem Konzept der Festkultur vertrat, mit der Entfaltung und Stabilisierung des Ichbewußtseins der einzelnen Gruppenteilnehmer verbunden ist, wenn kritische Einstellungen ebenso wie soziales Verantwortungsgefühl gefördert wird, kann eine Gemeinschaftsbildung als ganzheitlich bezeichnet werden. Die Förderung individueller Kritik- und Urteilsfähigkeit, der in LABANs philosophischen und pädagogischen Gedankengängen kein zentraler Stel-

153

lenwert beigemessen wird, wird erst in einer 50 Jahre später entwickelten Konzeption, nämlich der ästhetischen Erziehung, eine große Bedeutung zukommen (s. Kap. 8.1.3.).

Das Erkennen von Spannungsgesetzen im Tanz kann die Bewußtheit fördern, wenn LABANs Vorstellungen dahingehend erweitert werden, daß innere und äußere Natur sinnlich-tänzerisch-reflexiv wiederangeeignet werden.

8.1.2. Tanztheorie

LABANs Bewegungsanalysen lassen sich in drei Theorieansätze untergliedern:
– Labanotation
– Raumharmonienlehre
– Antriebslehre.

Seine Antriebslehre, die vor allem auf den Konzepten der Polarität und Quaternität aufgebaut ist und zur Unterscheidung von acht Bewegungsarchetypen führt, ist für den hier bearbeiteten Problemzusammenhang von Tanz und Selbst-Verwirklichung von besonderem Wert. Es sollen jedoch auch die anderen beiden Teile der Bewegungsanalyse vorgestellt werden, um aufzuzeigen, daß LABAN einen integralen Ansatz im Sinne GEBSERs entwickelt hat, das heißt, daß LABAN aperspektivische Ansätze erarbeitet hat.

Folgende Kriterien für die Aperspektivität werden von LABANs Theorie erfüllt:
– Die Dualität wird überwunden zugunsten des grundlegenden Gedankens von der Polarität (s. Kap. 8.2.3.): Die Bewegung lebt aus polaren Bindungen, bezogen auf An- und Abspannung, Aus- und Einatmung, Physiologie und Psychologie.
– Die Objektivierung von Raum wird überwunden durch die Vierdimensionalität: Die Quaternität der Bewegungsfaktoren (Raum, Schwerkraft, Zeit, Fluß) wird in Zusammenhang gebracht mit der inneren Teilnahme (Aufmerksamkeit, Absicht, Entscheidung, Genauigkeit) und deren Wirkung auf das menschliche Denken, Spüren, Schauen (Intuieren) und Fühlen (vgl. LABAN 1988, 124).

- Intensitäten: Der Zugang zu tieferen Bewußtseinsschichten ist verknüpft mit dem Körper- und Bewegungsgefühl (vgl. LABAN 1988, 152). Der dynamische Faktor basiert auf der Betrachtung von Zeit als subjektiver Zeit und des Raums als subjektivem Raum im Spannungsfeld zum objektiven Raum. Jedes Antriebselement kann in vier Intensitäten erscheinen (LABAN 1988, 158).

Während JUNGs Fokus auf die Entwicklung der Persönlichkeit durch die Erweiterung von Teilfunktionen der Psyche (Denken, Intuieren, Fühlen, Wahrnehmen) und die Integration des Unbewußten gerichtet ist, hängt nach Meinung LABANs (1988, 111) die Entwicklung der Persönlichkeit von der Erweiterung der Antriebsskala ab. Parallelen in den Gedankengängen zur Selbst-Verwirklichung ergeben sich in dem Moment, wo man die Entsprechungen zwischen deren Konzepten erkennt und die gemeinsame Orientierung an einem schöpferischen Lebensstil (s. Kap. 8.2.3.).

Die *Labanotation* oder ‚Kinetographie Laban' ist eine Bewegungsschrift, durch die – vergleichbar mit der Musiknoten-Schrift – Bewegungen durch eine Serie von grafischen Symbolen veranschaulicht werden (vgl. PERROTTET 1976, 21). Diese von LABAN erstmals 1926 veröffentlichte Bewegungs- und Tanzschrift ist aus zwei Gründen erwähnenswert:

- Sie findet ihre Anwendung nicht nur in der Aufzeichnung von Tänzen zur Erhaltung und Überlieferung großer Tanzwerke für die Nachwelt und zur systematischen Zusammenstellung der Bewegungen des klassischen Tanzes, wie auch bestimmter Sportarten, beispielsweise des Schwimmens (vgl. PERROTTET 1976, 23).
- Ihr zweites Anwendungsfeld, die Bewegungsanalyse, hat ihre größte Bedeutung im Rahmen der Therapie erlangt (s. Kap. 8.2.3. und 9.2.). Des weiteren verwenden hauptamtlich als Schriftexperten arbeitende Kinetographen diese Labanotation an Theatern, Schulen und in der Industrie. Diese breitgefächerte Verwendung der *Kinetographie LABAN* ist darauf zurückzuführen, daß „die universelle Grundkonzeption" dieses Schriftsystems vor allem auch „psycho-somatische Bewegungs-Anschauung in sich

schließt" (PERROTTET 1976, 22). LABAN untersuchte demnach die physiologischen und psychologischen Aspekte menschlicher Bewegung.

In LABANs (1979) *Raumharmonienlehre* werden die Spannungsverhältnisse zwischen dem subjektiven und objektiven Raum reflektiert und Bewegungsgesetze und gesetzmäßige Rhythmen von Bewegungsmöglichkeiten des menschlichen Körpers untersucht. Dabei betrachtet LABAN den menschlichen Körper als ein sich im Spannungsfeld des Raumes bewegendes Ganzes, als *Raumgestalt*, die fortwährend in Interaktion mit dem „allgemeinen" Raum steht. Der persönliche Umraum, die „Kinesphäre" (LABAN 1981, 100 ff.), entspricht einer Kugel, „deren Umkreis man mit normal ausgestreckten Gliedmaßen ohne Veränderung des Standortes – also des Ortes, auf dem das Körpergewicht ruht – erreichen kann". Diese Bewegungskugel bildet somit eine „Hülle", die der Mensch um sich herum trägt. Im Sprung zum Beispiel hebt sie vom Boden ab, in der Drehung vollzieht sie auf die äußere Umgebung bezogen eine Frontveränderung (vgl. LABAN 1981, 107).

Abb. 2: Die Kinesphäre
(LANG/SCHMIDT 1986, 7)

In seinem Studium der „Architektur des menschlichen Körpers in Relation zu den räumlichen Strukturen der Kinesphäre" (LANG/SCHMIDT 1986, 7) entwickelte LABAN „Schwungskalen", die ein-, zwei- und dreidimensionale Bewegungen und damit unterschiedliche Körper-Raum-Spannungsverhältnisse umfaßten. Zum besseren Verständnis dieser Körper-Raum-Spannungsverhältnisse müssen jedoch zunächst die Raumeinteilungen LABANs (1981, 101 ff.) erläutert werden: Die sechs Grundrichtungen (hoch, tief; rechts, links; vor, rück) bilden das *Dimensionalkreuz* (s. Kap. 10.2.) des sich Bewegenden.

„Bezogen auf unseren Körper haben wir das Gefühl, daß diese Richtungen und Gegenrichtungen von der Mitte unserer Kinesphäre, dem Schnittpunkt der drei Dimensionen, ausstrahlen" (LABAN 1981, 101).

Wird dieses Dimensionalkreuz einer Kinesphäre in einen imaginären Würfel gestellt, so daß der Mittelpunkt des Kubus mit dem Schnittpunkt des Kreuzes und dem *Zentrum des Körpers* zusammenfällt, dann werden die sechs Grundrichtungen ergänzt durch die acht Diagonalrichtungen, die zu den Würfelecken verlaufen. Weitere zwölf Richtungen ergeben sich durch die sechs ‚Diametralen', die sich ebenfalls im Zentrum der Kinesphäre kreuzen, aber die Kubuskanten halbieren:

„Das Dimensionalkreuz strahlt vom Körpermittelpunkt in die Mitte der einzelnen Kubusflächen aus. Die vier Raumdiagonalen verbinden die gegenüberliegenden Eckpunkte des Kubus miteinander. Die sechs Diametralen führen zu den Kanten des Kubus und halbieren sie. Alle daraus entstehenden 26 Raumrichtungen strahlen vom Zentrum Z aus, welches der 27. Orientierungspunkt ist" (LABAN 1981, 102).

Zur Veranschaulichung dient folgende grafische Abbildung (Abb. 3, LABAN 1981, 51):

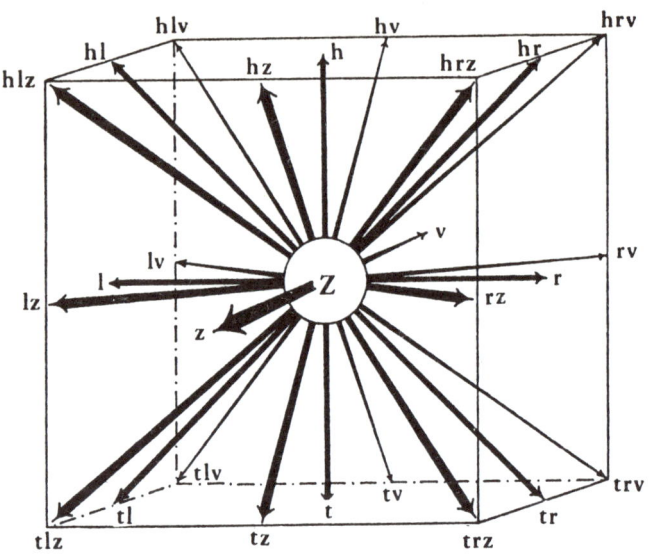

Abb. 3: Die Orientierung im Raum (LABAN 1981, 51)

h=hoch	hr=hoch-rechts	hrv=hoch-rechts-vor
t=tief	tz=tief-zurück	tlz=tief-links-zurück
l=links	lv=links-vor	hlv=hoch-links-vor
r=rechts	tr=tief-rechts	trz=tief-rechts-zurück
z=zurück	hz=hoch-zurück	hlz=hoch-links-zurück
v=vor	rv=rechts-vor	trv=tief-rechts-vor
	tl=tief-links	hrz=hoch-rechts-zurück
	hv=hoch-vor	tlv=tief-links-vor
	rz=rechts-zurück	
	hl=hoch-links	
	tv=tief-vor	
Z=Zentrum	lz=links-zurück	

Raumharmonische Bewegungssequenzen ergeben sich aufgrund bewußter Verbindungen dieser 27 Punkte, welche LABAN in sogenannten *Schwungskalen* üben und verinnerlichen ließ.

Besonders grundlegend waren die zwölf Schwünge der A- und B-Skala, die die vierundzwanzig Richtungen innerhalb des Ikosaeders (Abb. 4 und 5) verbanden (vgl. SNELL-FRIEDBURG 1979, 16).

158

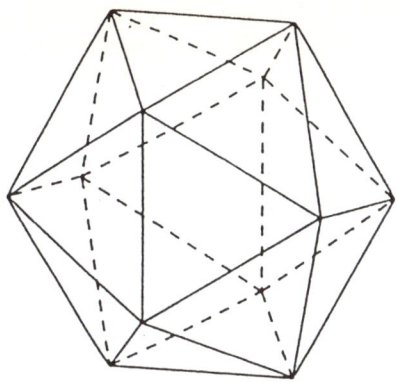

Abb. 4: Der Ikosaeder

Abb. 5: Der Ikosaeder als tänzerischer Raum (PETERS 1979, 5)

Nach LABAN (1981, 109) wird jede Bewegung durch zwei Faktoren geprägt: durch die im Raum geschaffene Raumform und durch die für die Bewegung beanspruchte Zeitspanne.

Diese Raum-Zeit-Gestalten sind aufs Engste mit der Dynamik verflochten, also mit wechselnden Spannungsgraden. Durch Muskelan- und -abspannung und Akzentuierungen entstehen deutliche Bewegungsrhythmen.

Mit jeder Bewegung werden räumliche Formen gebildet, deren Grundmuster gerade oder kurvig sind. Diese Raumlinienführung des Körpers erzeugt durch die unterschiedlichen Eigenschaften der gradlinigen, kurvigen oder spiraligen Wege sehr differente „Körper-Raum-Spannungsverhältnisse, die zwischen den Extremen der Stabilität = des Zentrierens und der Labilität = des Dezentrierens stattfinden" (LANG/SCHMIDT 1986, 7). Die Haupteigenschaft der Diagonalen besteht darin, daß sie labile, das heißt Bewegungen des Ungleichgewichts fördern, während die dimensionalen Achsen mit stabilen Bewegungen verbunden sind.

Wenn man die *Raumsymbolik* weitergehend untersucht, dann lassen sich folgende Zusammenhänge konstatieren:

- die Vertikal- oder Radebene stellt die ‚Aktionsebene' dar, auf welcher die meisten Alltagshandlungen vollzogen werden (z. B. das Gehen, Fahrradfahren, Händereichen, nach vorwärts streben oder nach rückwärts zurückziehen),

- die Horizontal- oder Tischebene kann als die ‚Kommunikationsebene' interpretiert werden, denn auf dieser Bewegungsebene teilt sich der Mensch seiner Außenwelt mit, indem er durch wechselnde Reichweiten, wie eng, mittel oder weit, differenzierten Kontakt oder Rückzug signalisieren kann,

- die Frontal- oder Türebene entspricht der Präsentationsebene, in welcher sich der Körper seiner Umwelt gegenüber öffnet oder verschließt.

Während die raumdynamischen Prozesse im Zentrum der Raumharmonienlehre stehen, bilden die bewegungsdynamischen Prozesse den Untersuchungsgegenstand der *Antriebslehre*. LABANs (vgl. 1981, 20) Konzept des Antriebs basiert auf der Erkenntnis, daß jede menschliche Tätigkeit, jede Bewegungshandlung *Ausdruck einer bewußten oder unbewußten inneren Einstellung* ist. In der Motion drückt sich eine Emotion aus, allgemeiner gesprochen, eine Entladung von Energie, die durch einen inneren Impuls ausgelöst wird.

Claude PERROTTET (1976, 27) betont in diesem Zusammenhang, daß LABANs dynamische Betrachtung die Gegensätze zwischen ‚Innen' und ‚Außen' konstruktiv überwindet und die Wechselwirkungen verstehbar macht:

„Durch die Bewegungen unseres Körpers können wir lernen, unser Inneres in Beziehung zur Außenwelt zu setzen. Wir empfangen Eindrükke von außen, auf die wir reagieren, und wir projizieren umgekehrt auch unsere spontanen inneren Impulse nach außen und bringen so die in uns lebendige Energie zum Ausdruck" (ULLMANN 1981, 125).

Diese „Polarisation" (PERROTTET 1976, 27) bedeutet des weiteren, daß eine geistige oder seelische Anstrengung ihre physische Komponente besitzt, und umgekehrt, daß eine physische Aktion ihren Niederschlag im geistigen und seelischen Leben findet (vgl. PERROTTET 1976, 39): wenn beispielsweise schwere körperliche Arbeit auch die Empfindungs- und Denkfähigkeit ermüdet, so belegt dies, daß der Antrieb den ganzen Menschen betrifft.

Den Ausgangspunkt für LABANs (1981, 28 f.) systematische Erforschung von Antriebsqualitäten bildeten seine Beobachtungen des Bewegungsverhaltens von Kleinstkindern. Das Stoßen der Beine und das Schlagen der Arme von der Körpermitte weg dienen instinktiv dem Zweck, aus der Körperhaltung der Embryozeit zu einer gestreckten Körperhaltung zu gelangen; auf einer tiefer liegenden Bedeutungsebene äußert sich schon in den ersten Aktivitäten das Bedürfnis zur Entwicklung grundlegender Antriebskräfte. Bezüglich der weiteren Entwicklungsstufen und der Entfaltung des Bewegungsrepertoirs sei auf LABAN (1981, 28 ff.) verwiesen, der seine Bewegungsbeobachtungen folgendermaßen zusammenfaßt:

„Die wachsende Vielfalt dieser Kräfte, ihre zunehmende Intensität und Verfeinerung sind Ausdruck der im Menschen lebendigen Energie. *Bewegungsantrieb* ist der gemeinsame Nenner für alle die Bestrebungen von Körper und Geist, die sich in der kindlichen Aktivität offenbaren" (LABAN 1981, 32).

Die Beobachtungspunkte des Analysesystems werden in folgender Gegenüberstellung veranschaulicht:

Bewegungs- faktoren	ankämpfende Einstellung	erspürende Einstellung
Kraft	fest/kraftvoll	zart/fein
Zeit	plötzlich/rasch	allmählich/andauernd
Raum	direkt/einstrebig	flexibel/vielstrebig
Fluß	gebunden/gehemmt	frei/gelöst

Durch Bewegungsbeobachtungen erkannte LABAN, daß der Mensch den Gegebenheiten der Schwerkraft, der Zeit, des Raumes und des Flusses unterworfen ist. Aus der inneren Einstellung zu diesen Bewegungsfaktoren (gegen sie ankämpfend oder sie erspürend) ergeben sich die unterschiedlichen Energiequalitäten einer Bewegung. Die polare Betrachtung von Körpertechniken findet ihre Entsprechung bei ROSCHER (1979, 29), der zwischen „meditativen" und „aggressiven Symbolen" in der Bewegungssprache unterscheidet:

> „*Tanzpädagogik* ist auf die bewußtseinserweiternde Transparenz expressiver und motorischer Körpertechniken bezogen, sie reflektiert die meditative wie aggressive Symbolsprache der Bewegung sowie alle einschlägigen historischen und modernen Phänomene von gesellschaftlicher Relevanz; ..." (ROSCHER 1970, 29).

Jede Antriebsqualität rangiert somit zwischen zwei Polen auf einem breiten Kontinuum von Möglichkeiten, jedoch lassen sich aufgrund der Kombinationsmöglichkeiten acht „Bewegungsarchetypen" (HOFFMAN 1984, 85) unterscheiden: die Antriebsaktionen ‚drücken', ‚stoßen', ‚wringen', ‚peitschen', ‚flattern', ‚schweben', ‚tupfen' und ‚gleiten' (vgl. LABAN 1981, 68 ff.). Durch die Ausführung mit variierenden Intensitätsgraden werden diese Archetypen weiter ausdifferenziert.

Die Abb. 6 veranschaulicht die Kombination der sechs Antriebsqualitäten (direkt/flexibel, plötzlich/allmählich, fest/zart) zu den acht elementaren Antriebsaktionen.

Zwischen diesen Antriebsaktionen sind fließende Übergänge möglich, wenn nur ein Antriebselement wechselt: beim Wechsel von drückender zu gleitender Bewegung ist ein harmonischer Übergang möglich, weil sich die innere Einstellung zur Schwerkraft ändert, nicht jedoch zu Zeit und Raum. Als Gegenbeispiel dazu dient der Vergleich zwischen Drücken und Flattern: sie sind bezüglich aller Einstellungen kontrastiv, somit kann es keinen harmonischen Übergang geben.

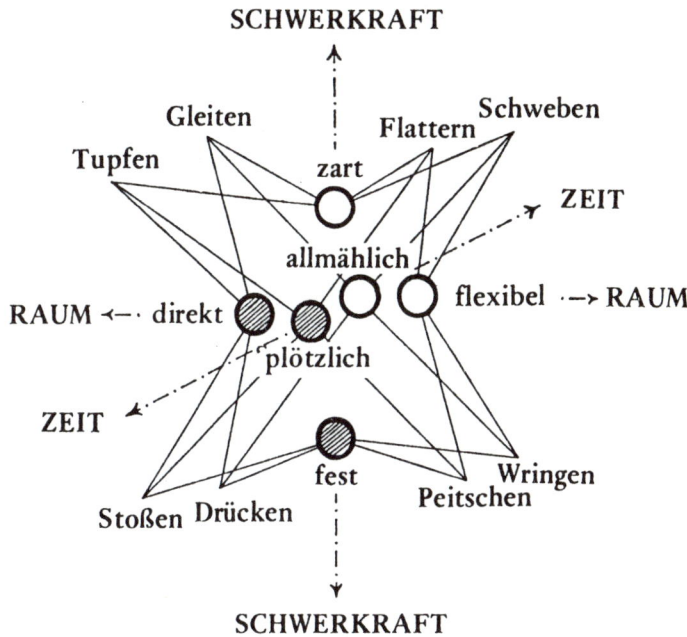

Abb. 6: Die sechs Elemente des Bewegungsantriebs und die acht elementaren Antriebsaktionen. Schraffierte Kreise zeigen die Elemente, die gegen die Bewegungsfaktoren Schwerkraft, Raum oder Zeit ankämpfen, weiße Kreise zeigen die Elemente, die sie erspüren (LABAN 1981, 50).

Die Analyse des Bewegungsantriebs oder Bewegungsimpulses, im englischen Sprachgebrauch als „Effort" (LABAN 1984) bezeichnet, und der Bewegungsausführung läßt aufgrund der komplexen Struktur der Antriebslehre vielfältige Rückschlüsse zu: auf die *Bewegungseffizienz*, den *Bewegungsausdruck* und die *Einschätzung der Persönlichkeit*.

„Das systematische Studium menschlichen Tuns und der ihm zugrunde liegenden Bewegungsantriebe gründet sich auf Untersuchungen der Beziehung zwischen Anspannung und Entspannung und der Rolle, die diese beiden wichtigen Aspekte der Aktivität für die Wirksamkeit, den ökonomischen Energieeinsatz und den Ablauf jeder Bewegung spielen" (LABAN 1981, 69).

Die Analyse des Bewegungsausdrucks führte zu der Erkenntnis, daß Menschen sehr unterschiedliche Grundtendenzen im Bewegungs- und Ausdrucksverhalten besitzen, Bewegungs- und Antriebsvorlieben, die Irmgard BARTENIEFF als „Bewegungspräferenzen" bezeichnet (vgl. LANG/SCHMIDT 1986, 7). LABAN (1981, 69) weist darauf hin, daß die Überbetonung mancher Aktionen die Ungezwungenheit und Beherrschung ihrer Bewegungen einschränkt, während das völlige Fehlen von bestimmten Antrieben sowohl das Spektrum des Bewegungsausdrucks einengt, als auch negative Auswirkungen auf das körperlich-seelisch-geistige Gleichgewicht ausübt:

„Ein derart gestörtes Gleichgewicht der Bewegungsantriebe mit seiner nachteiligen Auswirkung auf Leistungsvermögen und Wohlbefinden des Einzelnen und der Gemeinschaft ... kann nur durch jemand wiederhergestellt werden, der selbst am eigenen Leib das ganze Spektrum menschlicher Bewegungsimpulse erlebt hat und ausreichende Kenntnisse von ihrem natürlichen Zusammenwirken besitzt" (LABAN 1981, 69).

Die weiteren Ausführungen LABANs (vgl. 1981, 69) betonen nicht nur die ganzheitliche Sicht der menschlichen Bewegungs- und Ausdrucksprozesse, sondern leiten auch zum folgenden Gegenstand der Untersuchung über: zur Auseinandersetzung mit den Konzepten seiner pädagogisch-therapeutischen Absichten.

„Die elementaren Antriebsaktionen finden sich auch in jeder Form von seelischem oder intellektuellem Ausdruck, und die Projektion eines Impulses nach außen kann Aufschluß über einen inneren Zustand geben. Manche Menschen haben vielleicht einige der hier beschriebenen Bewegungsantriebe nie selbst körperlich oder geistig erfahren. Für sie wird es von Vorteil sein, ihr Verständnis und Erfassen von Bewegungen auf ein größeres Gebiet auszudehnen, um auf diese Weise auch menschliches Handeln besser begreifen und nachempfinden zu können, das von solchen Bewegungsimpulsen ausgelöst wird" (LABAN 1981, 69).

8.1.3. Der „Freie Tanz" nach LABAN

Im englischen Sprachraum findet der Begriff ‚Modern Educational Dance' seine Anwendung, im deutschen Sprachgebrauch wird LABANs Tanzkonzeption als ‚Freier Tanz' oder ‚Moderner Ausdruckstanz' bezeichnet.

Schon der Untertitel von LABANs (1981) Standardwerk „Der moderne Ausdruckstanz in der Erziehung" bestimmt die pädagogische Zielperspektive: „Einführung in die kreative tänzerische Bewegung als Mittel zur Entfaltung der Persönlichkeit". Aus der allgemeinen Zielsetzung, der *Förderung von Kreativität*, werden des weiteren kreative Anforderungen an Lehrer und Schüler gestellt. Diese beziehen sich nicht nur auf die kreativitätsfördernden Inhalte und Methoden des Tanzunterrichts, sondern auch auf den kreativen Umgang mit der Bewegungsanalyse. Kreativität umschließt die Inhalts- und Beziehungsebene.

Hieraus ergibt sich beispielsweise eine große Verantwortung des Lehrers hinsichtlich seiner Selbstwahrnehmung und Selbsteinschätzung. Seine Aufgabe besteht darin, sowohl seine eigenen *Antriebspräferenzen* zu kennen, als auch die Schüler genauestens zu beobachten, um daraus wertvolle Entscheidungshilfen für den Unterricht abzuleiten. Wenn der Lehrer seine eigenen dominanten Antriebsaktionen nicht kritisch reflektiert und auf Interaktionsprozesse im Unterricht bezieht, können Probleme vorprogrammiert sein, die nur schwer auflösbar sind. Hierzu ein Beispiel (vgl. LABAN 1981, 115): Besitzt ein Lehrer eine prägende Antriebskombination von Stoßen und Peitschen, die durch die ankämpfende Einstellung zu Zeit und Schwerkraft charakterisiert und typisch für einen unausgeglichenen Menschen mit einseitiger Erfahrung der Energiequalitäten ist, „dann ist eine häufig bei den Schülern zu beobachtende Reaktion, daß ihre spontanen Bewegungsantriebe verdrängt werden und sie sich mürrisch oder eingeschüchtert zeigen". Herrschen beim Lehrer dagegen „zaudernde und vorsichtige Bewegungen" vor, dann werden Schüler an der Selbstsicherheit des Lehrers zweifeln. Für diese und weitere Beispiele, die LABAN als mögliche Konfliktherde zwischen den Energiequalitäten des Lehrers und denen der Gruppe aufzeigt, gilt die allgemeine Feststellung:

"Kinder haben ein natürliches Wahrnehmungsvermögen für die Qualität von Antriebskräften und reagieren sehr schnell auf diese sichtbaren äußeren Zeichen für die innere Verfassung ihres Lehrers" (LABAN 1981, 115).

Es ist selbstverständlich, daß diese Zusammenhänge nicht nur für den Gymnastik-, Sport- und Tanzlehrer zutreffen, sondern auch für die "Lehrer der wissenschaftlichen Fächer" (LABAN 1981, 115) bedeutsam sind. Hiermit entwickelt LABAN Ansätze einer schüler-zentrierten Leib-Pädagogik und fordert die konsequente Beachtung der Zwischenkörperlichkeit. Das Verständnis für die in Antriebsaktionen zum Ausdruck kommenden geistigen Entsprechungen ist jedoch nicht nur angezeigt, um z. B. Motivations- und Interaktionsprobleme zu vermeiden, es dient vielmehr dem eigentlichen pädagogischen Selbstverständnis des Lehrers:

"In der künftigen Ausbildung von Pädagogen sollte sichergestellt sein, daß die Studenten für ihr Leben und ihren Beruf so vorbereitet werden, daß sie nicht allein nach intellektuellen Leistungen oder körperlichen Fertigkeiten streben. Vielmehr sollten sie die verschiedenartigen menschlichen Bewegungsantriebe wahrnehmen lernen, die der gemeinsame Nenner aller geistigen und körperlichen Aktivität sind, und sie für die Entwicklung ihrer Persönlichkeit in ein integriertes Ganzes nutzbar machen. Dann werden sie besser für ihre Aufgabe gerüstet sein, Kindern durch ein Verstehen von Bewegung – der Manifestation jeden Lebens – zu helfen, in sich selbst und in ihrer Beziehung zu anderen glücklich zu sein" (LABAN 1981, 115).

LABANs "Freier Tanz" zielt auf die Förderung und Ausdifferenzierung individueller Ausdrucksmittel ab. Dieser Ansatz von Tanz- und Bewegungspädagogik, der die Grundsätze der LABANschen Bewegungslehre, die Bewegungsprinzipien, hauptsächlich über die Tanzimprovisation sinnlich-erfahrbar vermittelt, vereint Erleben und Erkennen, *kreative Aktion und Reflexion*. LABAN betont dabei das Wechselspiel von Eindrucks- und Ausdrucksschulung und dringt erkenntnismäßig zu dem Gestaltkreis vor, der Wahrnehmen und Gestalten als Kreisprozeß ausweist. Nicht die Methode des Demonstrierens und Imitierens bestimmt den didaktischen Ansatz

LABANs, sondern das Experimentieren, Improvisieren als stärker prozeßorientiertes, denn produktorientiertes Bewegen und Handeln, das jeweils altersabhängige und mit dem Erfahrungshintergrund abgestimmte Freiräume bietet. Anstelle des herkömmlichen, in der Vermittlung von bestimmten Tanzstilen (speziell im Klassischen Ballett) genutzten ‚Exercise' (einer Zusammenstellung genormter Übungen) zur Technikschulung, hat LABAN Grund-Bewegungsthemen mit Vorschlägen zu Kombinationen und Variationen für Lehrer/innen bereitgestellt. Sie sollen jeweils als Hilfestellung, als Wegweiser verstanden werden, die jedoch die Lehrenden nicht von der Aufgabe und Verantwortung entbinden, ihren eigenen pädagogischen Weg zu suchen, um angemessen auf den Entwicklungs-, Leistungs- und Bedürfnisstand ihrer Schüler/innen, ihrer Zielgruppe einzugehen.

LABAN (1981, 43 ff.) thematisiert und spezifiziert elementare Grund-Themen (1-8), die für Kinder unter 11 Jahren geeignet sind und acht fortgeschrittene Themen (9-16), die an den Bedürfnissen von Kindern ab 11 Jahren ausgerichtet sind:

„1. Themen zum Körperbewußtsein
2. Themen zum Bewußtsein von Schwerkraft und Zeit
3. Themen zum Raumbewußtsein
4. Themen zum Bewußtsein des Flusses von Körpergewicht in Raum und Zeit
5. Themen zur Anpassung an einen oder mehrere Partner
6. Themen zum instrumentellen Gebrauch der Gliedmaßen
7. Themen zum Wahrnehmen einzelner Aktionen
8. Themen zu Arbeitsrhythmen
9. Themen zur räumlichen Gestaltung der Bewegung
10. Themen zu Kombinationen aus den acht Antriebsaktionen
11. Themen zur Orientierung im Raum
12. Themen zu Raumformen und Energiequalitäten mit Einsatz verschiedener Körperteile
13. Themen zur Elevation
14. Themen zum Wecken des Gruppengefühls
15. Themen zu Gruppenformationen
16. Themen zum Ausdrucks- und Stimmungsgehalt einer Bewegung."

Höchst bemerkenswert ist, daß LABAN didaktische Zielsetzungen, Inhalte und Methoden der Ästhetischen Erziehung, speziell der Tanzerziehung als Teilbereich der Ästhetischen Erziehung (vgl.

HASELBACH 1975; FRITSCH 1975 b; DREFKE 1975; PETER-BOLAENDER 1986 a, 1986 b, 1989, 1991 b) vorweggenommen hat. Die Ästhetische Erziehung jedoch verweist – im Unterschied zu LABAN – explizit auf den gesellschaftlich und politisch notwendigen Veränderungsprozeß, auf Humanisierung gesellschaftlicher Verhältnisse durch die Auseinandersetzung mit den Mitteln und Medien der Kunst.

Die Tänzerinnen, die Tanz mit den psychotherapeutischen Methoden JUNGs verbinden, nutzen Konzepte LABANs, aber erweitern sie um das Spektrum von Methoden, die einen direkten Kontakt zum Unbewußten ermöglichen und Methoden der medialen und verbalen Aufarbeitung von Erlebnissen, Erfahrungen und Konflikten. Klinische Tanztherapeutinnen (s. Kap. 9.2.) und Tanztherapeutinnen im Übergangsbereich zwischen Pädagogik und Therapie (s. Kap. 8.2.2.) eröffnen ein ganzes Spektrum von Arbeitsmodalitäten und Methoden, von Interventionen und Medien, von Diagnose- und Analyseverfahren.

8.2. Anwendungen und Weiterführungen von LABANs Konzeptionen

8.2.1. Überblick

LABANs Konzeption einer Tanzerziehung zur Menschenbildung und Persönlichkeitsentfaltung ist in der Nachkriegszeit in Deutschland nahezu in Vergessenheit geraten; dazu trugen sowohl Probleme mit der *Geschichtsbewältigung*[3] bei, wie auch die Tatsache, daß LABAN bereits 1938 nach England emigriert war. In England hingegen bildet noch heute der ‚Modern Educational Dance' nach LABAN eine bedeutende Grundlage sowohl für den Tanzunterricht in Schulen als auch für die universitäre Ausbildung in Tanzpädagogik und Tanztherapie am ‚Laban Centre for Movement and Dance at University of London Goldsmiths' College'.

Vielfältige Anwendung und Weiterführung findet LABANs Konzeption vor allem in den USA, wo unter anderem am ‚LABAN/

BARTENIEFF INSTITUTE for Movement Studies' in New York die Bewegungsforschung LABANs weiterentwickelt und eine Ausbildung für Tanzpädagogik und Bewegungsanalyse angeboten wird. In der Schweiz wurde die Tanzpädagogik von LABANs Mitarbeiterin Suzanne PERROTTET im Rahmen einer rhythmisch-gymnastischen Ausbildung für Laien und für den Bereich der Bewegungstherapie weiterentwickelt (vgl. MERZ 1985, 33; OBERMÜLLER 1981, 14-16). Ihr Enkel Claude PERROTTET leitet heute noch in Zürich ein Studio für Ausdruckstanz. Des weiteren wurde in der Schweiz die Tradition der LABANschen Konzeptionen durch einen weiteren Tänzer und Pädagogen, Sigurd LEEDER, fortgeführt, der in Herisau bis 1981 die ‚Sigurd Leeder School of Dance' leitete.

Die ausdruckstänzerischen Grundideen überdauerten in Deutschland – neben der WIGMAN-Schule in West-Berlin (bis 1966) – nur in der Folkwang-Schule in Essen (vgl. SERVOS 1985 c, 25). Die Leitung der Tanzabteilung der Folkwang-Schule wurde 1927 von dem LABAN-Schüler Kurt JOOSS übernommen, der eine Synthese aus tradierter klassischer Technik und dem modernen Tanz anstrebte. Wegen seiner sozial und politisch engagierten Stücke und vor allem wegen seiner Weigerung, jüdische Mitarbeiter zu entlassen, wurde er 1933 zur Emigration gezwungen. Nach 1949 nahm er seine Lehrtätigkeit in Essen wieder auf und bewirkte 1963/64 eine Neugründung des Folkwang-Tanzstudios, das sich zu einem der „wichtigsten Erprobungsfelder einer neuen Choreographengeneration" herausbildete. Hier entwickelten sich „direkt oder indirekt – durch JOOSS' Einfluß wesentliche Impulse" (SERVOS 1985 c, 25) für das moderne deutsche Tanztheater. Diesen eher indirekten Einfluß bestätigt Pina BAUSCH in einem Interview:

„Vieles, wovon wir beeinflußt sind, lernen wir indirekt. Was mich mit JOOSS verbindet, sind menschliche Dinge, ist seine Humanität" (BAUSCH 1986, zit. nach SCHLICHER 1987, 95).

8.2.2. Der pädagogisch-therapeutische Ansatz von Laura SHELEEN

Die Künstlerin und Psychotherapeutin Laura SHELEEN bezeichnet ihre pädagogisch-psychotherapeutische Arbeit als ‚Expression Corporelle'. Dieser Ansatz stellt eine Synthese von Tanz, funktioneller Bewegung, JUNGscher Psychotherapie, MORENOs Psychodrama, Masken- und Körperspiel dar. SHELEEN erklärt, daß LABANs Analyseraster und Labanotation eine hilfreiche und bedeutsame Grundlage für ihre eigene Methoden-Synthese bot. Erst die Labanotation

> „... hat mir schließlich erlaubt, das ‚Raum-Zeit'- Problem auf befriedigende Weise zu lehren und es bewußt mit der Welt der Archetypen, diesen Prototypen symbolischer Ganzheiten, die das Unbewußte umfassen, zu verbinden" (SHELEEN 1983, 63).

Ihr erklärtes pädagogisches und therapeutisches Anliegen eines jahrzehntelangen Forschens und Handelns im pädagogisch-therapeutischen Arbeitsfeld bestand darin,

> „... ein Erziehungsinstrument zu entwickeln – hauptsächlich für ‚normale' Erwachsene –, das die gesamte *psychomotorische Entwicklung der Persönlichkeit* fördert, um damit gehemmte oder schlummernde Potentiale zu erwecken und zu entfalten" (SHELEEN 1983, 64).

Dabei entwickelte sie eine Methode, die sich als geeignet erwies, auch in der Rehabilitation verschiedener physischer und psychischer Krankheiten eingesetzt zu werden.[4]

Ein Hauptleiden des Menschen im aktuellen Gesellschaftskontext, das SHELEEN (1983, 64) „mangelnder Erziehung" zuschreibt, besteht in einer symbiotischen Daseinsweise, das heißt in der Unfähigkeit des Individuums, autonom („einzigartig und einzeln, *unique et solitaire*") zu existieren.

> „In der Symbiose erwirbt der Mensch nicht alle seine Fähigkeiten. Vielmehr bleibt er Objekt und hängt dabei von Entscheidungen und Launen anderer ab, statt Subjekt zu werden, d. h. seine eigenen Anliegen wahrzunehmen und seine Wahl selbst zu treffen" (SHELEEN 1983, 64).

170

Bereits FROMM (s. Kap. 4.1.) hat diese Seinsweise kritisiert und ebenfalls ‚inzestuöse Bindungen' als Grund für diese weitverbreitete Unfähigkeit erkannt. Die zunächst existentiell wichtige Symbiose des Menschen mit der Umwelt und seinen Bezugspersonen, kann – wenn der Mensch sich nicht im Laufe seiner Entwicklung aus diesen Verflechtungen und Abhängigkeiten lösen kann – eine Subjektwerdung verhindern. Der Mensch bleibt Objekt, abhängig von anderen Menschen und entwickelt nicht die Fähigkeit, seinen eigenen Standpunkt zu entwickeln, seine Interessen wahrzunehmen und seine Entscheidungen zu fällen.

Problematische Entwicklungen dieser Art ‚verkörpern' sich, werden auf körperlicher und bewegungsmäßiger Ebene als Dispositionen analysierbar, zum Beispiel durch einen „mangelhaften Gebrauch der Kraft, eine unvollständige Zeitkoordination oder einen mangelhaften Umgang mit dem Raum" (SHELEEN 1983, 64). Disharmonien auf psychischer und physischer Ebene können, da ein Großteil der individuellen Verhaltensmuster bewußt oder unbewußt erworben wurde, nur abgebaut werden, wenn sie bewußt gemacht werden.

Für diese *Bewußtwerdungsprozesse* liefert LABANs Konzeption das Raster und die Orientierung zur Bearbeitung der Wirklichkeit, der „réalité globale": „der Raum, die Zeit, die Energie und die Symbolik ihrer Strukturen" (SHELEEN 1983, 65).

SHELEENs Arbeit ist als ein ganzheitlicher pädagogisch-therapeutischer Ansatz zu interpretieren,

– weil sie bestrebt ist, Menschen wieder „mit ihrem Gefühl für ihren Körper zu verbinden, mit ihrer Energie und ihrem Erleben von Raum und Zeit" (SHELEEN 1983, 63),
– weil ihr Ziel die Einheit von „innerem und äußerem Handeln" (TÄUBE 1977) ist, das heißt, der Mensch soll fähig werden, „sein Wort wieder ganz zu ‚verkörpern'", in die Tat umzusetzen und umgekehrt, sein Handeln und seine Bewegung als seine „persönliche Dynamik innerhalb einer sozialen und kosmischen Dynamik" (SHELEEN 1983, 63) verstehen und reflektieren können. Hiermit sind auch die Forderungen DREITZELs (1981, s.

Kap. 4.3.) nach sinnlich-reflexivem Gebrauch von Körperlichkeit in vollem Umfang realisiert,

- weil sie die menschliche „Sehnsucht nach selbstverantwortetem Handeln und Erkennen" (LABAN 1922, 194) ernst nimmt und in „Anbetracht der Hoffnungslosigkeit einem einbrechenden Thanatos gegenüber", der die Menschen zu überwältigen droht, Methoden zur (Wiederer-)Weckung des Eros[5] zur Wirkung bringt, „indem sie uns mit der Wahrnehmung der universalen Gesetze, die uns alle bestimmen, in Kontakt bringen" (SHELEEN 1983, 64).

SHELEEN bezieht sich explizit auf die Polaritäten der JUNGschen Tiefenpsychologie und der LABANschen Bewegungsanalyse. Sie verknüpft die Symbolik des Raumes mit der Welt der Archetypen (vgl. SHELEEN 1989, 211). Klarer als LABAN und in ausgeprägter Tiefung formuliert sie ihr Bestreben, personenzentriert zu arbeiten, dabei jedoch keine Abhängigkeiten aufzubauen. Die Förderung von Potentialen basiert in ihrer Arbeit immer auf dem Prinzip der „Koexistenz", mit dem Anspruch, niemanden zu verführen (SHELEEN 1989, 199). Mit einer ausgeprägten ethischen Verpflichtung ausgestattet, bietet sie ihre pädagogisch-therapeutische Arbeit als Wegbegleitung an. Sie lehnt die Rolle des ‚Gurus' ebenso ab wie die Führungsrolle in der Verbreitung einer neuen Methode. Es sind also ihre menschlichen Qualitäten und ihr sozial-politisches Engagement, die SHELEENs Ansatz als integriert und beachtenswert erscheinen lassen. Der Mangel an realpolitischem Engagement, der zuvor an LABANs Konzeption kritisiert wurde, wird in den Weiterführungen SHELEENs überwunden.

SHELEEN begleitet die Arbeit des Individuums an sich selbst, eine Selbst-Gestaltung, die auch die Begegnung mit den ambivalenten Energien der Götter umschließt. Die Gottheiten repräsentieren die polaren Energien archetypischer Wirkkräfte. Sie werden als psychische Realitäten anerkannt:

„In meiner Arbeit werden die Schüler immer wieder hinauf- und hinuntergeworfen, in die Welt der Dämonen, der bösen Geister, und in die Welt der Daimonen, der guten Geister" (SHELEEN 1989, 199).

8.2.3. Die Konzepte der Polarität und Quaternität in den Ganzheitslehren von LABAN und JUNG

Die Ganzheitslehren von LABAN und JUNG werden durch zwei gemeinsame Konzepte bestimmt: Polarität und Quaternität. Die Polarität scheint, wenn sie als Dualität identifiziert wird, einen Gegensatz zur Ganzheit darzustellen. Aber das dualistische Prinzip wird in der wahren Bedeutung von Polarität überwunden, analog zum Ganzheitsbegriff der chinesischen Philosophie.

„Polarität bedeutet doch viel mehr als einfache Dualität oder Opposition. Denn spricht man von polaren Gegensätzen, so heißt das doch wesentlich mehr, als daß sie weit auseinanderliegen: Es besagt, daß sie in Beziehung und in Verbindung stehen – daß sie Glieder, Enden oder Extreme eines einzigen Ganzen darstellen. Polare Gegensätze sind deshalb untrennbare Gegensätze, wie die Pole der Erde oder eines Magneten oder wie die Enden eines Stocks oder die Seiten einer Münze. Obwohl das zwischen den Polen Liegende «substantieller» als die Pole selbst ist – da diese eher die abstrakten «Enden» als den konkreten Körper darstellen – denkt der Mensch trotzdem in solchen Begriffen und deshalb teilt er im Denken, was in der Natur ungeteilt existiert" (WATTS 1985, 31).

Am klarsten und eindrucksvollsten vermittelt und veranschaulicht das ‚yin-yang-Symbol' der chinesischen, taoistischen und buddhistischen Philosophie die Einheit und Ganzheit, die nur durch das *dynamische Gleichgewicht* zweier Pole denkbar ist. Jeder Pol enthält in sich den Kern des komplementären Pols.

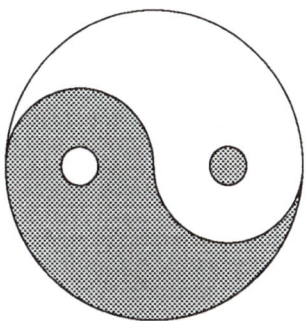

Abb. 7: Das yin-yang-Symbol

Die Ausdrücke *yang* und *yin*

„...sollen zuerst auf die Süd- und Nordseite von Bergen angewendet worden ein, erstere sonnig, letztere schattig. Da die zwei Seiten eines Berges eine untrennbare Polarität bilden, erwarben *yang* und *yin* die Bedeutung von archetypischen Polen der Natur – plus und minus, stark und nachgebend, Mann und Frau, Licht und Dunkel, Steigen und Fallen" (WATTS 1985, 34).

Das dynamische Gleichgewicht zwischen *yang* und *yin*, die Ganzheit als Integration beider Pole, als Harmonie, Verschmelzung, gegenseitige Durchdringung ist das Ziel des *Tao* (wörtlich „der Weg des Universums").

„Ein *yin* und ein *yang*, das ist das fundamentale Prinzip *(tao)* ... Der *yin-yang* –Symbolik liegt die Ansicht zugrunde, daß die Welt ein System von Wandlungsvorgängen darstellt, ... *Yin* und *yang* gleichen jeweils den Tälern und Gipfeln einer Wellenbewegung. Die den *yin-yang*-Kreis teilende S-Kurve läßt an eine Art von Peitschenwelle oder peristaltische Bewegung denken, an eine kontinuierliche Wellenbewegung nicht nur von Leben und Tod, Tag und Nacht, sondern von einer Form des Lebens zur anderen" (WATTS 1985, 39).

Die *archetypische Konstellation* von *yin* und *yang* und deren Vereinigung im *Tao* und die Erkenntnis, daß die Integration scheinbarer Gegensätze jeweils höhere Bewußtseinsstufen und Schritte zur Ganzheit bedeuten, teilten auch JUNG und LABAN.

JUNG (GW 17, 1972, 211) vergleicht das Werden der Persönlichkeit, den Weg zum Selbst mit dem *Tao*:

„Der unentdeckte Weg in uns ist wie ein psychisch Lebendiges, das die klassische chinesische Philosophie «Tao» nennt und einem Wasserlauf vergleicht, der unerbittlich sich zu seinem Ziele bewegt. Im Tao sein, bedeutet Vollendung, Ganzheit, erfüllte Bestimmung, Anfang und Ziel und völlige Verwirklichung des den Dingen eingeborenen Daseinssinnes. Persönlichkeit ist Tao" (JUNG, GW 17, 1972, 211).

Die *yin*- und *yang*-Energien und -Prinzipien dienen zur Erklärung der äußeren und inneren Natur, der kosmischen Phänomene wie der mikrokosmischen Abbildungen und Repräsentationen durch den Menschen:

„Die Theorie der taoistischen Meditation baut offensichtlich auf der Auffassung vom Menschen als einem mikrokosmischen Universum auf, das den umgebenden Makrokosmos widerspiegelt. Die Bewegungen der inneren und der äußeren Welten stehen in enger Beziehung. Äußerlich folgt der Mensch den unendlichen Kräften des Universums; innerlich folgt die Funktion seiner eigenen Organe universalen Gesetzmäßigkeiten. ... Was geistig ist, ist vom Himmel empfangen, während der Körper und seine materielle Form von der Erde stammen. Es ist die Harmonie des Geistes von *yin* und *yang*, von der alle Harmonie abhängt ... Der Himmel hat vier Jahreszeiten, fünf Elemente, neun Abteilungen und dreihundertsechzig Tage. Entsprechend hat der Mensch vier Gliedmaßen, fünf innere Organe, neun Körperöffnungen und dreihundertsechzig Gelenke. Der Himmel hat Wind, Regen, Kälte und Hitze; ähnlich hat der Mensch Freude und Ärger, Nehmen und Geben... Der Mensch stellt eine Dreiheit dar, zusammen mit Himmel und Erde, und sein Geist ist der Herr ... In der Sonne gibt es einen Vogel, der auf drei Beinen steht, und im Mond eine dreibeinige Kröte..." (CHUNG-YUANG 1985, 111).

LABAN (1922, 35 ff., 205 ff.) untersuchte wie JUNG (GW 8, 1971, 515 ff.) sehr intensiv die Symbolik von Zahlen; LABAN erforschte vor allem die Bezüge zwischen Zahlensymbolik und Körperanatomie. An dieser Stelle soll vor allem die Bedeutung der Quaternität, der Vierheit, behandelt werden. Die Quaternität ist nach JUNG (GW 11, 1963, 182) ein Archetypus, der universell vorkommt und ein Ganzheitsurteil repräsentiert:

„Die ideale Vollständigkeit ist das Runde, der Kreis, aber seine natürliche minimale Einteilung ist die Vierheit."

Die *Quaternität der Psyche* umfaßt die *vier Orientierungsfunktionen*: Denken, Intuieren, Fühlen und Empfinden. Denken und Fühlen als gegensätzliche Funktionen liegen auf der Achse des Wertens und Urteilens (wahr-unwahr, bzw. angenehm-unangenehm). Wahrnehmung und Intuition stellen zwei gegensätzliche Wahrnehmungsformen dar (s. Abb. 8).

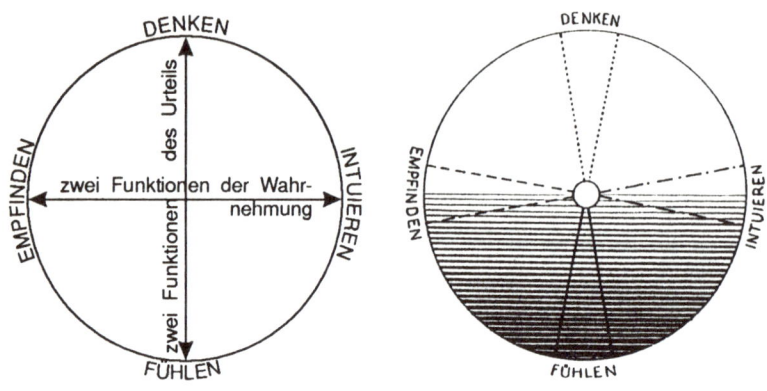

Abb. 8:   Die Polaritäten in der
          Quaternität der Psyche
          (nach JUNG 1968, 60 f.)

Abb. 9:   Die psychischen Funktionen
          beim Denktypus
          (JACOBI 1977, 21)

Eine umfassende, vollständige Erfassung der inneren und äußeren Welt würde über die Beteiligung aller vier Funktionen möglich sein. Diese Vollständigkeit ist jedoch nur eine Zielvorstellung, nie real existent, da der Mensch sehr unterschiedlich ausgeprägte Funktionen besitzt. Die meisten Menschen bevorzugen eine Funktion, die sog. *superiore Funktion* und eine *Hilfsfunktion*, während ein bis zwei Funktionen unzulänglich ausgebildet und größtenteils unbewußt, undifferenziert sind, die sog. *inferioren Funktionen*. Beispielsweise herrscht beim Denktypus, der bei Menschen der modernen westlichen Welt sehr ausgeprägt ist, das Denken als superiore Funktion mit einer Hilfsfunktion (Empfinden oder Intuieren) vor, während der Gegensatz zum Denken, das Fühlen weitgehend im dunklen, unbekannten, ungenutzten Potential der Gesamtpsyche, im Unbewußten liegt (s. Abb. 9). Da die vier Funktionstypen (Denk-, Intuitions-, Gefühls- und Empfindungstyp) stärker theoretisch-systematisierenden Charakter haben, werden in Abb. 10 Mischtypen ausgewiesen.

176

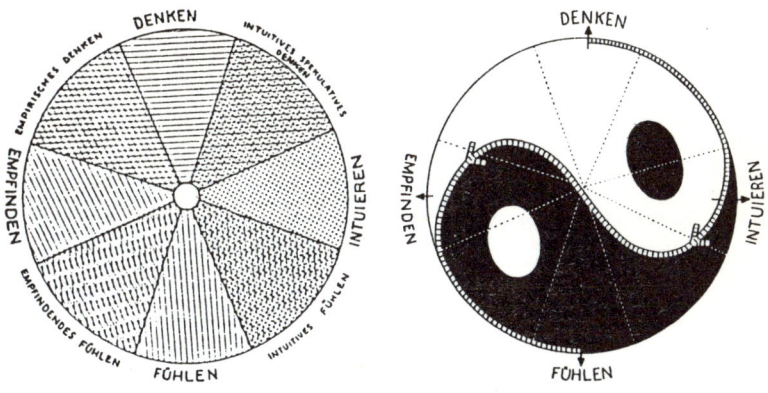

Abb. 10: Die Mischformen der
psychischen Funktionen
(JACOBI 1977, 27)

Abb. 11: Die Quaternität der Psyche
im yin-yang-Symbol
(JACOBI 1977, 24)

Die Vollendung der Persönlichkeit in Richtung auf Ganzheitlichkeit folgt dem „inneren Weg" des Tai Chi:

„Vom Denken zur Intuition zum Empfinden zum Fühlen – eine Schlange, die sich in das Herz der Finsternis windet, zum tiefsten Punkt des Unbewußten, wo das Wissen von Gut und Böse liegt" (HAMPDEN-TURNER 1982, 44).

Den psychischen Funktionen und Spannungen ordnet LABAN (1922, 51 f.) Körperspannungen zu, wobei das Wollen mit der Kraft, das Fühlen mit der Zeit und das Denken mit dem Raum korrespondiert. Diese Gedankengänge wurden von LABAN-Schüler(inne)n weiter erforscht und weiterentwickelt. Marion NORTH (vgl. 1972, 267) spezifiziert die Erkenntnisse ihrer langjährigen Bewegungsforschung auf der Basis der LABANschen Bewegungstheorie und -analyse wie folgt (s. Abb. 12 und 13):

177

- Raum korrespondiert mit Denken,
- Zeit korrespondiert mit Intuieren,
- Bewegungsfluß korrespondiert mit Fühlen und
- Gewicht/Kraft korrespondiert mit Empfinden.

LABAN (vgl. 1988, 124) liefert dazu folgende Begründungen: Der Bewegungsfaktor ‚Raum' korrespondiert mit der inneren Teilhabe ‚Aufmerksamkeit' und der Frage nach dem ‚Wo'. Diese Zusammenhänge wirken sich auf das menschliche ‚Denken' aus. Als weiteres Beispiel sei die Korrespondenz von Fluß und Gefühl aufgezeigt. Dem Bewegungsfaktor ‚Fluß' entspricht die innere Teilhabe ‚Genauigkeit' und die Frage ‚Wie'. Beides wirkt sich auf das menschliche Fühlen aus.

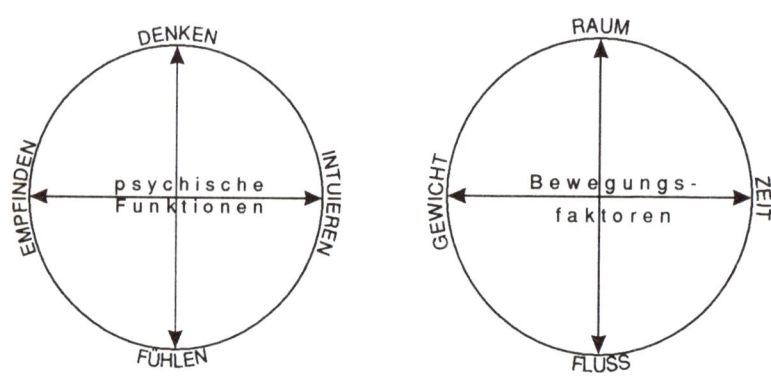

Abb. 12: Die psychischen Funktionen   *Abb. 13:* Die Bewegungsfaktoren

Analog zu JUNGs Erkenntnis, daß eine abgelehnte oder noch unbekannte Funktion zum persönlichen ‚*Schatten*', zum abgespaltenen Teil des Ichs gehört, werden auch unbewußte Bewegungen und Bewegungsantriebe als „shadow movements" (BODMER 1974, 28, vgl. auch: LABAN 1988, 18, 113, 173 ff.) bezeichnet.

„As a promising hypothesis, we suggest that every person has one or two leading expressive features which reveal his true nature" (NORTH 1972, 7).

In LABANs Bewegungsanalyse werden die ‚qualitativen' Aspekte der Bewegung, das heißt die jeweils individuellen Einstellungen zu den Bewegungsfaktoren Raum, Zeit, Kraft und Fluß beobachtet, eingeschätzt und notiert.

„Laban said that movement is man's »outward expression of living energy within«" (NORTH 1972, 40).

Die qualitativen Aspekte der Bewegung sagen etwas über die innere Haltung und Einstellung des sich Bewegenden aus und offenbaren seine geistigen und emotionalen Antriebe.

Folgende *Beobachtungspunkte* sind dabei grundlegend:

Raum:	Flexibilität oder Direktheit der Aufmerksamkeit,
Zeit:	Ruhe oder Dringlichkeit der Entscheidung,
Gewicht/Kraft:	Empfindsamkeit/Zartheit oder Eindringlichkeit/Stärke der Intention und
Fluß:	Leichtigkeit/Freiheit oder Gebundenheit/Hemmung der Aktion.

Die sehr komplexe Beobachtungsmatrix kann an dieser Stelle nicht erörtert werden, jedoch ist die Essenz des Systems sehr bemerkenswert. Einem gesunden, psycho-physisch ausgeglichenen Menschen müßten alle Bewegungsfaktoren in der gesamten Spannbreite verfügbar sein. Seine innere und äußere Bewegtheit und Beweglichkeit könnte zwischen allen Schattierungen situationsgemäß und frei wählen (vgl. SCHOOP 1974). Systematische Bewegungsbeobachtungen fördern jedoch die Erkenntnis, daß jeder Mensch spezifische Bewegungsmuster und Antriebspräferenzen besitzt, gleichzeitig aber auch verkümmerte, *verdrängte Funktionsbereiche* und Bewegungsmöglichkeiten.

Im Alltagsleben und auch im Tanz werden zumeist zwei Elemente zu sog. „incomplete efforts" (unvollständigen Antrieben) kombiniert, die spezifische „inner attitudes" (innere Einstellungen) offenbaren. Die vernachlässigten Elemente können jedoch wiedererlangt und zu Bewußtsein gebracht werden (vgl. NORTH 1972, 246 ff.): Eine Verbindung der Antriebsfaktoren Gewicht und Fluß entspricht einer Beteiligung von Empfindung und Gefühl. Diese weniger bewußte innere Einstellung wird als „dream state" bezeichnet, weil sie traumartig und kreativ ist, aber Denken und Intuition vernachlässigt. Diese innere Haltung prägt u. a. den Walzer (s. Abb. 14).

Die zum „dream state" konträre Verbindung von Raum und Zeit ist eng mit dem Bewußtsein verknüpft und wird als „awake state" bezeichnet. Es werden hierbei Denken und Intuieren verbunden, gleichzeitig aber Gefühl und Empfindung vernachlässigt (s. Abb. 15).

Die Verbindung von Gewicht und Zeit korrespondiert mit Empfindung und Intuition und schließt Denken und Fühlen aus. Da diese innere Einstellung mit rhythmischen Empfindungen und Er-

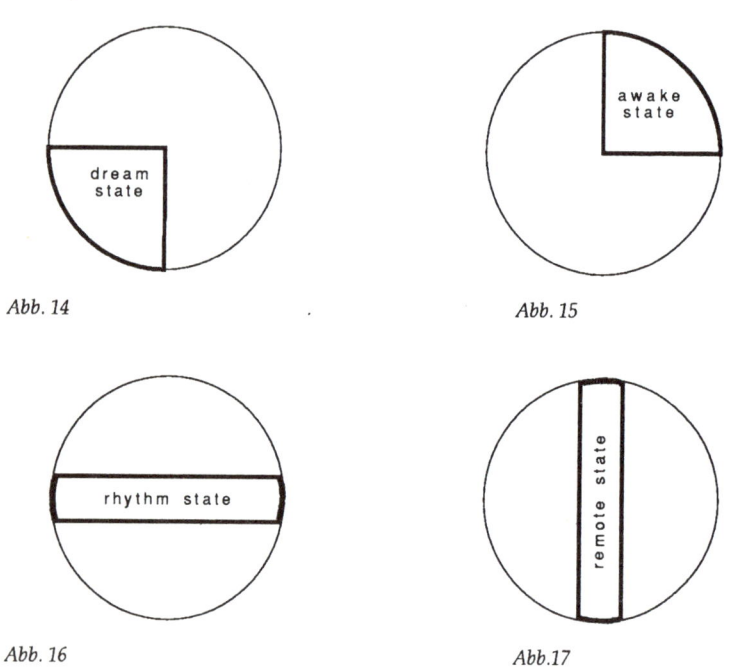

Abb. 14 . *Abb. 15*

Abb. 16 *Abb. 17*

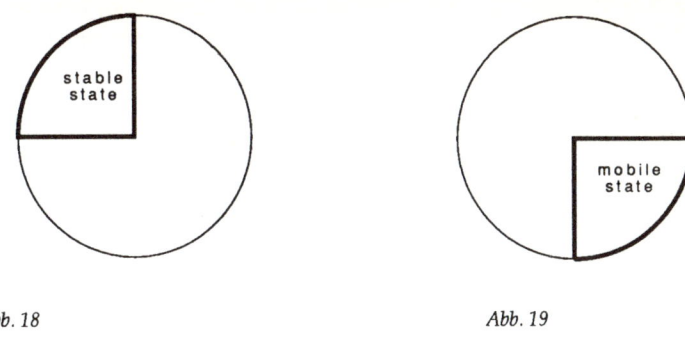

Abb. 18   Abb. 19

fahrungen und „down-to-earth attitudes" (NORTH 1972, 252) verbunden ist, wird die innere Haltung als „rhythm state" bezeichnet (s. Abb. 16). Diese ist ein Charakteristikum des afrikanischen Tanzes.

Die Kombination aus Raum und Fluß, das heißt Denken und Fühlen unter Ausschluß von Intuition und Empfindung, ist im Klassischen Ballett dominant. Es ist eine durch Zurückhaltung gekennzeichnete Einstellung, zwar auf Personen und Objekte der Umwelt ausgerichtet, aber ohne unmittelbare Betroffenheit („remote state" (s. Abb. 17).

Die Verbindung von Denken und Empfinden wird wegen der dominanten Merkmale Stabilität und Beständigkeit als „stable state" bezeichnet (s. Abb. 18). Als ein Beispiel hierfür können die Tänze der Pueblo-Indianer angeführt werden.

Die weniger bewußte Einstellung, die Gefühl und Intuition verbindet und gleichzeitig Empfindung und Denken ausschließt, wird „mobile state" genannt, weil hierbei die Mobilität, Anpassungsfähigkeit und Lebendigkeit vorherrscht (s. Abb. 19).

Eine geistige Verwandtschaft zwischen LABAN und JUNG wird auch da evident, wo beide die archaische Natur des Unbewußten als Quelle schöpferischen Handelns im Prozeß der Selbst-Verwirklichung interpretieren. LABANs Autobiographie „Ein Leben für den Tanz – Erinnerungen" zeigt wesentliche Züge der Integration persönlich- und kollektiv-unbewußter Inhalte auf. Über den Tanz wollte LABAN sich und anderen Menschen eine „Lebenssphäre auf Kosten der Bewußtseinswelt" (JUNG, GW 9/2, 1976, 34) einräumen, der den Menschen gerade in der westlichen Zivilisation und Kultur, die den „Maschinenmenschen" (LABAN 1935, 220) züchtet, wieder mit dem *Urgrund menschlicher Erfahrung als Individuum und Gemeinschaftswesen* verbinden.

Vergleichbar zu JUNGs Mythenforschung, die zur Beschreibung von Archetypen führte, läßt sich LABANs Erforschung von Urbildern und Urmotiven im Tanz sehen. Auch er gelangt zur Erkenntnis, daß überzeitliche Motive in aller Welt nachweisbar sind. Als „menschlichen Urtrieb" beschreibt LABAN (1988, 92) die „Geste des In-Besitz-Nehmens" im Gegensatz zu einer „Geste des Zurückstoßens". Dieser Urtrieb drückt sich in der Tanzsprache der Naturvölker und in der Bewegungssprache von Kindern im Urmotiv der schöpfenden und streuenden Bewegungen aus. Dieses Urmotiv hat im klassischen Ballett stilisierte Formen angenommen, die den „Bezug zu den menschlichen Urtrieben ... verloren haben" (LABAN 1988, 92). In der Bildsprache der Träume, vor allem der Angstträume, und in der Bewegungssprache des Freien Tanzes nimmt das Motiv des Besitzergreifens und Wegstoßens jedoch einen bedeutenden Stellenwert ein.

Der im Tanz ausgetragene *Kampf* ist ein weiteres Beispiel für derartige *universale Motive*, die nicht auf bestimmte Kulturen beschränkt sind.

> „Alle Dolchtänze und Waffentänze wurzeln in den uralten Schwertertänzen, die ganz einheitlich bei allen Völkern und Rassen der Erde in der gleichen Form vorhanden sind" (LABAN 1935, 72).

In diesen Tänzen wurde einerseits der Körper geschmeidig, beweglich und geschicklich gemacht, was auch als Vorbereitung zum Kampf dienen konnte, und andererseits der faire Kampfgeist geschult. Der tiefere Sinn jedoch bestand in der Übung und Erzielung der *Unverwundbarkeit*:

„Es scheint, daß in allen diesen Tänzen früher das Geheimnis der Hieb- und Stichfestigkeit eine Rolle gespielt hat" (LABAN 1935, 72).

Bei den Jünglingsweihen aller primitiven Völker spielten die Zaubertänze neben der Einweihung in die magische Heilkunde eine große Rolle. Hierbei lernten die Jünglinge nicht nur durch Salben und Verbände Wunden zu heilen, sondern auch durch besondere Regelungen den Blutkreislauf zu beeinflussen. LABAN (1935, 72 f.) berichtet von Stämmen nördlich des Kaukasus, wo sich Tänzer

„... bei religiösen Zeremonien im wilden Tanz ganz schwere Verletzungen beibringen, bei denen das Blut sogar in Strömen fließt, aber die klaffenden Wunden schließen sich nachher äußerst rasch. Die Verletzungen und Blutverluste würden im Normalzustand schwere Bewußtlosigkeit zur Folge haben. Die Schwerttänzer kommen aber fast nie zu Fall, sondern sie rasen weiter, bis sie mitten im Tanz zur Besinnung kommen, sich das Blut abwischen und friedlich nach Hause gehen."

Den tieferen Sinn der weitverbreiteten *Kampftänze*, der darin besteht, existentielle Furcht zu überwinden und zu magischen Kräften zu gelangen, schildert Joost A. M. MEERLOO (1959, 124 f.) unter anderem am Beispiel bewaffneter Krieger aus Swaziland, Afrika, und balinesischer Trancetänzer. MEERLOO zeigt sehr eindrucksvoll die Polarität von Wirkungen des Tanzes auf die Psyche des Tanzenden auf, indem er die Pole *Harmonie* und *Disharmonie*; Sammlung innerer und äußerer Kräfte und andererseits Verwirrung thematisiert.

„Der tanzende Mensch kann im Einklang mit dem Universum sein, wenn ihm der Tanz zur höchsten Ekstase und zum Gefühl des Einsseins mit der Schöpfung verhilft, aber er kann in Disharmonie verfallen, verloren in den Tiefen der Verwirrung und Verstörung. So ist der Tanz entweder eine ekstatische, heilige Handlung oder er zieht den Menschen in die Hölle des Tanzwahns und chaotischer Gefühle hinunter" (MEERLOO 1959, 12).

Hiermit wird dargestellt, wie die positiven Wirkungen des kollektiven Angst- und Hemmungsabbaus zugleich in den Exzeß umschlagen können, beispielsweise in Form von Körperfolterungen und Verstümmelung.

Diese *Entartung* läßt sich am Beispiel der in Malaysia lebenden Inder nachweisen, die noch heute das Thaipusam-Fest feiern, das seinen Ursprung in Südindien hat. Johannes SCHAAF (1977, 52) berichtet:

„... aus dem einst stillen Fest der Buße ist ein Spektakel geworden, bei dem Stolz die Demut verdrängt hat – Stolz auf die Selbsttortur, am ehesten den mittelalterlichen Geißelungen vergleichbar."

In Kuala Lumpur findet das Thaipusam-Fest alljährlich im indischen Monat Thai bei Vollmond statt. Man gedenkt hierbei jener Nacht,

„... in der Schiwa-Nataraja, der höchste Gott der Hindus, den kosmischen Tanz der Schöpfung des Universums, den Ananda Tandava, getanzt hat" (SCHAAF 1977, 54).

Über die Versenkung in den Tanz wird die Verbindung mit dem Gott gesucht, denn „der Höchste tanzt seinen Weltentanz in der Stadt Chidambaram, in der goldenen Halle, im Zentrum der Welt – und in dir" (SCHAAF 1977, 54).

Das ursprüngliche Opferritual ist jedoch zum Wettspiel degeneriert, bei dem unter Beweis gestellt wird, wer sich die längsten Speere durch die Wangen stoßen und die meisten Haken und Nadeln unter die Haut treiben läßt. Zwar beweisen die Tänzer, daß sie durch Trance, durch Einengung des Bewußtseins, Schmerzfreiheit erzeugen können, gleichsam eine Form der Unverwundbarkeit, denn da „fließt kaum Blut, und die Verwundung hebt sich nach dem Ritual automatisch auf" (SCHAAF 1977, 55), aber die alten Gläubigen bekämpfen dieses Spektakel mit dem Hinweis darauf, daß der Körper als „Tempel Gottes zu achten und zu pflegen" (SCHAAF 1977, 56) sei.

Demgegenüber beweisen verschiedene Kampfkünste Chinas, daß die uralte Tradition auch in der heutigen Zeit noch wirkungsvoll bewahrt werden kann. Hier wird der Kampf nicht vor dem Hintergrund von Wettkampf, Vernichtung oder Selbstaufopferung betrieben, sondern als ein Weg der *Selbstfindung*, der Auseinandersetzung mit sich selbst aufgefaßt (vgl. ANDERS 1985, 169).

Wer den langen Übungsweg vom waffenlosen Tai-Chi bis hin zur Kampfkunst Tai Chi, die mit Schwert, Säbel und Stock ausgeführt wird, gegangen ist, hat den Geist erweitert und geklärt, verbindet *yin* und *yang*, die zwei komplementären Pole, Energien und Prinzipien, die allein die Ganzheit in den chinesischen taoistischen und buddhistischen Lehren bilden.

> „Die Aufmerksamkeit, die in der Übung der waffenlosen Form ganz auf den Körper eingestellt ist und mit der Vorstellung, der Körper dehne sich aus wie ein Ball, inneres und äußeres *ch'i* verbindet, tritt nun aus dem Körper heraus und heftet sich an die Waffe: statt der Hingabe an die Welt wird jetzt die Fähigkeit geweckt, schneidend und trennend – und damit verändernd – in sie einzugreifen" (ANDERS 1985, 183).

LABAN erkannte ebenso wie JUNG (GW 9/2, 1976, 40) den „Doppelaspekt" der archetypischen Bilder und Personifizierungen von archetypischen Motiven. LABAN war bestrebt, die ,Urerfahrungen', die Möglichkeiten typischer Grunderlebnisse, durch Tanz darzustellen, das heißt verstandes- *und* gefühlsmäßig zu vermitteln. Um das Leben als ewigen Wandlungsvorgang zu symbolisieren, schuf er „Lebens- und Totentänze" mit Titeln wie „Freudeleid", „Stolzdemut" und „Liebehaß". LABANs tanztheoretische und choreographische Arbeit ist gerade vor dem Hintergrund der JUNGschen Symboltheorie interpretierbar.

> „Der Sinn des Symbols ist nämlich nicht der, daß es ein verhüllendes Zeichen für etwas allgemein Bekanntes ist, sondern sein Sinn besteht darin, daß es ein Versuch ist, das noch gänzlich Unbekannte und Werdende analogisch zu verdeutlichen" (JUNG, GW 7, 1964, 325).

Die *Bedeutung eines Symbols* besteht somit darin, etwas noch nicht bewußt Erworbenes, Verstandenes durch Analogien zu präsentieren. Die individuell und gesamtmenschheitlich erworbenen Erfahrungen und Ahnungen werden dadurch vermittelbar, auch wenn sie sich einer diskursiven Symbolisierung entziehen.

LABANs Symbolisierungen im Tanz waren sowohl Gestaltwerdung früherer Erfahrungen (Kindheitserinnerungen, v. a. Naturerlebnisse), Träume und Visionen als Ausdruck des rückwärts gewandten Aspekts des Symbols, als auch des vorausschauenden, auf die Ziele der Menschheit gerichtete Ahnungen, Visionen und Utopien.

So interpretiert beispielsweise LABAN (1935, 220 ff.) selbst seine Trilogie, bestehend aus den Stücken:

1) „Ritterballett",
2) „Nacht" und
3) „Titan"

als eine Einheit, weil sie Aspekte der Vergangenheit (1), Gegenwart (2) und Zukunft (3) tänzerisch beleuchtet und deutet. Während im „Ritterballett" eine Vision des Ritterlebens mit grauenvollen und lieblichen Märchengestalten inszeniert wurde, war die „Nacht" ein in Tanzsymbole umgesetzter „Haßgesang gegen den seelenlosen Roboter, den Maschinenmenschen" (LABAN 1935, 220) dieses Jahrhunderts. Im „Titan" entwirft er tänzerisch eine Utopie der Gemeinschaftskraft, preist den „Geist der Gemeinschaft", „der alle Fesseln sprengen und alle Quellen der Menschlichkeit erschließen kann und wird" (LABAN 1935, 220 f.).

Sein Interesse an den Kulturen früherer Zeiten und deren Symbolbildungen begründet LABAN (1922, 133) mit der Tatsache,

„..., daß die Menschen dieser vergangenen Kulturepochen wirksam bildlich zu sehen und zu gestalten vermochten, daß sie ungetrübt von der Hast und Kurzsichtigkeit einer Scheinkultur, wie die unsere, den tieferen symbolischen Sinn jeder Form und jeder Bewegtheit zu erfassen und tänzerisch wiederzugeben vermochten. ... Es war nicht nur stärkere Körperlichkeit, sondern andersgeartete durchgeistigte Körperlichkeit, die diesen Kulturen den Stempel gab."

Die neue Tanzkunst muß sich nach LABAN (1922, 227) an künstlerische Bewegungsformen aller Zeiten erinnern, muß zeitgemäße Varianten und Transformationen schaffen. Diesem Anspruch sollte zum Beispiel seine wohl berühmteste und erfolgreichste Bewegungssymphonie „Reigen des schwingenden Tempels" Rechnung tragen. Nach LABANs (1935, 127) eigenen Aussagen soll sie gleichsam eine „Geschichte der Tanzkunst" gewesen sein, in der „alle Formen der tänzerischen Sehnsüchte der Menschheit vertreten" waren. Als Urformen zum Ausdruck allgemeinmenschlicher Sehnsüchte bezeichnet er folgende Tänze:

- Tänze mit urtümlich rhythmischer Bewegungskraft,
- Tänze mit feierlich getragenem Bewegungsfluß,
- magische und ekstatische Tänze,
- komische Tänze und
- kämpferische Tänze.

In seiner Tanzkunst und Tanztheorie vergegenwärtigt sich LA-
BAN (1988, 24 f.) der Archetypen in den rituellen Tänzen der Urbe-
völkerung von Afrika, Asien, Polynesien und Amerika. Dabei beziehen sich LABANs acht Antriebsaktionen ,Gleiten', ,Schweben',
,Wringen', ,Peitschen', ,Tupfen', ,Flattern' und ,Drücken' auf die
von ihm erfaßten Charakteristika von Gottheiten, die in den Ritual-
tänzen angebetet und verehrt werden. Viele Götter erscheinen in
Bildern und Statuen mit gleitenden Gesten, andere wiederum mit
peitschendem oder wringendem Bewegungsausdruck. „Die bösen
Götter des Todes und der Gewalt sind Gestalten, die mit stoßenden,
stechenden und drückenden Antriebsaktionen dargestellt werden",
während „Gottheiten der Freude und Überraschung" durch „flat-
ternde und schüttelnde Bewegungen charakterisiert" (LABAN
1988, 24) sind.

Der moderne Tanz, der sich in diesem Sinne auf die *Urformen des
Tanzes* kreativ rückbesinnt, folgt dabei dem in jedem Menschen
vorhandenen Urtrieb, dem Bewegungsdrang. Bewegungen werden
dabei als *Wachstumssehnsüchte unseres Innern,* unserer nach Ganzheit
strebenden Psyche, bzw. Persönlichkeit betrachtet.

Die Bewegung als Wachstumssehnsucht (vgl. LABAN 1922, 229)
und der *Wissensdrang als ästhetischer Trieb* (vgl. LABAN 1922, 243)
befördern die Energetik der Psyche. Die Polarität von Muskelarbeit
(An- und Abspannung), von Atmung (Einatmung und Ausatmung), von Himmel und Erde (Fliegen und Fallen) enthält vor
diesem Hintergrund einen tieferen Sinn:

„Unser Wille selbst, unser inneres Streben, kann sich öffnen, verschließen, einseitig, vielseitig sein, bipolar, multipolar, kann seine Tendenzen
mindern und steigern. Der Wille kann Kräften unterliegen, kann Kräfte
besiegen. Er scheint vor allem durch Generationen hindurch entwicklungsfähig zu sein" (LABAN 1922, 229).

Über die mit Bewußtheit erlebte und gestaltete Bewegung erfährt der Mensch seine innere und äußere Natur, versteht er intuitiv die Harmoniegesetze des Kosmos (vgl. LABAN 1922, 243). Wenn LA-BAN (1922, 205) wie JUNG (GW 8, 1971, 102) sinngemäß erklären, daß Gegensätze ein Drittes, eine „neue Stufe des Seins" erzeugen, dann ist damit letztlich die Überwindung von Polaritäten in einer Synthese gemeint, die menschliche Vollbewußtheit, die sich in *durchgeistigter Körperlichkeit* und *verkörpertem Geist* offenbart.

Die *Symbole* im Tanz haben auf dem Weg zum Selbst einen klärenden und richtungsweisenden Sinn, einen immanenten Bezug zur „transzendenten Funktion[6] (JUNG, GW 8, 1971, 78 ff.) des Menschen.

Sehr grundsätzliche Entsprechungen und Übereinstimmungen bestehen zwischen JUNGs und LABANs Auffassung vom menschlichen Lebensweg, dem lebenslangen Prozeß der Selbst-Verwirklichung, der nur über die Integration des Unbewußten, der Auseinandersetzung mit Polaritäten von bewußt-unbewußt, hell-dunkel, oben-unten, Himmel-Erde, Tag-Nacht, Denken-Fühlen, Empfinden-Intuieren, Introversion-Extraversion, verläuft und final auf das Selbst, das *Tao* gerichtet ist.

JUNG (1981, 10) beginnt in seinem dreiundachtzigsten Lebensjahr seine Autobiographie mit den Worten:

„Mein Leben ist die Geschichte einer Selbstverwirklichung des Unbewußten. Alles, was im Unbewußten liegt, will Ereignis werden, und auch die Persönlichkeit will sich aus ihren unbewußten Bedingungen entfalten und sich als Ganzheit erleben."

Zu dieser Aussage JUNGs läßt sich eine gedankliche Parallele bei LABAN (1935) wiederfinden: In seinem Werk „Ein Leben für den Tanz – Erinnerungen" schildert LABAN seinen Lebensweg, der ebenfalls stark durch die psychische „Innenschau" und bewußte Integration des Unbewußten gekennzeichnet ist, wobei der Tanz das Medium oder den Schlüssel darstellt, um sich den verborgenen und bewußtseinsfähigen Inhalten der Psyche zugunsten der ganzheitlichen Entfaltung des Menschen zu nähern. Als „Tanzdichter" (LABAN 1935, 7) resümiert er seinen „Lebensreigen" bildhaft:

„Das ergibt einen Reigen der Geschehnisse und Gedanken, in dem mancherlei rote Fäden verwoben sind… Nicht zuletzt auch der Faden, an dem sich die Perlen aufreihen, die aus den verborgenen Gewässern der Innenwelt des Menschen stammen. Nur der Tanz vermag die oft schon fast versiegten Quellen dieser Gewässer wirksam aufzuschließen" (LA-BAN 1935, 8).

Die Ausschließlichkeit seiner Formulierung, daß „nur der Tanz" die Brücke zum Unbewußten herstellen kann, ist ein Zeichen seines Enthusiasmus und seines fast missionarischen Denkens und Handelns im und durch Tanz und läßt sich als Einseitigkeit kritisieren. Ihm waren zwar andere Methoden und Medien, z. B. die JUNGschen therapeutischen Methoden nicht fremd, jedoch glaubte LA-BAN im Tanz eine inhärente Kraft zu erkennen, die eines ‚Helfers' im psychotherapeutischen Sinne nicht bedurfte.

Diese undifferenzierte Vereinfachung der persönlichkeitsfördernden Wirkung und *integrierenden Funktion des Tanzes* stößt dort auf Kritik und benötigt ein konstruktiv erweitertes Verständnis, wo der Tanz als Tiefentherapie eingesetzt wird. Hier wird der Tanz v. a. bei autistischen Kindern, bei Psychosen, Schizophrenie und Hysterie als geeignetes Medium erkannt, aber zugleich bedarf die Therapie neben der Verwendung des Tanzes auch einer analytischen Phase. Der Therapeut/die Therapeutin benutzt das Wechselspiel zwischen Analyse und Tanz, wechselt zwischen verbaler und nonverbaler Kommunikation und Deutung, nutzt den Tanz als wirksames Medium, um den Fixierungspunkt in der Persönlichkeitsentwicklung, also den „Zeitpunkt, an dem der Konflikt auftrat" (SIEGEL 1986, 54), aufzuspüren und dann die Analyse einzusetzen, wenn neue Daseins- und Erlebnisweisen entstehen (s. Kap. 9.2.2.).

9. Wirkungsfeld: Tanz-Therapie

9.1. Körperorientierte Verfahren

Eine fundamentale Kritik an der Einseitigkeit von Psychotherapie-Richtungen, die den Körper weitgehend vernachlässigen (vgl. SCHMIDBAUER 1982, v. a. 109ff.; COHN 1978, 16) einerseits, und an dem mechanischen Training des Körpers im Sport und in der Gymnastik (vgl. LOWEN 1979; ALEXANDER 1978, 9; BERTHERAT 1982, 57; COHN 1978, 11) andererseits, förderte die Entwicklung der sogenannten „Körpertherapien", die über die „Körperarbeit" eine „Wiederaneignung von Lebensperspektive"[1] (KEIL/MAIER 1984) und damit eine ganzheitliche Gesundheit anstreben.

Bedeutungsvoll für die Entwicklung körperorientierter Verfahren war auch die Einsicht, daß das Ich-Bild eines Menschen, welches teils ererbt, teils anerzogen, teils durch Selbsterziehung zustande kommt, weit eher über den Körper und die Bewußtheits-Förderung wandelbar und formbar ist als über andere Aspekte der Persönlichkeit (vgl. FELDENKRAIS 1981, 19). Körpergewohnheiten sind leichter aufzubrechen als Gefühls- und Denkgewohnheiten. Das Umlernen in einem Bereich aber bewirkt auch neue Verhaltensweisen in den anderen beiden Bereichen (vgl. FELDENKRAIS 1981, 43). Durch das „Stimmen des Instruments" Körper wird eine Dynamisierung des Körper-Bildes eingeleitet und dabei erweist sich, „daß der Weg über die systematische Korrektur des Bildes kürzer und gründlicher sein wird als der über die Korrektur einzelner Handlungen und einzelner Fehler in Verhaltensweisen" (FELDENKRAIS 1981, 48).

Die Hinwendung zum Körper durch den direkten Körperkontakt zwischen Therapeut und Patient nahm v. a. bei Wilhelm REICH seinen Anfang. Er, der den Zusammenhang zwischen Charakterpanzer und *Muskelpanzer* (= Gesamtbild der chronischen Muskelverspannungen im Körper) erkannte, schuf durch die Vegetotherapie den „Durchbruch von der rein verbalen Analyse zur unmittelbaren Arbeit mit dem Körper" (LOWEN 1979, 11), gab Anstöße für die von seinen Schülern entwickelten Körperpsychotherapiemethoden wie zum Beispiel Bioenergetik (LOWEN 1977, 1979), Radix-Gefühlserziehung (KELLEY 1977) und Core-Therapie (PIERRAKOS 1977). Drei Grundgedanken charakterisieren die REICHsche charakteranalytische Vegetotherapie:

- „… die funktionale Identität des Muskelpanzers und des Charakterpanzers oder der Körperhaltung eines Einzelnen und seiner Ichstruktur" (LOWEN 1977, 51). Dieser Einheitsgedanke von Körper und Psyche ermöglicht es, Persönlichkeitsstörungen anhand der Körperhaltung, des Körperausdrucks und der Beweglichkeit zu diagnostizieren.
- die enge Verbindung zwischen Atemrestriktion und Hemmung emotionaler Erregbarkeit und
- die Rolle der sexuellen Erfüllung für die Regulierung des Energiehaushalts im Körper.

Alexander LOWEN (1977, 59) bestimmt das Ziel der bioenergetischen Therapie, die er als Erweiterung und Systematisierung der REICHschen Therapie begreift, wie folgt:

„Ziel der Therapie ist es, dem Patienten dabei zu helfen, die Fähigkeit zu Lust und Freude zu gewinnen."

Damit überwindet er die ausschließlich auf sexuelle Konflikte hin orientierte Therapie REICHs zugunsten einer umfassend auf *Lebensfreude* ausgerichteten Zielsetzung. Drei Phasen sind im therapeutischen Prozeß zu unterscheiden (LOWEN 1977, 58):

- der Patient/die Patientin muß zunächst die Verspannungen bewußt wahrnehmen und dadurch auch die entsprechenden Ausdruckshemmungen bestimmter Gefühle erfahren.
- der Ursprung der Verspannungen oder Hemmungen und ihre biographischen Bezüge müssen aufgedeckt werden (analytische Phase der bioenergetischen Therapie),
- die blockierten Impulse müssen durch „geeignete Bewegung" im „kontrollierten Setting der therapeutischen Situationen zum Ausdruck kommen".

Die Steigerung der psycho-physischen Gesundheit und des emotionalen Wohlbefindens wird somit über die Förderung der *Körperbewußtheit* und *Gefühlsbewußtheit* erzielt.

Dieser analytisch orientierten Körpertherapie stehen verschiedene Methoden, körperorientierte Verfahren gegenüber, die sich nicht als therapeutisch im engen Sinne (als Psychoanalyse oder Psychotherapie) verstehen, sondern als *pädagogisch-therapeutische Verfahren*. KIPHARD (1983) bezeichnet letztere als „Haltungstherapeutische Verfahren".

Da diese Verfahren für den strukturbildenden Bereich eines integralen Ansatzes der Tanz-Pädagogik von Bedeutung sind, werde ich im folgenden die Methoden von Frederick Matthias ALEXANDER (1954), Frieda GORALEWSKY (ROSENGÄRTNER 1985; SIEBEN 1989), Irmgard BARTENIEFF (1980; ANDREWS/BOGGS SCOTT 1986) und Moshe FELDENKRAIS (1974, 1981, 1985) vergleichend betrachten.

Alle oben genannten körperorientierten Verfahren definieren sich aus einer ganzheitlichen Arbeit an der Körper-Seele-Geist-Einheit des Menschen. Unter dieser Prämisse lehnt ganzheitliche Körperarbeit das mechanische Üben mit dem Körper als sinn-entleert ab und fordert den *ganzen Menschen* zur aktiven Arbeit an sich, zu einer Auseinandersetzung mit sich selbst und auch in bezug zum Partner heraus.

Nur eine subtile, feinstoffliche[2] Arbeit am Körper, die an volle geistige Konzentration auf z. B. Atmung, auf Körperinnenräume, auf Skelettaufbau und Muskel- und Bandapparat gebunden ist und die intellektuelle Imagination von Bewegung mit einbezieht, fördert das Körper-Selbst-Bewußtsein.

Alle Verfahren zielen darauf ab, den Körper im Bewegungszusammenhang *funktionsgerecht*[3] einzusetzen, dies setzt aber voraus, daß viele Fehlhaltungen, Fehlverhaltensweisen, geprägte Haltungs- und Bewegungsmuster verlernt werden müssen, um den Körper neu organisieren und neu aufbauen zu können. Jeder Teilnehmer muß sich als Bildner seines eigenen Körpers verstehen lernen und wird dabei erkennen, daß jeder Ehrgeiz, jede willentliche Veränderung den Körper nur aufs Neue blockiert; daß hingegen eine erfahrungsorientierte geistige Einstellung zum Loslassen und Geschehenlassen substantiell tiefer gehende Selbst-Erfahrungen ermöglicht.

Betrachtet man den konzeptionellen Aufbau der vorgestellten Körpertherapien, so wird in fast allen Verfahren zunächst Wert auf die *Arbeit am Boden* gelegt. Erst wenn der Körper im Liegen ‚aufgebaut' ist, wenn Verbindungen im Körper erspürt und hergestellt sind, folgt der *Ebenenwechsel* über das Sitzen zum aufrechten Stand und zur Fortbewegung im Gehen. Viele Möglichkeiten werden im Bereich des Ebenenwechsels erprobt: durch den Bewegungsansatz aus der Körpermitte, der Peripherie oder durch den Körperkontakt zum Partner. Wesentlich ist die Achtsamkeit für die Atmung und den Energiefluß, denn sie fördert sowohl die gezielte Isolationsarbeit mit einem Körperteil, als auch die Koordination von Teil- und Ganzkörperbewegungen.

An dieser Stelle ist es von grundlegender Bedeutung, sich zunächst die spezifischen Schwerpunkte der verschiedenen Körpertherapien zu vergegenwärtigen.

F. M. ALEXANDER (1954) geht davon aus, daß der Hauptfaktor der sinnvollen Koordination des Körpers eine bestimme dynamische Beziehung von Kopf, Nacken und Rücken ist. Im Therapieprozeß lenkt der ALEXANDER-Lehrer mit Hilfe seiner Hände den Körper, beziehungsweise die Bewegung des Körpers, in ein aufgerichtetes Gleichgewicht. Der Schüler erwirbt so allmählich eine Vorstellung davon, wie ihn sein Körper in einer anderen Weise im Bewegungsablauf unterstützen kann, weil jede Bewegung ihren Ausgang von einem effektiveren Gleichgewicht nimmt.

In diesem Lernprozeß werden gewohnte Bewegungsmuster unterbrochen und durch das Angebot von neuen Bewegungsformen ersetzt, die sich auf die Ausgewogenheit der balancierten Gesamtkörperkoordination stützen. Diese Körperbalance erlaubt es dem Körper erst, sein natürliches, auf eine optimale Biomechanik gestütztes Bewegungspotential zu entfalten.

Für den ALEXANDER-Schüler ist entscheidend, daß er seine Bewegungswahrnehmung und -ausführung neu zu bahnen lernt. Dies wird zum einen gefördert durch immer wieder neue externe Richtungsimpulse, durch die Handberührung des Lehrers und zum anderen durch die gleichzeitig damit verbundenen mentalen Bewegungsvorstellungen des Schülers: „Through the simultaneity of inside awareness and of the outside focus" (MOLLE 1985). Traditionell wird die ALEXANDER-Methode in Einzelbehandlung durchgeführt, hauptsächlich in der Arbeit am individuellen Sitzen, Stehen und Gehen, ergänzt wird sie durch die Behandlung im Liegen. Auch die FELDENKRAIS-Arbeit (1985, 179 ff.) enthält zwar Einzelbehandlung, genannt „Funktionale Integration", in welcher der Therapeut/Lehrer sich der Berührung bedient, um den Bewegungssinn des Schülers zu erweitern und zu differenzieren.

Hauptsächlich wird die andere FELDENKRAIS-Methode „Bewußtheit durch Bewegung" (1981) jedoch in Gruppen angewandt. Eine Besonderheit liegt bei dieser Therapieform in der verbalen Ansprache, ohne dadurch Bewegungsvorbilder zu schaffen: Jeder lernt an sich und für sich, was seinem Organismus möglich und für diesen richtig ist. Er lernt, wie man lernt und wie durch diesen Lernvorgang ein Optimum sowohl an körperlicher als auch an geistiger Beweglichkeit erreichbar ist.

Der Therapieansatz von Frieda GORALEWSKY fußt auf einer spezifischen Ausrichtung von Atemgymnastik, die u. a. auf die ‚richtige' Körperhaltung, Atmung und Wohlspannung (vgl. Gerda ALEXANDER 1978) abzielt und damit in der Tradition von Elsa GINDLER, die schon vor sechzig Jahren einen Ansatz zur konzentrativen Bewegungstherapie schuf, steht.

Wie bei Moshe FELDENKRAIS besteht jedoch das erklärte Ziel der Körperarbeit darin, über die Suche nach zweckmäßigen, energiesparenden Bewegungsabläufen auch neue Nervenbahnen zu aktivieren und die eingeschränkten Haltungs-, Bewegungs- und Verhaltensmuster wieder zu erweitern. Die „Aus- bzw. Innenbildung" (ROSENGÄRTNER 1985) bei GORALEWSKY bezieht bei der Suche nach Öffnung der Körperräume u. a. auch die Arbeit mit akustischen Ausdrucksformen ein. Dabei kann der eigene Körper als Klanginstrument und Resonanzraum erfahren und für eine größere Durchlässigkeit geöffnet werden (vgl. JACOBS 1962, 1978; DELAKOVA 1984).

Das Ziel dieser Körperarbeit ist die Erfahrung, daß Atem und Bewegung aufeinander einwirken und sich qualitativ verbessern, wenn der Schüler sie geschehen läßt anstatt sie zu ‚machen'.

Eine ganzheitliche Sicht von Körper und Bewegung liegt auch den BARTENIEFF-Fundamentals zugrunde, dieser neurophysiologischen Bewegungsarbeit, die auf Mobilisieren der Tiefenmuskulatur, auf Körperverbundenheit und Effektivität bewegungsdynamischer Prozesse abzielt. Irmgard BARTENIEFF (1900-1981) war eine deutsche Tänzerin, die auch bei Rudolf von LABAN studierte und 1936 nach New York auswanderte. Sie arbeitete dort als Physiotherapeutin und entwickelte sich zu einer Spezialistin auf dem Gebiet der Rehabilitation von Poliokranken. In ihrer Arbeit verband sie ihr Wissen aus Tanz, Physiotherapie und LABAN-Theorie (Effort-Shape, heute: Laban Movement Analysis) (vgl. NORTH 1972). 1978 gründete sie das ,Laban/Bartenieff Institute for Movement Studies' in New York.

Im Rahmen ihrer korrektiven Körperarbeit, den BARTENIEFF-Fundamentals, wird sehr differenziert an der *Bewußtmachung von Bewegungsansätzen* gearbeitet: jeweils aus der Körpermitte (central), der Peripherie (peripheral) und Körperteilmitte (mid-limb) heraus. Der Therapie liegt die Erfahrung zugrunde, daß unter einem fehlerhaften Bewegungsansatz die ganze Bewegung leidet, da sie dann funktional und expressiv uneffizient ist. Die besondere Bedeutung der BARTENIEFF-Fundamentals liegt in ihrer Synthese von verschiedenen Bewegungsaspekten. Vereinfacht dargestellt, umfassen sie die funktionale Körperbewegung (body level), die persönliche Bewegungsdynamik (effort) mit den Möglichkeiten von Raum, Zeit und Kraft und die Beziehung der persönlichen Kinesphäre zu räumlichen Zusammenhängen (space).

Die unterschiedlichen Aspekte unterstützen sich wechselseitig, so daß der Lernende die für seine Leiblichkeit wesentlichen Zusammenhänge wahrnehmen und begreifen lernt. Das umfassende LABAN- Analysessystem ist in seiner Bezogenheit auf abstrakte Bewegungszusammenhänge, deren Umsetzung durch den individuellen Menschen und in seinem umfassenden Menschen-, Bewegungs- und Weltverständnis erfolgt, sehr dicht strukturiert. Gerade seine Komplexität und die daraus resultierende Differenziertheit ermöglicht es, körpernah so zu arbeiten – und dabei den Körper und die Bewegung so ernst zu nehmen –, daß ganzheitliche Zusammenhänge unmittelbar aufscheinen, und die Ganzheitlichkeit des Menschen nicht notwendigerweise über die Ergänzung eines psychotherapeutischen Systems wiederhergestellt werden muß.

Alle vorgestellten Körperverfahren arbeiten mit verschiedenen Zielgruppen im pädagogischen und therapeutischen Arbeitsfeld. Alle sprechen Menschen an, die eine Integration des Körpers in ihr *Selbstbild* und *Selbsterleben* anstreben. Aus tanzpädagogischer und tanztherapeutischer Sicht sind die ALEXANDER-Technik und die BARTENIEFF-Fundamentals besonders grundlegend und effektiv. Die besondere Bedeutung der ALEXANDER-Technik besteht u. a. darin, daß sie intensiv an der ‚Verlängerung' der Wirbelsäule und dem ‚freien' Hals arbeitet. Hier wird die Fähigkeit geschult, der Schwerkraft nachzugeben (z. B. in den Knien und im Becken) und gleichzeitig den Gegenzug vom Boden weg (durch die Wirbelsäule, den Hals und Kopf) zu aktivieren. Damit schafft sie grundlegende Möglichkeiten für den Tanz, unabhängig von dessen Stilrichtungen.

Die Fundamentals haben den Vorzug, daß sie die sanfte, subtile Körper- und Atemarbeit und Körpererfahrung, die allen Verfahren eigen ist, um eine Komponente erweitern.

Sie beziehen, vor allem nach den Basisübungen, schon die konzeptionelle Arbeit in Raum, Zeit, Kraft und Bewegungsfluß mit ein, haben somit eine unmittelbare Verbindung zu den Konzepten der Tanzpädagogik und Tanztherapie (s. Kap. 8.1., 8.2.2. und 9.2.).

9.2. Tanztherapie

9.2.1. Überblick

Als Begründerinnen der Tanztherapie in Amerika müssen fünf Persönlichkeiten genannt werden: Franziska BOAS, Marian CHACE, Liljan ESPENAK, Mary WHITEHOUSE und Trudi SCHOOP. Durch ihre persönlichen Erfahrungen im künstlerischen Tanz und durch ihre Leitung von Tanzstudios einerseits, und ihren Kontakt mit tiefenpsychologisch ausgerichteten Therapeuten und psychiatrischen Institutionen andererseits, ‚entdeckten' sie den Tanz als therapeutisches Medium und nutzten zugleich die Möglichkeit, ihn innerhalb der klinischen Arbeit zu erproben.

Trudi SCHOOP (1981, 12 f.) beispielsweise berichtet, daß sie am ‚eigenen Leib' die heilsame Wirkung des Tanzens und der Pantomime erfahren habe. Diese tiefgreifenden Heilungsprozesse, die sie von ihren Ängsten und Problemen befreit hatten, leiteten sie in späteren Jahren bei der Erforschung des Tanzes im therapeutischen Bereich. Sie hatte letztlich die Bedeutung der tänzerischen Improvisation und deren Weiterführung zur Gefühlsmitteilung in der Gestaltung selbst erfahren und erkannt:

„Heute bin ich fest überzeugt, daß über die Improvisation mich vor allem die tänzerische Gestaltung von meinen Seelennöten befreit hat. Ich machte den Versuch, meine Fantasien zu verkörpern, dadurch findet eine Umkehrung statt: Man beginnt die Fantasien zu meistern, *man ist nicht mehr von der Fantasie besessen – man besitzt Fantasie!* Die Angst hielt mich nicht mehr gefangen, ich hatte Angst, wenn es notwendig war, Angst zu haben.

So glaube ich, daß ich mich gesund getanzt habe. Und heute weiß ich, daß diese eigene Erfahrung mich bewog, später mit psychotischen Menschen zu tanzen" (SCHOOP 1981, 12 f.).

SCHOOP (geb. 1903) ging davon aus, daß Bewegung, und hierbei im besonderen der Tanz als Ausdruck von Gefühlen, Ängsten und Konflikten, auch bei anderen Menschen einen heilsamen Einfluß auf die Gesamtpersönlichkeit erzielen kann. Es ist hierbei allerdings von Bedeutung, sich zunächst das Verständnis von Tanz in den 40er Jahren dieses Jahrhunderts zu vergegenwärtigen, denn ohne diesen Wandel in der Auffassung von Tanz wäre die Tanztherapie nicht denkbar. SCHOOP selbst erklärt ihren großen Erfolg als Tänzerin und die sich daran anschließende Möglichkeit, in einer Klinik mit psychisch Kranken zu arbeiten, mit dem innovativen Geist jener Zeit und einer daraus resultierenden revolutionären Wende im Tanz. Tänzerinnen wie Isadora DUNCAN und die WIESENTHAL-Schwestern brachen mit der Tradition, mit Spitzenschuh und Tutu, und ebneten den Weg für den experimentellen Tanz. Es war die Gründerzeit des Ausdruckstanzes, die durch Namen und Persönlichkeiten wie Rudolf von LABAN, Mary WIGMAN und Valeska

GERT gekennzeichnet ist (s. Kap. 7.2.). In den Jahren zwischen 1890 und 1940, Jahren des Jugendstils und des frühen Expressionismus, wurden Körper und Rhythmus, Bewegung und Tanz als existentielle Möglichkeiten wiederentdeckt, um der freiheitshemmenden Macht der modernen technisch-industriellen Zivilisation entgegenzuwirken (vgl. GÜNTHER 1980, 569).

In Bezugnahme auf Elke WILLKE (vgl. 1978, 14 ff.) lassen sich drei wichtige Bedingungen nennen, die entscheidend zur Entwicklung der Tanztherapie beitrugen:

- die Auffassung von Tanz als expressivem und kommunikativem Medium mit jeweils individuellen Möglichkeiten des Sich-Bewegens und damit verbunden die Intention, die Totalität der menschlichen Erfahrung durch Bewegung auszudrücken,
- die Wiederbesinnung auf die uralte heilende Kraft des Tanzes, wie sie bereits in primitiven Gesellschaften selbstverständliches Wissen war,
- die zunehmende Betonung der interpersonellen Interaktion und Kommunikation auch in herkömmlichen Psychotherapieformen.

Es muß jedoch erwähnt werden, daß es *die* Tanztherapie nicht gegeben hat und auch heute nicht gibt. Unter dem Begriff Tanztherapie läßt sich eine Vielzahl von Konzepten annehmen, die koexistieren und weiterhin in der Entwicklung, das heißt, der Theoriebildung und Evaluation begriffen sind. Ein verbindendes und allen Ansätzen gemeinsames Ziel definiert die 1966 gegründete Dachorganisation der Tanztherapeuten in Amerika, American Dance Therapy Association (ADTA), wie folgt:

„Die Tanztherapie ist eine psychotherapeutische Verwendung von Bewegung als Prozeß, der die psychische und physische Integration des Individuums zum Ziel hat."

In der Gesamt-Gestalt der Persönlichkeit kommen körperliche und geistige, psychische und soziale Elemente zum Tragen. Störungen in einem Bereich haben desintegrative Tendenzen in der Gesamtpersönlichkeit zur Folge. Diese sich gegenseitig bedingenden Abhängigkeiten lassen sich an einigen Beispielen erläutern:

„Auf der körperlichen Ebene könnte man als Beispiel den Verlust von Sensibilität, Bewegungsfähigkeit, physischer Kraft und Geschmeidigkeit nennen, auf der psychischen Ebene Realitätsverlust, Abspaltung von Emotionen und Phantasien, auf der sozialen Ebene Beziehungsstörungen, Kontaktarmut, Bindungsunfähigkeit, auf der geistigen Ebene Fehlen des Lebenssinns, Verlust der geistigen Heimat, Fehlen von Idealen" (PETZOLD 1974, 289).

Demzufolge versucht die Tanztherapie ebenso wie die Integrative Bewegungstherapie, den Menschen in seiner Körperlichkeit, seinen emotionalen Regungen, seinen sozialen Interaktionen und seinen geistigen Bestrebungen zu erreichen und über positive Veränderungen in einem Bereich, heilende Wirkung auf den ganzen Menschen zu erzielen.

Der Tanztherapie liegt dabei ein auf *Integration ausgerichtetes Wachstumsmodell* (personal growth, holistic growth model) zugrunde:

„Dance Therapy is the use of movement and the movement process to aid in psychological and physical integration. Both movement and verbalisation are essential to discharge suppressed emotions and release energy from physic and somatic blocks. The release of energy leads to new levels of perception and expanded ways of behaving in the world, allowing for integration of body and mind" (WALLOCK 1981, 46).

Statt der Bezeichnung ,Dance Therapy' wird in Amerika oft die Verbindung ,Dance/Movement Therapy' benutzt. Diese Begriffskombination entstand zu der Zeit, als der Name Tanztherapie wegen eines zu eng gefaßten Verständnisses von Tanz oft zu Mißverständnissen führte. Ein offeneres Verständnis von Tanz und das Wissen, daß unter Tanz mehr als ein System von Bewegungsfertigkeiten und genormten Tanzstilen zu verstehen ist, hat sich erst in den vergangenen zwanzig bis dreißig Jahren durchgesetzt.

Der Begriff ,Tanztherapie' wird eindeutig von jenen Therapeutinnen bevorzugt, die vom Tanz, das heißt, vom selbst ausgeübten künstlerischen Tanz kommend, tänzerische Elemente benutzen und überwiegend mit Musik arbeiten. Therapeuten, die weniger Musik einsetzen und sich deutlicher vom Tanz als Kunstform abheben wollen, bevorzugen den Begriff ,Movement Therapy'. Auch wenn keine Musik verwandt wird und sich die Therapeuten mehr auf den internen, inneren Rhythmus, der sich aus den Patienten selbst entwickelt, stützen, hat Bewegung eine rhythmische Qualität, vor allem im Gruppenrhythmus oder in der konzeptionellen Arbeit mit Raum, Zeit, Kraft und Balance (vgl. LABAN 1981; CHAIKLIN 1975, 702).

Die Tanztherapie ist heute – nach etwa 40jähriger Entwicklung – in den USA nicht nur als Nebenbehandlung zur Unterstützung anderer Formen der Psychotherapie, als Hilfstherapie zur Förderung von Entspannung oder zum Aufbau des Körper-Ichs (vgl. SIEGEL 1986, 25), anerkannt, sondern hat sich auch als „primäre Interventionsmethode" (ESPENAK 1985, V) und „eigenständige Therapieform" (SIEGEL 1986, 25) etabliert.

Die Körper- und Bewegungsanalyse setzt an bestimmten Elementen wie Atmung, Rhythmus, Haltung, Spannungsgraden und Verhalten im Raum an, welche den menschlichen Ausdruck und die Körpersprache eines Individuums ausmachen. Als Maßstab einer Diagnose und der Messung von Therapieerfolgen bezeichnet SCHOOP (vgl. 1974, 47) den gesunden Menschen, dessen psychische Gesundheit ihre physische Repräsentation findet:

Bei einem Menschen in seiner organischen Einheit verschmelzen Körper und Geist, indem der Gedanke der Handlung und die Handlung dem Gedanken entspricht. Dieser Mensch hat seine Mitte gefunden („the optimal centre of gravity"). Er bewegt sich im ausgeglichenen Verhältnis von Spannung und Lösung, seine Atmung fließt rhythmisch, seine Haltung ist harmonisch, zentriert und immer flexibel, bewegungsbereit. Sein Muskeltonus ist funktionell angepaßt, seine Bewegungen und sein Energie-, Kraftaufwand ökonomisch und sein Verhalten im Raum spontan und situationsangemessen.

Schwankungen bezüglich dieser Basiselemente sind ursprünglich menschlicher Natur, jedoch weisen Beschränkungen, Abweichungen, die manifest werden und keine Handlungs- und Wahlfreiheiten mehr zulassen, auf abnorme und gesundheitsbeeinträchtigende Störfaktoren hin. An diesen Elementen der *Körper- und Bewegungsanalyse* setzen auch die Verfahren der Tanztherapie an. Ziel der Körper- und Atemarbeit, der tänzerischen Übungsphasen und Tanzimprovisationen ist es, im Hinblick auf die genannten Aspekte eine Körpererfahrung, speziell eine Körperbewußtheit zu vermitteln, Möglichkeiten zur Differenzierung zu eröffnen, zum Verstehen der beschränkenden Muster und zur Stabilisierung und Stützung vorhandener positiver Qualitäten beizutragen.

9.2.2. Quellen und Ziele der Tanztherapie

Für alle tanztherapeutischen Ansätze gilt jedoch grundsätzlich:

„Der Ursprung der Methode liegt im Tanz selbst" (SIEGEL 1986, 225).

Hiermit wird die *heilsame Kraft des Tanzes* zur (Re-) Integration der Körper-Seele-Geist-Einheit angesprochen, die auf die Erfahrung von Ganzheitlichkeit hin orientiert ist.

„Dance-Movement Therapy is seen as a process entailing the use of developmentally oriented body movement for awareness, expression, exploration, identification, and integration towards an experience of wholeness" (BERNSTEIN 1981, xj).

Unterschiedliche Ausrichtungen der Tanztherapie ergeben sich allerdings daraus, daß die Tanztherapeut(inn)en ihre Behandlungsmethoden auf unterschiedliche wissenschaftliche Grundlagen rückbeziehen. In Penny BERNSTEINs (1979) Sammelband werden acht theoretische Ansätze der Tanz- und Bewegungstherapie vorgestellt:

- The Chace Approach to Dance Therapy
- The Schoop Approach to Dance Therapy
- The Jungian Approach to Dance Therapy of Whitehouse
- The Adlerian Approach to Dance Therapy of Espenak
- The psychoanalytically oriented Dance-movement Therapy of Siegel
- The Gestalt Movement Therapy Approach of Bernstein
- The psychodynamic oriented Dance Therapy of Fletcher
- The Transpersonal-transformational Approach of Govine

Elaine SIEGEL (vgl. 1986, 17), die ihren Ansatz als eine Synthese von Tanz und Psychoanalyse bezeichnet, legt eine *psychoanalytische Konzeption der Tanztherapie* vor, die sich sowohl am FREUDschen Phasenmodell der Entwicklung (v. a. orale, anale, phallische Phasen) orientiert, als auch die FREUDschen Konzepte der Übertragung und des Widerstandes zum Ausgangspunkt ihrer tiefenpsychologischen Arbeit nimmt. Lilian ESPENAK (1906-1988), selbst Mitglied des Behandlungsteams der ‚Alfred Adler Mental Health Clinic' und Mitglied des Instituts für Bioenergetische Analyse, vertrat einen tanztherapeutischen Ansatz, der sich an die ADLERsche Psychologie anlehnt und darüber hinaus auf einer psychomotorischen Theorie basiert. Da sie selbst Schülerin WIGMANs war, hat im Rahmen ihrer therapeutischen Arbeit mit dem Medium Tanz der Moderne Tanz eine hervorragende Bedeutung. ESPENAK (1986, 38) bezeichnet den Modernen Tanz als eine Hauptquelle der Tanztherapie. Sie verweist in diesem Zusammenhang besonders auf die Leistungen LABANs auf dem Gebiet der Bewegungsanalyse und der Bewegungs- und Tanzschulung, als auch auf die Bedeutung Mary WIGMANs, Isadora DUNCANs, der DENISHAWN-Schule von Ruth ST. DENIS und Ted SHAWN, Doris HUMPHREY und Martha GRAHAM. Weitere Einflüsse erhielt sie durch Körpertherapien (Bioenergetik) und körperbezogene Techniken (Lockerungs- und Entspannungstechniken von ALEXANDER und JACOBSON, Schwungtechniken von BODE und MEDAU, Rhythmik von DALCROZE, Psychodrama von MORENO, Meditationstechniken der tanzenden Derwische).

Im Gegensatz zu ESPENAK (1985), die sich deutlich dem Modernen Tanz verpflichtet fühlt, betont SIEGEL (1986, 225 ff.) die Bedeutung des Klassischen Tanzes. Ihrer Meinung nach dürfen Tanztherapeutinnen der westlichen Welt nicht ihre kulturelle Herkunft und die dadurch geprägten „linearen Bewegungsmuster" des Balletts verleugnen und die fremden Bewegungsmuster des afro-haitischen oder indischen Stils als authentischer beurteilen. Nach SIEGEL repräsentiert der klassische Tanz und die Choreographie

„… die Herrschaft des disziplinierten Bewußtseins über den Motilitätstrieb und dessen verschiedene Ausdrucksformen, was auch in der Tanztherapie angestrebt wird. ... In der Psychoanalyse wie in der Tanztherapie ist man bestrebt, die Triebe zu kanalisieren und sie der bewußten Ich-Kontrolle zuzuführen, um dadurch die Voraussetzung zur vollen Entfaltung der schöpferischen Begabungen zu schaffen" (SIEGEL 1986, 226).

Dementsprechend erfolge die *Einbeziehung des Modernen Tanzes* in die Tanztherapie zwar im Interesse der Steigerung von Ausdrucksmöglichkeiten, speziell im Hinblick auf den Gefühlsausdruck, aber das – entsprechend der psychoanalytischen Zielsetzung – avisierte Ichideal repräsentiere weiterhin das Ballett. Dem Modernen Tanz steht SIEGEL (1986, 226 f.) kritisch gegenüber, weil das Spektrum der Ausdrucksformen von „libidinösen, fließenden Gefühlsausbrüchen bis zu eisigen Überichkonstruktionen" reiche. Einerseits sieht sie die Gefahr der Gefühlsüberflutung, andererseits die der Abstrahierung und Negierung des individuellen Gefühlslebens.

Die *Ballett-Technik* wirke demgegenüber auf psycho-physischer Ebene strukturbildend,

- weil das Bewegungsvokabular des klassischen Tanzes die aufrechte Körperhaltung und die raumgreifenden Bewegungen, damit auch klare Körper- und Raumausrichtungen und Körperkontrolle vermittele. Die klar strukturierten Übungen, zum Teil an der Ballettstange, garantieren einen festen Halt, den v. a. Patienten mit manischem Schub, regredierte Patienten und auch Neurotiker als Ausgangsbasis brauchen,
- weil „die anatomisch korrekt ausgeführte Bewegung Freude und Selbstsicherheit verschafft" (SIEGEL 1986, 226),
- weil die klassische Bewegungstechnik das Körperbild festigt, da das Muskelsystem derart beeinflußt wird, daß „die Anspannung ohne Gefühlsüberflutung durch Abreaktion beseitigt wird" (SIEGEL 1986, 227),
- weil die Fähigkeit zum Ausdrehen (Prinzip des ‚en dehors') gefördert wird, welche „als Ausdruck großen sexuellen Selbstvertrauens" (SIEGEL 1986, 229) aufzufassen ist[4]. Die Fähigkeit zur offenen Haltung und Auswärtsdrehung der Beine setzt somit, wenn sie nicht narzißtisch und exhibitionistisch produziert und mißbraucht wird und auch nur eine freie Wahlmöglichkeit und

Alternative zur parallelen, geschlossenen Beinhaltung ist, eine störungsfreie Entwicklung des Menschen[5] in den einzelnen Stufen der Differenzierung der normalen Motilität und des Körper- und Selbstbildes voraus und zeigt an, „daß man seiner Sexualität unbefangen und selbstsicher gegenübersteht" (SIEGEL 1986, 229).

Diese Gegenüberstellung zweier Ansätze zeigt deutlich auf, daß sowohl der psychotherapeutische, als auch der tanzbiographische Hintergrund der Tanztherapeutinnen ausschlaggebend für die unterschiedlichen Akzentuierungen sind. SIEGELs wertende Ausführungen über die dominante Bedeutung des klassischen Tanzes gegenüber anderen Tanzstilen müssen jedoch einer *kritischen Betrachtung* unterzogen werden:

– In der Tanztherapie werden Tanztechniken und vorgegebene Bewegungsmuster nie um ihrer selbst willen vermittelt, sondern als Medium genutzt. Jede Festschreibung einer idealen Körper-Präsentation führt zu einer Einseitigkeit und bewirkt eine unangemessene Einschränkung der Therapiemöglichkeiten, um auf die spezifischen Bedürfnisse und Problemlagen von Patienten eingehen zu können.

„Für die Tanztherapie ist es wesentlich, das Repertoire an Bewegungsmöglichkeiten verschiedener Tänze und Tanzstile an geeigneter Stelle im therapeutischen Prozeß einzusetzen. Ich möchte dies an einem Beispiel verdeutlichen: Ein Klient versuchte z. B. immer wieder, durch kleine Stampfer seine Wut zu zeigen. Entweder er tat sich weh, oder er war mit dem Ergebnis unzufrieden. Verschiedene Stampftechniken – teilweise aus dem afrikanischen Tanz – konnten ihm helfen, seine Bewegung und seinen Ausdruck zu finden. Eine andere Klientin äußerte den Wunsch, die Beckenbewegungen des Bauchtanzes lernen zu wollen. Sie war sich bewußt, daß sie sich in ihrem Becken steif und gehalten fühlte. Für sie hatten diese Bewegungen mit Weiblichkeit, Sexualität und Verführung zu tun und knüpften direkt an ihr aktuelles Thema an" (WILLKE 1985, 475).

– Jeder Tanzstil ist durch spezifische Merkmale und Bewegungsprinzipien geprägt, die jeweils unterschiedliche Erfahrungs-, Ausdrucks- und Kommunikationsmöglichkeiten bieten. Diese Vielfalt muß dem Therapeuten verfügbar sein, um personenzentriert therapeutisch arbeiten zu können; persönliche Vorlieben und ästhetische Urteile des Therapeuten müssen zugunsten personenzentrierter Interventionen in den Hintergrund treten:

„Für die therapeutische Arbeit mit vorgestalteten Tänzen und Techniken gibt es keine allgemeingültigen Auswahlkriterien. Ein Urteil über sinnvolle, günstige oder gar angemessene Tänze ist für die Tanztherapie äußerst relativ. Denn die Auswahl ist abhängig von der therapeutischen Situation in allen ihren Differenzierungen, vom Klienten und dessen Vorlieben und Ablehnungen und natürlich vom Können des Therapeuten und dessen Fähigkeit, den Prozeß der Sinnbildung mit dem Klienten zu leiten. Ein an ‚hard rock' gewöhnter Jugendlicher wird vielleicht einen deutschen beschwingten Volkstanz von vornherein ablehnen. Er kann das, was dieser Tanz ihm anbietet, nicht im Tanz und auch nicht bei sich selbst entdecken" (WILLKE 1985, 475).

– SIEGELs Idealisierung des Klassischen Tanzes muß ebenfalls kritisch entgegen gehalten werden, daß jeder Tanz in der Therapie heilsam wirken kann, wenn über die Imitation einer Bewegungsform Prozesse der Identifikation und der persönlichen Sinnbildung eingeleitet werden:

„Auch wenn die Form und der Ausdruck des jeweiligen Tanzes einen bestimmten ‚Sinn' nahelegt, geschieht die persönliche Sinnbildung in der Therapie jeweils neu und in Zusammenarbeit von Therapeut, Klient und in Anbetracht der jeweiligen Tanzkreation. Denn auch in der vorgestalteten Form als symbolischer Form sind ‚Spielräume', die Deutungsräume und Erlebnisräume vorhanden, die der einzelne individuell nützen und füllen kann" (WILLKE 1985, 472).

– Die tanztherapeutischen Ziele, wie Differenzierung der Motilität und des Körper- und Selbstbildes, versucht SIEGEL (1986) vorrangig über den Rückgriff auf klassisches Exercise zu verwirklichen. Dieser einseitigen Parteinahme muß entgegengesetzt werden, daß das Bewegungsvokabular anderer Tanz- und Bewegungsstile (s. Kap. 8.1.2., 9.1., z. B. BARTENIEFF-Fundamentals; LABANs Schwungskalen, Bewegungsrituale des Tai Chi oder des Yoga) ebenfalls strukturbildend wirken und das Selbstbild positiv über die Differenzierung und Vervollkommnung des Körperbildes beeinflussen.

– SIEGELs (1986, 225) These von der Vorrangstellung des Klassischen Tanzes („Aber die Tanztherapie entstammt dem klassischen Tanz und ist davon bis heute geprägt.") scheint auch angesichts ihrer Aussagen, „Jeder Tanzschritt, jeder Tanz erweitert das psychologische Blickfeld." (SIEGEL 1986, 108) und „Der Tanztherapeut muß nicht nur mehrere Tanztechniken anatomisch korrekt beherrschen, – diese Techniken sollten auch zum Bestandteil seines persönlichen Bewegungsrepertoires geworden sein." (SIEGEL 1986, 30), nicht vertretbar. Aus der Beschreibung von Fallbeispielen läßt sich jedoch eine Relativierung von SIEGELs Tanzverständnis ablesen. Hier verweist SIEGEL auf die Verwendung des Ausdruckstanzes (z. B. 1986, 44), des Walzers (z. B. 1986, 24, 105, 174), des Basic Dance (z. B. 1986, 24, 30, 125) und der Improvisation (1986, 37, 42-44,176, über Improvisation als Ziel der Tanztherapie 70). Des weiteren klärt sich SIEGELs Verständnis vom Ballett und die Verwendung von tanztechnischen Fertigkeiten des Klassischen Tanzes, wenn man entsprechende Fallbeispiele betrachtet:

„Zunächst hatte Tom immer Angst, wenn ihm etwas gelang oder wenn ich versuchte, mich in seine Welt einzufühlen. Ich bot ihm viele körperbildfördernde Übungen an. … Die *ports de bras* vom Ballett gefielen Tom besonders. Er konnte sie bald gut nachahmen. Aber gewisse Bedingungen mußten erfüllt werden, ehe Tom mich imitieren konnte. Die Musik mußte sanft und leise bleiben, und meine Bewegungen mußten flüssig und raumgreifend sein, sonst wurde Tom unruhig. Die Imitation symbolisierte eine Art Selbstaufgabe, die aber zugleich auch eine Vorstufe der Identifizierung war" (SIEGEL 1986, 175).

Indem Tom Bewegungsmuster seiner Therapeutin zu imitieren lernt (hier: Armbewegungen und Schrittfolgen des Walzers), zeigt er ihr sein zunehmendes Vertrauen, das für die Intensivierung der Übertragungssituation notwendig ist.

Auch im folgenden Beispiel wird von der Behandlung eines schizophrenen Jugendlichen, Marty, berichtet (vgl. SIEGEL 1986, 180 – 185):

„Er versäumte auch nie, seine Bitte um »Musik zum Kicken« zu wiederholen. Das hieß, er wollte *grands battements* üben. Sie wollten ihm jedoch nicht gelingen. ... Daß es ihm unmöglich war, die »messerscharfen«, aggressiven *grands battements* auszuführen, war ein weiterer Beleg dafür, daß er vorläufig noch nicht alle menschlichen Gefühle erkennen konnte und daß ihm darum die volle Bandbreite menschlicher Beziehungen entging. *Arabesquen* zu machen oder auf mich zuzuschreiten, gelang ihm genausowenig. Es war, als ob er mich verschlingen wollte oder Angst hätte, von mir verschlungen zu werden" (SIEGEL 1986, 181).

Nach mehreren Monaten Tanztherapie kam Marty völlig deprimiert und verzweifelt zur Therapiesitzung, weil er seinen Freund verärgert und daraufhin verloren hatte:

„Endlich hatte er eine Idee: Wie wär's mit der »Musik zum Kicken«? Könnte er vielleicht über seinen Freund und den Vorfall tanzen? Marty legte eine Hand auf die Stange, zog sich hoch und stellte sich in der zweiten Position hin. Er war zweifelsohne angriffsbereit. Die Musik spielte laut, lud geradezu dazu ein, sich aggressiv auszutoben. Marty stand still wie ein Denkmal, nur eine leichte Röte zog sich langsam an seinem Hals hoch" (SIEGEL 1986, 182).

Nach weiteren Interventionen der Therapeutin geschah folgendes:

„Er hämmerte voller Wut gegen die Wand, als ob er die ganze Welt zusammenschlagen wollte. Er hörte gleichzeitig mit der Musik auf. »Noch einmal«, sagte er dann. »Ich will jetzt kicken.« Dieses Mal hatte er keine Schwierigkeiten mit den *grands battements*. Sie flogen förmlich in den Raum, waren »messerscharf« und rhythmisch. Nach dieser Therapiestunde ging Marty mit aufrechter Körperhaltung und entspannt nach Hause" (SIEGEL 1986, 182 f.).

Diese Auszüge aus Fallbeispielen verdeutlichen, daß nicht der technische Vollzug einer „leeren" Bewegungsform heilsam wirkt, sondern daß die Bewegungen im individuellen Kontext der therapeutischen Arbeit vom Patienten gefühlsmäßig gefüllt werden müssen, das heißt bedeutsam werden, weil ein zunächst weder sprachlich, noch bewegungsmäßig und durch Handlung umsetzbares Gefühl dann zum Ausdruck gelangt. Hierdurch tritt einerseits eine psycho-physische Entlastung und Entspannung beim Patienten ein, andererseits wird auch eine analytische Deutung und Bearbeitung in der Therapeut-Patient-Beziehung ermöglicht.

Ich werde mich im folgenden mit dem JUNGschen Ansatz von Tanztherapie auseinandersetzen, der beide Pole, die strukturbildende und symbolbildende Funktion des therapeutisch genutzten Tanzes, vereint.

9.2.3. Der JUNGsche Ansatz von Tanztherapie

Der JUNGsche Ansatz von Tanztherapie ist durch die Methode der *aktiven Imagination* im Tanz geprägt und dementsprechend von anderen Ansätzen abgegrenzt zu behandeln.

Die aktive Imagination ist eine „Methode der Introspektion, nämlich der Beobachtung des Flusses innerer Bilder" (JUNG, GW 9/1, 1976, 206 f.). Nach individuellen Präferenzen (Neigungen, Bedürfnissen, Begabungen) wählt der/die Imaginierende sein/ihr Ausdrucksmedium: Sprache, Gesang, Zeichnung, Malerei, Plastik, Musik und Tanz (vgl. JUNG, GW 8, 1971, 96, 232, 234). Jung berichtet aus seiner eigenen psychotherapeutischen Praxis über Patientinnen, die der aktiven Imagination durch Tanz Ausdruck verleihen:

„Ich habe einige Fälle unter meinen Patienten beobachtet, Frauen, die nicht zeichneten, sondern Mandalas tanzten. In Indien existiert dafür der Terminus: Mandala nritya = Mandalatanz. Die Tanzfiguren drücken denselben Sinn aus wie die Zeichnungen. Die Patienten selber können wenig über den Sinn der Mandalasymbole aussagen. Sie sind davon fasziniert und finden sie irgendwie in bezug auf den subjektiven seelischen Zustand ausdrucks- und wirkungsvoll" (JUNG, GW 13, 1978, 31).

Jung hat des weiteren von Patienten berichtet, die ihre Mandala-Bilder in Bewegung umsetzten; den meisten Patienten fehlte jedoch aufgrund der stark ausgeprägten Selbstkontrolle der Mut dies zu tun (vgl. CHODOROW 1986, 89).

Als Pionierin dieses Ansatzes tanztherapeutischer Arbeit muß Mary WHITEHOUSE betrachtet werden. Mary WHITEHOUSE (1911-1979), die ein Diplom an der WIGMAN-Schule in Dresden erwarb und auch bei Martha GRAHAM studierte, entwickelte nach ihrer eigenen Analyse und ihrem Studium am C. G. JUNG Institut in Zürich das tanztherapeutische Konzept des ‚authentic movement' oder ‚*movement-in-depth'*. Ihr Beitrag zur Entwicklung der aktiven Imagination durch Bewegung wurde von Joan CHODO-ROW, Jungianerin und u. a. Schülerin von WHITEHOUSE, zu einer Methode ausdifferenziert und ausgebaut.

Mary WHITEHOUSE (vgl. 1977) unterscheidet drei Stufen des tanztherapeutisch-methodischen Weges: Auf der ersten Stufe wird die Körperbewußtheit gefördert, das heißt die bewußte Wahrnehmung des Körpers und der Bewegung und die subjektive Verbindung, die innere Einstellung zur Bewegung im Gegensatz zum mechanischen Tun. Erst dieses Gewahr-werden des Körpers und die innere Achtsamkeit der Bewegung gegenüber ermöglicht die zweite Stufe: die Erfahrung des ‚authenic movement', des ‚being moved' als Gegenpol von ‚I move'.

„‚I move', is the clear knowledge that I, personally, am moving. I choose to move ... The opposite of this is the sudden and astonishing moment, when ‚I am moved'. Dancers are terribly familiar with ‚I move', they are accustomed to think they do it all, that they must exert will power and effort for each thing they want to have happen.
The moment when ‚I am moved' happens ... is a moment when the ego gives up control, stops choosing, stops exerting demands, allowing the Self to take over moving the physical body as it will. It is a moment of unpremediated surrender that cannot be explained, repeated exactly, sought for or tried out" (STARKS WHITEHOUSE 1979, 57).

Hiermit verdeutlicht WHITEHOUSE, daß jede Bewegung, einschließlich der tänzerischen, aus zwei Bereichen der Psyche schöpft: dem Bewußtsein und dem Unbewußten. Verzichtet der Mensch auf die dominierende Rolle des ‚I move' und läßt das ‚being moved' geschehen, dann vollzieht sich – den inneren Impulsen folgend – eine aktive Imagination in und durch Bewegung. Wie in der Traumarbeit und der Technik der aktiven Imagination von JUNG gewinnt der Mensch Aufmerksamkeit gegenüber Prozessen, die in ihm weitgehend ohne Kontrolle ablaufen dürfen. Hier wird der Klient ermutigt, sich mit einem Problem (einer Person, einer angstbesetzten Situation, einem Teil des kollektiven Unbewußten...) in und durch Bewegung zu identifizieren, es zu verkörpern und einen ‚Dialog' zu führen. Diese ‚movement-in-depth'-Phase wird zum Beispiel durch

Meditation oder Tiefenentspannung, meditative Musik oder leitende Vorstellungsbilder und Traumbilder eingeleitet.

Auf der dritten Stufe erfolgt die Verbindung des innen, intrapsychisch Erlebten und Erfahrenen mit der Außenwelt. Jede Phase, jedes Bild und jeder Traum liefert Material für Selbsterfahrung und Selbstverständnis. Das durch ‚authentic movement' Erlebte und Erfahrene setzt neue Energie frei, die auf der neuen Stufe der Bewußtheit auch neuen Antrieb für das Erleben des Alltags, für die Auseinandersetzung mit der Außenwelt freisetzt. Die *gesteigerte Lebensfreude* und *erweiterte Lebensperspektive* erwächst aus:

- der Exploration des Körpers,
- der Begegnung mit der inneren, psychischen Welt
- der sinnlich-reflexiven Auseinandersetzung mit beiden Bereichen in der therapeutischen Beziehung,
- der Auflösung von Spannungsblockaden körperlicher und psychischer Natur und
- der individuellen Sinnfindung.

Beobachtungen an ihren Klient(inn)en stützen die Bedeutung obiger Erfahrungen für den Lebensalltag, die Alltagsbezüge:

„… new capacities appear, new modes of behavior are possible, and the awareness gained in the specialized situation goes over into a new sense of one's self driving the car, or stooping with the vacuum cleaner, or shaking hands with a friend" (WHITEHOUSE 1958, 10).

Der JUNGsche Ansatz von Tanztherapie nach Joan CHODOROW verbindet die strukturbildenden und symbolbildenden Aspekte der therapeutischen Verwendung von Tanz:

a)
Die Methode des „structuring" (CHODOROW 1974) dient dazu,

- vorhandene Körperhaltungen, Bewegungs- und Ausdrucksmuster deutlich zu machen, z. B. durch sensibilisieren, spiegeln und modulieren,
- positive Anteile des Körper-Selbst-Bildes zu stärken und zu festigen,

– um dann über die Übung möglichst vielfältiger, teils polarer Bewegungs- und Ausdrucksmöglichkeiten die einschränkenden Muster aufzubrechen und die Fähigkeit zur Differenzierung des individuellen Da-Seins zu erweitern.

Der tanztherapeutische Prozeß ist als erfahrungs- und erlebniszentriert zu sehen und beeinflußt die Gesamtpersönlichkeit gerade über das Verhältnis von Motion und Emotion.

Bei der *strukturbildenden Funktion* tanztherapeutischer Arbeit kommt – entsprechend der Vielfalt individueller psycho-physischer Problemlagen – ein breites Spektrum tänzerischer Erscheinungsformen ebenso zum Tragen wie Atemübungen, Entspannungsübungen und Phantasieübungen:

„For example, if I see that the patient is restricted to weak movement, shallow breathing and an overall quality that might be described as monotone, I will use any technique available to help that person go beyond his present boundaries. I might use structured movement or breathing exercises that concentrate on contrasting uses of time, space and energy qualities, or we might together recapitulate the entire sequence of normal development in movement, from infancy through adulthood, emphasizing and repeating whatever he didn't get enough of. We might work with fantasy and imagery (‚be a striking fork of lightning,‘ ‚be a powerful giant monster‘), or work with dance-drama and pantomime to help the patient express some of his own feelings, especially those that may have ‚shut down‘. This patient may need especially to express such feelings as attacking anger, bursting joy or quivering anticipation.

Ethnic forms that emphasize specific body parts can particularly be helpful to bring alive ‚dead‘ parts of the body. One patient worked for months on strongly grounded heelwork of Spanish dance techniques, and I recently spent four or five full sessions teaching a woman the undulating pelvic-centered movements of the belly dance. The inter-personal aspect of this involves my validation of the patient's new and often threatening experience. The woman's pelvis was locked because as a child she was given the message that sensual and sexual feelings were bad and never to be felt, much less enjoyed. I taught her to move sensually, both seriously and for the fun of it. In every way – through words and touch and movement and voice and feelings – I was able to convey to her a different message from the one she had learned as a child.

She was able to receive it and eventually to delight in her own good sensations and feelings" (CHODOROW 1974, 2).

In diesem Bereich des „structuring" übernimmt der/die Therapeut/in die Führungs-Rolle („the leadership role", CHODOROW 1974, 2) des aktiven, stützenden und impulsgebenden Begleiters und Helfers. Er/sie setzt klar strukturierte Aufgaben, um über die neuen Körper- und Bewegungserfahrungen das eingeschränkte *Bewegungs- und Ausdruckspotential* zu differenzieren und das Körperbild zu erweitern. CHODOROW (1974, 2) charakterisiert die Therapeut-Patient-Beziehung wie folgt:

> „The more structure I use, the more the interactions between me and the patient take on the qualities of a caring parent-child relationship."

Dieser Aspekt tanztherapeutischer Arbeit ist vor allem bei der Behandlung von Psychotikern und bei Patient(inn)en, deren Kontakt mit der äußeren Welt gestärkt werden muß, von größter Bedeutung (vgl. CHODOROW 1974, 3).

b)

Der zweite Ansatz, „authentic response", wirkt in die gegensätzliche Richtung: der Kontakt mit der inneren Welt, der inneren Realität wird bei Patient(inn)en gefördert, auch hier mit dem Ziel, eine *Balance zwischen innerer und äußerer Welt* zu ermöglichen. Als Voraussetzungen für die Anwendung dieser Methode gelten ein ausgeprägter Realitätsbezug und eine gefestigte Persönlichkeitsstruktur. CHODOROW beschreibt die Indikation wie folgt:

> „The second approach depends more on the presence of a stronger internal structure. In fact, it draws almost entirely from the patient himself, trusting in his innate integrety to lead the way. It is usually especially exiting and satisfying to a patient who has functioned efficiently in the outside world but feels his life and relationships to be empty, mechanical and meaningless. Somehow, this internally generated action can put people in touch with the vastness of their full potential" (CHODOROW 1974, 3).

Beim Methodenwechsel zum „authentic response" übernimmt der Therapeut die Rolle des/der teilnehmenden Beobachters/Beobachterin (vgl. CHODOROW 1974, 2). In späteren Veröffentlichungen bezeichnet CHODOROW (1986, 93) diese Rolle als „witnessing":

> „The witness fluctuates between a solar, differentiated, objective, definite way of seeing, to a lunar, merging, subjective, imaginative way of seeing. The same movement event may be seen and described in many ways" (CHODOROW 1986, 95).

Der/die Analytiker/in als Zeuge einer aktiven Imagination in der Bewegung wechselt intuitiv die Betrachtungsmodi, läßt sich von zwei polaren Bewußtseinsmodi leiten: vom Logos oder „directed consciousness" und vom Eros oder „fantasy consciousness" (CHODOROW 1986, 94). Wenn alle drei Aspekte (Wie bewegte sich der Körper? Welches Bild war damit assoziiert? Welches Gefühl war damit verbunden?) sowohl vom Analysanden als auch vom Analytiker/der Analytikerin erinnert und verstanden werden, ist dies als ein Ergebnis eines kontinuierlichen Wachstumsprozesses des Analysanden/der Analysandin und als Ausdruck einer stark ausgeprägten Empathie von Seiten des Analytikers/der Analytikerin zu deuten. Zu Beginn des therapeutischen Prozesses sind jedoch die Erinnerungen des Patienten/der Patientin sehr fragmentarisch, ähnlich wie nach einem Traum. Zunächst erfährt der/die Therapeut/in die Bilder, die die Bewegung des Patienten/der Patientin initiierten, erst im Gespräch nach der aktiven Imagination, aber im Entwicklungsprozeß der therapeutischen Beziehung entfaltet sich eine tiefer liegende Verständnisebene:

> „... the analyst/witness may be so familiar with the mover's previous dream and fantasy images that he or she can sense and imagine the nature of the images while watching. Sometimes, the movement comes from such depths that mover and witness experience a state of participation mystique" (CHODOROW 1986, 96 f.).

Kennzeichnend für diese Richtung der Tanztherapie ist, daß der Prozeß emotionszentriert und auch konfliktzentriert abläuft, darauf bedacht, zu entdecken, welche Bilder sich hinter den Emotionen und umgekehrt, welche Emotionen sich hinter den Bildern verbergen. CHODOROW differenziert zwischen drei Fragen und Aspekten, die in der Tanztherapie nach einer Phase des ‚authentic movement' bedacht und erinnert werden müssen:

„1) What was the body doing?
2) What was the associated image?
3) What was the associated affect or emotional tone?"
(CHODOROW 1986, 96).

Die Verarbeitung der Emotionen und Erlebnisse kann im analytischen Gespräch mit dem Therapeuten/der Therapeutin, in der Aussprache mit Partner/in und Gruppe oder als Zwischenschritt in der kreativen Umformung in Gedichte, Tonarbeiten und gemalte Bilder geschehen. Der/die Therapeut/in deutet zunächst nicht, liefert nicht ,seine/ihre' Interpretationen, sondern fördert den eigenen Erkenntnis- und Deutungsprozeß des Klienten/der Klientin. Er/sie kennt die Gefahr, daß die Gefühle und deren Wirkungen durch voreilige, verfrühte Erklärungen ,weginterpretiert' werden können:

„Analysis offers a difficult perspective, but analysts, too, know the danger of making premature interpretations that would analyze feelings away" (CHODOROW 1986, 96).

Im Prozeß der aktiven Imagination[6] können unbewußte Inhalte (Körpersensationen, Bilder, Emotionen) ins Bewußtsein aufsteigen und sich entfalten. Im Tanz nimmt der/die Imaginierende innere Impulse wahr und folgt ihnen im freien Bewegungsfluß und in unkontrollierter Körpersprache.

Aktive Imaginationen können ,themenlos' oder ,themengeleitet' stimuliert werden:

– Als Einstieg dient die (Bewegungs-)Meditation, die Tiefenentspannung oder die sensible Körperarbeit als ,Hinein-Horchen' in den eigenen Körper. Der/die Imaginierende beginnt sich dann aus der Stille heraus und ohne bewußtes Thema oder geplanten Impuls zu bewegen.

– Aus Erinnerungen, Träumen, Phantasien und persönlichen Problemen kann sich in einem Gespräch mit dem Therapeuten/der Therapeutin oder aus eigenem Antrieb der Wunsch herauskristallisieren, ein spezifisches Bild, Thema oder Motiv als Ansatzpunkt zu wählen. Hierbei ist der Impuls für den Einstieg bewußt, eventuell vom Therapeuten/von der Therapeutin vorgegeben (vgl. Fallbeispiel Pamela, s. u.), aber während des Tanzes nimmt der Imaginierende innere Impulse wahr und folgt ihnen im freien Fluß der Bewegung ohne Kontrolle oder Lenkung des Bewußtseins. Es ist ein Zustand größter Bewußtheit und Präsenz, der Wahr-Nehmung dessen, was sich durch die innere Einstellung zum ‚Geschehenlassen' ereignet.

Als innere Impulse werden unterschieden:

- „inner sensations" („inner impulse that has the quality of bodily felt sensations") und
- „visual images", die aus Erinnerungen, Träumen und Phantasien entstammen oder in der Bewegung selbst entstehen (CHODOROW 1986, 90).

Je nach Veranlagung des/der Imaginierenden überwiegt anfänglich eine Ausdrucksform des Unbewußten („bodily felt sensations" oder „visual images"). Mit wachsender Vertrautheit mit der Methode der aktiven Imagination und zunehmender Offenheit/Durchlässigkeit des Bewußtseins für unbewußte Inhalte können sich auch die (Wahrnehmungs-)Kanäle für die anderen Ausdrucksmöglichkeiten öffnen. Langfristig betrachtet bereichern sich die drei Bereiche (Körpersensationen, Emotionen, Bilder) gegenseitig und ergänzen den ganzheitlichen Selbst-Ausdruck:

„In movement, the unconscious seems to manifest in two recognizable ways: in images and bodily felt sensations. Some movers experience the unconscious predominantly through a stream of inner visual images. Others may experience it primarily through the body. The initial preference seems related to typology. But the movement process tends to develop an increasingly balanced relationship to both realms. As we learn to listen and respond, our attention usually fluctuates back and forth. Each realm may constellate and enrich the other" (CHODOROW 1986, 94).

Somit können die vier Funktionen der Psyche (Denken, Intuieren, Fühlen, Empfinden) im Laufe der therapeutischen Arbeit mit der Methode der aktiven Imagination ausbalanciert werden.

Im therapeutischen Rahmen umfaßt die Methode der aktiven Imagination nach CHODOROW die Person, die sich bewegt, den/die Therapeuten/in und die Beziehung zwischen beiden. Im Film „Dance Therapy – The Power of Movement" erläutert CHODOROW (1982) ein Fallbeispiel (Pamela)[7]:

> „Ein wesentlicher Aspekt meiner Arbeit besteht darin, zu schauen und zu reagieren. Ich folge Pamelas Bewegungen, meinen eigenen Körpererfahrungen und unserer gemeinsamen Reflexion. Pamela fühlt eine Invasion, eine Störung ihres Raumes. Sie wird sich nach dem *authentic movement* eines Themas bewußt, daß ihr Leben stark geprägt hat und prägt. Sie sehnt sich nach Hilfe und Geborgenheit und fühlt sich gleichzeitig verletzt und bekämpft. Sie erlebt den inneren Kampf zwischen Abhängigkeit und Unabhängigkeit" (CHODOROW 1982).

An dieser Stelle schlägt CHODOROW ihrer Patientin Pamela vor, ein Bild ihres zuvor erinnerten Traums konzentriert wahrzunehmen und dieses Bild als Impuls für eine aktive Imagination in Bewegung/Tanz aufzugreifen, um über diesen Prozeß die Bedeutung des Traums zu entdecken: „Being below and being above. Find a relationship to them".

„In der Bewegung am Boden erlebt und verhält sich Pamela wie ein Kind. Während der Aufwärtsbewegung des Wachsens wird sie größer als sie selbst ist, dabei wirken ihre Bewegungen kalt und kontrolliert. Es gelingt Pamela, bestimmte Erfahrungen ihres Lebens und unterdrückte Energien aufzudecken und in ihr Ich-Bewußtsein und ihr reales Leben einfließen zu lassen. Pamela wird sich vieler innerer Gegensätze bewußt, wie Weichheit und Härte, Verwundbarkeit und Stärke, aber sie entwikkelt dabei ein Gefühl ihrer eigenen Ganzheit."[7]

Dieses Ganzheitserlebnis spiegelt sich in einem Bild wieder, das als *Essenz* für Pamela die Imagination beschließt: sie ‚entdeckt' ein verstaubtes Stück Kohle in ihrer Hand, das sich in einen leuchtenden Diamanten verwandelt. Der Erlebnisgehalt dieser aktiven Imagination über das Motiv „being below and being above" verdichtet sich somit in einem Bild (Kohle und Diamant). Die symbolische Verwandlung deutet das Persönlichkeitswachstum Pamelas an. Die von diesem Symbol ausstrahlende Wirkung auf die Imaginierende läßt sich kaum in Worte fassen, jedoch vermittelt sie dem Betrachter einen Eindruck von der wegweisenden Bedeutung von Symbolen in einem sich über Monate und zumeist Jahre erstreckenden Prozeß therapeutischer Arbeit. Während der Imagination konnte Pamela ihre inneren Konflikte nicht unmittelbar lösen, aber die ihr zuvor unbewußten Persönlichkeitsanteile sind in ihr Bewußtsein gedrungen und geben ihr die Möglichkeit, unterstützt durch Analysen mit der Therapeutin oder weitere Imaginationen, zum Beispiel über die

Symbole Kohle und Diamant, dieses Erlebnis und die dabei vermittelten Erfahrungen in ihren Lebensalltag zu transferieren, zu integrieren und damit in ihrer Persönlichkeit zu wachsen.

Diese Untersuchung des JUNGschen Ansatzes von Tanztherapie allgemein und das Fallbeispiel ‚Pamela' im besonderen gibt deutliche Auskünfte über die Zusammenhänge zwischen den Archetypen, der individuellen Symbolbildung und der Selbst-Verwirklichung im Tanz. Die Fülle des kreativen Potentials zur Selbstentfaltung und individuellen Sinnfindung im persönlichen Lebensganzen liegt in der Tiefe des Körpers verborgen. Aus der Tiefe des Körpers und seiner Bewegung von innen nach außen entschlüsselt sich die innere Dynamik, breiten sich Bedürfnisse aus und offenbaren sich Hemmschwellen und Störfaktoren auf dem Weg zur Individuation. Der authentische Tanz drückt nicht nur die momentanen Gefühle aus, er spiegelt auch das Selbst und weist ihm den heilsamen Prozeß des Integrierens von zuvor unbewußtem Material. Das dabei frei werdende kreative Potential setzt Wachstumsprozesse in Gang:

„Die Symbole des Selbst entstehen in der Tiefe des Körpers und drücken dessen Stofflichkeit ebenso sehr aus wie die Struktur des wahrnehmenden Bewußtseins. Das Symbol ist lebender Körper, corpus et anima; ... " (JUNG, GW 9/1, 1976, 187).

III Konzeptualisierung eines integralen Ansatzes der Tanz-Pädagogik

10. Konzept der *Bewegung*

"Sich bewegen lernen, heißt leben lernen"
(JACOBS, 1978, 9).

10.1. Bewegungsfindung und Bewegungs-strukturierung

Bewegung ist die fundamentalste Lebensäußerung des Menschen.

"Zur »Bewegung« gehören sämtliche Veränderungen des Körpers als eines Ganzen oder in seinen Teilen in Raum und Zeit, in seinem Zustand wie auch in der Konfiguration seiner Teile sowie die Atmung, Essen und Trinken, Sprechen, Herzschlag, Blutkreislauf, Verdauung usw." (FELDENKRAIS 1981, 56).

Nach FELDENKRAIS (vgl. 1981, 31, 56) ist Bewegung Bestandteil *jeder* Handlung, gleichzeitig und in Wechselwirkung mit Sinnesempfindung, Gefühl und Denken. Weil keiner der vier Bestandteile einer Handlung losgelöst von den anderen besteht, kann über die Beeinflussung eines Bereichs, hier: der Bewegung, das „Ich-Bild" (FELDENKRAIS 1981, 57) differenziert und erweitert, damit auch der Freiraum für kreative Handlungsmöglichkeiten vergrößert werden.

Wenn in diesem Sinne von Bewegungs-Lernen gesprochen wird, dann wird nicht das Erlernen von Fertigkeiten gemeint sein, sondern das Ziel des *Sich-bewegen-lernens*:

"Denn das wesentliche an der Bewegung ist nicht ihr so oder so gearteter äußerer Ablauf, sondern ihre Einstimmung auf die so oder so gearteten, immerfort wechselnden Um- und Inweltreize. *Sich bewegen können, heißt vollkommen improvisieren können*" (JACOBS 1962, 133).

Die Betonung der Improvisation im Rahmen der Bewegungserziehung soll und kann dem mechanischen Tun und Bewegen entgegenwirken und das Lernen von innen heraus fördern.

"Wer Bewegung durch Vor- und Nachmachen, durch Kommandieren und Gehorsam lernt, lernt sie ‚auswendig' statt ‚inwendig'. Er erwirbt eine Formel statt lebendiger Form" (JACOBS 1978, 36).

Diese Wertschätzung der Improvisation ist grundlegend für meine Konzeption der Körperarbeit im Rahmen eines integralen Ansatzes der Tanz-Pädagogik, jedoch muß dieser Pol der *Bewegungsfindung* parallel zur strukturierten und strukturierenden Körperarbeit verlaufen, die auf eine individuelle *Sinnfindung* abzielt.

Meiner langjährigen tanzpädagogischen Erfahrung folgend, kann der Weg von der Vorgabe von Bewegungsformen und Bewegungsritualen über den Nachvollzug durch den Lernenden sehr wohl auch zur inwendig erfühlten und erfüllten Bewegung führen. Dieser Erfahrungsprozeß des Lernenden steht in starker Abhängigkeit zur Motivation (Offenheit und Bereitschaft), zu der zur Verfügung stehenden Zeit (individuelles Zeitmaß ist erforderlich!) und zur Unterrichtsatmosphäre (angenehme räumliche Bedingungen, Ruhe, etc.; Lehrerverhalten: Lehrer als Modell, aber nicht nur vordergründig und äußerlich; Motivation durch Polaritäten, etc.; s. Kap. 10.2., 11.2.).

Auch bei der strukturierenden Körperarbeit und den Bewegungsritualen darf ein individueller Freiraum für einen emotionalen Ausdruck nicht fehlen. Dies ist ein eindeutiges Plädoyer für ein „emotionales Training" (HUMPHREY 1985, 163). Eine *erlebnisbetonte* und *lebendige Körper- und Bewegungsschulung* muß auf die Verbundenheit von Innen- und Außenbewegung bedacht sein.

„Unter Innenbewegungen verstehen wir die Gesamtheit der innerleiblichen Lebensvorgänge, die mit der Bewegung zusammenhängen und auf sie wirken, insbesondere Atmung und Säfteströmung als die beiden Organtätigkeiten, die der Bewegung am nächsten verwandt sind; darüber hinaus aber auch die Lebenstätigkeit der Gewebe, ihre Durchblutung, ihre Entschlackung, ihren Gaswechsel usw." (JACOBS 1962, 55 f.).

Als Möglichkeiten zur Stimulierung von Innenbewegungen, die ich bei Lisa ULLMANN, Mitarbeiterin von Rudolf von LABAN, erlebt und erfahren habe und bei Dore JACOBS (1962, 66 f.) schriftlich festgehalten und als „Innenbewegungs-Experimente" bezeichnet finde, werden folgende Erfahrungsbereiche unterschieden:

– Berührungsreize (Streichen, Schlagen, Klopfen, etc.),
– Ausklingenlassen von Bewegungen und Nach-Spüren,

- Instinktbewegungen (Sich-dehnen, -schmiegen, -wälzen, etc.),
- tönendes Ausatmen,
- gefährdetes Gleichgewicht und
- Wechsel zwischen oben und unten.

Diese Formen der Körperarbeit habe ich in meinem Unterricht variantenreich angewandt und vielfältige Reaktionen erlebt:

– Wird der Körper durch Streichen, Klopfen und Schlagen ,behandelt', dann belebt diese Tätigkeit nicht nur die Körpergrenze, die Haut als Grenzschicht zwischen Innen und Außen, sondern weckt psychophysisch eine *Körperbewußtheit* und *Bewegungsbereitschaft*. Wenn diese ,Behandlung' durch einen Partner ausgeführt wird, steigert diese Übung die Achtsamkeit für leibliche ,psychophysische Reaktionen': Wie verändert sich meine Haltung, meine Atmung, meine Innenbewegung?

– Wird nach einer Bewegungsübung eine gewisse Zeit eingeräumt, um der Bewegung und ihrer Wirkung auf die psychophysische Gestimmtheit nachzuspüren, erlebt der Übende die ganzheitliche Wirkung: Obwohl die Bewegung von außen betrachtet ausgeklungen ist, schwingt sie im Körper innerlich weiter. Pulsierende Atemwellen durchströmen soeben ,geöffnete' Körperinnenräume und erhöhen hierbei das *Körpergefühl*. Bewegungsphrasierungen bestehend aus Bewegungsansatz, Bewegungsvollzug, Bewegungsausklang und bewußtem Nachspüren werden als organisches Ganzes erlebt.

– Die *Instinktbewegungen*, wie das Sich-dehnen, -schmiegen, -wälzen, sind uns aus der Tierbeobachtung bekannt. Tiere, insbesondere Katzen, dehnen sich genüßlich, bevor sie sich nach einem Schlaf in Bewegung setzen. Sie räkeln, strecken und biegen sich, um ihren Körper für die Bewegung ,zu präparieren'. Ihre Ausdrucksbewegungen umfassen eine Vielfalt an Bewegungen des Wälzens und Schmiegens. Wenn sich Menschen in diesen Instinktbewegungen erproben, dann lösen diese *Innenbewegungs-Experimente*

„Reflexe aus wie Gähnen, Stöhnen, Lachen, Schreien und wecken mit ihnen primitive Empfindungen, gleichsam Urgefühle, die den Menschen daran erinnern, daß er kein frei schwebendes Bewußtseinswesen, sondern in einem Leibe zu Hause ist, und daß er Grund hat, die Verbindung mit der untersten Stufe seines Wesens sich zu erhalten, wenn er sich auf den höheren wohl fühlen und innerlich lebendig erhalten will" (JACOBS 1962, 67).

– Die Aufforderung, bei der Bewegung *tönend auszuatmen*, stößt bei den meisten Schülern auf erheblichen Widerstand. Die anfängliche Ablehnung wird durch die folgende Aussage von JACOBS verständlich:

> „Man hat den Eindruck, daß Singen leiblich in tiefere Schichten dringt als anderes Tun. Es wird auch das Seelische im Menschen anders berührt. Vielleicht aber mag es auch umgekehrt sein, daß nämlich das Leibliche tiefer aufgerührt wird, weil zum Ton das Seelische unmittelbareren Zugang hat als zur Bewegung" (JACOBS 1962, 67).

Wird das tönende Ausatmen jedoch zur gewohnten Bewegungsbegleitung, dann befreit es ein inneres Bewegungsbedürfnis, eine Bewegungsfreude und unterstützt instinktiv das Lösen von Spannungen und Bewegungsblockaden.

Über die Verbindung zwischen *Atem* und *Bewegung* erfährt der Tänzer einen ursprünglichen „Phrasenrhythmus" (STODELLE 1986, 36), der dem Atem eigen ist (Einatmung, Ausatmung, Atempause), der die Bewegungen form- und intensitätsmäßig beeinflußt:

> „Im Tanz können wir das einfache Auf und Ab des Atems im Körper an seinem Ursprungsort, der Brust, einsetzen; das ist aber bei weitem nicht alles. Die Idee des Atems – Einatmen, Atempause, Ausatmen – läßt sich auf andere Körperteile übertragen. So kann man mit den Knien »atmen«, mit den Armen oder mit dem ganzen Körper. Dies Übertragen wirkt nicht künstlich, sondern seltsamerweise ganz natürlich und befriedigend. Die Füße werden vor allem dazu dienen, den Körper kaum merklich von einem Atemzug zum nächsten zu tragen. Solche Atemrhythmen lassen sich in unendlicher Vielfalt variieren, mit verschiedenen Körperteilen, längerem oder kürzerem Timing und unterschiedlicher Raumgestaltung. Mit anderen Worten, allein in diesem Teilbereich des Rhythmus liegt eine ganze Welt von Bewegungsmöglichkeiten" (HUMPHREY 1985, 152).

– Die Themen „gefährdetes Gleichgewicht" und „Wechsel zwischen oben und unten" finden ihre tänzerische Entsprechung und dynamische Anwendung in einem grundlegenden Bewegungsprinzip der Modern-Dance-Technik nach Doris HUMPHREY (1985, 150): „fall and recovery".

„Der menschliche Gang weist das Grundmuster von Fallen und Wiederstabilisieren auf (so meine Theorie der Bewegung); das bedeutet, der Schwerkraft nachzugeben und wieder federnd von ihr wegzustreben. Nach meiner Überzeugung ist dies der eigentliche Kern jeder Bewegung. Alles Leben fluktuiert zwischen zwei Polen: der Schwerkraft zu widerstehen und sich ihr zu überlassen. ... Leben und Tanz spielen sich zwischen zwei Polen ab, spannen so den Bogen zwischen zweierlei Tod. Ein Menschenleben umschließt tausendfaches Fallen und Sichwiederaufraffen, was – im Tanz sehr spezialisiert und überzeichnet – qualitative und zeitliche Akzente jeglicher Art ergibt" (HUMPHREY 1985, 150).

Nach Ernestine STODELLE (1986, 7) versuchte Doris HUMPHREY als Tänzerin und Tanzphilosophin, die „Grundbedingungen menschlicher Existenz zu erfassen und diese zur Grundlage eines Trainingssystems zu machen". Die Erkenntnis, daß das menschliche Gleichgewicht immer gefährdet ist, auch in der scheinbar stabilen Position des Stehens, wird zum Ausgangspunkt einer Vielfalt von Erfahrungen gemacht: „Stehen", „Gewichtsverlagerung", „Gehen", „Laufen" und „Springen" als „fundamentale Erfahrung" (STODELLE 1986, 36 ff.).

Dabei kann die Verbindung von Körper und Seele erfahren werden: Das Geschehenlassen der Fallbewegung, das Zulassen der Tiefe, das Wirkenlassen der Kräfte (z. B. der Schwerkraft) ermöglicht und bewirkt aus sich heraus die Gegenbewegung der Aufrichtung, der Mobilisierung eigener Kräfte, der Energieumwandlung in Richtung Höhe. Das rhythmische Grundmuster des „fall and recovery" birgt eine physiologisch-psychologische Erfahrung, denn bei

„... den Bewegungen nach Humphrey ist das Gefühl der Verlagerung des Körpergewichts ein intensives Erlebnis. Die Bodenberührung ist eine bewußte Bewegung, in ihrer akzentuierten Wirkung nicht unbedingt schwer, doch entschieden. Wenn auch der Körper deutlich dem Boden zuneigt, tut er dies doch mit einem klaren Gefühl für seine Beziehung zur Erde. Die Handlung wird zu einer körperlichen und emotionalen Aussage, zu einer Art, einfach und unwiderruflich zu sagen: »Ich bin«.

Das Anerkennen der realen Gegebenheiten war eine Grundvoraussetzung des frühen Modern Dance. Verwurzelt sein bedeutete Kraft haben; verwurzelt sein bedeutete, eine Identität haben" (STODELLE 1986, 39).

Bewegung und Tanz zielen bei HUMPHREY darauf ab, das Leben durch die Kunst zu offenbaren (vgl. STODELLE 1986, 42). In der Bewegungspädagogik von JACOBS werden vergleichbare Bewegungsprinzipien an Lernende vermittelt, um in den Lebensalltag hinein zu wirken. Die sozial-pädagogische Aufgabe der Bewegungserziehung besteht in der Erfassung des Alltags:

„Wie kann man in der Arbeit lebendig bleiben, damit man nach der Arbeit nicht nur für Zerstreuung, sondern noch für wirkliche Freude geöffnet ist?... „Durch solches Arbeiten an sich selbst entwickelt sich allmählich ein deutliches *Bewußtsein vom eigenen Verhalten und Sein*. Man fängt an, seine Alltagsbewegung als *Wesensäußerung zu empfinden, und man begreift – zunächst mehr vom Lebensgefühl als vom Kopfe her – den Zusammenhang zwischen seelischer Verhaltensweise und körperlichem Zustand*, zwischen der Art, wie man eine Aufgabe angreift, und dem Gelingen oder Mißlingen. Es geht einem auf, durch welches seelische Verhalten man sich hemmt, und was einen krank macht. Oft ist es das Nichtloslassenkönnen, das ängstliche Bewahrenwollen, die Ungeduld, der Übereifer, das Nicht-Horchenkönnen" (JACOBS 1978, 75).

Diesen Zielsetzungen (Übertragen des im Unterricht Erfahrenen auf den Alltag!) entsprechend dienen Alltagsbewegungen als Übungsstoff:

„So lernt er (der tanzende Mensch, Anm. M. P.-B.), den Zustand der Spannkraft und Gelöstheit in sein tägliches Tun mitzunehmen" (JACOBS 1978, 74).

Die Entscheidung darüber, ob eine Bewegung ‚richtig' oder ‚falsch' ist, fällt niemals eine objektive Instanz. Der Maßstab erwächst aus dem individuellen

„Körpergefühl, der Propriozeption. Leitend ist nicht die Vorstellung davon, wie richtig die Bewegung sein soll, leitend sind das ungestörte Lebensgefühl von innen und die Umweltreize von außen, auf die die Bewegung reagiert" (JACOBS 1978, 40).

Grundsätzlich muß man wissen,

„... *daß es 'die richtige Bewegung' nicht gibt*. Es gibt freilich Bewegungsfehler, die deutlich erkennbar und sichtbar falsch sind. Aber das Richtige ist nicht Eines, sondern ein Vielfältiges, Wandelbares" (JACOBS 1978, 85).

10.2. Das Dimensionalkreuz nach LABAN – ein Fallbeispiel

Als Beispiel für die Vielschichtigkeit des 'Sich-bewegen-lernens' im *Spannungsfeld zwischen Bewegungsstrukturierung und Bewegungsfindung* stelle ich Übungen zum Thema 'Bewegung im Dimensionalkreuz nach LABAN' (s. Kap. 8.1.2.) vor. Hierbei übernehme ich den Begriff von LABAN, die methodische Arbeit mit dem Bewegungsmaterial stellt meine eigene Fortführung dar. Ich stütze mich im Erarbeitungsprozeß auch auf die (in Kap. 10.1. behandelten) Bewegungsprinzipien von HUMPHREY (Erspüren des gefährdeten Gleichgewichts, Verbindung von Atmung und Bewegungsphrasierung, emotionales Training) und JACOBS (Lenkung der Achtsamkeit auf die Verbindung von Außen- und Innenbewegungen, auf subjektive Stimmigkeit als Maßstab, anstelle der Kategorien 'richtig' und 'falsch').

Ein *Bewegungsritual* wird vorgegeben, bei dem die Verbindung zwischen Atmung und Bewegung erspürt und erprobt werden kann: Die *Einatmungsphasen* dienen der Sammlung, der bewußten Rückkehr des Körpers in die Ausgangsstellung, den anatomisch-physiologisch aufrechten Stand. Die *Ausatmungsphasen* stellen die Aktionsphasen dar, in denen der Körper die Bewegungen des Wachsens, Schrumpfens, Weitens, Verengens, des Vorschreitens und Rückschreitens erfährt und erprobt. Die *Atempausen* dienen dem Ausklingenlassen, Nachspüren und der Richtungsumkehr.

Aus dem aufrechten Stand bewege ich mich aufwärts bis zur Streckung im Ballenstand. Die rechte Hand wird dabei vom Körperzentrum weg geführt; sie steigt in der Lotlinie aufwärts, bis sie zum Himmel zeigt. Diese kontinuierliche Aufwärtsbewegung wird ganzkörperlich ausgeführt, aber von der Vorstellung geleitet, daß die Hand die Bewegung auslöst.

Dieses Streben aus dem Ausgangsstand (Mitte, Zuhause) bis hin zur größtmöglichen Ausdehnung des Körpers in der vertikalen Ebene wird durch die Ausatmung unterstützt. Während der Atempause spüre ich dem Wachstumsprozeß nach und erspüre die Auswirkungen dieser räumlichen Ausrichtung auf meine Befindlichkeit, meine Stabilität oder Labilität infolge der Verringerung der Unterstützungsfläche und des gehobenen Körperschwerpunktes. Das Zurückkehren in die Mitte vollzieht sich bei der Einatmung. Bei der nächsten Ausatmung drückt die Hand in Richtung Erde, das Gewicht des Körpers folgt. In der Atempause spüre ich der Gewichtsverlagerung tiefwärts nach und lasse sie ausklingen.

Ich bereite die Rückkehr zur Mitte vor. In der Einatmungsphase konzentriere ich mich auf die Wiedererlangung des Gleichgewichts im aufrechten Stand. In der folgenden Ausatmungsphase breite ich mich in der frontalen Ebene aus. Mein rechter Arm und meine rechte Hand ziehen mich in die Weite. Ich kann meine *Tragweite*, meine Ausdehnung in der Ausrichtung zwischen rechts und links erfahren. Die Einatmungsphase führt mich zurück zur Mitte. Die nächste Ausatmung dient der Verengung in der frontalen Ebene. Die rechte Hand und der rechte Arm ziehen mich nach links, verengen meine Kinesphäre. Während der Atempause lasse ich diese Bewegung ausklingen, erspüre meine verkleinerte Kinesphäre und bereite die Bewegungsumkehr vor. In der Einatmungsphase *entfalte* ich mich wieder zur Mitte. Meine rechte Hand schiebt sich in der sagittalen Ebene vor und zieht meinen Körper in Vorwärtsrichtung. Diese mit der Ausatmung koordinierte Aktion endet mit einem Schritt vorwärts. In der Atempause nehme ich die Gewichtsverlagerung und den nach vorwärts ausgestreckten rechten Arm wahr.

Ich bereite mich innerlich auf die Rückkehr zur Mitte vor. In der Einatmungsphase kehrt der Körper zurück zum aufrechten Stand. Mit der folgenden Ausatmung zieht der rechte Arm rückwärts, während der Körper durch eine Rückverlagerung auf ein rückwärts gestelltes Bein eine leichte Rückbeuge einnimmt. In der Atempause lasse ich diese Rückwärtsbewegung und Gewichtsverlagerung ausklingen und erspüre meine Ausbreitung in der sagittalen Ebene. Die Einatmungsphase wird begleitet durch das ‚Zurückfließen' in die Mitte.

Bei einer konzentrierten Ausführung dieses Rituals können die Ausdehnungen des Körpers in den sechs Grundrichtungen *hoch-tief, rechts-links, vor-rück* ausgemessen, das heißt sinnlich erspürt und verstanden werden. Bei dieser strukturierenden Übung habe ich sehr vielfältige Rückmeldungen von Student(inn)en und Schüler(inne)n erhalten. Viele Gruppenmitglieder sprachen nach der Übung dieser Bewegungsfolge über eine *harmonisierende Wirkung;* sie fühlten sich ruhig und ausgeglichen. Andere Aussagen betonten das neu empfundene Raumgefühl, die Beziehung des Körpers zu seiner Umwelt: Jede räumliche Ausrichtung löse andere Empfindungen aus. Während die Bewegungen der Ausdehnung in die Höhe und in die Breite ein Gefühl von Endlosigkeit evozierten, waren die Bewegungen in Richtung Erde und in Richtung Enge eher mit Grenzziehung und dem Gefühl von Begrenztheit begleitet. Viele Gruppenteilnehmer/innen empfanden die Ausdehnung in der sagittalen Ebene nach vorwärts als angenehm, aber nach rückwärts als unangenehm und schwindelerregend. Wenn ich sie daraufhin bat, eine subjektiv stimmige Bewegungsamplitude zu finden, dann zeigten sich die *Bewegungspräferenzen* und *-muster* sehr unmittelbar. Einige Schüler/innen erprobten sich immer in den Grenzbereichen der Labilität, das heißt oft bis hin zum Umfallen, während andere nie ein Optimum ihrer räumlichen Ausrichtung erfuhren. Letztere konnten zunächst nicht ihre Kinesphäre ganz ausfüllen, weil sie nur beschränkt fähig waren, ihren sicheren, beidbeinigen Stand aufzugeben und ein anderes, einbeiniges Gleichgewicht zu erproben. Verbale Vorstellungshilfen („Ganz zur Linie werden", „Stabilität in der Labilität suchen", „emotionale Ausdrucksvarianten erproben",...) konnten zu einem ausbalancierten Gebrauch dieser Körper – Raumbezüge sowohl bei den Gruppenteilnehmer(inne)n mit tendentiell engem, als auch mit grenzlosem Raumverhalten beitragen.

Meine strukturbildende Körperarbeit war auch in dieser Aufgabenstellung an einer *Zielsetzung* orientiert, wie sie SCHOOP (1983, 9) in einem Interview formulierte:

„Da sind in einem Körper zwei oder drei Gefühle ausgedrückt. Du hast vorhin gefragt, was meine Ziele sind. Eines, rein vom Körper aus, ist das Ziel, die Spannung oder den Ausdruck oder den Rhythmus einheitlich über den ganzen Körper zu empfinden. Das ist nicht immer leicht, die Füße wollen etwas anderes als die Hände, oder der Kopf bewegt sich in einem anderen Rhythmus als die Füße usw.. Einerseits müssen wir das als Koordination auch haben und andererseits ist es schrecklich, wenn das immer in einem Menschen geschieht, daß er sich uneinig ist, daß er eigentlich nie auch nur in die geringste Harmonie hereinkommen kann, daß er eins ist, einig lebt, nicht zwei oder drei auf einmal."

Wird die oben beschriebene Übung mit Körperbewußtheit ausgeführt und als Ritual kontinuierlich geübt, dann kann sich ein *Gefühl* ganzheitlich ausprägen und ausbreiten: ganz von der Aufrichtung zwischen Himmel und Erde erfüllt sein, ganz in der Ausrichtung zum Boden, zur Schwere aufgehen, ganz in der Öffnung, in der Weite präsent sein, ganz in der Verwrungenheit der Enge und Verschlossenheit präsent sein, ganz in der Erfahrung von Voranschreiten, bzw. Rückschreiten, Sich-zurückziehen gegenwärtig sein. Dieses Einssein von Körper- und Sinnesbewußtsein ist meiner Meinung nach die Erklärung für die von Teilnehmern so häufig angesprochene harmonisierende Wirkung dieser Körperarbeit. *Probleme* stellten sich in meiner Arbeit ein, wenn Student(inn)en nicht bereit waren, sich im Rhythmus des eigenen Atems zu bewegen. Eine Studentin teilte mir zum Beispiel mit: „Ich kann keine Beziehung zu meinem Atem finden"[1]. Dieser Schülerin, deren Körperbewußtsein sehr schwach ausgeprägt war, konnten Atemübungen dazu verhelfen, Kontakt mit dem Körper, den Körperinnenräumen und Atemräumen zu finden, um dann eine Koordination zwischen Atem und Bewegung zu erproben.

Die eher erspürende Körperarbeit im ‚Dimensionalkreuz nach LABAN' konnte sich im weiteren Unterrichtsprozeß in Richtung auf *emotionalen Ausdruck* und Bewegungsfindung entfalten. Von der klaren räumlichen Strukturierung (von der Mitte zur Peripherie und zurück zur Mitte) konnte ich überleiten zur schwungvollen Verbindung der peripheren Ausrichtungspunkte. Während die eher meditative Körperarbeit der ersten Stufe in Stille geschah, wurde nun die rhythmische Musik ein Stimulans für die *schwingende Bewegung* in der persönlichen Kinesphäre. Nicht die Rückkehr zur Mitte, zur Sammlung im aufrechten Stand wurde thematisiert, sondern der rhythmische Vollzug der Richtungswechsel im kreisenden Energiefluß. Die Strenge der linearen Ausdehnung und Schrumpfung des Körperraums wich der spielerischen Auseinandersetzung mit schwungvollen Kreisbögen.

In anderen Lerngruppen schien es mir zunächst wichtiger zu sein, der *Grenzenlosigkeit* der Körperausdehnungen bewußt erfahrene Grenzen zu setzen. Ich stellte die Aufgabe, die Punkte, bis zu denen die Hand in den sechs Ausrichtungen gelangt war, miteinander zu verbinden. Nun wurde die runde Kinesphäre ausgemalt: mit Händen, Füßen, mit Körperpunkten und Körperflächen. Nach dieser *Grenzziehung* konnte man sich in dieser erfühlten Blase oder Kugel frei bewegen, verwringen, drehen, gleiten und schwingen. Ich erhielt folgende Rückmeldungen von Gruppenteilnehmer(inne)n[1]:

„Ich habe noch nie wahrgenommen, daß ich soviel Raum beanspruchen kann."

„Ich habe zum ersten Mal meine Dreidimensionalität erlebt."

„Ich fühlte mich sehr allein, sehr abgegrenzt von meiner Umgebung."

Lange Gespräche wurden ausgelöst durch Improvisationen, in denen sich zwei Kinesphären begegnen sollten. Viel stärker als in jeder anderen Partnerimprovisation spürten die Teilnehmer/innen die Spannung, die zwischen zwei Menschen bei wechselnder Nähe und Distanz entstehen kann. Viel deutlicher wurde eine *Kontaktgrenze erfahren*, die bewußt angenommen oder als „poröser werdend" und verschmelzend mit der des Partners erlebt wurde. Nach dieser nonverbalen Kommunikation äußerte eine Teilnehmerin: „Ich habe nie geglaubt, daß man so viel ohne Worte sagen kann, daß man wirklich so viel verstehen kann, was der andere mitteilen wollte." Eine andere Teilnehmerin jedoch kritisierte betroffen das Verhalten ihrer Partnerin: „Du hast meinen Raum ignoriert. Ich habe mich verletzt gefühlt, weil du meinen Raum durchkreuzt hast."[1]

Die theoretischen und exemplarischen Ausführungen zusammenfassend kann festgehalten werden: Bewegungsfindung und Bewegungsstrukturierung müssen in einem ausbalancierten Verhältnis zueinander stehen. Die Balance und die jeweilige Gewichtung von Anteilen ist letztlich nur situativ zu entscheiden. Entscheidungskriterien können sein: Motivation der Gruppe und des/der Lehrenden, Bedürfnis der Lerngruppe (formuliert als Selbstwahrnehmung und aus der Sicht der Fremdwahrnehmung, bzw. Einschätzung des Lehrenden), Atmosphäre, kurz-, mittel- und langfristige Planungen von Erlebnis-, Erfahrungs- und Gestaltungsprozessen, Lernschwierigkeiten, Ausdruckshemmungen, ...).

Eine Körperarbeit und ganzheitlich verstandene Bewegungsschulung muß strukturierende Elemente und spielerisch-explorierende Elemente verbinden, muß Strukturen anbieten, aber gleichzeitig auch individuelle Erfahrungs- und Ausdrucksfreiräume zur Verfügung stellen.

11. Konzept der *Kreativität*

> „Mehr als alles andere ist es die kreative
> Wahrnehmung, die dem einzelnen das
> Gefühl gibt, daß das Leben lebenswert ist"
>
> (WINNICOTT 1979, 78).

11.1. Entfaltung von Kreativität

Die Suche nach dem Selbst ist eng verbunden mit dem Versuch, sich durch seine individuelle Kreativität zu finden (vgl. WINNICOTT 1979, 66). Die Entfaltung von Kreativität ist nicht nur Teil der *individuellen Sinnfindung*, sondern gehört zum Lebendigsein, zur Auseinandersetzung mit der *inneren und äußeren Realität* (vgl. JUNG, GW 17, 1972, 207 ff.). Wenn sich der Mensch kreativ entfalten kann, wird er sich als ganze Persönlichkeit entdecken.

Ein übereinstimmendes, modellübergreifendes Kriterium seelischer Gesundheit ist nach Peter BECKER (vgl. 1982, 142 f.) die Kreativität, also die Fähigkeit des Menschen, kreativ/produktiv tätig zu sein, zu erleben, zu fühlen, zu denken und zu handeln. Um diese Fähigkeit jedoch entfalten zu können, bedarf es der *sensiblen Wahrnehmung*. Kreative Fähigkeiten offenbaren sich zwar in ‚Produkten' und ‚Handlungen', aber der *kreative Prozeß* kommt erst durch die kreative Wahrnehmung in Gang:

> „So ist schon Wahrnehmung ‚kreativ', nicht erst die Produktion" (von HENTIG 1985, 77).

Nach Günter AMMON (1974, 33) ist Kreativität nicht das Ergebnis gelungener Triebabwehr, sondern als „primär gegebene Ich-Funktion" zu verstehen, die sich gerade auf der Grundlage befriedigender (das heißt auch Triebbedürfnisse erfüllender) frühkindlicher Kommunikation entwickelt (vgl. FRIEDRICH-BARTHEL/SCHÄFER 1980, 307). Ein gewisses Maß an psychischer Sicherheit muß aufgebaut sein, damit die strenge Ich-Kontrolle auch nicht-rationale Prozesse und kreative Gedankengänge zuläßt (vgl. CROPLEY 1982, 61).

Eine ausgeprägte *Ich-Stärke* ist ebenso Voraussetzung für kreative Wahrnehmung und kreatives Handeln wie auch die Fähigkeit, sich zu „lockern" (CROPLEY 1982, 61), sich zu entspannen und sich von vorhandenen Wahrnehmungs-, Denk- und Verhaltensmustern zu lösen. Ein „schöpferisches Aus-sich-Herausgehen" (WINNICOTT 1979, 68) wird erst in einem Ruhestadium, einem Entspannungszustand entwickelt. Die Entspannungsfähigkeit ist aber wiederum von einem Gefühl des Vertrauens abhängig. Für den pädagogischen und therapeutischen Rahmen von Kreativitätsentfaltung ist demzufolge die Bereitstellung einer vertrauensvollen Atmosphäre von nicht zu unterschätzender Bedeutung.

Die Notwendigkeit einer *ganzheitlichen Erziehung*, die das Kind in seiner Einheit als Person akzeptiert und nicht zwischen Körper, Affektivität und Intelligenz unterscheidet, begründet A. LAPIÈRRE (vgl. DECKER 1976, 150) durch psychoanalytisch betrachtete Zusammenhänge zwischen Enthemmung auf der Körperebene als einem notwendigen Vorspiel für eine Enthemmung aller Ausdrucksmittel und damit der Entfaltung von Kreativität. Das triebhafte, emotionale Erleben, die Triebbefriedigung des Kindes, ohne Werturteile von Seiten des Erziehers, sei eine wichtige Grundlage der Erziehung:

> „Das kleine, noch nicht ,erzogene' Kind erlebt seine Lebenstriebe, d. h. Bewegung, Geräusch, Licht, Kontakt, auf der Wirklichkeitsebene, d. h. in der Handlung: es läuft, bewegt sich, schreit, macht Krach, berührt alles. All dies geschieht ohne sichtbare Ursache für den Erwachsenen, aus reinem Vergnügen, reiner Freude. Diese Lebensexplosion soll vom Lehrer bejaht und akzeptiert werden, er soll einen positiven affektiven Kontakt zum Kinde herstellen ..." (LAPIÈRRE, zit. nach DECKER 1976, 150).

Die besondere Bedeutung der Umweltbedingungen während der frühkindlichen Entwicklungsphase für den lebenslangen Prozeß der Entfaltung von Kreativität betont auch Donald W. WINNICOTT (1979, 84):

> „Wir beobachten, daß Menschen entweder kreativ leben und das Leben für lebenswert halten, oder daß sie es nicht kreativ leben können und an

seinem Wert zweifeln. Dieser Unterschied zwischen einzelnen Menschen hängt direkt mit der Qualität und Quantität der Umweltbedingungen zu Beginn oder in den ersten Phasen der individuellen Lebenserfahrung zusammen."

Erst nachdem das kindliche „Vertrauen auf die Verläßlichkeit der Mutter und damit die anderer Menschen und Objekte" aufgebaut ist, kann sich eine Abtrennung zwischen dem Ich und dem „Nichtich" vollziehen, die den potentiellen Raum für *kreatives Spiel, Symbolbildung und kreative Selbstverwirklichung* schafft (WINNICOTT 1979, 127).

„Wenn es zur Symbolbildung kommt, ist das Kind bereits in der Lage, klar zwischen Phantasie und Fakten, zwischen inneren und äußeren Objekten, zwischen primärer Kreativität und Wahrnehmung zu unterscheiden" (WINNICOTT 1979, 15).

Im Verlauf der weiteren Entwicklung wird eine progressive Symbolisierung über den künstlerischen Ausdruck angestrebt, die erst in der darauffolgenden Phase der Abstraktion in den rationalen Ausdruck einmündet.

Die verschiedenen Formen kreativer Betätigung (malen, tanzen, dichten, modellieren, ...) können aus *tiefenpsychologischer Sicht* „gewissermaßen im Vorfeld unserer Therapien ... einen eigenen therapeutischen Wert" (DIECKMANN 1985, 348) haben. Es sei noch nicht eindeutig geklärt, ob der therapeutische Effekt ein Ergebnis des spielerischen, kreativen Handelns ist, oder ob „andersherum gesehen die Kreativität selbst aus einer seelischen Notlage entsteht, mit der der einzelne versucht, seine eigenen inneren individuellen Probleme, so gut es ihm möglich ist, zu lösen bzw. eine für ihn notwendige sinnvolle Einstellung zu den großen kollektiven Problemen der Zeit und des Menschseins überhaupt zu finden" (DIECKMANN 1985, 348).

Meiner Meinung nach stehen die beiden Erklärungen nicht im Widerspruch zueinander, sondern ergänzen sich und beleuchten nur zwei verschiedene (bewußte und unbewußte) Aspekte der individuellen Motivationslage. Bei der Motivation zur Kreativität spielen nach JUNG nie nur äußere Faktoren eine Rolle (z. B. Objekte der Neugierde, Entdeckerlust, ...), sondern immer auch von innen kommende Impulse (vgl. KAST 1974, 55). JUNGs Auffassung von Kreativität geht von einer unbewußten Konstellation aus, von einem kreativen Instinkt, der im Sinne der Selbstregulierung das psychische Gleichgewicht sichert (vgl. KAST 1974, 120).

Der *schöpferische Lebensstil*, auf den die dynamische Psychologie JUNGs abzielt, ist gekennzeichnet dadurch, daß

– „... wir Gegensätze in unserer Psyche aushalten und austragen, bis sich eine neue Lösung zeigt, daß wir unsere Emotionen, die ja Zeichen irgendeiner Verbundenheit zur Transzendenz sind, sei diese nun heilvoll oder unheilvoll, nicht fliehen, sondern sie uns gestatten und sehen, zu welchen Inhalten sie uns führen" (KAST 1974, 125),

– der schöpferische Mensch nach Gestaltung und Umgestaltung strebt (vgl. KAST 1974, 37 f.),

– eine positiv erwartende Einstellung zum Unbewußten vorherrscht, die weder durch Angst, Hemmung, noch Abwehr beeinträchtigt wird (vgl. KAST 1974, 123),

– die Kreativität auf den Kreativen selbst zurück wirkt, ihn selbst schöpferisch verändert (vgl. KAST 1974, 126; JUNG, GW 13, 1978, 32),

– das Individuum im Individuationsprozeß unbewußte Inhalte in das Bewußtsein integriert, wobei Symbole als Bedeutungsträger und „Energietransformatoren" (JACOBI 1977, 62, 97) wirksam werden. Vor allem die Symbole des Selbst (wie insbesondere Mandalas) vereinen die polaren Gegensätze auf einer höheren Stufe des Bewußtseins (vgl. JUNG, GW 13, 1978, 30).

„Der Individuationsprozeß ist der schöpferische Prozeß der Psyche, die Selbstverwirklichung des schöpferischen Instinktes im Individuum, in dem sich das Selbst, die potentielle Ganzheit des Menschen, exponiert und realisiert" (KAST 1974, 77).

Das Ausleben und Ausgestalten kreativer Potentiale ermöglicht dem Individuum *Selbstgestaltung* und „Selbstausdruck", Ausdruck des Unbewußten, „gepaart mit Realisierungskraft des Bewußtseins":

„Folge des schöpferischen Lebensstils wäre dann, daß der Einzelne eigenständig aus der eigenen Tiefe auf Probleme antworten kann und im schöpferischen Problemlösen sich selbst ausdrückt" (KAST 1974, 125).

11.2. Das Symbol des Kreises – ein Fallbeispiel

Die kreativitätsfördernde Arbeit im Rahmen des integralen Ansatzes der Tanz-Pädagogik verläuft hauptsächlich über die *improvisationspädagogische Methode*. Dem Prinzip der polyästhetischen Erziehung (vgl. ROSCHER 1976) folgend umfaßt die Methode der Improvisation sämtliche Ausdrucksformen des Menschen. Im Sinne multimedialer Gestaltungsprozesse ermöglicht die *Transformation* von einem Ausdrucksmedium in ein anderes jeweils neue sinnliche Erfahrungen und Erkenntnisse, setzt jeweils neue kreative Potentiale frei. Hierbei kommt im besonderen die Erfahrung zum Tragen:

> „Die Improvisation läßt beide Prozesse zu: Form verlieren und Form gewinnen" (HEGI 1986, 137).

Improvisationen stellen in allen ästhetischen Erfahrungs- und Gestaltungsfeldern – sei es des Malens, des Rhythmisierens und Musizierens, des Formens mit Ton und anderen Materialien, der Bewegung mit Schattenspiel und pantomimischen Elementen, der Bewegung mit Objekten, der Tanzimprovisation –, immer Formen der *Selbsterfahrung* und *Selbstentfaltung* dar, in denen neue Grenzerfahrungen gemacht und Ausdrucksmöglichkeiten als Selbstgestaltung erfahren werden können.

> „Jede Improvisation ist ein *Experiment* der Selbstwahrnehmung und Grenzüberschreitung. ... Das Experiment schafft eine Brücke zwischen Bewußtem und Unbewußtem, zwischen Figur und Hintergrund, ... Das Experiment Improvisation ist also eine Erfahrungswelt, in der sowohl alte Gefühle wiedererlebt als auch neue Gefühle geweckt werden. Beide Prozesse sind nötig, um neue Lebensenergie, Ideen, Phantasie, Wünsche usw. überhaupt figürlich werden und zum Ausdruck kommen zu lassen" (HEGI 1986, 158 f.).

Kreatives Verhalten setzt hier immer wieder an alten, vorhandenen Mustern und Strukturen an, überwindet die vorhandenen Grenzen durch Variationen und *intuitive Weiterführungen*.

> „Meine Vermutung ist, daß diese Kreativität selbst ein altes Erfahrungsmuster verewigt. Meine Vermutung ist weiter, daß zur gemeinten Fähigkeit vieles gehören wird und tatsächlich immer gehört hat, was bis heute

aus ihrem Begriff ausgeschlossen ist: Bewahrung, Nachahmung, Auswahl, Kritik, Kooperation und nicht zuletzt auch Zerstörung, Entwertung, Vergessen, Abwarten. Es gibt keine völlige Originalität – sie wäre unverständlich" (von HENTIG 1985, 76).

Mein methodischer Weg zum Thema ‚Das Symbol des Kreises' verlief von der Malimprovisation über die Transformation in Bewegung wieder zurück zum Medium des expressiven Malens. Im Rahmen dieses Fallbeispiels werde ich der Frage nachgehen, wie die kreativitätsfördernde und *symbolbildende* Arbeit im Rahmen von Improvisationen auch mit dem *strukturbildenden* Anteil von Gestaltungsprozessen verbunden werden kann.

Bei der Durchführung des Themas wurde das „ganzheitlich-analytische Verfahren" (HASELBACH 1976 b, 15) gewählt. Das Thema ‚Symbol des Kreises' wurde demnach gleich von Anfang an thematisiert und in der Improvisation realisiert. Der weitere Verlauf der Arbeit ergab sich aus den Reflexionsphasen, in denen Probleme analysiert und Bedürfnisse und Wünsche artikuliert wurden.

Nach einer Einstimmungsphase mit Bewegungs- und Atemübungen, Lockerungsübungen, Zentrierungsübungen und tönendem Ausatmen bat ich die Studentinnen und Studenten, sich partnerweise zusammenzufinden. Wie bei der Methode der *aktiven Imagination* (s. Kap. 9.2.3. und 13.3.) wurde partnerweise entschieden, wer zunächst die Rolle des aktiv Gestaltenden und wer die Rolle des beobachtend-teilnehmenden Partners einnahm. Danach nahmen die Partner – sich gegenübersitzend – auf dem Boden Platz; zwischen ihnen war eine Tapetenrolle ausgebreitet. Nachdem sie eine angenehme Sitzposition gefunden hatten, die sie eine längere Zeit entspannt und achtsam einhalten konnten, bat ich die Aktiven, die Augen zu schließen und sich in Stille und mit Aufmerksamkeit für die eigene Atmung auf die anstehende Arbeit einzustimmen.

Nun gab ich einige Informationen über die Symbolträchtigkeit des Kreismotivs. Die symbolischen Bedeutungen des Kreises wurden jedoch nur in andeutender und inspirierender Weise, nicht in interpretatorischer Form angesprochen. Daraufhin begann die Sensibilisierung für den eigenen Mal-Raum der Improvisation: das Ertasten des Papiers, das taktile und olfaktorische Wahrnehmen der

Malstifte (Wachskreiden), das Ertasten der Größe des zur Verfügung stehenden Raumes. Dann bat ich die aktiven Gruppenteilnehmer/innen, ein inneres Bild des Kreises aufsteigen und dann die Vorstellung des Kreises von innen nach außen durch die Schultergelenke, Arme, Finger und Malstifte auf das Papier hinausfließen zu lassen.

Nach einem Zeitraum von ca. zehn Minuten bat ich die Improvisierenden, ihre Improvisation, ihr „geführtes Zeichnen" (HIPPIUS 1986; zur LIPPE 1986; MÜLLER 1981, 281 ff.) zu einem Ende zu führen und sich dann das Bild, das sie gemalt hatten, zunächst innerlich vorzustellen, um es dann später mit dem realen, vor sich liegenden Bild vergleichen zu können. Nun öffneten die Malenden ihre Augen und ließen sich von ihrem eigenen Bild beeindrucken.

Die Erlebnisse beim Malen und die Eindrücke des Bildes wurden nun mit dem jeweiligen Partner/der Partnerin ausgetauscht. Danach suchten sich die aktiven Partner einen Platz im Bewegungsraum und versuchten, die *Essenz* des inneren und gemalten Bildes in eine Tanzimprovisation zu transformieren. Der Partner, der den Improvisierenden auch während des Malens beobachtet hatte, richtet nun seine ungeteilte Aufmerksamkeit auf den Tanzenden.

Einige Äußerungen[1] zu den Bildern und den Tanzimprovisationen sollen einen Eindruck über die Erfahrungen bei diesen individuellen *symbolbildenden Prozessen* vermitteln:

„Ich habe geglaubt, daß ich runde Kreise malte. Jetzt bin ich schockiert von meinem Bild, das so viele Haken, Ecken und Kreuzungen enthält und ganz unharmonisch auf mich wirkt. Ich habe mich in der Bewegung viel runder erlebt."

„Der Raum war für mich viel zu klein. Ich fühlte mich beengt durch den gegrenzten Malboden. Beim Tanzen konnte ich den Raum erobern, aber dabei spürte ich das Zentrum des Kreises nicht mehr so stark wie beim Malen."

„Ich fühlte mich beengt/begrenzt durch meine Sitzposition. Ich hätte lieber im Stehen gemalt."

„Meine rechte und linke Hand waren wie eine Einheit; sie malten synchron und immer gemeinsam. Dieses Gefühl habe ich mit in die Bewegung genommen."

„Meine rechte und linke Hand konnten nie gleichzeitig malen. Ich konnte mich immer nur auf die eine oder die andere Seite konzentrieren."

„Es ist eine wunderbare Spirale, aber ich spüre, daß die symmetrischen Rundungen nicht meinem Selbst entsprechen. Wenn ich mein Bild betrachte, erfüllt mich ein Gefühl von Sehnsucht nach Rundheit und Harmonie. Hier ist ein deutliches Zentrum, das ich in der Bewegung nur erahnen konnte. Ich glaube, deswegen habe ich auch die Farbe Violett gewählt."

„In meinem Bild erkenne ich rückblickend, warum ich mir zuvor die Farben Hellblau, Hellgrün, Hellbraun gewählt habe: Es sind nicht meine Lieblingsfarben, aber ich wollte mit ihnen malen. Und nun zeigt mir das Bild, was ich auch mit Kreisen verbinde: die Wellen, die Energie des Wassers und die Sogwirkungen im Meer. Ich bin Surferin und habe nun auch Erfahrungen mit dem Tauchen gemacht. Ich sehe in diesen Wellen und diesen Schwüngen und auch in meinen energischen Strichen, die ich in diese Rundungen hineingeschlagen habe, die lustvollen Bewegungen, die ich mache, wenn ich unter Wellen hindurchtauche, als auch die furchterregende Kraft des Soges und der Flut, die ich einmal erlebt habe."

„Meine getanzten Kreise und mein gemaltes Bild zeigen mir, wie introvertiert ich im Moment bin. Alle Kreise, alle Figuren, alle Tendenzen streben von außen hin zu mir, zu meinem Körperzentrum. Diese hervortretenden Bewegungsrichtungen, Malrichtungen und Strichführungen bestätigte auch meine Partnerin, die während der gesamten Malimprovisation den Eindruck hatte, daß ich Dinge einsammle, Energien einsammle und sie mir einverleibe. Meine Partnerin empfand schon meine Sitzhaltung beim Malen (ich malte zwischen den lang ausgestreckten, gegrätschten Beinen und begrenzte so meinen Malraum) als eine ganz abgegrenzte Gestalt im Umraum. Ich schien ganz allein und nach innen gekehrt zu sein. Beim Tanzen habe ich dieses Gefühl verstärkt. Hier konnte ich es sehr genießen."

Nach der Tanzimprovisation hat jedes Gruppenmitglied die Möglichkeit, das Erlebte und Erfahrene durch expressives Malen erneut auszudrücken.

In dieser kreativitätsfördernden Arbeit werden somit *Wandlungsprozesse*, Transformationen zwischen den verschiedenen Ausdrucksformen und Ausdrucksmöglichkeiten des Individuums angestrebt. Persönliche Fragestellungen, Erlebnisse und Phantasien können Gestalt annehmen und Gestaltverwandlungen erfahren.

Im weiteren Verlauf der Arbeit werden strukturbildende, themengebundene Improvisationsaufgaben gestellt (analytische Schritte, um weitere Möglichkeiten für kreisende Bewegungen zu explorieren):

- Wie kann ich den Kreis durch Fortbewegungsarten als Raumweg auf den Boden zeichnen?
- Wie kann ich mit einzelnen Körperteilen Kreise als ‚airpatterns' und Spuren in den Raum hineinsetzen?
- Mit welchem Körperteil kann ich meinen kleinsten Kreis zeichnen, mit welchem Körperteil und mit welcher Bewegung kann ich meinen größten Kreis zeichnen?
- Welches ist mein liebster Kreis, welches ist mein dynamischster und energetischster Kreis-Lauf?

Durch diese themengebundenen Improvisationsaufgaben konnte die Bewußtheit stärker auf Teilaspekte des Körpers und weitere Explorationen gelenkt werden, die dann in einem Rückkopplungsprozeß in die Selbstgestaltung des Symbols ‚Kreis' zurückfließen konnten.

Des weiteren wirkten Übungen strukturbildend, die darauf abzielten, *Atemkreisläufe* im Körper zu erspüren.

Um den Kreativitäts-Aspekt der „Gestaltung, Umgestaltung" (JUNG, GW 15, 1971, 104) erneut zu thematisieren, erprobten wir Kreistransformationen: Auf einer Kreisbahn gehen, gehen, gehen. Aber während des Gehens und der konzentrierten Wahrnehmung des Gehens bei gleichzeitiger Einstellung des Geschehenlassens des Gehens und jeglicher anderer Bewegung, die sich ungeplant und von innen heraus einstellt, verändert sich das Gehen, sowohl bezüglich der Neigungen und Haltungen des Körpers, als auch bezüglich der Bewegungselemente Zeit/Rhythmus, Raum, Dynamik und Form (z. B. der Beteiligung und Exponierung bestimmter Körperteile).

„Improvisation ist ein dauerndes Suchen nach *Gestaltbildung* und *Gestaltverwandlung*. Dieser Prozeß durchdringt psychische, körperliche und soziale Fragen gleichermaßen" (HEGI 1986, 159).

Trotz der (oder gerade wegen der) strukturierenden Vorgabe („Gehen auf einer Kreisbahn") gerieten einige Gruppenteilnehmer in eine trance-ähnliche Verfassung. Eine *dynamische Qualität* des (rituellen/modernen) Tanzes, nämlich die „existentielle Dimension des Fließens" (KREITLER/KREITLER 1980, 173) konnte hierbei erlebt werden:

„Keine von einem sich bewegenden Tänzer umrissene Form bildet ein absolutes, diskretes Ereignis, wie etwa eine in Stein oder auf Leinwand abgebildete Form, weil die Formen des Tanzes momentane Potentialkristallisierungen sind. Ein Winkel mag nicht nur die Vorbereitungsphase für eine Welle bilden, sondern er trägt im Verlaufe seines Auftauchens und Werdens noch immer die Spuren einer vorangegangenen Wellenbewegung und wird dabei bereits zu etwas umgeformt, das ein Kreis zu sein scheint, aber sich bei seiner Vollendung als Schleife erweist. Somit sind Formen beim Tanz nicht nur eher Werden als Sein, sondern bilden den Knotenpunkt verschiedener Werdenswege, die momentan integriert sind, bevor sie als Konkretisierungen herausplatzen" (KREITLER/KREITLER 1980, 173 f.).

Eine intensive Erfahrung des Motivs ,Werden und Vergehen' von Formen stand hier im Vordergrund. Den Hintergrund bildete das Thema: das Symbol ,Kreis' tanzen und gleichzeitig vom tanzenden Kreis ergriffen zu sein.

In den Reflexionsphasen zeigten die Gruppenteilnehmer/innen nun große Neugier und großes Interesse, mehr über Symbole und die Symbolik des Kreises zu erfahren. Wir informierten uns über die *Bedeutung der Mandalas*[2] (JUNG, GW 9/1, 1976, 115 ff.), nachdem ich die Symbole und ihre Wirkungen wie folgt charakterisierte:

„Symbole sind metaphorische Vorstellungen, welche einen Kontrast und seine Auflösung, ein Problem und seine Lösung verkörpern" (KREITLER/KREITLER 1980, 296).
„Lebendig heißt ein Symbol nur dann, wenn es ein best- und höchstmöglicher Ausdruck des Geahnten und noch nicht Gewußten auch für den Betrachtenden ist. Unter diesen Umständen bewirkt es unbewußte Anteilnahme. Es hat lebenerzeugende und -fördernde Wirkung" (JUNG, GW 6, 1960, 518).
Der Kreis „entspricht zum einen dem Uranfänglichen, der unbewußten ,Totalität des Seins', in der die Gegensätze noch ununterschieden enthalten sind und damit dem Uroboros, in dem es noch keine artikulierte Mitte gibt. Zum anderen hat der Kreis auch die Bedeutung der Abrundung im

Ausdruck der absoluten Leere, des Ewigen, der Vollendung, des ‚erhöhten Uroboros', i. S. Neumanns.[3] Beim Zeichnen des Kreises kann der Schüler das ‚Kreisen' erfahren, etwa daß er im Sog des ‚Überirdischen' oder in einem Problemzusammenhang gefangen ist, aus dem er nicht ohne weiteres ausbrechen kann. Schon alleine diese Erfahrung, die Unfähigkeit oder die Angst, den Kreis zu verlassen und damit die uroborische Ganzheit zu verlieren, kann ‚zünden', ein ‚Aha-Erlebnis' bewirken und den Betroffenen öffnen für fortschreitende Lösungsmöglichkeiten" (MÜLLER 1981, 291 f.).

Unsere Arbeit mit Symbolen umfaßte letztlich die *Symbolwahrnehmung* und die *Symbolgestaltung*. Die inneren, subjektiven Symbolbilder konnten sich mit äußeren Symbolen der Menschheit (und deren psychologischen Deutungen) verbinden. Diese Form der Auseinandersetzung mit den „Grundformen der Symbole, wie Kreis, Kreuz, Dreieck, Labyrinth, Spirale, Quadrat, Baum", die seit Urzeiten in „rituellen Tanzformen" erscheinen, zielt darauf ab, Selbsterfahrung und Selbstdarstellung durch Symbole zu vereinen (LANDER / ZOHNER 1987, 25).

„Die Bilder-Welt wird zum Welt-Bild. Mit dieser Bilder-Welt können wir meditierend umgehen, sie in den Tanz aufnehmen, durch den Tanz entstehen lassen zu unserem Welt-Bild" (LANDER / ZOHNER 1987, 25).

12. Konzept der *Meditation*

„Meditation und meditative Praktiken sind Mittel
auf dem Weg zum wahren Selbst.
Ihr Sinn ist es, in Fühlung mit dem metaphysischen Kern
des Menschen zu treten und
die Verankerungen in ihm zu ermöglichen"

(DÜRCKHEIM 1978, 52).

12.1. Meditation und Imagination

Neben der ‚passiven' Form der Meditation im Sinne der herkömmlichen Versenkungsübung gibt es auch ‚aktive' meditative Praktiken, wozu auch das Tanzen zählt (vgl. HOFFMAN 1984; LANDER/ZOHNER 1987 und DÜRCKHEIM 1978, 21, 39, 54, 57).

Entscheidend für alle meditativen Übungen ist das Bemühen um Achtsamkeit und *Präsenz*, das heißt, das Eins-Sein mit dem was man tut. Meditation umfaßt sowohl die Versenkung nach innen, die „Abkehr vom Leben" als auch das Gegenteil davon, „die Schärfung und Intensivierung der Sinne für das Hier und Jetzt" (MÖGLING 1986, 11). Bewegt sich der/die Übende im strukturierten Ablauf einer Bewegungsmeditation (z. B. Tai Chi oder Yoga), entspricht kein Prozeß dem anderen, denn im Hier-und-Jetzt wird er sich der *momentanen* körperlich-seelisch-geistigen Verfassung gewahr. Die Atmung, das dynamische Gleichgewicht und der Bewegungsfluß werden jeweils neu und kreativ erlebt, auch wenn der von außen Betrachtende keine Veränderungen erkennen könnte. „Meditatives Erleben" kann „über das Üben einer klassischen Technik der Bewegungsmeditation erleichtert werden" (MÖGLING 1986, 14) oder über die Techniken der Imagination vermittelt werden:

„Imagination heißt aber auch meditieren, und in der *Meditation* liegt das passive Geschehenlassen" (TIETZE 1986, 133).

Die Begriffe aktive Imagination und Meditation als passives Geschehenlassen scheinen sich zunächst zu widersprechen. An anderer Stelle (s. Kap. 9.2.3.) wurde jedoch ausgeführt, daß bei der aktiven Imagination eine Balance zwischen aktiver Bereitschaft, Achtsamkeit und dem Loslassen von intellektueller Kontrolle zugunsten eines *in-Fluß-Seins* mit dem Strom innerer Bilder, dem Geschehenlassen seiner Entfaltung angestrebt, ja notwendig ist.

Um die innere Bereitschaft zum Geschehenlassen zu wecken, das heißt auch, die aktive Imagination einzuleiten, benutzte JUNG (vgl. 1968, 27) die Meditation, z. B. über einen Kristall, eine Gebetsmühle oder ein Gemälde[1].

Für meinen Tanzunterricht wähle ich überwiegend die Einstimmung über Körperarbeit und/oder Verwendung von Musik. Beim Einsatz meiner Musikmeditation als Einstieg in die Bewegungsmeditation muß die Hinführung/Lenkung der Bewußtheit auf das Horchen nach außen und innen („Horchendes Tun", JACOBS 1978, u. a. 110) bedacht werden. Zum Beispiel rege ich an, daß jedes Gruppenmitglied eine individuell angenehme, entspannte Position im Liegen, Sitzen oder Stehen findet. Die Bewußtheit wird nun auf die Ohren[2] gelenkt: Welche Geräusche höre ich in meiner engen räumlichen Umgebung? – Meine Ohren werden ganz groß und aufmerksam! Welche Geräusche höre ich aus weiter Ferne? – Meine Ohren schrumpfen immer mehr, bis sie sich der Außenwelt verschließen und sich nach innen kehren! Welche Geräusche vernehme ich, wenn ich in meinen Körper hineinhorche? – Ich öffne meine Ohren und konzentriere mich voll auf die erklingende Musik!

12.2. Musikmeditation und Bewegung – ein Fallbeispiel

Beispielhaft beschreibe ich eine Musikmeditation zu dem Musikstück „Barcelona Rain" von der Gruppe Between. Dieses Instrumentalwerk ist durch einen musikalischen Aufbau charakterisiert, den man als A – B – A' bezeichnen kann.

Der A-Teil wird von Zuhörer(inne)n als weich, lieblich und melodisch beschrieben. Der B-Teil wirkt durch ein crescendo und accelerando aufgewühlt, chaotisch, unruhig und steigert sich dynamisch bis zu einem Höhepunkt, der oft mit einem Gewitter verglichen wird. Der A'-Teil stellt eine Variation von A dar: melodisch, aber dynamischer und bestimmter als der A-Teil des Anfangs.

Diese Musik provoziert bei konzentriert horchenden Menschen in der Regel folgende Assoziationen:

A-Teil: Er fördert die innere Ruhe und Gelassenheit, beflügelt die Phantasie und das Aufsteigen von Bildern und Emotionen.

B-Teil: Er provoziert den/die Zuhörer/in, irritiert seine/ihre in A gewonnene Erwartungshaltung. Die Spannungszufuhr wird körperlich erfahren.

A'-Teil: Die Irritation, Erregung, Spannungszunahme wird aufgelöst, abgebaut, jedoch bleibt eine Ahnung: Der ‚paradiesische' Zustand des A-Teils ist unwiderruflich verloren gegangen, kann nicht zurückgeholt werden. Das musikdramatische Ereignis hat seine Spuren hinterlassen.

Nach einem erstmaligen Hören und der anschließenden kurzen Musikanalyse (s. o.) wurden die Gruppenteilnehmer/innen gebeten, wieder eine individuell gewählte Position einzunehmen und der Musik ein zweites Mal zu folgen: Horcht nach außen und nach innen! Welche Bilder und Emotionen löst die Musik bei dir aus? Wenn du wahrnimmst, daß dein Körper sich bewegen möchte, so lasse ihm freien Lauf!

Nach diesem meditativen Hören des Musikstückes stellten wir fest, daß sich kein Gruppenmitglied äußerlich sichtbar bewegt hatte. Die Musikmeditation war nicht in eine Bewegungsmeditation eingemündet. Statt dessen teilten die Teilnehmer ihre Erlebnisse in der Gruppe mit. Die ins Bewußtsein aufgestiegenen emotionsgeladenen Bilder entsprangen aus vier verschiedenen Quellen, psychischen Bereichen (vgl. Abb. 1, Struktur der Psyche)[3].

– der momentanen psychischen Befindlichkeit des Alltags, dem Wachbewußtsein (dem *Bereich des Bewußtseins* und des *Ich* als Zentrum des Bewußtseins). Eine Studentin[4] teilte mit, daß sie in ihrem Leben, „ein Beziehungsproblem zu lösen habe, dieses aber seit geraumer Zeit vor sich herschiebe". Im B-Teil der Musik sei ihr „das eigene Problem klarer bewußt geworden, der Konflikt aufgebrochen". Im A'-Teil sei sie „ruhiger geworden und habe die Kraft gespürt, eine Problemlösung herbeizuführen".

– dem *Bereich des persönlichen Unbewußten*. Es wurden reale Erlebnisse nacherlebt, die mehrere Jahre zurücklagen. Eine Studentin berichtete folgendes Erlebnis: Sie war Teilnehmerin der Eröffnungsveranstaltung der 12. Weltfestspiele in Moskau. Im Lenin-Stadion waren 10-15000 Moskauer Studenten auf einer Seite der Tribüne versammelt, jeder mit farbigen Tüchern ausgestattet, während sich eine weitere Gruppe von Kindern und Jugendlichen im Stadion befand. Sie erlebte dort, wie zu einer dreigeteilten Musik eine faszinierende Choreographie vorgeführt wurde. Zu einer lieblichen Musik schwenkten die Studenten auf der Tribüne verschieden farbige Tücher, so daß riesige Bilder entstanden. Gleichzeitig spielten Kinder Spiele im Stadion. Zu einer darauf folgenden düsteren Musik, die sich dynamisch steigerte, zogen dunkle Wolken auf. Im Meer der wehenden Fahnen konnten nun Raketen, Gewehre und Helme erkannt werden. Die Kinder im Stadion drückten ihre Angst angesichts des Krieges aus. Sie liefen wild auseinander, kauerten sich. Im Schlußteil der Choreographie, untermalt durch eine liebliche Musik, zeigten die Studenten durch ihre Tücherbewegungen zerbrochene Helme, Gewehre und Raketen. Beim Abschlußbild der großen, weißen Friedenstaube, wieder dargestellt durch die Studenten der Tribüne, flogen aus allen vier Ecken des Stadions Tauben auf. Dabei erklangen Stimmen, die in mehreren Sprachen das Wort „Frieden" ausriefen. Eine Mutter und ein Kind liefen im Stadion aufeinander zu und umarmten sich.

– dem *kollektiven Unbewußten*. Eine Studentin sah eine Landschaft mit Sandstrand, ruhigem Wasser, hohen Klippen und dichtem Buschwerk. Ich zitiere wörtlich den von ihr aufgeschriebenen Text ihrer aktiven Imagination, die durch die Musikmeditation ausgelöst wurde:

„Szenerie: Sandstrand – ruhiges Wasser – dichtes Buschwerk – hohe Klippen – Die Sonne steht noch tief

Ich lasse die Landschaft auf mich wirken. In Gedanken sehe ich einen Mustang, der am Strand dahin galoppiert. Ein ausgelassenes Pferd, verschwitzt vor Anstrengung, jedoch mit ruhigem Gesichtsausdruck. Mein Blick streift vom Meer nach links, den Strand entlang. Ein Geräusch hat mich aufmerksam gemacht. Musik kommt zu mir herüber. Ich sehe Menschen, alte und junge Menschen, tanzend und fröhlich, in bunte Gewänder gehüllt. Ihr Tanz ist ausgelassen, phantasievoll, spielerisch. Ein Gefühl der Menschenliebe überkommt mich.

Das Pferd, das ich zuvor in meinen Gedanken gesehen hatte, nähert sich der tanzenden Gruppe, es kommt in mein Blickfeld. Jetzt sitzt ein Reiter auf dem Pferd. Eingehüllt in eine schwarze Kutte, die Kapuze tief ins fahle totenähnliche Gesicht (Grimasse) gezogen, ein schwarzes Banner hinter ihm herwehend. Das Pferd hat einen wilden Gesichtsausdruck angenommen. Das Antlitz des Reiters ist zu einer Grimasse verzogen. Der Blick des Reiters ist starr geradeaus gerichtet, als interessiere ihn nur die Ferne.

Der Reiter nähert sich der Gruppe. Sein Gesicht verfinstert sich. Ein Grollen überdeckt die Musik. Der Reiter jedoch setzt seinen ‚Siegeszug' ungestört fort. Ich sehe ihm nach, bis er aus dem Blickfeld verschwunden ist. Es klart langsam wieder auf. Die Sonne scheint heller als zuvor. Ein neuer Tag scheint angebrochen. Ich erinnere mich der Gruppe. Dort wo ich sie tanzen sah, bedecken nun die vom Wind bewegten Tücher den Strand. Mit der Zeit steigen weiße Schmetterlinge aus den Tüchern auf in den Himmel. Lebendig, spielerisch tanzend gen Himmel. Ein angenehmes, zufriedenes, hoffendes Gefühl breitet sich aus."[4]

Diese Bilder lassen sich als Inhalte des kollektiven Unbewußten interpretieren, zumal die in der Imagination auftauchenden Personen, Tiere und Naturphänomene Symbole mit archetypischer Bedeutung sind:

„Wilde Pferde symbolisieren häufig die unkontrollierten Triebe, die aus dem Unbewußten hervorbrechen" (von FRANZ 1968, 174).

Da aber das wilde Pferd einen Reiter trägt, können die Instinkte von einem Ich beherrscht werden (vgl. von FRANZ 1968, 169). Der „Hengst" wird aufgrund seiner „Schnelligkeit und Kraft zum Symbol männlicher Vitalität und Potenz" (TIETZE 1986, 264) gedeutet.

Wilde Pferde wurden schon „früh zu einem Sinnbild des Dahineilens von Sonne und Mond" und wurden mit „Feuer und Wasser den lebensspendenden und zugleich gefährlichen Mächten in Zusammenhang gebracht" (TIETZE 1986, 263). St. Georg z. B. ritt auf einem weißen Pferd, als er den Drachen tötete, um ein Mädchen zu befreien (vgl. HENDERSON 1968, 122). In der Offenbarung des Johannes im Neuen Testament bringen die vier apokalyptischen Reiter Pest, Krieg, Hunger und Tod.

In Imaginationen steht das Pferd als Symbol für vitale Energie, die bipolar eingesetzt werden kann. In der Imagination der Studentin bringt das Pferd mit dem schwarz verhüllten Reiter, der ein schwarzes Banner trägt und eine totenähnliche Grimasse zieht, den Tod für eine tanzende Gruppe von alten und jungen Menschen, die scheinbar fröhlich und ahnungslos in den anbrechenden Tag hinein feiern und mit Tüchern spielen. Diese zunächst erschreckende und grausame Vision nimmt jedoch eine positive Wendung: aus den Tüchern (Kleidung, Spielzeug, Asche) der Toten entsteht neues Leben. Weiße Schmetterlinge steigen aus den Tüchern auf und fliegen spielerisch gen Himmel. „Ein angenehmes, zufriedenes, hoffendes Gefühl breitet sich aus."

Diese aktive Imagination beinhaltet das Thema ‚Tod und Wiedergeburt'. Aus der Dunkelheit, der lunaren Sphäre (schwarze Pferde stehen im Bezug zur Nachtgöttin, vgl. TIETZE 1986, 263), erwacht der Morgen, der Tag, der Frühling oder eine neue Bewußtseins- und Entwicklungsstufe. Der Neubeginn ist hoffnungsvoll und lebendig. Die Farbsymbolik (schwarzer Reiter, weiße Schmetterlinge) unterstützt diese Auslegung

„Die Bedeutungen des Todes, der Nacht, Angst, Verlust und Bedrückung andeutenden Schwarz, das seinen Gegensatz in der Unschuld, Reinheit und Freiheit des Weiß findet..." (KREITLER/KREITLER 1986, 77).

Das Thema ‚Tod und Wiedergeburt' steht für eine Metamorphose, einen Gestaltwandel: der physische Tod tritt ein, aber die Seele bleibt unzerstörbar, unverwundbar, denn die Schmetterlinge symbolisieren die Seele (vgl. JACOBI 1969, 111) und das Flattern der Schmetterlinge versinnbildlicht das „Umherirren und Suchen der Seele" (TIETZE 1986, 265).

Das dramatische Ereignis einer neuen Geburt durch den Tod ist ein archetypisches Motiv, das aus der objektiven und subjektiven Perspektive gedeutet werden kann. Durch die obigen Ausführungen wurde bereits die „Objektstufe" (JACOBI 1969, 104), also die allgemeine, überpersönliche Bedeutung angesprochen. Auf der „Subjektstufe" kann der „individuell ausgerichtete Sinn" (JACOBI 1969, 102) erschlossen werden, wobei die individuelle Bedeutung immer auch im Zusammenhang mit der kollektiven Bedeutung gesehen werden muß. Die Inhalte dieser Imagination repräsentieren alle vitale Energie (Pferd, tanzende Menschen, Schmetterlinge). Wenn man davon ausgeht, daß alle Figuren Teile des imaginierenden Selbst sind, dann drückt diese Imagination einen Konflikt zwischen dem männlichen Prinzip (Pferd und Reiter) und dem weiblichen Prinzip (tanzende Menschen und Schmetterlinge) aus. Der aggressive Pol (Reiter, dessen Blick nur starr geradeaus gerichtet ist, dessen Interesse nur dem ‚Siegeszug' und den in der Ferne liegenden Zielen gilt) geht – sprichwörtlich – ‚über Leichen'. Der weibliche Pol kann sich entfalten (Wind „als Atem der Erde" und somit als „Symbol kosmischen Lebens", Schmetterlinge gen Himmel fliegend). Vielleicht repräsentieren Pferd und Reiter die Eigenschaften der jugendlichen Sturm- und Drangzeit; mit Ehrgeiz, Zielstrebigkeit und Starrsinn wird ein Siegeszug begonnen, der radikal die Unbekümmertheit und Spielfreude der Kindheit beiseite stößt. Die Verdrängung der Spiel- und Lebensfreude, der Kreativität, der Gemeinschaftsfähigkeit wird als bedrängend und gefährlich erlebt. Eine Versöhnung der Gegensätze ist angezeigt: „Die Sonne scheint heller als zuvor. Ein neuer Tag scheint angebrochen. ... Ein angenehmes, zufriedenes, hoffendes Gefühl breitet sich aus."

Die abschließende Gefühlslage der Imagination erfüllt die Studentin zutiefst. Die Gruppe schweigt teilnahmsvoll und beeindruckt. In der kunst- und tanztherapeutischen Arbeit wäre es möglich, beide Aspekte zur Erfassung und Deutung der Bilder aus dem Unbewußten auszuloten, welche JACOBI wie folgt unterscheidet:

„... erstens auf ihre lösende Eigenschaft, die aus ihrem Spielcharakter stammt, jenseits von Deutung und Verstehen, und zweitens auf ihre »erlösende« Fähigkeit, die sich als Ergebnis einer sorgfältigen Deutung und Verarbeitung einstellen kann. Wann, in welchem Zeitpunkt auch dieser zweite Aspekt herangezogen werden soll und in welchem Ausmaß, läßt sich in keine Regel zwingen" (JACOBI 1969, 48).

Im Rahmen meiner tanzpädagogischen Arbeit wird die Erfassung und Deutung der Bilder aus dem Unbewußten im wesentlichen auf den ersten Aspekt beschränkt. Die meisten Imaginierenden stehen ihren Bildern und Assoziationen freudig und entspannt gegenüber. Sie sind erfüllt von der eigenen Erlebnistiefe, von der geheimnisvollen Welt, die in ihnen schlummert. Diese Freude kann ich mit ihnen teilen und ihnen beistehen, wenn sie persönliche Assoziationen äußern wollen und Deutungshilfen wünschen. Bei meiner Zurückhaltung in der Rolle der deutenden Lehrerin orientiere ich mich an folgender Aussage von JACOBI:

„Nicht selten vermittelt das Bild selber eine Erklärung und Deutung, ohne den auslegenden Eifer des Analytikers; es trägt wie ein Märchen seine Moral in sich (...). Es wirkt weiter auf den natürlichen Wachstumsprozeß der Seele wie ein Ferment, dessen Wirkung man mit einem Eingriff nur stören würde" (JACOBI 1969, 49).

Die Musikmeditation, die im dargestellten Fallbeispiel nicht in eine Bewegungsmeditation einmündete, diente letztlich als Einstimmung und als Phase der Themenfindung für eine aktive Imagination: Ich fragte die Gruppenteilnehmer/innen, welches Motiv aus der Vielzahl der mitgeteilten Bilder und Geschichten sie beeindruckt habe und gleichermaßen zum individuellen Ausdruck motiviere. Die Gruppe entschied sich für die Vision/Thematik einer Studentin, die sich als Mauerblümchen erlebt hatte: wachsend, gedeihend, dem harten Regen ausgesetzt und sich dennoch wieder aus eigener Kraft zur Sonne hin aufrichtend. Die Teilnehmer/innen wünschten diese Geschichte als Leitlinie, jedoch nicht als Vorgabe. Ich schlug, diesem Wunsch entsprechend, folgendes Motiv vor: Du bist ein Samenkorn. Stelle dir mit deiner konzentrierten Vorstellungskraft vor, ein Samenkorn zu sein und drücke dies mit deinem Körper aus. Nehme wahr, in welcher Umgebung du dich befindest (erdig, sandig, wässrig, steinig...). Nehme wahr, welche Nahrung du brauchst und wie du sie dir beschaffst. Entfalte dich gemäß deiner Anlage. Welche Gestalt nimmst du an? Wie entwickelt und wandelt sich diese Gestalt? Laß dich von deinen inneren und den von außen auf dich einwirkenden Kräften beeindrucken und leiten.

Diese von mir angeregte aktive Imagination wurde ohne musikalische Begleitung ausgeführt. Eine musikalische Vorgabe hätte zu stark strukturierend gewirkt und damit die innere Dynamik und das subjektive Zeitmaß gestört.

13. Konzept der *Bewußtheit*

> „Wenn ein einziges Gefühl, eine Spannung, eine Idee
> voll verkörpert wird, erleben wir ganzheitlich"
> (SCHOOP 1981, 89).

13.1. Bewußtheit und Bewußtsein[1]

Definitionen von Körpererfahrung umfassen meist kognitive und affektive Aspekte, erfassen Prozesse der Informationsaufnahme und -verarbeitung körperlicher Erfahrungen, wie auch gefühlsmäßig bewertende Prozesse (vgl. PAULUS 1982, 16).

Die Körpererfahrung beinhaltet einerseits kontinuierlich gesammelte und gespeicherte Erfahrungen der zurückliegenden Persönlichkeitsentwicklung und andererseits auch spontane, in der Hier-und-Jetzt-Situation geprägte, situative Anteile.

In meiner Konzeptualisierung einer integralen Tanz-Pädagogik werden die letztgenannten Anteile, die *situationsspezifischen* und *emotional geprägten Erfahrungen* im Vordergrund stehen: Erfahrungen, die ‚durch' und ‚mit' dem Körper und ‚in bezug auf' den eigenen Körper gesammelt werden. Es wird der Frage nachgegangen, wie die im Laufe der Lebensgeschichte entwickelten emotional-affektiven Leistungen des Individuums bezüglich des eigenen Körpers durch Lern- und Erfahrungsbereiche im Rahmen einer Tanzerziehung entwickelt und gefördert werden können. Um diese Frage nach Förderungsmaßnahmen für die hier in den Blick genommenen Lernzielbereiche ‚Körperbewußtheit' und ‚Körperbewußtsein' bearbeiten zu können, ist es zunächst dringend erforderlich, diese Begriffe, die auch in der Fachliteratur teilweise unkritisch synonym benutzt werden, zu bestimmen und deutlich voneinander zu unterscheiden.

255

Die ‚Bewußtheit' ist, wie der Begriff ‚awareness' im angloamerikanischen Sprachgebrauch nahelegt, als eine Fähigkeit der Wahrnehmung, Achtsamkeit, des Gewahr-Seins in bezug auf Verhalten, Denken, Fühlen und Handeln zu verstehen. Die Wachheit gegenüber inneren und äußeren Wahrnehmungen und Geschehnissen hat ein prozeßhaftes Moment und bezieht sich auf eine Hier-und-Jetzt-Situation. Das ‚Bewußtsein' (engl.: consciousness) bezeichnet sowohl ein Wissen des Menschen, als auch einen Zustand des Bewußtseins im Gegensatz zu ‚bewußtlos' oder ‚unbewußt'.

Am prägnantesten grenzt FELDENKRAIS (1981, 78) die Begriffe voneinander ab:

„Bewußtheit ist Bewußtsein und das Erkennen dessen, was im Bewußtsein vor sich geht, oder dessen, was in uns vor sich geht, während wir bei Bewußtsein sind."

So wie FELDENKRAIS die menschliche Entwicklung und Entfaltung im Dienste der Selbst-Verwirklichung durch ein Training der Bewußtheit fördern will, definieren auch die Gestaltpädagogen und -therapeuten ihre Therapie als Bewußtheitstraining:

„Diese Definition basiert auf dem existenzialistischen Ansatz der Gestalttherapie, der Wichtigkeit, den Hier-und-Jetzt-Zustand zu erleben, die Realität des Augenblicks zu erfahren und jede Flucht in die Vergangenheit oder Zukunft zu vermeiden, durch die die Bewußtheit der Gegenwart ersetzt oder gestört werden könnte" (BROWN 1978, 41).

Die Bewußtheit wird als Energie des Bewußtseins gedeutet, die willentlich auf etwas gerichtet und (vgl. YEOMANS 1978) wie ein *psychologischer Scheinwerfer* in der Persönlichkeit hin und her wandert:

„Bewußtheit ist das Vorfeld zum Bewußtsein, Bewußtsein ist das Feld, in dem sie existiert" (YEOMANS 1978, 73).

Zusammenfassend wird bei der Verwendung der Begriffe Bewußtheit und Bewußtsein folgendes zu beachten sein: Bewußtheit ist Mittel und Weg, ist Fähigkeit zu menschlicher Entfaltung. Bewußtheit ist nicht allein als ein Denkprozeß, sondern als ein Beobachtungsprozeß, als ein waches, nicht kontrollierendes, sondern urteilaufschiebendes Da-Sein zu verstehen. Bewußtsein ist das Feld, in

256

dem Bewußtheit existiert, das Feld, das sich über Bewußtheitsförderung erweitert.

Überträgt man diese Feststellungen auf den pädagogischen Fragenkomplex, dann kann eine zentrale These aufgestellt werden: Wenn im Rahmen einer integralen Tanz-Pädagogik Körperbewußtheit, aufgefaßt als Teil der Selbstbewußtheit, gefördert wird, so erweitern sich damit die Grenzen des Selbstbewußtseins!

Um den Begriff Körperbewußtheit inhaltlich zu füllen, sei Herbert MAIER zitiert, der explizit die Verbindung von Körper- und Selbstbewußtheit herstellt und der Körperbewußtheit eine entscheidende Bedeutung für die Ausbildung personaler Identität zuspricht:

„Damit (d. h. mit Körperbewußtheit, Anm. M. P. -B.) ist die Fähigkeit gemeint, innenkörperliche Prozesse, Empfindungen usw. im Vollzug einer motorischen Aktion wahrzunehmen, das heißt, zu spüren, daß, und in welcher Weise etwa eine Bewegung mit mir als ganzer Person zu tun hat, nach außen und nach innen wirkt, meine Empfindungen, Gefühle und Gedanken wiedergibt und beeinflußt, usw." (MAIER 1980, 15).

MAIER hebt auf die Wechselwirkungen zwischen Innen und Außen ab und betont, daß eine Bewegung, die immer Ausdruck des Selbst ist, nach innen und außen Wirkungen erzeugt. Ein Mensch bewegt sich (oder handelt) mit Körperbewußtheit, wenn er sich in der Hier-und-Jetzt-Situation aller Bewußtheitsfelder (Wahrnehmung, Gefühl, Gedanke, Absicht/Wunsch und Handlung) und ihrer Wechselwirkungsprozesse gewahr ist. In diesem Idealfall lebt und verhält sich der Mensch in Übereinstimmung mit sich selbst (Kongruenz) (vgl. FEUERBACH 1980, 16).

Zur Schulung der Körperbewußtheit müssen die Körpersinne als Hauptinformationsquellen für Körpererfahrung sensibilisiert werden. Die über die *Körpersinne* vermittelten Wahrnehmungen, Empfindungen und Gefühle und die damit einhergehenden oder mit- und nachvollziehenden Gedanken, handlungsweisenden Absichten und Handlungen werden im folgenden als ‚Körperbewußtheit' bezeichnet. Diese durch und über den Körper angesprochenen Bewußtheitsfelder erweitern das Bewußtsein, das Feld innerhalb dessen sie als Teilfelder existieren.

13.2. Führen und Folgen – ein Fallbeispiel

Die Förderung von Körperbewußtheit wird exemplarisch am Beispiel des Themas ‚Führen und Folgen' dargestellt. Das ‚Rollenspiel' Führen und Folgen ist zwar in vielen Tanzstilen (Partner- und Gruppentänzen) als stilprägendes Merkmal enthalten, aber es wird wegen der gewachsenen, tradierten und verfestigten Formen zumeist wenig hinterfragt. Wie führt der Mann eine Frau im Tango, Cha-Cha-Cha, Walzer, etc.? Mit welchen Körperteilen berührt und führt der Mann seine Partnerin? Wie führt ein Ansager beim Square Dance die Tanzgruppe? Wie führt ein Vortänzer beim Sirtaki? Wie führt ein klassischer Tänzer seine Ballerina im klassischen Pas de deux? Die kaum oder gar nicht hinterfragten Führungs- und Anpassungsformen (meist geschlechtsspezifisch getrennt nach männlicher und weiblicher Tänzerrolle) werden in der Körperarbeit und Tanzimprovisation erfahrbar und bewußt gemacht. Die Voraussetzung dafür schafft eine Körperarbeit, die den Kontakt (Berührungspunkte, Berührungsflächen, Berührungsdauer, Nähe und Distanz) thematisiert und die Bedürfnisse bezüglich Körperkontakt erforschen läßt.

Im Fallbeispiel ‚Führen und Folgen' übernimmt jede(r) einzelne sowohl die eine, wie auch die andere Rolle im Hinblick auf Partner- und Gruppenkontakte und -beziehungen. Jede(r) lernt sich bewußt erlebend und reflektierend in der Rolle des Führenden und des Folgenden kennen und kann, über längere Zeiträume betrachtet und auf diese zurückblickend, erfahren und erkennen, welche Präferenzen er/sie *situationsspezifisch* (im spezifischen Aufgabenkontext, in bestimmten unterrichtlichen Rahmenbedingungen, mit wechselnden Partnern) und *überdauernd* hat. Damit werden letztlich individuelle Vorlieben und Abneigungen als zunächst unbewußte Muster aufgedeckt.

Die Pole ‚Aktivität' und ‚Passivität' sind der Ausgangspunkt eines *Bewegungsdialogs*, einer non-verbalen Kommunikation mit dem Partner/der Partnerin, entsprechend dem Prinzip: aus der Leere, dem ‚Nicht'-Tun, dem Geschehenlassen erwächst das Reservoir der vielfältigen Abstufungen zur Anpassungsfähigkeit und zum Reagieren als Folgender.

Passiv sein bedeutet in diesem Fallbeispiel für den Folgenden:
- sein ‚Gewicht' abgeben und sich tragen lassen (bezogen auf Körperteile, z. B. Kopf, Arme, Beine, Becken, Brustkorb oder Ganzkörper),
- auf Beugen, Strecken, Drehen in den Gelenken reagieren und Rotationen von Teilkörperbewegungen auf Ganzkörperbewegungen transformieren lassen.

Aktiv sein bedeutet hier für den Führenden:
- das Gewicht von Körperteilen oder des Ganzkörpers tragen, den Passiven ‚entlasten', dem Passiven durch einfühlsamen Körperkontakt zur Entspannung oder zum Spannungsabbau verhelfen,
- Bewegungsimpulse geben durch Beugen, Strecken und Drehen in den Gelenken.

Das Beziehungsmuster ‚Führen' und ‚Folgen' bezieht sich auf der psychomotorischen Ebene auf das Impuls-geben und Impuls-aufnehmen für Bewegungen. Wenn der Führende seine/n Partner/in durch einen Berührungskontakt ‚beeindruckt', das heißt einen Eindruck bei ihm/ihr hinterläßt, muß er den Folgenden sehr achtsam und verantwortungsbewußt beobachten und ‚behandeln'. Zunächst muß die Bewußtheit auf die körperliche Befindlichkeit des Partners/der Partnerin gelenkt werden, vor allem auf die anatomischen Gesetzmäßigkeiten und auch auf die individuellen, bewegungstechnischen Voraussetzungen des Partners/der Partnerin.

Des weiteren wird die Bewußtheit auf die Reaktionsweisen des Partners/der Partnerin gelenkt, zum Beispiel auf Atmung, Spannungsmuster, Grad der Entspannung, um darüber nonverbale Rückmeldung vom Partner/von der Partnerin zu erhalten. Somit kann der Führende während seines Aktiv-Seins auch die korrespondierenden Antworten des passiven Partners/der Partnerin einfühlsam beobachten, um sich zunehmend durch dessen/deren Antworten zu weiteren Impulsen leiten zu lassen.

Wenn der Führende sich in die Reaktionsweisen seines Partners/seiner Partnerin eingefühlt hat, und er dem Passiven zu mehr Vertrauen verhelfen konnte, wird die Aufgabenstellung sowohl für die Aktiven als auch für die Passiven differenzierter gestaltet. Der

Führende soll bewußter auf die Reaktionen des Passiven eingehen, der Passive selbst wird aktiver, vervollständigt Impulse eigenständig, verstärkt oder schwächt Impulse, setzt eigene Akzente.

Mit kontinuierlicher Zunahme der Aktivität werden:
– Bewegungsimpulse bewußt weiterentwickelt, um damit den Führenden der Einseitigkeit seiner Rolle zu entheben, ihn von der „asymmetrischen" zur „symmetrischen Kommunikation" (KRA-MER-LAUFF 1978) zu geleiten,
– fließende Übergänge zur Aufgabe der Rollenteilung zugunsten eines non-verbalen Wechsels zwischen Führen und Folgen bis hin zum partnerschaftlichen Bewegt-Sein als Überwindung dieser Pole möglich.

Letzteres Stadium des Erfahrungsprozesses wird von Teilnehmer(inne)n[2] mit folgenden Worten beschrieben: „Ich war passiv und aktiv zugleich, aber die Führung ging letztlich aus einer zwischen uns Partnern liegenden Spannung, einem Gefühl von Einssein aus." Andere Kommentare lauten: „Ich mag mehr das Geführtwerden. Hier kann ich mich entspannen und kann kleinste Bewegungen genießen." „Ich kann nicht passiv sein! Das macht mich unruhig. Ich war froh, als ich aktiver mit Impulsen umgehen konnte." „Endlich kann ich führen! Meine Partnerinnen in der Tanzschule haben mich immer kritisiert. Daran habe ich mich gleich erinnert, als ich das Thema der Stunde hörte. Heute habe ich mich sehr wohl gefühlt, weil meine Partnerin auch sichtlich zufrieden war." „Ich konnte nicht schnell wechseln zwischen Führen und Folgen. Wir haben viele Mißverständnisse gehabt."

Anatomische Kenntnisse (Körperaufbau in Haltung und Bewegung), Kenntnisse über Bewegungsansätze und Auswirkungen des ‚impulse and flow' (des organischen Bewegungsflusses, der durch den Impuls ausgelöst wird und sich teilweise auf den ganzen Körper überträgt), können in den hier beschriebenen Körperwahrnehmungsübungen und ergänzend in der Körperarbeit (u. a. Eutonie, FELDENKRAIS-Methode, BARTENIEFF-Fundamentals) erworben werden. Das in der Körpererfahrung gewonnene Einfühlungsvermögen und die Einsicht in den eigenen Körper werden partnerbezogen angewandt, so daß auch die Fähigkeit zur Empathie geschult wird.

Erst der kontinuierliche Rollenwechsel zwischen ‚bewegen' und ‚bewegt werden', fördert die Fähigkeit zur Empathie, das heißt, sich in den Körper des Partners/der Partnerin und dessen/deren psychomotorische Reaktionsweisen einfühlen zu können und sie handelnd und bewirkend einzusetzen. Hierbei vollzieht sich ein höchst komplizierter Prozeß der *Eindrucks-* und *Ausdrucksschulung*, denn der Impuls des Führenden beeindruckt den Folgenden, stimuliert den taktilen und kinästhetischen Sinneskanal und fordert vom Partner/von der Partnerin einen entsprechenden, sichtbaren Bewegungsausdruck. Umgekehrt läßt sich der Beweger vom Bewegten und dessen Bewegungsausdruck anregen und leiten, so daß der Bewegungsdialog abwechslungsreich und vielschichtig wird.

13.3. Körperbewußtheit und Selbstbewußtheit in der Improvisation als aktive Imagination[3]

Die aktive Imagination ist primär eine psychotherapeutische Methode (s. Kap. 9.2.3.). Wird diese Methode der Improvisation mit spezifischer Tiefendimension im pädagogischen Rahmen eingesetzt, werden sowohl die konfliktzentrierten Aspekte, als auch die biographischen Bezüge im Hintergrund bleiben.

Ein gemeinsames Ziel beider Anwendungsformen und -felder ist die Förderung der *Selbstbewußtheit* durch Tanz[4]. Letztere stellt sich jedoch nicht ‚automatisch' ein, sie ist vielmehr das Ergebnis einer spezifischen, eher als meditativ zu bezeichnenden Einstellung zum Körper und zur Bewegung.

„A word about what this way of working with the body requires. There is necessary an attitude of inner openess, a kind of capacity for listening to one's self that I would call honesty. It is made possible only by concentration and patience. In allowing the body to move in its way, not in a way that would look nice, or that one thinks it should; in waiting patiently for the inner impulse, in letting the reactions come up exactly as they occur on any given evening (bear in mind that the reactions *are* the movement) – new capacities appear, new modes of behavior are possible, and the awareness gained in the specialized situation goes over into a new sense of one's self driving the car, or stooping with the vacuum cleaner, or shaking hands with a friend" (WHITEHOUSE 1958, 10).

Eine meditativ-konzentrative, in sich hinein horchende Einstellung zum Tanz führt den sich Bewegenden zu einer neuen Dimension von Körperbewußtheit und damit von Selbstbewußtheit, läßt ihn die ursprüngliche Quelle der Kreativität, auch der tänzerischen Kreativität, erfahren.

Wenn in der aktiven Imagination Körpersensationen, Bilder oder Gefühle aufsteigen und die Bewegung initiieren, entwickelt sich ein *authentischer Tanz* als Ausdruck der von innen nach außen drängenden Impulse und Assoziationen.

Die aktive Imagination durch Bewegung/Tanz im pädagogischen Rahmen umfaßt den sich Bewegenden, den/die Partner/in und die Beziehung zwischen beiden. Eine Grundlage für die aktive Imagination bildet das wechselseitige Vertrauen zwischen dem sich Bewegenden und dem/der anteilnehmenden Partner/in.

Auf Seiten des sich Bewegenden muß die Bereitschaft vorhanden sein, sich von bekannten Bewegungsmustern und ästhetischen Normen zu lösen und sich dem Fluß innerer Impulse zu öffnen. Trotz der meditativen Einstellung darf er sich jedoch nicht der Passivität überlassen:

„It does not mean what is usually called relaxation, a kind of collapsing, throwing away the energy to become limp, heavy, lethargic. It does mean mobilizing attention so that the energy can express itself" (STARKS WHITEHOUSE 1979, 62).

Hierbei konzentriert sich der Bewegende auf seine von innen her geleiteten Bewegungen, die auftauchenden Bilder und Gefühle, die mit Bewußtheit, aber ohne planenden, kontrollierenden und bewertenden Eingriff des Bewußtseins erlebt werden. In dieser körperlich-geistigen Präsenz führt der Bewegende einen inneren Dialog und offenbart sich dem/der Partner/in über die Verkörperung seiner/ihrer inneren Regungen. Der/die beobachtende Partner/in nimmt – frei von Werturteilen – die Bewegungen wahr und versucht, sich mit innerer Anteilnahme einzufühlen. Nach der aktiven Imagination können beide Beteiligten in einem Gespräch das Erlebte austauschen und reflektieren. Die reflexive Auseinandersetzung mit der eigenen Person und den eigenen Bewegungen verhilft dem Individuum „zu schöpferischer Unabhängigkeit, zu seelischer Reife" (AMMANN 1978, 17).

Sie kann sich sowohl im Persönlichkeitswachstum als auch – vor allem im tanzpädagogischen Bereich – in der Entdeckung, Schöpfung und Entwicklung neuer, authentischer (von innen kommender, nicht durch äußere Vorgaben oder Tanzstile geprägter) Bewegungen niederschlagen.

Der Wechselwirkungszusammenhang zwischen Wahrnehmen und Gestalten, auf den der Tanzunterricht in Hochschule, Schule und Freizeit abhebt, gewinnt in der aktiven Imagination eine bedeutsame Ausprägung: Wahrnehmen = WAHR-NEHMEN von Körpersensationen, Gefühlen und inneren Bildern.

Diese These besagt, daß die Wahrnehmungsschulung nicht isoliert in eigens dafür geplanten und in den Unterricht eingebauten Wahrnehmungsübungen stattfindet (vgl. hierzu den Katalog von Wahrnehmungsübungen als Anhang der Richtlinien für Gymnastik/Tanz an Schulen in NRW, 1980, 168-178), sondern in den Gestaltungsprozeß selbst integriert wird. In einer so verstandenen Wahrnehmungsschulung (Einheit von Körperarbeit, Bewußtheitslenkung und Gestaltung) wird das Unbewußte als Bewegungsstimulus und Quelle der Kreativität erlebt.

Bei der üblichen Improvisationsmethode stehen überwiegend von außen vorgegebene Impulse (Thema, Musik, Material, Partnerbezüge, Bewegungsmotive, Gestaltungskriterien) im Vordergrund, wobei formale Gestaltungskriterien bewußt erfahren und angewendet werden. Die spezifische Form der Improvisation in der aktiven Imagination bildet hierzu einen Gegenpol, der den Gesamtbereich des Gestaltens bereichert und ergänzt. Die aktive Imagination vermittelt die grundlegende Erfahrung von eigener, *authentischer*, im wahrsten Sinne individuell erlebter, gefüllter und in-Besitz-genommener Bewegung. Damit fördert sie die individuelle Motivsuche, Themenfindung und Ausdruckskraft. Wenn man sich selber von innen nach außen tanzt, kann man sich selbst gestalten (vgl. AM-

MANN 1978, 17). Die aktive Imagination ist somit eine Form *authentischer Selbst-Gestaltung*.

In einzelnen ‚etablierten' Tanzrichtungen (Meditativer Tanz, Modern Dance, Ausdruckstanz, Tanztheater) wird diese Möglichkeit, zu authentischer Selbstgestaltung zu gelangen, bereits in Ansätzen verwendet, bzw. findet zunehmend Berücksichtigung. So arbeitet beispielsweise die ‚Alignment- und Release-Technik', die an einflußreichen Schulen als Basis für den Modern Dance gelehrt wird, mit Bildern als Bewegungsimpuls (vgl. ROLLAND 1984). Der/die Tanzende läßt sich hierbei von der Vorstellung über anatomische und physikalische Strukturen im eigenen Körper leiten und erfährt, wie sich diese in der Bewegung verändern und die von innen kommenden Bilder sich in der Bewegung ausdrücken.

„The images are derived from efficient concepts of skeletal balance and are translated into pictures of action" (ROLLAND 1984, 6).

Auf diese Weise wird der individuelle Tanz ehrlicher, ausdrucksstärker und gehaltvoller. Unter dem Gestaltungsaspekt liefert die aktive Imagination zwei mögliche Extrakte:

a) In der aktiven Imagination kann sich ein Thema herauskristallisieren, das für den/die Imaginierende/n so bedeutungsvoll ist, daß er/sie es als Ausgangspunkt für eine Komposition benutzen möchte.

b) Authentische Bewegungsmotive, die vom Imaginierenden oder vom Partner erinnert werden, können die Grundlage für die folgende choreographische Arbeit bilden.

Folgende Ideen können in die choreographische Arbeit einfließen:

- mit dem/den erinnerten Motiv/en improvisieren und ein Solo choreographieren (‚Selbst-Gestaltung'),
- transformieren des Erlebten in andere Ausdrucksmedien (Gedicht, Geschichte, Melodie, Rhythmus, Zeichnung, gemaltes Bild, Skulptur). Sich selbst wieder von diesen Ausdrucksträgern beeindrucken und inspirieren lassen,
- mit der *Essenz* der aktiven Imagination improvisieren: sie in eine *bedeutungsvolle Form* fügen (in Gestalt einer Position, eines Bewegungs- oder Haltungskontrasts). Dieser *Essenz* einen Namen, Titel geben,

- sich beeindrucken lassen durch die Formgebung der Essenz, dargestellt durch den Partner,
- Kontrastierung und/oder Zusammenfügung beider Formgebungen
- Gruppenimprovisation: vom Gruppenbild (Einfühlung und Spiegelung) zur Gruppenimprovisation.

Als Voraussetzungen für die Anwendung der aktiven Imagination im tanzpädagogischen Kontext müssen gegeben sein:

- eine vertrauensvolle Beziehung zwischen Lehrer/in und Lernenden, zwischen allen Lernenden untereinander,
- eine innere Bereitschaft aller Beteiligten, eventuell vorbereitet durch andere Formen der Körpererfahrung und (Bewegungs-) Meditation,
- die Kompetenz des/der Lehrenden: Selbsterfahrungen mit dieser Methode, verantwortungsvoller Umgang, Wissen um die fließenden Grenzen zwischen Tanztherapie und Tanzpädagogik.
  „Gefahr: bei fehlender therapeutischer Kompetenz des Lehrenden kann – falls er/sie therapeutisch interveniert- u. U. mehr Schaden als Nutzen/Hilfe entstehen. Fazit: Eigene Grenzen in bezug auf (therapeutische) Kompetenzen (an-)erkennen. Bei Unsicherheit auf therapeutischem Gebiet bei fachlich-pädagogischer Kompetenz bleiben (hier kein Risiko eingehen!)" (DREFKE/PETER-BOLAENDER 1985, 13).
- angemessene Atmosphäre (bezüglich Raum, Zeit, Freiwilligkeit), also keine Zielgruppe, die unter Zeit-, Leistungs- und Notendruck steht.

Als Adressaten können alle Menschen und Gruppen betrachtet werden, die durch Tanz nach persönlichem Wachstum streben:

- Erwachsene, die im Freizeitbereich entsprechend ausgewiesene Angebote wählen,
- Tanzstudierende, die zu einem Wesenskern des Tanzes (sich von Innen nach Außen tanzend vermitteln und verkörpern, Tanz als Spiegel der Seele) vordringen wollen.

– Tanzlehrende und Tänzer/innen, die ihren eigenen, meist durch Tanzstile geprägten „Tanz-Körper" (vgl. RUMPF 1984) für ganzheitliche Erfahrungen öffnen wollen, um so die Essenz, den Bedeutungskern der Ausdruckstanzbewegung in sich selbst wieder zu beleben:

„Wenn ich mit Worten sagen könnte, was meine Tänze meinen, gäbe es keinen Grund, sie zu tanzen" (WIGMAN 1983).

14. Zusammenfassung der Ergebnisse und Ausblick

„Die Transparenz wartet seit je in uns"
(GEBSER, GA VI, 1986, 160).

„Der Tanz kann unmittelbare Äußerung dessen sein,
was den Menschen innerlich bewegt. Jedes Gefühl,
Liebe oder Haß, Sehnsucht oder Ärger,
Anziehung oder Widerwille, verrät sich bei einem
spontan lebenden Menschen in der Bewegung"
(van BAAREN 1964, 8).

Es wurde ein integraler Ansatz der Tanzforschung entwickelt, der sich aus drei Erkenntnisquellen speist, aus tiefenpsychologischen, sozialpsychologischen und kulturanthropologischen Denkansätzen. Diese Theorieansätze liefern das Instrumentarium zu einer ganzheitlichen Betrachtung und Untersuchung des Phänomens Tanz. Unter ‚ganzheitlich' wird verstanden, ‚ganzmachend, heilmachend', Verwirklichung und Abrundung der ursprünglichen Potenzen in der realen Wirklichkeit. Dieser Entfaltungsprozeß bedeutet sowohl individual- als auch menschheitsgeschichtlich betrachtet eine Überwindung von Dualitäten zugunsten von Polaritäten, Überwindung von Ausschließlichkeiten (des Rationalen und des Irrationalen) zugunsten der Konkretion des Geistigen.

Um die Konkrektion des Geistigen im Tanz bestimmen zu können, wurden Bezüge zu den Tanzverständnissen von Kaye HOFFMAN und zu Mary WIGMAN hergestellt: HOFFMAN betont die vergessene Seite des Tanzens, nämlich den Aspekt,

„... daß getanzt wird, ob man will oder nicht, daß eben gerade der Tanz den Willen und die Kontrolle aufhebt. Da zeigt sich der Tanz von einer anderen Seite: nicht der Tänzer beherrscht den Tanz und führt ihn aus, sondern der Tanz beherrscht den Tänzer und zwingt ihn zur Ausführung einer Gesetzmäßigkeit, die dem Tanz innezuwohnen scheint. ... so daß ... der Mensch berührt und verändert wird" (HOFFMAN 1984, 42).

Dieser Pol des Geschehenlassens von Tanz, der aus inneren Quellen gespeist ist und der Innen- und Außenwelt-Erfahrung dient, findet seinen ergänzenden Pol in der Tanzdefinition von Mary WIGMAN: „Tanz ist Einheit von Ausdruck und Funktion, durchleuchtete Körperlichkeit, beseelte Form" (WIGMAN 1933, 19).

Die Konkrektion des Geistigen im Tanz integriert die vergessene Seite des Tanzens, wie sie von Kaye HOFFMAN charakterisiert wird, mit dem Bedürfnis nach Formung und Gestaltung, welches WIGMAN betont. Diese Integration beider Pole überwindet die Raumgebundenheit und den Zeitdruck. Sie findet ihre Verwirklichung im Rahmen von Tanz-Therapie und Tanz-Pädagogik durch die Methode der Improvisation mit Tiefendimension, die als ‚aktive Imagination im Tanz' bezeichnet wird: In der aktiven Imagination im Tanz, das heißt im Geschehenlassen von Bewegungen, deren Ursprung nicht ‚gedacht', sondern – aus dem Unbewußten aufsteigend – empfunden und intuitiv verkörpert werden, entsteht ein Prozeß des Selbst-Ausdrucks und der Selbst-Gestaltung. Wenn dieser Imaginationsprozeß im Tanz zur wiederholbaren Tanzkomposition und zur künstlerischen Tanzgestaltung erweitert und entwickelt wird, muß das in der Improvisation gewonnene Material „nach den Raumgesetzen geprüft und geordnet" (WIGMAN 1933, 25) werden. Das „innerlich Erfühlte, das innerlich Erschaute" (WIGMAN 1933, 25) wird einer Formgebung unterworfen, die den Gesetzen des Raumes und der Zeit gehorcht. Diese sinnlich-reflexive Auseinandersetzung mit dem (psycho-physischen) Material kann dem Formwillen unterzogen werden. Aber das integrale Bewußtsein erschöpft sich nicht im ermessenden Denken in Raumgesetzen, noch im mythischen Schauen der symbolhaften Bildlichkeit der Welt, noch im Erleben der magischen Einheit und Mächtigkeit, es äußert sich in der Raum-Zeit-Freiheit.

In diesem Zusammenhang wird auf das Konzept der Meditation abgehoben, welches nach Karlfried Graf DÜRCKHEIM (1978, 52) als „Mittel auf dem Weg zum wahren Selbst" dient:

„Die für die Einswerdung mit dem Wesen geforderte Durchlässigkeit ist immer eine geformte Durchlässigkeit, eine durchlässige Form" (DÜRCKHEIM 1978, 65 f.).

Im Tanz als meditative Praktik und als aktive Imagination kommt die ‚transzendente Funktion', das heißt die Gegensatzvereinigung von Bewußtsein und Unbewußtem, zum Tragen. Die Entfaltung der transzendenten Funktion vollzieht sich über den Ausdruck von Symbolen (vgl. JUNG, GW 8, 1971, 78 ff.):

> „Es ist ein Weg, sich durch eigene Anstrengung zu befreien und den Mut zu sich selbst zu finden" (JUNG, GW 8, 1971, 104).

Dieser symbolbildende Prozeß in der Tanz-Kunst, der Tanz-Therapie und Tanz-Pädagogik wird in seiner Analogie zum Prozeß der Selbst-Verwirklichung, der Individuation, der auf die Ganzheit abzielt, dargestellt. Der Begriff Ganzheit steht jedoch nicht für ‚Vollkommenheit', sondern thematisiert

> „... eine zunehmende Verselbständigung in einem oftmals mühseligen Prozeß der Auseinandersetzung mit den eigenen Schwierigkeiten und der Integration von unbewußten psychischen Inhalten" (HARK 1988, 59).

Die heilsamen Prozesse, wie z. B. Angstbewältigung, die im Rahmen von Tanz-Kult, Tanz-Kunst und Tanz-Therapie aufgezeigt wurden, werden auch als Zieldimension des erarbeiteten integralen Ansatzes der Tanz-Pädagogik herausgestellt.

Aus einem integralen Ansatz der Tanzforschung heraus ist jede Tanzgeschichte ein Stück Ursprungs-Gegenwärtigung. Das Geistige im Tanz wird im Laufe der Menschheitsgeschichte immer vielaspektiger und bringt in jeder Struktur neue Wirkungsweisen zum Ausdruck. In diesem Sinne erweitert sich zukünftig jede tanzgeschichtliche Betrachtung zur geistes- und wirkungsgeschichtlichen Betrachtung.

Der moderne Tanz (Freie Tanz LABANs, der absolute Tanz WIGMANs, der modern dance GRAHAMs) ist eine Tanzschöpfung der mentalen Epoche der Menschheitsgeschichte, ebenso wie das Klassische Ballett, das deren Verkörperung schlechthin darstellt. Aber vorrangig gewahrt der Tanz der Isadora DUNCAN die erlebnismäßige Ausdrucksweise der magischen Struktur, der Tanz der Mary WIGMAN und der Martha GRAHAM die bildmäßige der mythischen Struktur, das Tanztheater trägt Ansätze des integralen Bewußtseins im Tanz, welches sich als wahrend und integrierend erweist. „Mythen sind wortgewordene Kollektivträume der Völker" (GEBSER, GA II, 1986, 116). Getanzte Mythen sind getanzte Kollektivträume. In der Gegenwart und auch in der Welt des Tanztheaters sind sie gebrochene Mythen, die die Brüchigkeit des Individualismus und des Kollektivismus spiegeln. Mythologeme spiegeln die Tendenz zur Ichwerdung (vgl. GEBSER, GA II, 1986, 118), brüchige Mythologeme die brüchige Ich-Identität.

„Das echte (Tanz-, Anm. M. P.-B.) Theater ist, wie jede echte, vom Menschen geschaffene Darstellungsform, ein Querschnitt durch wenigstens drei Strukturen; unecht und damit unmenschlich wird es, wie jede andere Ausdrucksform, wenn es unserer heutigen Bewußtseinsstruktur nicht gemäß und somit eine Fälschung darstellt" (GEBSER, GA II, 1986, 138 f.).

Jede mutationsbedingte Akzentverschiebung eröffnet dem Individuum und dem Kollektiv eine neue Integrationsleistung. Ob sich das moderne Tanztheater als echt oder als eine Fälschung erweist, kann nur die Zukunft zeigen.

Der aufgezeigte Ansatz einer integralen Tanz-Pädagogik wahrt und integriert die effizienten und kreativen Aspekte von Urformen und modernen Erscheinungsformen des Tanzens. Durch den Rückbezug auf kultische Tänze vergegenwärtigen wir uns verschiedener Urbedürfnisse, welche in eine integrale Konzeption einfließen müssen, wie dem Bedürfnis nach stützenden und stärkenden Strukturen (Rhythmen, Raumformen, kollektiven Symbolen, Feste im Jahreszyklus) und dem Bedürfnis nach Freiräumen (subjektive Symbole, individuelle Körpersprache, Ekstase). In Anlehnung an die tanzkünstlerischen und tanztherapeutischen Betrachtungen kommt die aktive Imagination nach C. G. JUNG zur Anwendung. Dabei entfalten sich die mythisch-imaginativen Fähigkeiten. Es entwickelt sich der Freiraum zum authentischen Tanz. Dem pädagogisch-künstlerischen Anspruch der Konzeption folgend, kann das Material der Selbst-Erfahrung und Gestaltung unter räumlichen, zeitlichen und dynamischen Aspekten um- und ausgestaltet werden. Struktur und Freiraum integrieren sich hierbei im kreativen Prozeß zur polaren

Ganzheit. Bezüge zwischen der individuellen und kollektiven Symbolbildung werden erfahrbar gemacht.

Die symbolischen Prozesse stehen in einem ausbalancierten Verhältnis zu strukturbildenden Prozessen, die dem individuell-optimalen Haltungsaufbau, der Zentrierung, Flexibilität und Durchlässigkeit, der Bewußtheit für Atmung, Raum, Kraft/Dynamik, Bewegungsfluß und Zeit dienen.

Folgende Kreismodelle bilden diese Integrationsprozesse anschaulich ab. Sie enthalten in der Struktur des yin-yang-Kreises die Pole Struktur- und Symbolbildung (Abb. 20), die vier Konzepte Bewegung, Kreativität, Meditation und Bewußtheit (Abb. 21) und die Bewußtseinsstrukturen vital, imaginativ, mental und integral nach GEBSER (Abb. 22).

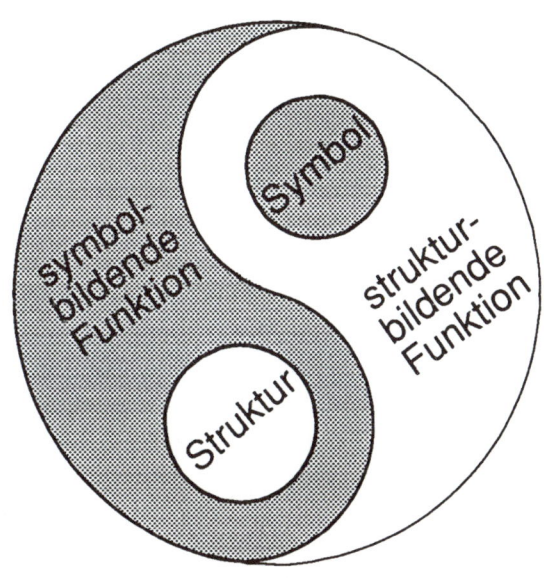

Abb. 20: Die Pole strukturbildende und symbolbildende Funktion im
ying-yang-Kreis

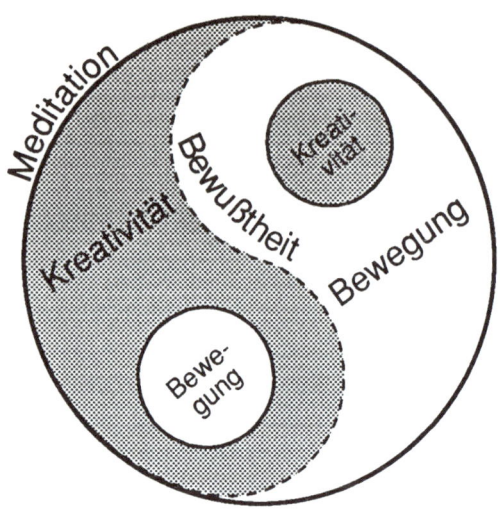

Abb. 21: Die Konzepte Bewegung, Kreativität, Meditation und Bewußtheit im yin-yang-Kreis

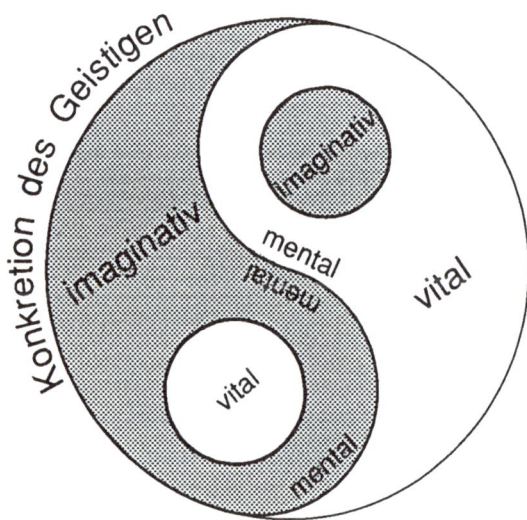

Abb. 22: Die Bewußtseinsstrukturen vital, imaginativ, mental und integral nach GEBSER im yin-yang-Kreis

Es bleibt zu hoffen, daß die im Kern des Tanzes verborgenen Potentiale wieder im umfassenden Sinne erkannt, wertgeschätzt und zur Wirkung gebracht werden. Ich sehe die große Verantwortung von Pädagog(inn)en und Therapeut(inn)en, in deren Händen es liegt und deren Möglichkeiten es entspricht, Menschen in ihrer Lust und in ihren Leidensprozessen im Tanz zu begleiten.

Der Tanz war nie unpolitisch. Möge er sich in Zukunft mehr denn je dafür einsetzen, daß die beim Tanzen neu gewonnene Wachheit, Energie, Lebenskraft und Lebenslust im Sinne einer Humanisierung unserer Gesellschaft und Emanzipation ihrer Individuen zum Tragen kommt. Es gilt den vielschichtigen Problemketten in unserer ‚zivilisierten' Gesellschaft, wie Innen- und Außenweltverschmutzung, Reizüberflutung und Zeitdruck, Beziehungslosigkeit und Empfindungsunfähigkeit, Brutalisierung der (Medien-)Bilderwelt entgegenzuwirken. Vertrauen wir auf die Wirkkräfte des Tanzens.

Anmerkungen

1. Einleitung

Anm. 1: Tanz ist *Medium* der Therapie, nicht Ziel! Tanz ist *ein* Medium des Tanztheaters, neben Sprache, Bühnenbild, Licht, Musik, Requisiten etc.

Anm. 2: Ich bin mir der Tatsachen bewußt,
- daß Moderne Tänzer/innen und Tänzer/innen des Modernen Tanztheaters heute auch klassisches Exercise betreiben, allerdings wegen des sinnvollen Trainingseffekts, nicht aber um die klassische Technik als Ausdrucksmedium zu benutzen,
- daß das Tanztheater alle Formen des Tanzes, so auch Motive und Schrittkombinationen des Gesellschaftstanzes und des Volkstanzes aufgreift (siehe beispielsweise die Stücke „Föhn" von Reinhild HOFFMANN und „Ahnen" von Pina BAUSCH); dies geschieht zumeist mit der Absicht, die Unfähigkeit zur Beziehung, zum Partnertanz auszudrücken, denn der Sinngehalt dieser Tänze ist ausgehöhlt und sinnentleert,
- daß der Volkstanz und der rituelle Tanz unter meditativen Aspekten (z.B. „Meditatives Tanzen", LANDER/ZOHNER 1987, „Sakraler Tanz", WOSIEN 1988) belebt und lebendig gestaltet werden kann,
- daß in der Tanztherapie die Verwendung der Tanztechniken aus einer Vielfalt an Tanzstilen (und damit Erfahrungs- und Ausdrucksdimensionen) als *Medium* benutzt werden, nicht aber als Selbstzweck (s. Kap. 9.2.).

Anm. 3: Eine Atmosphäre des Vertrauens kann sich auch in Gruppen einstellen, die sich im Volkstanz und im Meditativen Tanz üben. Hier dominiert jedoch entweder das Motiv des Gruppengefühls und der Geborgenheit oder das Streben nach Konzentration und meditativer Sammlung. Im Mittelpunkt steht die Einübung vorgegebener Tanzformen, nicht aber die Begegnung mit der individuellen Kreativität und die freie Entscheidung für spontanen Selbst-Ausdruck.

Anm. 4: „When we look at the historical development, we see that a period of natural dancing – as I called it – was followed by a period of discovery of the educational possibilities hidden in dancing. The next period tried to explain the deeper sense of motions and emotions. This stretch of time was characterised by a kind of philosophic and scientific interest in motion and dance. The religions of that time used the dance as the chief channel for mythological representations. The greatest parts of rites and ceremonies were based on dance movements. In short, I should like to call this period the dawn of the science of dance. The last step in the development is the artistic and the theatrical dance" (LABAN 1971, 68).

I Denkmodelle und Erkenntnisquellen

2. Philosophischer und kulturanthropologischer Ansatz nach Jean GEBSER

Anm. 1: Jean GEBSER beschreibt den Übergang von der mentalen zur integralen Struktur auch als einen Wandlungsprozeß von der antireligiösen Einstellung zur Praeligio (gegenwärtigend, konkretisierend, integrierend), welche durch eine evidente und bewußte Bindung zum gottheitlichen Ganzen gekennzeichnet ist: „Dieses neue Zeitalter ist eine Überwindung der vergehenden rationalen Epoche, die zudem antireligiös gefärbt war, und es ist zugleich die Gegenströmung zu dem unchristlichen Nihilismus unserer Tage. Damit ist auch gesagt, daß dieses Zeitalter nicht mehr antireligiös sein kann und wird. Nur das rationale Denken ist antireligiös; das arationale wird, schon seiner Transparenz wegen, ein neues, gestärktes Verhältnis zur Religion gewinnen. Vergessen wir nicht, daß der christliche Verklärungsgedanke transparenter, raumzeitlicher Art ist!" (GEBSER, GA V/I, 1986, 215).

3. Persönlichkeitsmodell und Menschenbild nach Sigmund FREUD

Anm. 1: Zum Beispiel Psychosomatik als „Teilgebiet der medizinisch-tiefenpsychologischen Forschung zur Abklärung der Wechselwirkung psychogener Körperkrankheiten und ihrer Behandlung" (DOUCET 1973, 139).

Anm. 2: Ablösung der durch Erbfaktoren bestimmten Reifungstheorie durch eine Theorie der Persönlichkeitsentwicklung, als Wechselspiel zwischen genetischen Informationen, Funktionsreifung der Organismen nach inneren Gesetzmäßigkeiten, aber unter Beeinflußung von Umweltfaktoren, den Einflüssen des soziokulturellen und sozioökonomischen Umfeldes und der Selbsttätigkeit des Individuums (vgl. HÖCHSTETTER 1976, 16).

4. Individuationsmodell und Menschenbild nach Carl Gustav JUNG

Anm. 1: „Für Freud existiert nur eine endlose Wiederholung der Triebproblematik, bis eines Tages der Tod dazwischentritt. Für Jung gibt es eine beständige und oftmals auch schöpferische Entwicklung, die Suche nach Ganzheit und Vollkommenheit und eine Sehnsucht nach Wiedergeburt" (HALL/LINDZEY 1978, 100).

Anm. 2: Zur Methode der aktiven Imagination: siehe Kap. 3.3., 7.2., 9.2.3., 11., 12. und 13.

Anm. 3: Zur Definition der vier Grundfunktionen des Bewußtseins: s. Kap. 8.2.3.

Anm. 4: Der ‚Schatten' einer Persönlichkeit verkörpert die animalische Seite der menschlichen Natur oder auch die „schlechten (negativen) und sozial geächteten Gedanken, Gefühle und Handlungen" (HALL/LINDZEY 1978, 108). Wie bedeutsam die Integration des Schattens für den Individuationsprozeß ist, beschreiben HALL/LINDZEY (1978, 108) wie folgt: „Der Schatten als vitaler und leidenschaftlicher, ‚tierischer' Instinktbereich gibt der Person erst den vollständigen, dreidimensionalen Charakter. Er trägt dazu bei, die Persönlichkeit eines Menschen im ganzen abzurunden." JUNG (GW 13, 1978, 34) selbst verweist auf eine weitere Bedeutung von Vollkommenheit und Rundheit des menschlichen Wesens, nämlich der Androgynität: „Eine ähnliche Urvorstellung vom vollkommenen Wesen ist der Platonische, allseits runde Mensch, in dem auch die Geschlechter geeint sind."

Anm. 5: Die ‚Persona' ist die Seite der Persönlichkeit, die der Öffentlichkeit präsentiert wird. Da sie eine Anpassung an gesellschaftliche Normen, Traditionen und Konventionen darstellt, verbirgt sie oftmals „den wirklichen Charakter" des Individuums. Wenn sich der Mensch jedoch mit einer „Maske" (JUNG, GW 6, 1960, 505), der gesellschaftlichen Fassade, die zunächst als Schutzschicht dient, identifiziert, wird er sich *mehr* „der gespielten Rolle bewußt als seiner eigentlichen Gefühle. Er wird sich selbst fremd, und seine ganze Persönlichkeit verflacht, wird sozusagen zweidimensional" HALL/LINDZEY 1978, 106).
Die Begriffe ‚Animus' und ‚Anima' stehen auch für das Gegensatzpaar „Logos" und „Eros": Hiermit unterscheidet JUNG (G W 9/2, 1976, 23) „das Unterscheidende und Erkenntnismäßige des Logos" von dem „Verbindenden des Eros". „Psychologisch gesehen, haben beide Geschlechter sowohl maskuline wie feminine Eigenschaften" (HALL/LINDZEY 1978, 107). Der feminine Aspekt im Mann wird als Anima und der maskuline Aspekt in der Frau als Animus bezeichnet. „Der Mann erfaßt das Wesen der Frau kraft seiner Anima, und die Frau versteht den Mann aufgrund ihres Animus" (HALL/LINDZEY 1978, 107). Im Dienste der Selbst-Verwirklichung muß der gegengeschlechtliche Persönlichkeitsanteil ins Bewußtsein gehoben und im Lebensalltag verwirklicht werden: „Wie die Anima durch die Integration zu einem Eros des Bewußtseins wird, so der Animus zu einem Logos und wie jene dem männlichen Bewußtsein damit Beziehung und Bezogenheit verleiht, so dieser dem weiblichen Bewußtsein Nachdenklichkeit, Überlegung und Erkenntnis" (JUNG, GW 9/2, 1976, 25).

Anm. 6: Zur Erläuterung der Begriffsanteile „transzendent" und „Funktion": „Ich habe diesen eben beschriebenen Vorgang in seiner

Totalität als *transzendente Funktion* bezeichnet, wobei ich unter »Funktion« nicht eine Grundfunktion, sondern eine komplexe, aus anderen Funktionen zusammengesetzte Funktion verstehe, und mit »transzendent« keine metaphysische Qualität bezeichnen will, sondern die Tatsache, daß durch diese Funktion ein Übergang von der einen Einstellung in eine andere geschaffen wird" (JUNG, GW 6, 1960, 522).
Siehe auch Kap. 8.2.3..

Anm. 7: Im Gegensatz zur Psychologie C. G. JUNGs ist die Humanistische Psychologie (z. B. Gestalttherapie von Fritz PERLS und die Bioenergetik von Alexander LOWEN stärker am Einbezug des Körpers und der Alltagswirklichkeit orientiert. Hier fehlt jedoch die religiöse oder transzendente Orientierung, die – wie bereits ausgeführt – als wichtiger Aspekt für die Untersuchung des Phänomens Tanz erkannt wurde.

Anm. 8: Nicht uninteressant ist in diesem Zusammenhang der Verweis auf Rudolf zur LIPPEs Werk „Sinnenbewußtsein. Grundlegung einer anthropologischen Ästhetik". Hier erarbeitet der Autor gewissermaßen eine Philosophie der Transzendenzen.
Bemerkenswert ist die Tatsache, daß Rudolf zur LIPPE ebenso wie Tilman EVERS durch die Begegnung mit Graf DÜRCKHEIM und seiner Methode der Initiatischen Therapie beeinflußt ist. Graf DÜRCKHEIM bezieht sich explizit auf die Tiefenpsychologie JUNGs. DÜRCKHEIM wie JUNG sind beeinflußt durch den Mystiker Meister ECKHART. „Die Mystik macht in ihrer Reflexion auf das Verhältnis von ,vita activa' und ,vita contemplativa' genau den Unterschied gegenüber der Gnosis, daß sie das Wirken in der Außenwelt nicht als Gegensatz zur inneren Versenkung versteht, sondern als deren notwendige Ergänzung" (EVERS 1987, 181).
Über Meister ECKHART schreibt GEBSER (GA IV, 1986 111): „Was unseren Kulturkreis anbetrifft, so dürfte eine integrale Mutation durch *Meister Eckhart* vollzogen worden sein, der noch immer fälschlich als Mystiker dargestellt wird. Er erreichte die universelle Integration als solche nicht durch ein mystisches Zurücktauchen in die »unio mystica«, sondern durch Erlangung jener »Erleuchtung«, jener Überwachheit, wie sie auch im Zen-Buddhismus hier und da verwirklicht wird."

5. Individuation und Sozialisation

Anm. 1: „Ich meine mit diesem Begriff *den Kern der Charakterstruktur, den die meisten Mitglieder ein und derselben Kultur miteinander gemeinsam haben, im Unterschied zum individuellen Charakter, in welchem sich Menschen ein und derselben Kultur voneinander unterscheiden"* (FROMM 1981, 81).

Anm. 2: FROMM 1981, 324: Erziehung in ihrem ursprünglichen und grundlegendsten Sinn verstanden: „e-ducere = herausführen, her-

ausbringen – nämlich dessen, was im Menschen ist." Also Herausbringen, Entfalten aller Potentiale, die dem „Prozeß der Selbstwerdung des Menschen" (FROMM 1977, 254) dienen.
Auch JUNG (1986, 299) äußert sich zum Thema „Schulen für Erwachsene": „Schon seit langem setze ich mich für Schulen für Erwachsene ein. ... Wir haben aber heute die Chance, doppelt so lang zu leben wie früher, und die zweite Lebenshälfte weist bei vielen Menschen eine Struktur auf, die sich von Grund auf von der ersten unterscheidet. Aber diese Tatsache bleibt vielen unbewußt". „Bis heute hat man in der Erziehung immer noch nicht begriffen, daß es in pädagogischer Hinsicht viel wichtiger wäre, die Psychologie der Eltern zu erforschen anstelle diejenige der Kinder. Die Eltern sollten über nichts anderes als ihre eigene Naivität erstaunt sein und über die Unwissenheit bezüglich ihrer eigenen Psychologie, die ihrerseits die Frucht davon ist, was *ihre* Eltern gesät hatten – so tragen Naivität und Unwissenheit den Fluch der Unwissenheit in eine unbegrenzte Zukunft. Meine Antwort darauf ist: Erziehung der Erzieher – oder Schulen für Erwachsene, die nie etwas über die Erfordernisse des Lebens nach vierzig gelernt haben" (JUNG 1986, 304 f.).

Anm. 3: Zum Verständnis von Transzendenz bei FROMM (1977, 260): „Der Ausdruck »Transzendenz« wird herkömmlicherweise in einem theologischen Bezugsrahmen gebraucht. Das christliche Denken nimmt als selbstverständlich an, daß die Transzendenz des Menschen seine Transzendenz über sich selbst hinaus auf Gott hin bedeutet ...Diese Logik ist jedoch fehlerhaft, außer der Begriff »Gott« wird in einem rein symbolischen Sinn anstelle von »Nichtselbst« gebraucht."

Anm. 4: Zur Definition von Depression: „Es ist die Unfähigkeit zu fühlen, das Gefühl tot zu sein, ... genauso wie man unfähig ist, traurig zu sein. Ein depressiver Mensch wäre höchst erleichtert, wenn er traurig sein könnte. Ein Zustand von Depression ist deshalb so unerträglich, weil man überhaupt nicht imstande ist, etwas zu fühlen, weder Freude noch Traurigkeit" (FROMM 1981, 193).
Zur Bedeutung der Depression in psychosomatischen Krankheiten: vgl. RATTNER 1977, 90, 102, 110, 113, 123, 162, 192; zur Bedeutung der therapeutischen Erwachsenenbildung: RATTNER 1977, 207 – 216.

II Tanz als Innen- und Außenwelterfahrung und -gestaltung

6. *Wirkungsfeld: Tanz-Kult*

Anm. 1: Bemerkenswert ist in diesem Zusammenhang aber auch die Erkenntnis, daß Rituale, selbst wenn die Bedingungen innerer Anteilnahme erfüllt sind, nicht nur positiv wirken können. Auch jede

Diktatur hat sich Formen kollektiver Rituale bemächtigt und sie für ihre politischen Zwecke mißbraucht (s. auch Kap. 8.1.1.).

Anm. 2: Bezüglich der Frage nach den einzelnen Phasen im Prozeß der Abwendung vom Ritual sei auf Mary DOUGLAS (1981, 19 ff.) verwiesen, da diese Problematik in diesem Rahmen nicht weiter behandelt werden kann.

Anm. 3: „Nicht Unkenntnis der kausalen Beziehungen, sondern das Hinzutreten eines Interesses, welches stärker ist als sein praktisches, läßt ihn an magischen Riten festhalten. Dieses stärkere Interesse betrifft den expressiven Wert solcher mystischen Akte. Magie ist also keine Verfahrensweise, sondern eine Sprache; sie ist ein integrierender Bestandteil eines umfassenden Phänomens, des Rituals, welches die Sprache der Religion ist.
Das Ritual ist eine symbolische Transformation von Erfahrungen, die in keinem anderen Medium adäquat zum Ausdruck gebracht werden können" (LANGER 1979, 57).

Anm. 4: Diese Eigenschaft des verbalen Symbolismus heißt Diskursivität …. Dies ist der Grund, warum die Gesetze des logischen Folgerns, unsere klarste Formulierung exakten Ausdrucks, auch als »Gesetze des diskursiven Denkens« bekannt sind" (LANGER 1979, 88).
„Sprache im strengen Sinne ist ihrem Wesen nach diskursiv; sie besitzt permanente Bedeutungseinheiten, die zu größeren Einheiten verbunden werden können; sie hat festgelegte Äquivalenzen, die Definition und Übersetzung möglich machen; ihre Konnotationen sind allgemein, so daß nichtverbale Akte, wie Zeigen, Blicken oder betontes Verändern der Stimme nötig sind, um ihren Ausdrücken spezifische Denotationen zuzuweisen. Alle diese hervorstechenden Züge unterscheiden sie vom »wortlosen« Symbolismus, der nicht diskursiv und unübersetzbar ist, keine Definitionen innerhalb seines eigenen Systems zuläßt und das Allgemeine direkt nicht vermitteln kann. Die durch die Sprache übertragenen Bedeutungen werden nacheinander verstanden und dann durch den als Diskurs bezeichneten Vorgang zu einem Ganzen zusammengefaßt; die Bedeutung aller anderen symbolischen Elemente, die zusammen ein größeres, artikuliertes Symbol bilden, werden nur durch die Bedeutung des Ganzen verstanden, durch ihre Beziehungen innerhalb der ganzheitlichen Struktur. Daß sie überhaupt als Symbole fungieren, liegt daran, daß sie alle zu einer simultanen, integralen Präsentation gehören. Wir wollen diese Art von Semantik »präsentativen Symbolismus« nennen, um seine Wesensverschiedenheit vom diskursiven Symbolismus, das heißt von der eigentlichen Sprache zu charakterisieren. Die Anerkennung des »präsentativen Symbolismus« als eines normalen Bedeutungsvehikels von allgemeiner Gültigkeit erweitert unsere Vorstellung von Rationalität weit über die traditionellen Grenzen hinaus und wird doch der Logik im strengen Sinne niemals untreu. Wo immer ein Symbol wirkt, gibt es Bedeutung;

andererseits entsprechen verschiedene Erfahrungstypen, wie Erfahrung durch Verstand, Intuition, Wertschätzung – verschiedenen Typen symbolischer Vermittlung. Jedem Symbol obliegt die logische Formulierung oder Konzeptualisierung dessen, was es vermittelt. Wie einfach oder wie komplex sein Gehalt auch sein mag, dieser ist eine Bedeutung und mithin ein Element für das Verstehen" (LANGER 1979, 103).

Anm. 5: Die erste Priesterin mit meist acht Mittänzerinnen und Mitregentinnen; die Zahl Neun enthält dreimal die weibliche Dreifaltigkeit, die Triade: Mädchen – Frau – Greisin.

GEBSER (GA III, 1986, 432) erläutert die Neunzahl wie folgt: „Diese Urmuse, die »Mutter der Musen« (welche Musen, wie Plutarch in seinen «Tischreden» berichtet, an einigen Orten den gemeinschaftlichen Namen Mneiä führten), ist Mnemosyne. Sie ist das Urbild, das sich zuerst in drei Musen, ihre Töchter, auseinanderfaltet, in Melete, Mneme und Aoide (Nachdenken, Gedächtnis und Gesang), die goldene Stirnbänder tragen: welch auffällige Betonung der denkenden Stirn und des Hauptes! Später erst ging dann aus ihnen in einem weiteren Entfaltungsprozeß ihre Neunzahl hervor."

7. Wirkungsfeld: Tanz-Kunst

Anm. 1: Diese Abgrenzung des Ausdruckstanzes, des Modern Dance und des modernen Tanztheaters vom Klassischen Tanz erfolgt in dem Bewußtsein, daß diese Tanzstilrichtungen die wesentlichen Formen des Bühnentanzes im 20. Jahrhundert darstellen.

Anm. 2: Der Begriff ‚Ästhetik' wird hier im Sinne von Körper- und Selbstwahrnehmung und symbolischer Präsentation verstanden.

Anm. 3: Ekstatische Tänze zeichnen sich dadurch aus, „daß getanzt wird, ob man will oder nicht, daß eben gerade der Tanz den Willen und die Kontrolle aufhebt ... nicht der Tänzer beherrscht den Tanz und führt ihn aus, sondern der Tanz beherrscht den Tänzer und zwingt ihn zur Aufführung einer Gesetzmäßigkeit, die dem Tanz innezuwohnen scheint ... so daß ... der Mensch berührt und verändert wird. Das Ungewöhnliche zu bewohnen, das Unbewußte zu wissen -- darum ringt das erwachende Bewußtsein, das eine Ordnung braucht. Tanz, als Gestaltung der Bewegtheit, hat hier die Aufgabe, ... die Gegensätze im Austausch zueinander zu führen, den Leib im Erleben, und damit auch das Bewußtsein zu erweitern" (HOFFMAN 1984, 42).

Anm. 4: Wenn in diesem Zusammenhang vom Klassischen Ballett gesprochen wird, verstehe ich darunter die Prinzipien des Klassischen Tanzes. Ich vernachlässige dabei spezifische Ausformungen und

Stilprägungen zeitgenössischer Choreographen, wie z. B. John NEUMEIER oder Maurice BÉJART.

Anm. 5: Auch im Klassischen Tanz werden Archetypen tänzerisch gestaltet; so verkörpern zum Beispiel Odette und Odile in dem Ballett ‚Schwanensee‘ zwei konträre Frauenrollen. Odette ist die treue, liebevolle, schutzbedürftige Frau. Odile, ihre Rivalin (oder ihr Schatten), ist aggressiv, selbstbewußt und unabhängig.
Es bleibt hier jedoch kritisch anzumerken, daß die archetypische Bedeutung in diesen Libretti nur vordergründig benutzt wird. Die Geschichten werden aufgrund der technischen Priorität, nämlich zugunsten der Virtuosität der zur-Schau-gestellten Technik, zweitrangig. Das Ballett dient deshalb mehr der Unterhaltung als der tiefgreifenden Auseinandersetzung mit bedeutungsvollen Lebensthemen und Problemstellungen. Die Handlungsballette wollen weder emotional aufregen und aufwühlen, noch zur gedanklichen Auseinandersetzung anregen.
Außerdem fällt es den überwiegend jungen Ballett-Tänzer(inne)n schwer, die archetypische Bedeutung der getanzten Bilder zu übermitteln, da sie nicht auf die notwendige Lebenserfahrung und menschliche Reife zurückgreifen können. Ein Mitleiden des Zuschauers mit dem handelnden Tänzer, der handelnden Tänzerin ist fast unmöglich, damit aber auch die erhellende Wirkung des Tanzes.

Anm. 6: „Vor meinem Fenster wuchs eine große Palme – zum ersten Mal sah ich eine solche im Freien. Ich beobachtete das Zittern der Blätter im Morgenwind und dabei kam mir die Idee des Vibrierens der Arme, Hände und Finger, das meine Nachahmerinnen so entstellt haben. Sie vergaßen, auf die einfache, natürliche Quelle zurückzugehen, die Bewegung der Palme zu beobachten und sie innerlich aufzunehmen, bevor sie sie nachahmten" (DUNCAN, zit. nach NIEHAUS 1981, 27).
Die hiermit angesprochene Vibration ist ein Beispiel für die von HOFFMAN (1984, 39) als Tremendum ausgewiesene Urenergie im Tanz. In der LABANschen Antriebslehre findet dieser Bewegungsarchetyp seine Entsprechung in der Antriebsaktion ‚Flattern‘ (s. Kap. 8.1.2.).

Anm. 7: Der *Solarplexus* entspricht in der asiatischen Lehre von den Chakren, den Energiezentren, dem Manipura-Chakra. Seine Funktion und Bedeutung charakterisiert Marie-Luise STANGL (1984, 20 f.) wie folgt: „Umwandlung von Grobstofflichem, Materiellem, Triebhaftem in Feinstoffliches, Seelisch-Geistiges, Intellektuell-Lebendiges »Verdauen« und Verarbeiten der vitalen Antriebe und Eindrücke. Daher enge Verbindung mit den Gefühlen und der vorwaltenden Stimmungslage." Dem Solarplexuszentrum, welches in der Höhe zwischen dem 12. Brust- und 1. Lendenwirbel liegt, kommt gerade in der *Vermittlung* zwischen den zwei tiefer liegenden Hara-Zentren (Sacralzentrum und Wurzelzentrum),

dem Sitz der vitalen Energie *und* den „höher gelegenen, immer mehr »geistig« werdenden Zentren" (STANGL 1984, 27), dem Herzzentrum, Kehlkopfzentrum, Stirnzentrum und Scheitelzentrum, eine große Bedeutung zu.
Da DUNCAN (1981, 60 f.) die Technik des klassischen Tanzes mit seiner Bevorzugung der unteren Chakren als Bewegungszentren ablehnte, entdeckte sie meditativ und intuitiv das Sonnengeflecht als den „Sitz des inneren Ausdrucks, von dem aus die seelischen Erlebnisse sich dem Körper mitteilen und ihm lebendige Erleuchtung verleihen". Nach STÜBER (1984, 86) nähert sich DUNCAN, durch die Betonung dieses inneren motorischen Zentrums „wahrscheinlich unbewußt, der fernöstlichen Tanzkunst an. Fernöstliche Tänze sind überwiegend zentripetal, okzidentale zentrifugal. Während letztere die äußere Anschauungsform, den Schaucharakter betonen, steht bei den fernöstlichen Tänzen die Einfühlung in ein inneres viscerales Bewegungszentrum im Mittelpunkt des Tanzes."

Anm. 8: ‚Existentiell' höher springen bedeutet: nicht höhere meßbare Leistung, sondern größtmögliche, gefühlsmäßige Überzeugungs- und Ausdruckskraft. Ein eindrückliches Bild vermittelt WIGMAN durch ein Gedicht:
„Ich springe, weil ich fliegen möchte!
Ich kämpfe im Sprung um Schwere und Leichte,
überwinde die eine, um von der anderen überwunden zu werden.
Jeder Sprung ist ein Kampf!
Ich sehne mich hinauf in das Leichte und Lichte
und muß immer wieder hinab in das Dunkle und Schwere.
Oh, meine Sehnsucht, ich lasse nicht von Dir.
Stark macht der Kampf mit der Schwere, wenn es zu fliegen gilt!
Und jede Überwindung macht das Lachen heller
und das Atmen glücklicher.
(...)
Rufst Du mich wieder, schwere dunkle Erde?
Doch ich fliege Dir wieder davon. Immer wieder.
So springe ich leicht, in weiten Bögen,
spanne mit jedem Sprung eine schöne gewölbte Brücke über die Erde,
greife mit meinen Händen seltsame Luftgebilde,
erfülle mein ganzes Wesen mit überwindender Kraft"
(WIGMAN Tagebuch, o. Dat. 1917/18, MWA, zit. nach MÜLLER 1986 a, 81).

Anm. 9: Zum Verständnis der Synchronizität nach JUNG sei JACOBI (1977, 55) zitiert: „Auf einen besonders bedeutungsschweren Aspekt der Wirksamkeit der Archetypen hat Jung, gleichsam als letzte Frucht seiner Forschungen in seinen Studien über die »Synchronizität als Prinzip akausaler Zusammenhänge« hingewiesen."
JUNG (GW 8, 1971, 500 f.) definiert den Begriff der Synchronizität

„in dem speziellen Sinne von zeitlicher Koinzidenz zweier oder mehrerer nicht kausal aufeinander bezogener Ereignisse, welche von gleichem oder ähnlichem Sinngehalt sind... . So bedeutet denn Synchronizität zunächst die Gleichzeitigkeit eines gewissen psychischen Zustandes mit einem oder mehreren äußeren Ereignissen, welche als sinngemäße Parallelen zu dem momentanen subjektiven Zustand erscheinen und – gegebenenfalls – auch vice versa."

Anm. 10: Wie aus veröffentlichten Aufzeichnungen GRAHAMs hervorgeht, hat sich Martha GRAHAM intensiv mit der Archetypenlehre C. G. JUNGs beschäftigt (vgl. MC DONAGH 1976, 62).

Anm. 11: Das Verhältnis zwischen GRAHAM und WIGMAN erläutert Hedwig MÜLLER (1986 b, 183) mit einem Zitat von GRAHAM, die Mary WIGMAN als eine *Seherin* bezeichnet: „Martha Graham, für Mary Wigman »Amerikas begabteste Tänzerin«, verneigt sich vor der Leistung der deutschen Tänzerin, mit der sie so oft verglichen wird: »Endlich habe ich Sie tanzen gesehen! Ich finde keine Worte. Nur dieses: Sie tanzen das Leben selbst. Und Sie sind wie eine Seherin, die uns die ungeheuerlichsten vitalen Rhythmen von Freude und Leid in unsere Sprache übersetzt. Dank, daß Sie kamen und sich so verschenkten. Dank für Ihren Mut und Ihre Kühnheit.«"

Anm. 12: Übersetzung von GRAHAMs Kommentar und Erklärung, warum der Tanz „Errand into the Maze" so bedeutungsvoll für sie war: „Dieser Tanz hat für mich eine besondere Bedeutung, weil es in meinem eigenen Leben die *Überwindung einer Angst* war. Es war nachdem ich den Tanz schon fertig hatte – *genau genommen hatte ich ihn schon viele, viele, viele Male getanzt –, aber er hatte sich mir nie so treffend mitgeteilt wie in dieser einen Gelegenheit.* Wir waren auf dem Weg von Abadan im Iran nach Teheran. Wir flogen eine DC-3, das sind sichere, kleine Flugzeuge, aber sie haben nur eine Flughöhe von 5000 Fuß.
Wir mußten durch einen Paß zwischen zwei Bergspitzen von 18 000 Fuß Höhe hindurch. Wir gerieten in einen fürchterlichen Schneesturm in der Art wie sie in diesen Papiergewichten sind, die wir in der Kindheit hatten. Schließlich sagten sie, daß wir umkehren müßten. Was wir auch taten. Während der ganzen Zeit, die wir in der Luft waren, war die Angst so ständig vorhanden, der Druck lastete auf uns allen. Die Kompanie benahm sich wunderbar, aber ich entschloß mich, als einzige Möglichkeit für mich, es in dieser Situation durchzutanzen. So nahm ich „Errand into the Maze" und ging es in meinem Kopf durch, dreimal, bevor wir in Abadan ankamen. Da wußte ich, was Angst wirklich meint, weil das Flugzeug alles tat, außer herunterzufallen. Aber das Bühnenbild war so schön. Ich konnte es vor mir sehen trotz der panischen Angst, die mir im Nacken saß, während ich den Tanz

durchging. Das Bühnenbild hat Isamu Noguchi entworfen, die Musik hat Giancarlo Menotti für mich komponiert und alles war für mich eine sehr lebendige Atmosphäre, ein sehr lebendiger Ort, und ich war fest entschlossen, diesen Platz zu erhalten und nicht auf der Erde zu zerschellen. *Es hatte einen heilsamen Effekt dahingehend, daß ich fähig war, dieses grundlegende Etwas zu bezwingen, das wir alle haben, nämlich die Angst vor dem Unbekannten, Ängste vor etwas Unerkennbarem.* Aber ich habe eine großartige Lektion gelernt. Darum bedeutet dieser Tanz so viel für mich" (GRAHAM 1984, Übersetzung und Hervorh. M.P.-B.).

Anm. 13: Die *Persönlichkeitsorientierung* bedeutet: Im Gegensatz zur Vereinheitlichung der Tänzerinnen im corps de ballet, lebt diese Ausdrucksform des Tanztheaters von der Individualität aller Beteiligten. *Demokratisch organisiert* bedeutet, daß sowohl im Team choreographiert wird oder im Wechsel. Es gibt also keine fixierte Rollenaufteilung zwischen Tänzer/in/Choreograph/in und auch keine Klassifizierung zwischen Solisten, Halbsolisten und Gruppentänzer(inne)n.

Anm. 14: Auf den engen Zusammenhang zwischen der Wiederentdeckung sinnlicher Bedürfnisse, die Besinnung auf den menschlichen Körper als Quelle und Träger einer Universalsprache und das kollektive Unbewußte weist GORSEN (1983, 57) hin: „Die neuesten Sehnsüchte – Spiegelungen weniger »unglücklichen Bewußtseins« (Hegel) als vielmehr eines unglücklichen kollektiven Unbewußten – richten sich auf die Wiedervereinigung der physischen mit der spirituellen Wirklichkeit: Traumzeit im Kabinett der Ängste."

Anm. 15: Der Begriff *Energiequellen* bezieht sich auf die Integration archetypischer Bilder des kollektiven Unbewußten: „*Es gibt ein Kontinuum der Zeit, vorstellbar vielleicht als Kugelgestalt, in dem sich die unerlösten Wünsche aller Zeiten begegnen und wo sie aufgehoben sind.* Aus ihm schöpft das internationale Tanztheater, interkulturelle Zeichen setzend, seine widerständige Kraft. Über die archaisch-zeitgenössischen Bilder taucht es ein in die kollektive Entwicklungsgeschichte, die sich nicht chronologisch, sondern ungeschieden und ergreifend organisiert hat, um aus der Tiefe dieser Bilder zu bewegen" (SERVOS 1985 b, 13).
Hier sei angemerkt, daß die Kugelgestalt und der Kreis Symbole für das Selbst nach *Jung* sind (vgl. JACOBI 1969, 145, 239).
„Gleichermaßen ist der *Kreis* als Symbol der Vollkommenheit und des vollkommenen Wesens ein allverbreiteter Ausdruck für Himmel, Sonne, Gott und für das Urbild des Menschen und der Seele" (JUNG, GW 16, 1958, 220).
„Die Ganzheit besteht aus der Zusammensetzung von Ich und Du, welche als Teile einer transzendenten Einheit erscheinen, deren Wesen nur noch symbolisch erfaßt werden kann, z. B. durch das Symbol des Runden, der Rose, des Rades oder der coniunctio Solis et Lunae" (JUNG, GW 16, 1958, 260).

„Wie bekannt produziert das Unbewußte im Laufe der dialektischen Auseinandersetzung gewisse Bilder des *Zieles*. ... Es handelt sich dort hauptsächlich um Vorstellungen von Mandalacharakter, d. h. *Kreis* und *Quaternität*. Letztere sind die häufigsten und deutlichsten Charakteristiken der Zielvorstellung. Solche Bilder vereinigen die Gegensätze in der Gestalt des quaternio, nämlich als Verbindung übers Kreuz, oder sie drücken durch die Kreis- oder auch Kugelform die Ganzheit überhaupt aus" (JUNG, GW 16, 1958, 339).
Nach der Raumsymbolik LABANs (vgl. 1981, 34) entspricht die Gestalt der Kugel ebenfalls der Kinesphäre, dem persönlichen Bewegungsraum, eines Menschen.

8. Wirkungsfeld: Tanz-Pädagogik

Anm. 1: Der Bewegungschor ist nach LABAN (1979, 7) die „sinn- und wesensgemäße Form der Laien-Bewegungskunst. ... Was die Menschengemeinden früher in Ritualen und Zeremonien geschaffen haben, entspringt einer Quelle, die auch heute nicht versiegt ist. Nur sind die Anlässe andere wie sonst einmal. Sie wechselten schon so oft; religiöse Zeitalter hatten ihren religiös gefärbten Bewegungssinn, politisch-zeremoniöse Zeiten hatten eine andere Bewegungsordnung; heute leben wir in einem Zeitalter kultureller Umwälzungen, unser Bewegungssinn äußert sich daher in kulturell künstlerischen und nicht in kultischen oder zeremoniösen Formen."

Anm. 2: Die Verarmung der Fähigkeit, unsere Körpersinne zu gebrauchen, erläutert LABAN (1922, 131) folgendermaßen: „Was von Auge, Ohr oder Verstand wahrgenommen wurde, zergliedert die überbildete Intellektualsentimentalität augenblicklich in begriffliche und stimmungsmäßige Teilformen, so daß nur in den seltensten Fällen ein starker, plastischer Formeindruck zustande kam. Man konnte nicht mehr sehen, hören, begreifen, geschweige denn plastisch empfinden. Und nur aus diesem Empfinden heraus läßt sich die Welt erkennen und das Leben beherrschen. ... Plastisch empfundene Bilder belehren, bewegen und erregen uns, bringen uns Bildung. Was ist es, das uns in allen alten Weisheitsbüchern, zum Beispiel in den Gleichnissen der Bibel, in diesen schlichten Darstellungen der Licht- und Schattenseiten der Menschenseele, so tief ergreift? Es ist das plastisch Greifbare, das jedermann im Gedächtnis haften bleibt und eine Welt von Erfahrungen, Weisheiten und Gefühlen im Bild verschmelzend unseren Tatenwillen erweckt."

Anm. 3: Die modernen Kunstformen wurden nach dem zweiten Weltkrieg unterdrückt (vgl. BRIDSON 1986, 41); dies verhinderte vor allem die Fortentwicklung des in Mißkredit geratenen Ausdruckstan-

zes: „Eine Ideologie des schwärmerischen Subjektivismus, die es dem Nationalsozialismus leicht machte, den Ausdruckstanz in seine Reihen einzugliedern, die Ideale von Harmonie aller Menschen durch die Vorstellungen einer national-sozialistischen, arischen Volksgemeinschaft zu ersetzen. Die Berufung auf ein vermeintlich »unpolitisches« individuelles Künstlertum versperrte vielen Tanzaktiven die Sicht auf eine eigene Vereinnahmung in das nationalsozialistische System. Die ausdruckstänzerische Konzeption geriet nach dem Zusammenbruch des Dritten Reiches schnell in Vergessenheit, oder, besser gesagt, wurde in Vergessenheit abgedrängt" (MÜLLER 1984, 78).
Nach dem Krieg setzte eine restaurative Wende zum Klassischen Tanz ein. Der Ausdruckstanz, der sich als humanistisch verstanden hatte, war unglaubwürdig geworden, da er sich einer Gleichschaltung nicht widersetzt hatte: „Der Krieg hatte überdies die Massenbasis des Ausdruckstanzes, eine bislang nie dagewesene breite Laientanzbewegung, zunichte gemacht. So blieb kaum etwas, woran man hätte anknüpfen können. Die ursprünglich aufrührerischen Impulse in der Jugend wie in der Kunst hatte der Nationalsozialismus unterdrückt, schließlich gänzlich ausgelöscht. Der Nachkriegsjugend blieben nur die Bilder faschistischer Massenchoreographien in Erinnerung – von den eurythmisch Keulen schwingenden Mädeln bis zu den Marschtritt stampfenden Volksgenossen. Das ‚Tausendjährige Reich' hinterließ ein Erbe entseelter und entsexualisierter Körperlichkeit. Das war kaum die Art Tradition, die die neue Generation fortführen wollte" (SERVOS 1988, 7).

Anm. 4: Aufgrund der beschränkten Quellenlage kann die konkrete praktische Arbeit von SHELEEN hier nicht dargestellt werden. Ihr 1987 erschienenes Buch „Maske und Individuation" behandelt vorrangig die Methoden der Maskenarbeit. Ich stelle den Ansatz von SHELEEN vor, weil ich ihn für beachtenswert und wegweisend erachte für den Übergangsbereich zwischen pädagogischer und therapeutischer Arbeit. Außerdem stellt sie in der praktischen Arbeit wieder die Bezüge zwischen Tanz und Ritual her.

Anm. 5: *Eros* (Lebenstrieb) und *Thanatos* (Todestrieb) waren FREUDs spätere Begriffe für Sexualität und Aggression, die Triebe, die durch Erziehung und Therapie in Liebe und Arbeit kanalisiert werden sollten (vgl. HAMPDEN-TURNER 1982, 43). Die drohende Gefahr der Erdrückung des Gegenpols Eros durch Thanatos registriert SHELEEN (1983, 62) in unserer Welt, „in der Millionen von Menschen weiterhin verfolgt werden, vor Hunger sterben, politische Unruhen erleiden und in der Angst vor dem Nuklearkrieg leben". Aus dieser Gefahr leitet sie für sich, und dies sollte meiner Ansicht nach übertragbar sein auf alle Pädagogen und in sozialen Berufen tätigen Menschen, die Verpflichtung ab, den Eros zu stärken, „unser kulturelles Erbe zu bewahren und zu entwickeln und diejenigen künstlerischen Techniken zu praktizieren, die dem geängstigten Menschen helfen können, sich dem Guten, Schönen und Wahren, im sokratischen Sinne, zuzuwenden". Die polaren Triebe Eros und Thanatos lassen sich sinnentsprechend bei FROMM in der Unterscheidung zwischen der Biophilie (der Liebe zum Leben) und der Nekrophilie wiederfinden. Während sich die *Biophilie* durch Spontaneität, Freude, Lebendigkeit und Produktivität ausdrückt, bezeichnet die *Nekrophilie* die krankhafte Tendenz, sich mit Verfall, Tod und Destruktion zu beschäftigen (vgl. HAMPDEN-TURNER 1982, 51).

Anm. 6: In seinem Aufsatz „Die transzendente Funktion" (JUNG, GW 8, 1971, 78-104) erläutert JUNG: „Die psychologische»transzendente Funktion« geht aus der Vereinigung *bewußter und unbewußter* Inhalte hervor" (79).
JUNG erkannte den Sinn der transzendenten Funktion in der „Kompensation der Einseitigkeit des Bewußtseins" (84). Eine Vorbedingung für die transzendente Funktion liegt in der positiven Grundeinstellung dem Unbewußten gegenüber. Phasenweise übernimmt das Unbewußte die Führung über das Ich (vgl. 99). In der zweiten Phase führt wieder das Ich (vgl. 100). Die transzendente Funktion ist ein „ganzheitliches Geschehen" (100), welches gleichermaßen zweier Tendenzen bedarf: der „ästhetischen Gestaltung des Sinnverständnisses" und des „Verstehen(s) der ästhetischen Gestaltung" (98). Wenn nur der Sinn, das intellektuelle Interesse, vorhanden ist, nicht aber die Ästhetik, dann ist der Prozeß einseitig. Einseitigkeit liegt aber auch vor, wenn der künstlerische Anspruch überwiegt und darauf verzichtet wird, den Sinn zu entdecken (vgl. 98 ff.). Die transzendente Funktion ist „nicht nur eine wertvolle Ergänzung der psychotherapeutischen Behandlung, sondern verschafft dem Patienten den nicht zu unterschätzenden Vorteil, aus eigenen Kräften einen gewichtigen Beitrag an die ärztliche Bemühung zu leisten und in diesem Maße nicht vom Arzte und seinem Können in einer oft demütigenden Weise abhängig zu sein. *Es ist ein Weg, sich durch eigene Anstrengung zu befreien und den Mut zu sich selbst zu finden*" (Hervorh. M. P.-B.) (104).

9. Wirkungsfeld: Tanz-Therapie

Anm. 1: „Lebensperspektive heißt Gebrauch der Sinne, des Körpers wie der Seele und des Geistes, heißt Erkenntnis von der Wirkung und Erfahrung aus. Bedingung für ein Bewußtsein von Leben und vom Körper ist eigenes Erleben und Bewirken von Prozessen, in denen Verhalten, Kraft, Bewegung oder Denken zu Wirkungen und Rückwirkungen führen. Für den Körper und seine Erlebnisfähigkeit setzt dies – wie Rudolf zur LIPPE (1978) formuliert – ein seelisch, geistig und sozial erlebtes gemeinsames Zusammenspiel all seiner Parteien voraus sowie lernfähige Aufnahmebereitschaft jener Rückwirkungen, die durch seine Wirkungen hervorgerufen und herausgefordert werden. Wahrnehmungs- und Verarbeitungsbereitschaft, Durchlässigkeit und Kraft aus dem Zusammenspiel aller Bereiche menschlicher Existenz sind Voraussetzungen für ein Wohlbefinden, das auch die WHO mit Gesundheit umschreibt und dessen Lebensort der Körper ist. Eine Beeinträchtigung dieses Wohlbefindens trifft immer den ganzen Menschen. Was einem Teil seiner Lebendigkeit angetan wird, wird immer der ganzen Lebendigkeit angetan" (KEIL/MAIER 1984, 112).

Anm. 2: Feinstoffliche Arbeit bedeutet zum Beispiel, daß sehr kleine Bewegungen gemacht werden, die durch tieferliegende Muskelschichten, z. B. den Illio-Psoas ausgeführt werden, um dadurch die großen Muskelgruppen zu entlasten. Für die FELDENKRAIS-Methode bedeutet es des weiteren, daß der Lehrer die „Manipulationen", Be-Handlungen, sanft ausführt, damit der Schüler erfährt, daß die Manipulationen in der „Hauptsache *informativ* und nicht formativ sind; anders ausgedrückt, daß sie Information vermitteln und nicht versuchen, einen Wechsel hervorzurufen" (RYWERANT 1985, 36). Er legt ebenfalls Wert auf eine bequeme Ruhelage für die Behandlung (z. B. Rückenlage oder Bauchlage), da es dem Subjekt nur in der entspannten Position möglich ist, „winzig kleine Veränderungen in Bewegungsmustern, die vom Lehrer nicht verbal ‚vorgeschlagen' werden, zu erkennen und zu differenzieren" (RYWERANT 1985, 263). Letztlich ist diese subtile Art der Förderung von Körperbewußtheit ein kreativer Prozeß, da der Schüler neu erworbene Informationen selbst verarbeitet und in neue Einstellungen und Handlungsmuster transformiert, oft mit dem Resultat verknüpft, daß er neue Einsichten über seine Probleme gewinnt, versteht und daß er seine Fehlhaltungen bewußt prüft (vgl. RYWERANT 1985, 265 f.).

Anm. 3: Anmerkungen zu den Begriffen ‚funktionsgerecht', ‚richtig' und ‚falsch': Eine Haltung und Bewegung wird als funktionsgerecht bezeichnet, wenn das Skelett und die Muskulatur optimal, d. h. energiesparend und effizient, eingesetzt werden.
„.. jede Haltung ist recht, die folgendem Gesetz entspricht: der Knochenbau wirkt dem Zug der Schwerkraft entgegen, und dadurch werden die Muskeln frei für Bewegung.
Der Körper und sein Nervensystem entwickeln sich gemeinsam unter dem Einfluß der Schwerkraft so, daß das Skelett den Körper gegen den Zug der Schwerkraft halten kann, ohne dabei Energie zu verausgaben. Müssen hingegen die Muskeln diese Aufgabe des Knochengerüsts leisten, so werden sie nicht nur unnütz Energie verbrauchen, sondern an ihrer eigentlichen Aufgabe: Ort und Haltung des Körpers durch Bewegung zu ändern, gehindert sein. Bei schlechter Haltung leisten die Muskeln einen Teil der Aufgabe der Knochen. Um die Haltung zu berichtigen, muß man daher

herausfinden, was die Reaktion des Nervensystems auf die Schwerkraft so verfälscht hat, das sich doch - wie alles im Menschen - an sie hat anpassen müssen, seit es überhaupt den Menschen gibt" (FELDENKRAIS 1981, 100). Gerda ALEXANDER (vgl. 1978, 51) untersucht in diesem Zusammenhang das Phänomen der reflektorischen Aufrichtung, den sog. „Transportreflex", der von jeder beliebigen Stelle des Körpers bewußt ausgelöst werden kann. Ihre Erkenntnisse bezüglich ‚funktionsgerechter' Haltung und Bewegung stimmen mit der Einschätzung von FELDENKRAIS überein: „Dem Erlebnis dieser inneren Kraft, die den Körper reflektorisch über die Skelettmuskulatur ohne jegliche Muskelanstrengung aufrichtet, folgt die Entdeckung einer bisher unbekannten Beweglichkeit des Rückens. Denn durch die reflektorische Aufrichtung wird die äußere dynamische Muskulatur, die sonst in der gesamten körperlichen Erziehung als Haltungsmuskulatur verwendet wird, für die Bewegung frei" (ALEXANDER 1978, 50).

Anm. 4: Die Funktionen und Bedeutungen des Prinzips ‚en dehors' sind meiner Meinung nach derart vielschichtig, daß eine Analogie-Bildung zwischen der „Fähigkeit zur Auswärtsdrehung" und der „Fähigkeit zum Ausdruck sexuellen Selbstvertrauens", wie sie SIEGEL vornimmt, nicht angemessen und vertretbar ist. Das Prinzip des ‚en dehors' ist zwar eng mit dem Klassischen Tanz verknüpft, aber es ist auch – weltweit betrachtet – stilprägend für Tänze aus anderen Kulturkreisen: So finden wir die Auswärtsdrehung u. a. im indischen, balinesischen und afrikanischen Tanz. Die Funktionen des Prinzips ‚en dehors' bei der Fuß-, bzw. Beinstellung bestehen darin:

– eine größere Unterstützungsfläche zu gewährleisten und damit das Gefühl von größerer Stabilität und Balancefähigkeit auch bei äußerst labilen Bewegungen, zum Beispiel einbeinigen Pirouetten, zu vermitteln. In diesem Sinne wird die Auswärtsdrehung – als V-Position der Füße – auch im modernen Tanz und im Tai Chi verwendet,

– eine bestimmte Form des ‚Sich-zur-Schau-stellens', ‚Sich-Zeigens' zu ermöglichen. Der Bühnentanz ist wegen seiner räumlichen Orientierung auf ein Publikum (‚Schauseite') darauf angelegt, den menschlichen Körper möglichst flächig, frontal und profiliert zu zeigen.

Die Frage also, was bei welchem Menschen Ausdruck für was ist, läßt sich somit nicht grundsätzlich beantworten. Ein Mensch, dessen Alltagsgang durch eine V-Position der Füße geprägt ist, mag leidvoll erfahren, daß sein Gang einen Mangel an Gradlinigkeit, an Klarheit und Direktheit ausdrückt. Seine ausgedrehte Fußstellung spiegelt ihm seine Gespaltenheit, d. h. daß seine rechte Körperhälfte nach rechts und seine linke Körperhälfte nach links tendiert und gehen möchte. Er wird bei einem gradlinig in die Fortbewegungsrichtung ausgerichteten Fuß mehr Einheitlichkeit und Zielstrebigkeit, mehr Klarheit seines ganzkörperlichen Focus erfahren.

Anm. 5: SIEGEL (1986, 92-103) unterscheidet und charakterisiert folgende Stufen und Phasen der menschlichen Entwicklung:
die orale Phase,
die symbiotische Phase,
die Loslösungs-/Individuationsphase,
die anale Phase,
die Wiederannäherungsphase,
die phallische Phase.

Anm. 6: Die folgenden Ausführungen sind veröffentlicht worden: PETER-BOLAENDER, M./ANDREAE, J. B.: Aktive Imagination in Bewegung/Tanz, in: ARTUS, H. G. (Hg.): Gestaltung in Tanz und Gymnastik. Bremen 1988, 181-194

Anm. 7: Die Ausführungen über dieses Fallbeispiel sind frei übersetzte Kommentare CHODOROWs aus dem Film: „Dance-Therapy - The Power of Movement". ADTA 1982

III Konzeptualisierung eines integralen Ansatzes der Tanz-Pädagogik

10. Konzept der Bewegung

Anm. 1: Die folgenden Zitate entstammen den Unterrichtsprotokollen aus dem Projektbericht „Bewußtheit durch Bewegung und Tanz" (PETER-BOLAENDER 1982).

11. Konzept der Kreativität

Anm. 1: Die folgenden Zitate entstammen den Unterrichtsprotokollen aus dem Projektbericht „Bewußtheit durch Bewegung und Tanz" (PETER-BOLAENDER 1982).

Anm. 2: „Das Sanskritwort Mandala bedeutet »Kreis« im allgemeinen Sinne. Im Bereich religiöser Gebräuche und in der Psychologie bezeichnet es Kreisbilder, die gezeichnet, gemalt, plastisch geformt oder getanzt werden. Plastische Gebilde dieser Art gibt es namentlich im tibetanischen Buddhismus, und als Tanzfiguren finden sich Kreisbilder in Derwischklöstern. Als psychologische Phänomene kommen sie spontan in Träumen, in gewissen Konfliktzuständen und bei der Schizophrenie vor. Sehr häufig enthalten sie eine Vierheit oder ein Mehrfaches von vier in der Form eines

Kreuzes oder Sternes oder eines Quadrates, Oktogons usw."
(JUNG, GW 9/1, 1976, 115).

Anm. 3: „Deshalb ist der Kreis das einfachste Sinnbild des In-sich-Ge-schlossenen, des Unendlichen und Ewigen. Der kosmische Ur-kreis findet seine Verkörperung im Bild der Schlange, die sich in den eigenen Schwanz beißt (Uroboros). Die runde Gestalt war den alten Völkern Symbol der kosmischen Harmonie; .... In Anknüp-fung an diese Vorstellung ist der Kreis ein Symbol für die Erschaf-fung der Welt und für ihren Schöpfer. Der Kreis ist ein Ganzheitssymbol. Seit Urzeiten wird dem Kreis eine magische Wirkung zugeschrieben. ... In Mythen und Märchen hat der magische Kreis die Bedeutung eines Schutz- und Abwehr-zaubers. Einen vergleichbaren Sinngehalt hat der Kreis auch in Imaginationserfahrungen. ... Allgemein signalisiert das Unbe-wußte mit dem Kreis eine Konzentration psychischer Energie" (TIETZE 1986, 309).

12. Konzept der Meditation

Anm. 1: Leider hat JUNG nie ausführlicher über diese Formen der Einstim-mung in die aktive Imagination berichtet.

Anm. 2: Meine gezielte Lenkung der Bewußtheit auf die Ohren und die Förderung ihrer Sensibilität wird argumentativ unterstützt durch die Aussage HEGIs: „Das in unserer Zeit so strapazierte und vernachlässigte Ohr spielt als zentrales Sinnesorgan eine bevor-zugte und emanzipierte Rolle. Außerdem streiche ich den weibli-chen Pol vieler Erscheinungen in Musik und Therapie hervor; er soll die Idee der Ganzheit hervorheben, auf die ich gerade auch als Mann zugehen will. Sinnigerweise und wie als Ergänzung sind äußere Form und innere Funktion des Ohres wie auf dieses weib-liche Prinzip abgestimmt: aufnehmend, vertiefend, ganzheitlich" (HEGI 1986, 22).

Anm. 3: Der jeweilige Umfang der Ausführungen zu den vier Bereichen der Psyche (das Ich, das Bewußtsein, das persönliche Unbewußte und das kollektive Unbewußte) hat keinen wertenden Charakter!

Anm. 4: Die folgenden Zitate entstammen den Unterrichtsprotokollen aus dem Projektbericht „Bewußtheit durch Bewegung und Tanz" (PETER-BOLAENDER 1982).

13. Konzept der Bewußtheit

Anm. 1: Die folgenden Ausführungen sind eine überarbeitete Fassung von Überlegungen, die im Beitrag „Förderung von Körperbewußtheit und Körperbewußtsein" (PETER-BOLAENDER 1986 a) veröffent-licht sind.

Anm. 2: Die folgenden Zitate entstammen den Unterrichtsprotokollen aus dem Projektbericht „Bewußtheit durch Bewegung und Tanz" (PETER-BOLAENDER 1982).

Anm. 3: Vgl. meine Ausführungen über die aktive Imagination im pädagogischen Kontext: PETER-BOLAENDER, M./ANDREAE, J. B.: Aktive Imagination in Bewegung/Tanz; in: ARTUS, H. G. (Hg.): Gestaltung in Tanz und Gymnastik. Bremen 1988, 181-194

Anm. 4: Zur Bedeutung der Körperbewußtheit für die Selbstbewußtheit sei auf folgende Untersuchungen verwiesen: PAULUS 1982; PETER-BOLAENDER 1982; ANDREAE 1986.

Verzeichnis der Abbildungen

Literatur

ALXANDER, F.M.: The Use of Self. London 1954

ALEXANDER, G.: Eutonie als Verfahren somato-psychologischer Pädagogik, Rehabilitation und Therapie; in: PETZOLD, H. (Hg.): Psychotherapie & Körperdynamik. Paderborn 1974, 105-127

ALEXANDER, G.: Eutonie. Ein Weg der körperlichen Selbsterfahrung. München 1978

AMMANN, A.N.: Aktive Imagination. Darstellung einer Methode. Olten 1978

AMMON, G. (Hg.): Gruppendynamik der Kreativität. München 1975

ANDERS, F.: Taichi, Chinas lebendige Weisheit. Grundlagen der fernöstlichen Bewegungskunst. Köln 1985

ANDREAE, B.: Veränderung von (Körper-)Bewußtheit und (Körper-)Bewußtsein durch Tanz – Eine Veränderungsmessung zum Selbstkonzept. Schriftliche Hausarbeit im Rahmen der Ersten Staatsprüfung für das Lehramt für die Sekundarstufe II/I. Bochum 1986

ANDREWS, M./ BOGGS SCOTT, C.: The Bartenieff Fundamentals – Mobilizing the Dancer's Resources; in: *Contact Quarterly*, Spring/Summer 1986, 14-18

ARBEITSKREIS FÜR TANZ IM BUNDESGEBIET (Hg.): *Informationen über Tanz*, H. 4, Tanzdidaktische Konzeptionen. Berlin o.J. (1975)

ARCHBUTT, S.: Labanotation. Lisa Ullmanns Rolle in der Verbreitung von Rudolf von Labans Ideen; in: *ballett international*, 6-7/1985, 21-23

ATZESBERGER, M.: Einführung in die Tiefenpsychologie und Kinderpsychotherapie. Berlin 1980

BAAREN, Th.P.: Selbst die Götter tanzen. Sinn und Formen des Tanzes in Kultur und Religion. Gütersloh 1964

BACH, R.: Das Mary Wigman-Werk. Mit Beiträgen von Mary Wigman. Dresden 1933

BARTENIEFF, I.: Body Movement: Coping with the environment. New York: Gordon & Breach, 1980

BECKER, P.: Psychologie der seelischen Gesundheit. Bd. 1: Theorien, Modelle, Diagnostik. Göttingen – Toronto- Zürich 1982

BERNARD, M.: Der menschliche Körper und seine gesellschaftliche Bedeutung. Bad Homburg 1980

BERNSTEIN, P.L. (Ed.): Eight theoretical approaches in dance-movement therapy. Dubuque, Iowa 1979

BERNSTEIN, P.L.: A Mythologic Quest: Jungian Movement Therapy with the Psychosomatic Client; in: *American Journal of Dance Therapy*, Vol. 3, No. 2, 1980, 44-55

BERNSTEIN, P.L.: Theory and Methods in Dance-Movement Therapy. Dubuque, Iowa 1981

BERTHERAT, T.: Der entspannte Körper. München 1982

BIELEFELD, D./ BIELEFELD, J.: Ein motopädagogisches Förderprogramm zur Körpererfahrung; in: *Motorik*, 3/1980, 132-143

BIELEFELD, J. (Hg.): Körpererfahrung. Grundlage menschlichen Bewegungsverhaltens. Göttingen – Toronto – Zürich 1986

BIELEFELD, J.: Zur Begrifflichkeit und Strukturierung der Auseinandersetzung mit dem eigenen Körper; in: BIELEFELD, J. (Hg.): Körpererfahrung. Göttingen 1986, 3-35

BODMER, S.: Harmonics in Space; in: *Main Currents*, September-October, Vol. 31, No. 1, 1974, 27-31

BÖHM, M. von: Der Tanz. Berlin 1925

BÖTTCHER, E.: Versuch einer Soziologie des Tanzes; in: HEYER, F. (Hg.): Der Tanz in der modernen Gesellschaft. Hamburg 1958, 91-106

BRANDENBURG, H.: Der Moderne Tanz. München 1921

BRIDSON, V.: Ausbildung im Modernen Tanz; in: *ballett international*, 7/8, 1986, 39-43

BROOKS, C.: Erleben durch die Sinne. Paderborn 1979

BROWN, G.J. (Hg.): Gefühl und Aktion. Gestaltmethoden im integrativen Unterricht. Frankfurt am Main 1978

BRUNEL, L.: Experimenteller Tanz. Verschiedene Strömungen und Einflußbereiche; in: *ballett international*, 5/1982, 26-27

BUONAVENTURA, W.: Bauchtanz. Die Schlange und die Sphinx. München 1984

CHAIKLIN, S.: Dance Therapy; in: ARIETI, S. (Ed.): American Handbook of Psychiatry. Vol. V. New York 1975, 701-720

CHAIKLIN, H. (Ed.): Marian Chace: Her Papers. Columbia: American Dance Therapy Association, 1975

CHAIKLIN, S./SCHMAIS, C.: The Chace Approach to Dance Therapy; in: BERNSTEIN, P.L. (Ed.): Eight theoretical approaches in dance-movement therapy. Dubuque, Iowa 1979, 15-30

CHODOROW, J.: Philosophy and Methods of Individual Work; in: Dance Therapy: Focus on Dance VII, Copyright 1974 by the American Association for Health, Physical Education and Recreation, National Education Association, 1-3

CHODOROW, J.: Dance Therapy and the Transcendent Function; in: *American Journal of Dance Therapy*, 1/1978, 16-23

CHODOROW, J.: Dance/Movement and Body Experience in Analysis; in: STEIN, Murray (Ed.): The Practice of Jungian Analysis. La Salle: Open Court Publishing 1982, 192-203

CHODOROW, J.: Beitrag zum Tanztherapie-Film „Dance-Therapy – The Power of Movement". ADTA 1982

CHODOROW, J.: To move and to be moved; in: *Quadrant*, 2/1984, 39-48

CHODOROW, J.: The Body as Symbol: Dance/Movement in Analysis; in: SCHWARTZ-SALANT, N./STEIN, M. (Ed.): The Body in Analysis. Chiron Publications: Wilmette, Illinois 1986, 87-108

CHODOROW, J.: Dance Therapy and Depth Psychology. The moving imagination. London and New York 1991

CHUNG-YUAN, CH.: Der Prozeß der Selbstverwirklichung; in: ANDERS, F.: Taichi, Chinas lebendige Weisheit. Köln 1985, 108-119

COHN, R.C.: Von der Psychoanalyse zur themenzentrierten Interaktion. Stuttgart 1978

CROPLEY, A.J.: Kreativität und Erziehung. München-Basel 1982

DECKER, R.: Die psychomotorische Erziehung im Kindes- und Jugendalter; in: HAHN, E./PREISING, W. (Hg.): Human Movement – Die menschliche Bewegung. Schorndorf 1976, 139-157

DESCARDES, T.F.: Tanzimprovisation in der Ästhetischen Erziehung. Bern-Stuttgart 1978

DELAKOVA, K.: Beweglichkeit. Wie wir durch Arbeit mit Körper und Stimme zu kreativer Gestaltung finden. München 1984

DESCARTES, R.: Über den Menschen. Beschreibung des menschlichen Körpers. Heidelberg 1969

DIECKMANN, H.: Dichtung und gestaltete Sprache als Möglichkeiten der Konfliktbearbeitung und Individuation aus der Sicht der Tiefenpsychologie C. G. Jungs; in: PETZOLD, H./ORTH, I. (Hg.): Poesie und Therapie. Über die Heilkraft der Sprache. Paderborn 1985, 347-361

DOUCET, F.W.: Psychoanalytische Begriffe. Vergleichende Textdarstellung Freud – Adler – Jung. München 1973

DOUGLAS, M.: Ritual, Tabu und Körpersymbolik. Frankfurt am Main 1981

DREFKE, H.: Tanz als Teilbereich einer ästhetischen Erziehung; in: ARBEITSKREIS FÜR TANZ IM BUNDESGEBIET (Hg.): *Informationen über Tanz*, H. 4, Tanzdidaktische Konzeptionen. Berlin o.J. (1975), 44-54

DREFKE, H./PETER-BOLAENDER, M.: Eindrucks- und Ausdrucksschulung im Tanz am Beispiel: „Mein Gang". Ein Beitrag zu einem ganzheitlichen Verständnis von Handlungsfähigkeit; in: ARTUS, H.G. (Hg.): Handeln in Gymnastik/Tanz. Universität Bremen: Eigendruck 1985, 6-15

DREITZEL, H.P.: Körperkontrolle und Affektverdrängung; in: *Integrative Therapie*, 2-3/1981, 179-196

DREITZEL, H.P.: Der Körper in der Gestalttherapie; in: KAMPER, D./WULF, C. (Hg.): Die Wiederkehr des Körpers. Frankfurt am Main 1984, 52-67

DROPSY, J.: Lebe in deinem Körper – Kreativität und menschliche Beziehungen durch Expression Corporelle. München 1982

DROPSY, J./SHELEEN, L.: Maitrise Corporelle und menschliche Beziehungen; in: PETZOLD, H. (Hg.): Psychotherapie & Körperdynamik. Paderborn 1974, 39-58

DÜRCKHEIM, K.: Durchbruch zum Wesen. Aufsätze und Vorträge. Zürich 1954

DÜRCKHEIM, K.: Vom Leib der man ist in pragmatischer und initiatischer Sicht; in: PETZOLD, H. (Hg.): Psychotherapie & Körperdynamik. Paderborn 1974, 11-27

DÜRCKHEIM, K.: Übung des Leibes. München 1978

DÜRCKHEIM, K.: Transzendenz als Erfahrung; in: CONDRAU, G. (Hg.): Transzendenz, Imagination und Kreativität des 20. Jahrhundert. Kindler Verlag: Psychologie des 20. Jahrhunderts, Bd. 15, Zürich 1979, 344-352

DUNCAN, I.: Der Tanz der Zukunft (The Dance of the Future). Eine Vorlesung. Leipzig 1903

DUNCAN, I.: Zurück zur Natur; in: WOLGINA, L./PIETSCH, U. (Hg.): Die Welt des Tanzes in Selbstzeugnissen. Wilhelmshafen 1979, 7-39

DUNCAN, I.: Mein Leben, meine Zeit. Wien 1981

EICHBERG, H.: Der Weg des Sports in die industrielle Zivilisation. Bden-Baden 1979

EICHBERG, H.: Körperlichkeit, Identität und Entfremdung. Überlegungen zu einer neuen Sozialwissenschaft des Körpers und des Sports; in: Sportpädagogik 4/1984, 9-13

EICHBERG, H.: Immer wieder aus der Rolle tanzen. Ein kultursoziologischer Versuch, Tanzen zu deuten; in: sportpädagogik 4/1985, 16-19

ELIAS, N.: Über den Prozeß der Zivilisation, Bd. 1: Wandlungen des Verhaltens in den weltlichen Oberschichten des Abendlandes. Frankfurt am Main 1981

ELIAS, N.: Über den Prozeß der Zivilisation, Bd. 2: Wandlungen der Gesellschaft. Entwurf zu einer Theorie der Zivilisation. Frankfurt am Main 1982

EPSTEIN, G.: Wachtraumtherapie. Der Traumprozeß als Imagination. Stuttgart 1985

ESPENAK, L.: Tanztherapie, durch kreativen Selbstausdruck zur Persönlichkeitsentwicklung. Dortmund 1985

ESPENAK, L.: Vom Körper ausgehend, bewegen wir uns nach innen. Interview mit L. Espenak von P.-W. Hagemann; in: ballett international, 10/1986, 46-51

ESPENSCHIED, R.: Heilsame Kräfte im Tanz?; in: HEYER, F. (Hg.): Der Tanz in der modernen Gesellschaft. Hamburg 1958, 51-72

EVERS, T.: Mythos und Emanzipation. Eine kritische Annäherung an C.G. Jung. Hamburg 1987

FELDENKRAIS, M.: Bewegungserziehung zur Verbindung von Körper und Geist; in: PETZOLD, H. (Hg.): Psychotherapie & Körperdynamik. Paderborn 1974, 174-192

FELDENKRAIS, M.: Bewußtheit durch Bewegung. Der aufrechte Gang. Frankfurt am Main 1981

FELDENKRAIS, M.: Die Entdeckung des Selbstverständlichen. Frankfurt am Main 1985

FELDENKRAIS, M.: Die Feldenkraismethode in Aktion. Paderborn 1990

FERGUSON, M.: Die sanfte Verschwörung. Persönliche und gesellschaftliche Transformation im Zeitalter des Wassermanns. München 1982

FEUERBACH, J.: Körperbewußtheit, Bewegung und Tanz. Informationen aus dem Modellversuch Freizeitsport, Bd. 7. Oldenburg 1980

FIERZ, H.K.: Vorwort; in: JACOBI, J.: Vom Bilderreich der Seele. Olten und Freiburg 1969, 6-7

FRANZ, M.L. von: Der Individuationsprozeß; in: JUNG, C.G.: Der Mensch und seine Symbole. Olten – Freiburg 1968, 158-229

FRANZ, M.L. von: Zum Abschluß: Das Unbewußte und die Wissenschaften; in: JUNG C.G.: Der Mensch und seine Symbole. Olten – Freiburg 1968, 304-310

FREUD, S.: Das Unbewußte. Schriften zur Psychoanalyse. Berlin-Darmstadt-Wien 1965

FREUD, S.: Abriß der Psychoanalyse. Das Unbehagen in der Kultur. Frankfurt am Main 1972

FREY – ROHN, L.: Von Freud zu Jung. Zürich und Stuttgart 1969

FRIEDRICH-BARTHEL, M./SCHÄFER, M.J.: Musik und Bewegung in der Heilpädagogik; in: LEBER, A. (Hg.): Heilpädagogik. Darmstadt 1980, 293-311

FRITSCH, U.: Aspekte einer ästhetisch-kommunikativen Tanzerziehung; in: ARBEITSKREIS FÜR TANZ IM BUNDESGEBIET (Hg.): *Informationen über Tanz*, H. 4, Tanzdidaktische Konzeptionen, Berlin o.J. (1975), 55-64

FRITSCH, U.: Tanzen – auch im Sportunterricht?; in: *Sportpädagogik*, 4/1981, 7-15

FRITSCH, U.: Chancenungleichheit in körperlichen Präsenzen. Nachdenken über den Tanz im Sportzeitalter; in: KLEIN, M. (Hg.): Sport und Körper. Reinbek 1984, 65-75

FRITSCH, U.: (Hg.): Tanzen. Reinbek 1985

FRITSCH, U.: Etwas sagen, was man nicht sagen kann -- Ästhetische Erfahrungen im Tanz; in: FRITSCH, U. (Hg.): Tanzen. Reinbek 1985, 11-24

FROHNE, I.: Das rhythmische Prinzip. Grundlagen, Formen und Realisationsbeispiele in Therapie und Pädagogik. Lilienthal/Bremen 1981

FROMM, E.: Anatomie der menschlichen Destruktivität. Reinbek 1977

FROMM, E.: Haben oder Sein. Die seelischen Grundlagen einer neuen Gesellschaft. München 1979

FROMM, E./SUZUKI, D.T./MARTINO, R.D.: Zen-Buddhismus und Psychoanalyse. Frankfurt am Main 1979a

FROMM, E.: Analytische Charaktertheorie. Gesamtausgabe II. Stuttgart 1980

FROMM, E.: Wege aus einer kranken Gesellschaft. Eine sozialpsychologische Untersuchung. Berlin 1981

GEBSER, J.: Gesamtausgabe II: Ursprung und Gegenwart, 1. Teil: Das Fundament der aperspektivischen Welt – Beitrag zu einer Geschichte der Bewußtwerdung. Schaffhausen 1986

GEBSER, J.: Gesamtausgabe III: Ursprung und Gegenwart, 2. Teil: Die Manifestationen der aperspektivischen Welt – Versuch einer Konkretion des Geistigen. Schaffhausen 1986

GEBSER, J.: Gesamtausgabe IV: Ursprung und Gegenwart, Kommentarband. Schaffhausen 1986

GÖTTNER-ABENDROTH, H.: Kunst als Ghetto. Eine kritische Betrachtung der Geschichte der Kunstöffentlichkeit; in: *manuskripte*, 66/1979, 44-51

GÖTTNER-ABENDROTH, H.: Die tanzende Göttin. Prinzipien einer matriarchalen Ästhetik; in: *manuskripte*, 68/1980, 70-81

GÖTTNER-ABENDROTH, H.: Die Göttin und ihr Heros. München 1980a

GÖTTNER-ABENDROTH, H.: Die tanzende Göttin. Prinzipien einer matriarchalen Ästhetik. München 1982

GORSEN, P.: »Lebensreform« und »Alternativkultur«. Notizen über Beschädigungserfahrungen; in: *Neue Rundschau*, 3/1983, 56-66

GRAHAM, M.: „A Modern Dancer's Primer for Action"; in: ROGERS, F.R. (Ed.): Dance: A Basic Educational Technique. Macmillan: New York 1941, 178-187

GRAHAM, M.: „En Aften med Martha Graham". Eine Filmproduktion des ,Martha Graham Center for Contemporary Dance' und des ,Danmarks Radio'. Regisseur: Martha Graham; Producer: Thomas Grimm. 1984

GÜNTHER, D.: Der Tanz als Bewegungsphänomen. Wesen und Werden. Reinbek bei Hamburg 1962

GÜNTHER, H.: Gymnastik- und Tanzbestrebungen vom Ende des 19. Jahrhunderts bis zum Ersten Weltkrieg; in: ÜBERHORST, H. (Hg.): Geschichte der Leibesübungen, Bd. 3/1. Berlin-München-Frankfurt 1980, 569-593

HALL, C.S./LINDZEY, G.: Theorien der Persönlichkeit. Bd. I. München 1978

HAMPDEN-TURNER, C.: Modelle des Menschen. Ein Handbuch des menschlichen Bewußtseins. Weinheim – Basel 1982

HANRATHS, U./WINKELS, H. (Hg.): Tanz – Legenden. Frankfurt am Main 1984

HARK, H. (Hg.): Lexikon Jungscher Grundbegriffe. Mit Originaltexten von C.G. Jung. Freiburg 1988

HASELBACH, B.: Didaktische Konzeptionen für den Bereich „Tanz" im Schul- und Vorschulalter; in: ARBEITSKREIS FÜR TANZ IM BUNDESGEBIET (Hg.): Tanzdidaktische Konzeptionen: Tanz. Berlin 1975, 79-84

HASELBACH, B.: Tanz und ästhetische Erziehung; in: HAHN, E./PREISING, W. (Hg.): Die menschliche Bewegung, Schorndorf 1976a, 158-167

HASELBACH, B.: Improvisation, Tanz, Bewegung. Stuttgart 1976 b

HASELBACH, B.: Tanzgeschichte und Gegenwart; in: FRITSCH, U. (Hg.): Tanzen. Reinbek 1985, 41-52

HEGI, F.: Improvisation und Musiktherapie. Möglichkeiten und Wirkungen von freier Musik. Paderborn 1986

HENDERSON, J.L.: Der moderne Mensch und die Mythen; in: JUNG, C.G.: Der Mensch und seine Symbole. Olten – Freiburg 1968, 104-157

HENTIG, H.v.: Allgemeine Lernziele der Gesamtschule; in: DEUTSCHER BILDUNGSRAT (Hg.): Gutachten und Studien der Bildungskommission, Bd. 12. Stuttgart 1969, 13-43

HENTIG, H.v.: Schule als Erfahrungsraum? Stuttgart 1973

HENTIG, H.v.: Ergötzen, Belehren, Befreien. Schriften zur ästhetischen Erziehung. München 1985

HEYER, F. (Hg.): Der Tanz in der modernen Gesellschaft. Hamburg 1958

HIGHWATER, J.: Dance – Rituals of Experience. New York 1985

HIPPIUS – Gräfin DÜRCKHEIM, M.: Entstehungsgeschichte des geführten Zeichnens; in: *Poiesis*, 2/1986, 43-45

HÖCHSTETTER, W.K.: Die psychoanalytischen Grundlagen der Erziehung. Frankfurt am Main 1976

HOFFMAN, K.: Tanz Trance Transformation. München 1984

HOGHE, R./WEISS, U.: Bandoneon – Für was kann Tango alles gut sein? Texte und Fotos zu einem Stück von Pina Bausch. Darmstadt 1981

HUMPHREY, D.: Die Kunst, Tänze zu machen. Zur Choreographie des Modernen Tanzes. Wilhelmshafen 1985

JACOBI, J.: Symbole auf dem Weg der Reifung; in: JUNG, C.G.: Der Mensch und seine Symbole. Olten – Freiburg 1968, 272-303

JACOBI, J.: Vom Bilderreich der Seele. Wege und Umwege zu sich selbst. Olten – Freiburg 1969

JACOBI, J.: Die Psychologie von C.G. Jung. Eine Einführung in das Gesamtwerk. Frankfurt am Main 1977

JACOBS, D.: Die menschliche Bewegung. Ratingen 1962

JACOBS, D.: Bewegungsbildung, Menschenbildung. Kastellaun 1978

JAFFE, A.: Bildende Kunst als Symbol; in: JUNG, C.G.: Der Mensch und seine Symbole, Olten – Freiburg 1968, 230-271

JUNG, C.G.: Gesammelte Werke Bd. 4: Freud und die Psychoanalyse. Zürich 1969

JUNG, C.G.: Gesammelte Werke Bd. 5.: Symbole der Wandlung. Olten – Freiburg 1973

JUNG, C.G.: Gesammelte Werke Bd. 6: Psychologische Typen. Zürich 1960

JUNG, C.G.: Gesammelte Werke Bd. 7: Zwei Schriften über Analytische Psychologie. Zürich 1964

JUNG, C.G.: Gesammelte Werke Bd. 8: Die Dynamik des Unbewußten. Zürich 1971

JUNG, C.G.: Gesammelte Werke Bd. 9/1: Die Archetypen und das kollektive Unbewußte. Olten 1976

JUNG, C.G.: Gesammelte Werke Bd. 9/2: Aion. Beiträge zur Symbolik des Selbst. Olten 1976

JUNG, C.G.: Gesammelte Werke Bd. 11: Zur Psychologie westlicher und östlicher Religion. Zürich 1963

JUNG, C.G.: Gesammelte Werke Bd. 13: Studien über alchemistische Vorstellungen. Olten-Freiburg 1978

JUNG, C.G.: Gesammelte Werke Bd. 14/1: Mysterium Coniunctionis. Olten 1968

JUNG, C.G.: Gesammelte Werke Bd. 14/2: Mysterium Coniunctionis. Olten 1968

JUNG, C.G.: Gesammelte Werke Bd. 15: Über das Phänomen des Geistes in Kunst und Wissenschaft. Olten – Freiburg 1971

JUNG, C.G.: Gesammelte Werke Bd. 16: Praxis der Psychotherapie. Zürich 1958

JUNG, C.G.: Gesammelte Werke Bd. 17: Über die Entwicklung der Persönlichkeit. Olten 1972

JUNG, C.G.: Gesammelte Werke Bd. 18/1 und 18/2: Das symbolische Leben. Olten 1981

JUNG, C.G.: Der Mensch und seine Symbole. Olten – Freiburg 1968

JUNG, C.G.: Zugang zum Unbewußten; in: JUNG, C.G.: Der Mensch und seine Symbole. Olten – Freiburg 1968, 20-103

JUNG, C.G.: Mandala. Bilder aus dem Unbewußten. Olten 1977

JUNG, C.G.: Erinnerungen, Träume, Gedanken von C.G. Jung; hrsg. von A. JAFFÉ. Freiburg im Breisgau 1981

JUNG, C.G.: C.G. Jung im Gespräch. Interviews, Reden, Begegnungen. hrsg. von HINSHAW, R. und FISCHLI, L.. Zürich 1986

KAMPER, D.: Der Körper und der Geist der Zeit. Notizen einer Bestandsaufnahme des Zivilisationsprozesses; in: *Westermanns Pädagogische Beiträge*: Schwerpunktthema: Vergessene Körperlichkeit, 6/1981, 248-249

KAST, V.: Kreativität in der Psychologie von C.G. Jung. Dissertation an der Philosophischen Fakultät der Universität Zürich. Zürich 1974

KEIL, A./MAIER, H.: Körperarbeit als Wiederaneignung von Lebensperspektive; in: KLEIN, M. (Hg.): Sport und Körper. Reinbek bei Hamburg 1984, 111-126

KELLEY, C.R.: Radix – Gefühlserziehung; in: PETZOLD, H. (Hg.): Die neuen Körpertherapien. Paderborn 1977, 111-139

KIPHARD, E.J.: Mototherapie – Teil I. und Teil II. Dortmund 1983

KLEIN, Melanie: Envy and Gratitude; A Study of Unconscious Sources, Travistock, London 1957

KLEIN, M.: Our Adult World and Other Essays. Heinemann. London 1963

KLEIN, Michael: Körperlichkeit bei Spitzensportlerinnen; in: *Sportpädagogik*, 4/1980, 21-24

KLEIN, M.: Sport und soziale Probleme; in: DIETTRICH, M. (Hg.): Kritische Sporttheorie – Alternativen für die Sport- und Bewegungserziehung. Köln 1981, 121-135

KLEIN, M. (Hg.): Sport und Geschlecht. Reinbek 1983

KLEIN, M. (Hg.): Sport und Körper. Reinbek 1984

KLEIN, M.:»Social Body«, persönlicher Leib und der Körper im Sport; in: KLEIN, M. (Hg.): Sport und Körper. Reinbek 1984, 7-20

KRAMER-LAUFF, D.: Tanzdidaktik: Modell kommunikativen Handelns. Schorndorf 1978

KREITLER, H./KREITLER, S.: Psychologie der Kunst. Stuttgart 1980

KULTUSMINISTERIUM DES LANDES NRW (Hg.): Richtlinien und Lehrpläne für den Sport: Bd. II, Heft 5012, 1980

LABAN, R. von: Die Welt des Tänzers. Fünf Gedankenreigen. Stuttgart 1922

LABAN, R. von: Gymnastik und Tanz. Oldenburg 1926

LABAN, R. von: Ein Leben für den Tanz. Dresden 1935

LABAN, R. von: Rudolf Laban speaks about Movement and Dance. Addlestone, Surrey 1971 (hrsg. von ULLMANN, L.)

LABAN, R. von/LAWRENCE, F.C.: Effort. Boston 1974

LABAN, R. von: Tanztheater und Bewegungschor; in: PETERS, K. (Hg.): Laban. Bd. 19/20 der Tanzarchiv-Reihe. Köln 1979, 2-10

LABAN, R. von: Der moderne Ausdruckstanz in der Erziehung. Eine Einführung in die kreative tänzerische Bewegung als Mittel zur Entfaltung der Persönlichkeit. Wilhelmshaven 1981

LABAN, R. von: Die Kunst der Bewegung. Wilhelmshaven 1988

LANDER, H.M./ZOHNER, M.-R.: Meditatives Tanzen. Stuttgart 1987

LANG, U./SCHMIDT, D.: Bewegungsanalyse nach Laban und Bartenieff; in: *Hochschulsport*, 7-8/1986, 6-8

LANGER, S.: Philosophie auf neuem Wege. Mittenwald 1979

LAUF, D.-J.: Symbole. Verschiedenheit und Einheit in östlicher und westlicher Kultur. Frankfurt am Main 1976

LeCAMUS, J.: Praxis der Psychomotorik in Frankreich: Geburt, Wiedergeburt und differenzierte Auseinandersetzung mit dem Körper; in: *Motorik*, 1/1983, 1-10

LERSCH, P./SANDER, F./THOMAE, H. (Hg.): Handbuch der Psychologie in zwölf Bänden. 4. Bd.:Persönlichkeitsforschung und Persönlichkeitstheorie. Göttingen 1960

LIPPE, R. zur: Am eigenen Leibe. Zur Ökonomie des Lebens. Frankfurt 1978

LIPPE, R. zur: Innerer, äußerer und öffentlicher Dialog. Zur Aktualität von Individualismus; in: *Merkur*, 9/1980, 857-869

LIPPE, R. zur: Am eigenen Leibe; in: KAMPER, D./WULF, C. (Hg.): Die Wiederkehr des Körpers. Frankfurt am Main 1984, 25-39

LIPPE, R. zur: Aufzeichnungen von Gesprächen mit Maria Hippius-Gräfin Dürckheim; in: *Poiesis*, 2/1986, 49-53

LIPPE, R. zur: Sinnenbewußtsein. Grundlegung einer anthropologischen Ästhetik. Reinbek bei Hamburg 1987

LIPPE, R. zur: Vom Leib zum Körper. Naturbeherrschung am Menschen in der Renaissance. Reinbek bei Hamburg 1988

LORENZER, A.: Das Konzil der Buchhalter. Die Zerstörung der Sinnlichkeit. Frankfurt am Main 1981

LOWEN, A.: Bioenergetische Analyse. Eine Weiterentwicklung der Reich'schen Therapie; in: PETZOLD, H. (Hg.): Die neuen Körpertherapien. Paderborn 1977, 51-61

LOWEN, A.: Bioenergetik. Der Körper als Retter der Seele. München 1979

LOWEN, A.: Der Verrat am Körper. Reinbek 1982

MAIER, H.: Zum Thema ‚Aufrechter Gang' oder ‚Richtiges Gehen'; in: ZIMMER-SCHÜRINGS, M. (Hg.): Bewegungserziehung oder Körpertherapie? Oldenburg 1979

MAIER, H.: Neue Wege der Körper- und Bewegungserziehung. Plädoyer für die Einführung des Subjekts in den Sport in Thesen; in: UNIVERSITÄT OLDENBURG (Hg.): Informationen aus dem Modellversuch Freizeitsport, Bd. 5. Oldenburg 1980, 7-19

MAIER, H.: Vorbemerkung; in: UNIVERSITÄT OLDENBURG (Hg.): Informationen aus dem Modellversuch Freizeitsport, Bd. 6. Oldenburg 1980 a, 1

MAIER, H.: Bewegungsdefizite als persönliche und soziale Risikofaktoren-Konsequenzen für Unterricht und Schulgestaltung. Informationen aus dem Modellversuch Freizeitsport, Bd. 10. Oldenburg 1982

MALETIC, V.: Body – Space – Expression. The Development of Rudolf Laban's Movement and Dance Concepts. Berlin – New York – Amsterdam 1987

MAZO, J.H.: Prime Movers. The Makers of Modern Dance in America. New York 1977

Mc DONAGH, D.: Martha Graham. A Biography. New York 1973

Mc DONAGH, D.: The Complete Guide To Modern Dance. New York 1976

MEAD, G.H.: Geist, Identität und Gesellschaft. Frankfurt am Main 1980

MEERLOO, J.A.M.: Rhythmus und Ekstase – Vom Primitiven Tanz zum Rock'n Roll und Modernen Ballett. Wien – Hannover – Basel 1959

MERLEAU-PONTY, M.: Phänomenologie der Wahrnehmung. Berlin 1966

MERZ, R.: Die Tradition des Ausdruckstanzes in der Schweiz; in: *ballett international*, 3/1985, 33

MICHEL, A.: Die neue Tanzkunst – Mary Wigman; in: *ballett international*, 4/1982, 25-27

MIDDENDORF, I.: Atem – und seine Bedeutung für die Entwicklung und das Heilsein des Menschen; in: PETZOLD, H. (Hg.): Die neuen Körpertherapien. Paderborn 1977, 436-451

MIDDENDORF, I.: Der erfahrbare Atem. Eine Atemlehre. Paderborn 1986

MÖGLING, K.: Bewegungsmeditation; in: *Sportpädagogik*, 1/1986, 8-17

MOLLE, E.: Seminarpapier zum Workshop: Körpertherapien im Vergleich. Berlin 1985

MOSCOVICI, H.K.: Vor Freude tanzen, vor Jammer halb in Stücke gehn. Pionierinnen der Körpertherapie. Frankfurt am Main 1989

MÜLLER, H./SERVOS, N.: Pina Bausch – Wuppertaler Tanztheater. Köln 1979

MÜLLER, H./SERVOS, N.: Von Isadora Duncan bis Leni Riefenstahl; in: *ballett international*, 4/1982, 14-23

MÜLLER, H.: Die Windung der Spirale; in: *ballett international*, 3/1985, 17-21

MÜLLER, H.: Die Begründung des Ausdruckstanzes durch Mary Wigman. Dissertation an der Philosophischen Fakultät der Universität zu Köln. Köln 1986 a

MÜLLER, H.: Mary Wigman. Leben und Werk der großen Tänzerin. Berlin 1986 b

MÜLLER, L./SEIFERT, Th.: Analytische Psychologie. Urbilder der Seele; in: PETZOLD, H. (Hg.): Wege zum Menschen: Methoden und Persönlichkeiten moderner Psychotherapie. Bd. II. Paderborn 1984, 175-243

MÜLLER, R.: Wandlung zur Ganzheit. Die Initiatische Therapie nach Karlfried Graf Dürckheim und Maria Hippius. Freiburg 1981

MUCHOW, H.-H.: Der Tanz in der Sicht des Psychologen und Erziehers; in: HEYER, F. (Hg.): Der Tanz in der modernen Gesellschaft. Hamburg 1958, 37-50

NEUMANN, E.: Ursprungsgeschichte des Bewußtseins. München 1968

NEUMANN, E.: Kulturentwicklung und Religion. Frankfurt am Main 1978

NIEHAUS, M.: Isadora Duncan: Leben, Werk, Wirkung. Wilhelmshaven 1981

NITSCHKE, A./WIELAND, H. (Hg.): Die Faszination und Wirkung außereuropäischer Tanz- und Bewegungsformen. Ahrensburg 1981

NITSCHKE, A.: Anders auf die Umwelt achten; in: *Sportpädagogik*, 4/1984, 16-17

NORTH, M.: Personality Assessment through Movement. London 1972

OAKLANDER, V.: Gestalttherapie mit Kindern und Jugendlichen. Stuttgart 1981

OBERMÜLLER, K.: Es ist wunderschön gewesen, das Leben. Über Susanne Perrottet; in:»*du*«, *Die Kunstzeitschrift*, 3/1981, 14-16

ODOM, M.: Mary Wigman: The Early Years 1913 – 1925; in: *The Dance Drama Review* – Dance/Movement Issue, Vol. 24 Number 4, Dec 1980, 81-92

OTTO, G. (Hg.): Texte zur Ästhetischen Erziehung. Braunschweig 1975

PAULUS, P.: Zur Erfahrung des eigenen Körpers. Theoretische Ansätze, therapeutische und erziehungswissenschaftliche Aspekte sowie ein empirischer Bericht. Weinheim 1982

PERROTTET, C.: Ausdruck in Tanz und Bewegung. Stuttgart 1983

PETER-BOLAENDER, M.: Bewußtheit durch Bewegung und Tanz – Zur Veränderung des Körper- und Selbstkonzepts durch Tanz. Unveröffentlichter Projektbericht zu einem Projekt in der Sportlehrerausbildung. Bochum 1982

PETER-BOLAENDER, M.: Wie geht's? – Wie steht's? Anregungen zur Eindrucks- und Ausdrucksschulung im Tanz; in: FRITSCH, U. (Hg.): Tanzen. Reinbek bei Hamburg 1985, 55-72

PETER-BOLAENDER, M.: Förderung von Körperbewußtheit und Körperbewußtsein durch Tanzimprovisation; in: BIELEFELD, J. (Hg.): Körpererfahrung – Grundlage menschlichen Bewegungsverhaltens. Göttingen 1986 a, 252-277

PETER-BOLAENDER, M.: Selbstdarstellung durch Tanz. Erfahrungen aus einem Grundkurs Tanz in der Sportlehrerausbildung; in: *Sportunterricht*, 1/1986 b, 16-21

PETER-BOLAENDER, M.: Mein Name – mein Bild – mein Tanz. Ein Beitrag zu einem ganzheitlichen Verständnis von Handlungsfähigkeit im Sport; in: BUNDESVERBAND TANZ (Hg.): *tanzen*, 1/1986 c, 5-7

PETER-BOLAENDER, M.: Tanzen in der Schule – Seine Stellung und Bedeutung; in: BISCHOF, M./MAHLER, M. (Hg.): Tanzen in der Schule. Universität Bern: Eigendruck 1986 d, 25-33

PETER-BOLAENDER, M./ANDREAE, J.B.: Aktive Imagination in Bewegung/Tanz; in: ARTUS, H.G. (Hg.): Gestaltung in Tanz und Gymnastik. Universität Bremen 1988, 181-194

PETER-BOLAENDER, M.: Integrative Tanz- und Bewegungserziehung. Zur Theorie und Bedeutung des Tanzes aus ganzheitlicher Sicht. Dissertation an der Universität Oldenburg. Abteilung Philosophie, Psychologie, Sportwissenschaften. Oldenburg 1989

PETER-BOLAENDER, M.: Die Hexe in mir. Zur weiblichen Kreativität in der Tanz-Performance; in: KLEIN, M. (Hg.): Tanzforschung. Jahrbuch Band 1 (1990), veröffentlicht von der Gesellschaft für Tanzforschung e.V., Wilhelmshaven 1991 a, 132-145

PETER-BOLAENDER, M.: Aus Erfahrung tanzen. Zur Geschichte von Ausdruckstanz und Tanztherapie; in: *Tanzdrama* 14/1991 b, 18-21

PETERS, K. (Hg.): Laban. Bd. 19/20 der Tanzarchiv-Reihe. Köln 1979

PETERS, K.: Brennpunkt Laban; in: PETERS, K. (Hg.): Laban. Bd. 19/20 der Tanzarchiv-Reihe. Köln 1979, 30-34

PETZOLD, H. (Hg.): Psychotherapie & Körperdynamik. Paderborn 1974

PETZOLD, H.: Integrative Bewegungstherapie; in: PETZOLD, H. (Hg.): Psychotherapie & Körperdynamik. Paderborn 1974, 287-404

PETZOLD, H./BERGER, A.: Integrative Bewegungserziehung; in: PETZOLD, H. (Hg.): Psychotherapie & Körperdynamik. Paderborn 1974, 405-423

PETZOLD, H. (Hg.): Die neuen Körpertherapien. Paderborn 1977

PETZOLD, H.: Gegen den Mißbrauch von Körpertherapie – Risiken und Gefahren bioenergetischer, primärtherapeutischer und thymopraktischer Körperarbeit; in: PETZOLD, H. (Hg.): Die neuen Körpertherapien. Paderborn 1977, 478-490

PETZOLD, H./BROWN, G.J. (Hg.): Gestaltpädagogik. Konzepte der Integrativen Erziehung. München 1977 a

PETZOLD, H.: Integrative Körper- und Bewegungserziehung: in: BROWN, G.J. (Hg.): Gefühl und Aktion – Gestaltmethoden im integrativen Unterricht. Frankfurt 1978, 100-114

PETZOLD, H.: Leibzeit; in: KAMPER, D./WULF, C. (Hg.): Die Wiederkehr des Körpers. Frankfurt am Mein 1982, 68-81

PETZOLD, H. (Hg.): Leiblichkeit. Philosophische, gesellschaftliche und therapeutische Perspektiven. Paderborn 1985

PIERRAKOS, J.: Core-Therapie; in: PETZOLD, H. (Hg.): Die neuen Körpertherapien. Paderborn 1977, 90-116

POLSTER, E./POLSTER, M.: Gestalttherapie. Frankfurt am Main 1983

RATTNER, J.: Psychosomatische Medizin heute. Seelische Ursachen körperlicher Erkrankungen. Frankfurt 1977

REMMLER, H.: Das Geheimnis der Sphinx. Archetyp für Mann und Frau. Olten – Freiburg 1988

RITTER, E.: Tanz als Sport; in: HEYER, F. (Hg.): Der Tanz in der modernen Gesellschaft. Hamburg 1958, 72-90

RITTNER, V.: Identität, Natürlichkeit und Sport; in: QUELL, M. (Hg.): Sport, Soziologie und Erziehung. Sportsoziologische Arbeiten 3. Berlin-München-Frankfurt 1980, 23-34

RITTNER, V.: Probleme einer soziologischen Theorie des Sports; in: QUELL, M. (Hg.): Sport, Soziologie und Erziehung. Sportsoziologische Arbeiten 3. Berlin-München-Frankfurt 1980, 9-22

RITTNER, V.: Krankheit und Gesundheit: Veränderungen in der sozialen Wahrnehmung des Körpers; in: KAMPFER, D./WULF, C. (Hg.): Die Wiederkehr des Körpers. Frankfurt am Main 1982, 40-51

RITTNER, V./MRAZEK, J./LAMMERSDORF, M.: Zur Entwicklung und zu Forschungsschwerpunkten der Sportsoziologie; in: *Sportunterricht*, 3/1983, 85-99

RITTNER, V.: Körper und Körpererfahrung in kulturhistorisch-gesellschaftlicher Sicht; in: BIELEFELD, J. (Hg.): Körpererfahrung. Göttingen 1986, 125-160

ROLLAND, J.: Inside Motion – An Anatomical Basis For Movement Education. Amsterdam 1984

ROSCHER, W.: Ästhetische Erziehung – Improvisation – Musiktheater. Hannover 1970

ROSCHER, W. (Hg.): Polyästhetische Erziehung. Theorien und Modelle zur pädagogischen Praxis. Köln 1976

ROSENGÄRTNER, M.: Seminarpapier zum Seminar: Körpertherapien im Vergleich. Berlin 1985

RUMPF, H.: Beherrscht und verwahrlost. Über den Sportkörper, den Schulkörper und die ästhetische Erziehung; in: *Zeitschrift für Pädagogik*, 1983, 333-346

RUMPF, H.: Schulkörper und Sportkörper; in: KLEIN, M. (Hg.): Sport und Körper. Reinbek 1984, 21-33

RYWERANT, Y.: Die Feldenkrais-Methode: Lehren durch Behandeln. Heidelberg 1985

SCHAAF, J.: Malaysia: Folter, die selig macht; in: *Geo*, 1/1977, 52-73

SCHEIDT, J. vom: Innenwelt-Verschmutzung. Die verborgene Aggression: Symptome – Ursachen – Therapie. München – Zürich 1975

SCHMIDBAUER, W.: Im Körper zuhause. Alternativen für die Psychotherapie. Frankfurt am Main 1982

SCHMIDT, J.: Die Enkelinnen tanzen sich; in: *ballett international*, 1/1983, 12-15

SCHMIDT, J.: Erfahren, was Menschen bewegt – Pina Bausch und das Wuppertaler Tanztheater; in: HANRATHS, U./WINKELS, H. (Hg.): Tanz-Legenden. Frankfurt am Main 1984, 17-30

SCHOOP, T.: Won't you join the dance? Palo Alto 1974

SCHOOP, T.: ... komm und tanz mit mir! Ein Versuch, dem psychotischen Menschen durch die Elemente des Tanzes zu helfen. Zürich 1981 (Übers. von SCHOOP, 1974)

SCHOOP, T.: Interview von Willi Kempf; in: *Tanztherapie-Info*, Heft 5, 1983, 8-18

SELVER, C./BROOKS, C.: Sensory Awareness; in: PETZOLD, H. (Hg.): Psychotherapie & Körperdynamik. Paderborn 1974, 59-78

SERVOS, N.: Leidensweg als Körperdrama. Johann Kresniks ‚Mars' nach dem Buch von Fritz Zorn in Heidelberg; in: *ballett international*, 3/1983 a, 42-43

SERVOS, N.: Off Dance Scene – Das arme Tanztheater; in: *ballett international*, 3/1983 b, 44-45

SERVOS, N.: Die Körpermacht der Gefühle; in: *Theater heute*, 6/1985 a, 1-15

SERVOS, N.: Im Labor der Gefühle; in: *ballett international*, 1/1985 b, 7-13

SERVOS, N.: Folkwang '85. Festival der Künste, Essen 15. – 31. März 1985. Die Ruhrstadt Essen erinnert sich der eigenen Tradition; in: *ballett international*, 3/1985 c, 25-26

SERVOS, N.: Mary Wigman – die Bombe – und James Dean; in: *tanz aktuell*, 2/1988, 6-7

SHELEEN, L.: Bewegung in Raum und Zeit – Zum Sinn von Tanz und Bewegung in der „Expression Corporelle"; in: *Integrative Therapie*, 1/1983, 62-73

SHELEEN, L.: Maske und Individuation. Paderborn 1987

SHELEEN, L.: Expression/Impression Corporelle. Interview in: MOSCOVICI, H.K.: Vor Freude tanzen, vor Jammer halb in Stücke gehn. Frankfurt am Main 1989, 187-214

SIEBEN, I.: Nachruf auf Frieda Goralewski; in: *tanz aktuell*, 2/1989, 34-35

SIEGEL, E.V.: Tanztherapie. Seelische und körperliche Entwicklung im Spiegel der Bewegung. Ein psychoanalytisches Konzept. Stuttgart 1986

SINGER, W.: Wirksam durch Nicht-Handeln. Erfahrungen mit körperorientierter Psychotherapie und chinesischer Weisheit; in: PETZOLD, H. (Hg.): Leiblichkeit. Paderborn 1985, 573-586

SLEVOGT, E.: Zertanzte Musik; in: HANRATHS, U./WINKELS, H. (Hg.): Tanz – Legenden. Frankfurt am Main 1984, 10-16

SNELL-FRIEDBURG, G.: Die Geburt des Ikosaeders und der Kinetographie; in: PETERS, K: (Hg.): Laban. Bd. 19/20 der Tanzarchiv-Reihe. Köln 1979, 15-19

SORELL, W.: Knaurs Buch vom Tanz. München und Zürich 1969

SORELL, W.: Aspekte des Tanzes. Wilhelmshafen 1983

SORELL, W.: Der Tanz als Spiegel der Zeit. Eine Kulturgeschichte des Tanzes. Wilhelmshafen 1985

SRIRAM, A.: Lotosblüten öffnen sich. Indischer Tempeltanz – ein Weg zur Selbsterfahrung. München 1989

STANGL, M.-L.: Die Welt der Chakren. Düsseldorf 1984

STANGL, A./STANGL, M.-L.: Lebenskraft. Selbstverwirklichung durch Eutonie und Zen. Düsseldorf 1985

STARKS WHITEHOUSE, M.: C.G. Jung And Dance Therapy: Two Major Principles; in: BERNSTEIN, P.L. (Ed.): Eight theoretical approaches in dance-movement therapy. Dubuque, Iowa 1979, 51-70

STEWART, L.H.: Work in Progress; Affect and Archetype: A Contribution to a Comprehensive Theory of the Structure of the Psyche; in: SCHWARTZ-SALANT, N./STEIN, M. (Ed.): The Body in Analysis. Chiron Publications: Wilmette, Illionois 1986, 183-203

STODELLE, E.: Doris Humphrey und ihre Tanztechnik. Frankfurt am Main 1986

STÜBER, W.J.: Geschichte des Modern Dance. Zur Selbsterfahrung und Körperaneignung im modernen Tanztheater. Wilhelmshafen 1984

SUZUKI, D.T.: Über Zen-Buddhismus; in: FROMM, E./SUZUKI, D.T./MARTINO, R. de: Zen-Buddhismus und Psychoanalyse. Frankfurt am Main 1979, 9-100

SZEEMANN, H.: Monte Verità – Berg der Wahrheit. Lokale Anthropologie als Beitrag einer neuzeitlichen sakralen Topographie. Civitanova Marche und Tegna 1978

TÄUBE, R.: Innere Erfahrung und Gesellschaft. Klassischer Yoga – Indische Mystik. Beiträge zur Alternativkultur oder: Die Lotosblüte bekommt Stacheln. Frankfurt am Main 1977

TEEGEN, F.: Ganzheitliche Gesundheit. Der sanfte Umgang mit uns selbst. Reinbek 1983

TIETZE, H.G.: Imagination und Symboldeutung. München 1986

THOMAE, H.: Das Problem der Konstanz und Variabilität der Eigenschaften; in: LERSCH, P./SANDER, F./THOMAE, H. (Hg.): Handbuch der Psychologie in zwölf Bänden. 4. Bd.: Persönlichkeitsforschung und Persönlichkeitstheorie. Göttingen 1960, 281-353

ULLMANN, L.: Einige Hinweise für das Studium von Tanz und Bewegung; in: LABAN, R. von: Der moderne Ausdruckstanz in der Erziehung. Eine Einführung in die kreative tänzerische Bewegung als Mittel zur Entfaltung der Persönlichkeit. Wilhelmshafen 1981, 123-148

VENT, H./DREFKE, H.: Gymnastik/Tanz, Sport – Sekundarstufe II. Düsseldorf 1981

VENT, H.: Choreographie – ästhetische und pädagogische Aspekte; in: FRITSCH, U. (Hg.): Tanzen. Reinbek 1985, 25-40

WALLOCK, S.: Reflections on Mary Whitehouse; in: *American Journal of Dance Therapy*, 2/1981, 46-56

WATTS, A.: Yin und Yang – das ursprüngliche Paar; in: ANDERS, F. (Hg.): Taichi, Chinas lebendige Weisheit. Köln 1985, 31-44

WEISS, U./CHAMIER, I.: Setz dich hin und lächle. Tanztheater von Pina Bausch. Köln 1979

WHITEHOUSE, M.: Creative Expression in Physical Movement is language without words. Unpublished Manuscript. Los Angeles, o.J., 1-16

WHITEHOUSE, M.: The Tao of the Body. Paper presented at the Analytic Psychology Club of Los Angeles. Los Angeles 1958, 1-14

WHITEHOUSE, M.: Physical Movement and Personality. Lecture for the Analytical Psychology Club. Paper presented at the Analytical Psychology Club of Los Angeles. Los Angeles 1963, 1-13

WHITEHOUSE, M.: The Transference and Dance-Therapy; in: *American Journal of Dance Therapy*, 1/1977, 3-7

WIGMAN, M.: Beiträge von Mary Wigman; in: BACH, R.: Das Mary Wigman-Werk. Dresden 1933

WIGMAN, M.: Die Sprache des Tanzes. Stuttgart 1963

WIGMAN, M.: Portrait in der Sendereihe „Rückblende", WDR Köln. Buch und Regie: Gabriele LICHIUS, Redaktion: Fritz BREUER und Monika HEY. Köln 1983

WILLKE, E.: Körper – Bewegung – Psyche. Überlegungen zur Einheit des Menschen; in: *Motorik*, 2/1981, 40-49

WILLKE, E.: Tanztherapie. Zur Verwendung des Mediums Tanz in der Psychotherapie; in: PETZOLD, H. (Hg.): Leiblichkeit. Paderborn 1985, 465-498

WILLKE, E./HÖLTER, G./PETZOLD, H.: Tanztherapie – Theorie und Praxis – Ein Handbuch. Paderborn 1991

WINNICOTT, D.W.: Vom Spiel zur Kreativität. Stuttgart 1979

WOLLSCHLÄGER, G.: Kreativität und Gesellschaft. Frankfurt am Main 1972

WOSIEN, M.-G.: Tanz im Angesicht der Götter. München 1985

WOSIEN, M.-G.: Sakraler Tanz. Der Reigen im Jahreskreis. München 1988
WYSS, D.: Grundfragen der analytischen Psychologie C.G. Jungs; in: PON-
  GRATZ, L./WEWETZER, K. H. (Hg.): Klinische Psychologie. 1. Halb-
  band. Göttingen, Toronto, Zürich 1977, 920-925
YEOMANS, T.: Gestalt, Psychosynthese und Integrative Erziehung; in:
  BROWN, G.J. (Hg.): Gefühl und Aktion – Gestaltmethoden im integrati-
  ven Unterricht. Frankfurt am Main 1978, 61-82
ZIVIER, G.: Harmonie und Ekstase. Mary Wigman. Berlin 1956

Sachwortregister

A

absoluter Tanz 105
aktive Imagination 12, 20, 40,
52, 54 f, 85, 110,
115, 119 f, 126,
139, 208 f, 215,
238, 246, 261
Androgynität 277
Angst 44, 53, 60, 88, 112,
133, 139 ff, 144,
197, 209, 243, 248, 285
Angst-Neurose 32
Angstabwehr 18
angstbesetzte Traumata 34
Angstbewältigung 136, 141,
144, 146, 269
Angstträume 182
Animus-Anima 44, 134, 277
Anthropologie 62
anthropologische Ästhetik 278
Antiritualismus 75
Antriebsaktionen 164, 166
Antriebslehre 160
Antriebspräferenzen 165
Antriebsqualität 126, 161 f
Archetypen 12, 40, 46, 50, 53,
75, 83 f, 112, 127, 129,
146, 170, 172, 185, 187, 217
Archetypenlehre 12, 125, 130
archetypisch 96 f, 125,
127, 129, 146
archetypische Wirkkraft 50
Ästhetik 137, 281, 288
ästhetische Erziehung 154, 167 f
ästhetische Wirkungen 140
ästhetischer Trieb 187
Atem 194, 223 f
Atemarbeit 197
Atemgymnastik 195
Atemkreisläufe 241
Atemrestriktion 191
Atemübungen 211
Atmung 192 f, 200, 223, 227,
238, 245, 259, 271
Ausdruck 57, 119, 153, 166, 261

Ausdrucksmedien 65, 68
Ausdruckstanz 91, 93
Außen- und Innenwelt 86
authentic movement 209, 216
authentic response 212
authentischer
Selbstausdruck 21, 136
authentischer Tanz 51, 217, 262
Authentizität 146, 152

B

Ballett 90, 281
Ballett-Technik 203
Bartenieff-Fundamentals 205
Bedeutungsträger 77 f
bewegte Architektur 106
Bewegung 289
Bewegungswahrnehmung 194
Bewegungsanalyse 154, 200
Bewegungsansätze 194 f
Bewegungsantrieb 161, 163 f
166
Bewegungsarchetypen 154
Bewegungsausdruck 163
Bewegungschor 286
Bewegungsdialog 258
Bewegungsdynamik 126
Bewegungseffizienz 163
Bewegungsfaktoren 178
Bewegungsfindung 227
Bewegungsfluß 178
Bewegungsimpulse 164
Bewegungspräferenzen 164, 229
Bewegungsrhythmen 159
Bewegungsstrukturierung 227
Bewußtheit 256
Bewußtheitsformen 144
Bewußtheitstraining 256
Bewußtsein 39, 44, 83, 93, 247, 256
Bewußtseinserweiterung 21, 44,
109, 121
Bewußtwerdung 27, 90, 96
Bewußtwerdungsprozesse 171
Bioenergetik 278
Biophilie 288

311

I

K

L

Personenregister

319

Quellennachweis

Die Abbildungen 1 (Die Struktur der Psyche),
                 9 (Die psychischen Funktionen beim
                   Denktypus),
                10 (Die Mischformen der psychischen
                   Funktionen),
                11 (Die Quaternität der Psyche im yin-yang-
                   Symbol),
sind entnommen dem Werk: Jolande Jacobi,
                          Die Psychologie von C.G. Jung.
                          Walter Verlag, Olten 1971.
                          © 1971 Walter Verlag AG, Olten

Die Abbildungen 3 (Die Orientierung im Raum),
                 6 (Die sechs Elemente des Bewegungs-
                   antriebs...)
sind entnommen dem Werk: Rudolf von Laban,
                          Der moderne Ausdruckstanz.
                          Florian Noetzel Verlag,
                          Wilhelmshaven [3]1988.

Die Abbildung 4 (Der Ikosaeder)
ist entnommen dem Werk: Rudolf von Laban,
                         Choreutik – Grundlagen der
                         Raum-Harmonielehre des Tanzes.
                         Florian Noetzel Verlag,
                         Wilhelmshaven 1991.

Wir danken dem Walter Verlag, Olten, und dem Florian Noetzel
Verlag, Wilhelmshaven, für die freundlich erteilten Abdruckgeneh-
migungen.

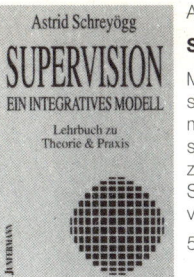

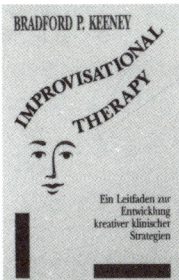

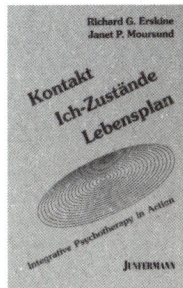

Elke Willke, Gerd Hölter,
Hilarion Petzold (Hrsg.)

Tanztherapie

Theorie und Praxis
Ein Handbuch

2. Auflage 1992
516 Seiten, DM 49,80

Dieses Buch gibt einen umfassenden Überblick über die Quellen, die Entwicklungen, theoretischen Konzepte, Methoden und praktischen Anwendungsgebiete der „klinischen Tanztherapie" und der Verwendung des „Mediums Tanz": in der Psychotherapie, der Behandlung von psychiatrischen Patienten und Psychosomatikern sowie in der heilpädagogischen Rehabilitation.

Basistexte der Pioniere der Tanztherapie (M. Chace, T. Schoop, L. Espenak u.a.) und Arbeiten führender Praktiker zeigen die faszinierenden Möglichkeiten dieses neuen Weges der Behandlung und der Entwicklung von Ausdruck und Beweglichkeit. Das verbale Vorgehen in der Therapie wird durch die Dimension des Nonverbalen ergänzt und erweitert, so daß besonders Menschen mit schweren Erkrankungen und Angehörige benachteiligter Schichten erreicht werden können. Das Buch dokumentiert mit den vorgestellten Konzepten und Methoden die Breite des Spektrums der modernen klinischen Tanztherapie und ihre hohe Praxisrelevanz.

Mit Beiträgen von Mary Wigman, Rudolf Laban, Trudi Schoop, Lilian Espenak, Elaine Siegel, Irmgard Bartenieff u.a.

„Dieses Buch kann als das Grundlagenwerk moderner Tanztherapie betrachtet werden." – *Trudi Schoop*

JUNFERMANN VERLAG